中国百村调查丛书

国家社会科学基金重点项目（滚动资助，批号：98ASH001）

"十二五"国家重点图书出版规划项目

"十三五"国家重点图书出版规划项目

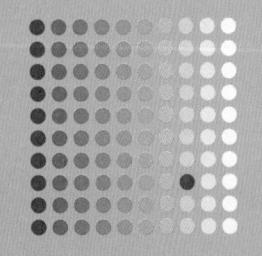

中国古村调查

中国百村调查

中国百村调查丛书·号营村

屯堡村社教育

FOLK CULTURE ACQUISITION IN
TUN PU SOCIETY

陈斌 张定贵 吕燕平 等/著

社会科学文献出版社
SOCIAL SCIENCES ACADEMIC PRESS (CHINA)

课题研究资助单位

  贵州民族大学"候鸟型学者"陆学艺基金

  贵州民族大学贵州省民族地区社会建设与反贫困2011协同创新中心

出版资助单位

  贵州民族大学出版基金

  安顺学院贵州省屯堡文化传承与旅游发展2011协同创新中心

各章撰写者

  第一章 张定贵

  第二章 吕燕平 彭建斌

  第三章 陈斌

  第四章 陈斌

  第五章 张定贵、陈发政

  第六章 陈斌、吴羽、方莹

  第七章 第一节、第二节 孙兆霞
      第三节 毛刚强、阮运彬

  第八章 曹端波、孙兆霞

中国古村调查

孝文化公园之名家题词

先贤榜、积德榜等

孝文化公园之名家碑廊

孝文化公园远眺

位处号营村的马官镇中心小学

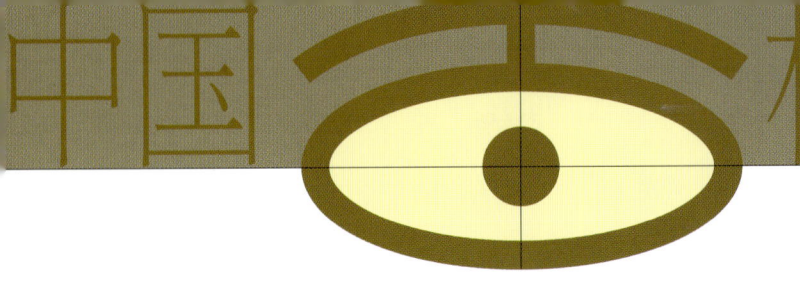

中国百村调查丛书·号营村

| 号营村大门 | 号营小学旧址 |
| 侯氏宗祠大门 | 侯氏宗祠内景 |

| 号营村前的山间田坝 | 调研组在普定县号营村 |
| | 调研组成员与村民侯祖祜在做村庄资源图 |

中国百村调查丛书总编辑委员会

顾　　问　丁伟志　何秉孟

主　　编　陆学艺　李培林

副 主 编　谢寿光　王春光

编　　委　（以姓氏笔画排序）

　　　　　王　苹　　王　健　　王永平　　王兴骥　　王爱丽
　　　　　方晨光　　毛　丹　　邓壬富　　邓泳红　　乐宜仁
　　　　　叶敬忠　　田毅鹏　　朱启臻　　刘大可　　刘应杰
　　　　　孙兆霞　　陆益龙　　苏海红　　李君甫　　邹农俭
　　　　　宋亚平　　宋国恺　　张大伟　　张乐天　　张林江
　　　　　张厚义　　陈文胜　　陈光金　　陈阿江　　陈婴婴
　　　　　林聚任　　周飞舟　　周伟文　　胡建国　　钟涨宝
　　　　　贺　静　　夏鲁平　　钱　宁　　唐忠新　　黄陵东
　　　　　曹晓峰　　曹锦清　　阎耀军　　童根兴　　樊　平
　　　　　戴建中　　魏胜文

秘 书 长　王春光（兼）

副秘书长　童根兴　樊　平　张林江　高　鸽

秘 书 处　高　鸽　任晓霞　宋国恺　周　艳　梁　晨

中国百村调查丛书·贵州课题组组委会

组委会主任　孙兆霞　王春光

组委会成员　曹端波　张定贵　陈志永　张　建　曾　芸

中国百村调查丛书·号营村课题组成员

课题研究单位　贵州民族大学　安顺学院

课题负责人　张定贵　安顺学院副教授，贵州省屯堡研究会副秘书长

课题组成员

孙兆霞　贵州民族大学社会建设与反贫困研究院教授，贵州省文史研究馆馆员

吕燕平　安顺学院副教授，贵州省屯堡研究会秘书长

吴　羽　安顺学院教授，贵州省屯堡研究会副会长

陈　斌　安顺学院讲师，贵州省文史研究馆特约研究员，中央民族大学2016级民族学博士研究生

陈发政　安顺学院讲师，贵州大学2016级民族生态学博士研究生

彭建斌　安顺学院讲师

方　莹　安顺学院讲师

田野调查

孙兆霞　曹端波　张定贵　吕燕平　吴　羽　陈　斌　卯　丹

陈发政　方　莹　彭建斌　翟　静　龙秋香　陈　毅　刘　俊
王　灿　蒋友琪　安林江

地图制作　吕燕平　郑　杰　龙秋香

图　　片　李立洪

全书文字修订　吴　羽

访谈及座谈会录音录入整理

翟　静　贵州民族大学2014级民族学硕士研究生
龙秋香　贵州大学2016级民族学硕士研究生
陈　毅　安顺学院2012级地理学专业本科生
刘　俊　贵州师范大学2017级人文地理研究生
王　灿　安顺学院2014级旅游管理专业本科生
蒋友琪　安顺学院2014级旅游管理专业本科生
安林江　安顺学院2014级旅游管理专业本科生

总　　序

中国百村调查，是继全国百县市经济社会调查之后又一项经国家社科基金立项，由中国社会科学院组织协调的大型调查研究项目，其目的是加深对中国国情的认识和研究，特别是加深对中国农村社会的认识和研究。

在改革开放的大潮中，中国农村经历了空前的变化。早在20世纪90年代中期，在完成百县市调查研究后，中国社会科学院百县市调查课题组发现，县市调查属于中观层次，需要村落调查给予充实和完善。当时农村人口依然占中国总人口的多数，尤其是改革开放以后，农村基层社会变化最深刻，这是决定中国社会主义现代化命运的基础，是弄清国情必不可少的。在百县市调查的基础上，继续开展对村庄的大型调查，可以对县市村形成系统的、全面的认识。百村调查是百县市经济社会调查的姊妹篇，两者结合起来研究，将相得益彰，让我们更加完整地理解我国的基本国情。

因此，总课题组当时做了两件工作：一是组织一个课题组，到河北省三河市行仁庄进行试点调查，形成村的调查提纲、调查问卷和写作方案，为开展此项调查做了准备；二是在1997年7月写出了《中国国情丛书——百村经济社会调查》的课题报告，向全国哲学社会科学规划办申请立项，但因当时国家社科基金"九五"重点课题都已在1996年评审结束，立项时间已过，不好再单独立项。后来总课题组同全国哲学社会科学规划办反复协商，全国哲学社会科学规划办考虑到百县市经济社会调查课题组很好地完成了任务，考虑到再做一次百村调查是百县市国情调查的继续，很有必要，所以于1998年10月特殊批准了百村经济社会调查补列为国家社会科学基金"九五"重点项目，并专门下批文确认，批文为98ASH001号。

"百村经济社会调查"课题立项后，就受到各地社会科学界，特别是原先参与过百县市调研的单位和学者的欢迎，迄今已经有几十个单位组织课题组，陆续进行了选村、进村工作并开展调研。从1998年到现在的19年时间，百村调查在参与者的通力合作下，已先后出版了23本有影响力的专著，其他村庄的调查研究还在进行之中。

村庄的数量之多、差异之大，非县市所能比。究竟选择什么样的村庄，用什么样的视角，采用什么样的研究方法，形成什么样的成果，都不是用一个模式能解决的。但是，总课题有一个宗旨是很明确的，那就是希望研究者对村庄进行长期的、深入的调查，不追求速度，要追求质量，通过对一个村的系统研究，获得新的知识和理论创新。由于课题重大、内容丰富、追求质量、工程艰巨，每个村的调研写作和出版的周期都比较长，可用研究经费筹措困难，加上我们课题组主观努力不够，此项调查进行的时间拖长了。为了确保百村研究延续下去，2012年总课题组向全国哲学社会科学规划办提出顺延申请。规划办组织相关领域的专家对项目的研究工作进行了评估，评审专家充分肯定了已有的研究成果，并一致认为该项目具有较高的学术研究价值和史料价值，意义重大，而且工程浩大，很难在短期内完成。基于此，全国哲学社会科学规划领导小组批准，将本课题定为滚动项目，并予以资金资助，这为项目的下一步研究提供了重要的支持。

在过去的19年时间中，总课题组与各地课题组建立了一套有效的研究合作机制，对推进百村调查起到了重要的作用，这样的合作机制对其他长期的大型课题研究有一定的参考价值。首先，总课题组建立了课题协调、子课题论证、研究指导和监督、成果审定的机制，有专人负责。其次，总课题组开展定期的学术研讨和交流活动，迄今为止，先后在北京、河北徐水、安徽黄山、浙江温州、贵州贵阳、浙江杭州和德清、辽宁沈阳等地召开了多次学术研讨会，会议的内容一般分两部分：一部分是参会者将研究成果拿来交流，另一部分就是安排下一步的百村研究。最后，形成了一个开放的发展机制，即不定期地吸纳新的研究者参与到百村调查和研究中，不断挖掘和培养新的研究人才。

百村调查课题自启动以来，不仅出版了一批高质量的学术著作，推进了中国农村研究，而且培养了一批中青年研究骨干，产生了良好的社会效益，深受学术界重视。现已出版的百村研究成果都是在研究者深入的田野调查基础上写就的，内含大量的第一手实证资料，既涉及中西部贫困村庄，又研究了沿海发达村庄；既涉及纯农业村落，又选择了工业发达村庄；既对传统村庄进行研究，又对正在进入城市化进程的城中村、城郊村等进行调查，对如此多不同类型的村庄进行的深入调查和研究，可以形成对中国农村发展新的认识图像，改变过去那种对中国农村单一的认知印象。

在现有开展的村庄研究基础上，我们已经进行一些概念提炼和理论概括，渐渐地显现出对促进中国社会科学理论创新发挥作用的迹象。在《内发的村庄》一书中，作者们强调了行仁庄具有内发发展的性质，分析了地方政府、村组织和村民三个行动主体之间的关系。认为行仁庄内发发展的性质的形成主要与人民公社时期历史的延续和主要政治精英的观念意识相关。这一认识实际上说明了中国农村发展有其很强的内在动力和相应的资源条件，如果忽视了这一点，会在政策上产生很大的偏误，反过来不利于农村的发展。由贵州民族大学教授孙兆霞同志主持的《屯堡乡民社会》一书，系统、深入地研究了贵州省安顺地区的屯堡社会及屯堡文化的形成、构建及基本特征，对屯堡社会提出了不同于以前研究的理论解读，尤其是提出了"乡民社会"这一概念，认为"乡民社会"与费孝通先生曾概括的中国农村宗族血缘社会即"乡土社会""差序格局"的社会结构有所不同，屯堡社区的社会结构不是单纯以血缘、地缘为基础，而是发生学意义上的地缘关系与后来族群内通婚形成的血缘关系二者结合的产物。我们相信，后续其他村庄调查和研究的开展，会进一步深化和丰富对中国发展现状的认识，为中国的社会科学研究创新提供更加坚实的经验和理论基础，能让我们的学者更有力地参与到与世界其他国家的社会科学学术交流中,丰富世界社会科学的研究经验和理论视角。

百村调查项目不仅进一步凝聚了百县市调查项目的科研人员,而且还吸引了一批新的科研人员加入。通过现有的二十多个项目的调查研究以及专著出版,培养和锤炼了一批科研人员,使他们成为当地社会科学院、高校、党校乃至政府政策研究部门的科研骨干,促进了各地的社会科学研究。百村调查之所以能培养和锤炼科研人才,首先是因为其要求科研人员在中国最基层进行长时间的实地调查,没有这样的调查,是写不出专著和论文来的;其次与总课题组的科研指导有着直接的关系,总课题组对所有各地负责百村调研的人进行定期的培训和指导,还专门派人到现场对各地的科研人员进行指导,这种合作模式有效地整合了各方的科研资源,产生了倍增的科研效力。

此外,百村调查和研究还引起了一些地方政府对村落保护性发展的重视,尤其推动了它们积极去保护一些地方的传统文化,更好地实现经济发展、旅游开发与文化保护相互促进的作用。

总之,百村经济社会调查的目的,同百县市调查一样,也是为了加深对我国基本国情的认识,特别是对我国农村、农民、农业的现状和发展有一个科学的认识。通过调查,"摸准、摸清"1949年以来,特别是改革开放以来这上百个村在政治、经济、社会、文化和生态的变化过程、变化状况;经过综合分析,通过文字、数据、图表把这些村庄过去和现在的状况如实地加以描述,既能通过这个村的发展展示农村几十年来发展的一般规律,也能展示这个村特有的发展轨迹。

《中国国情丛书——百村经济社会调查》编辑委员会遵循实事求是、严肃认真的科学态度,坚持贯彻"真实、准确、全面、深刻"的方针,要求社会科学工作者深入农村,同当地的干部、群众相结合,采用长期蹲点调查、问卷调查、个案访谈等多种调查方法,力求掌握真实全面的第一手资料,通过"去粗取精、去伪存真、由此及彼、由表及里"的科学分析,如实全面地反映客观状况,杜绝弄虚作假的恶劣做法。社会科学成果,只有真实的才是有生命力的,也才有存在的价值。

《中国国情丛书——百村经济社会调查》是一项集体创作的成果。参加这项大型国情社会调查的，有国家和各省、自治区、直辖市的社会科学院、大学、党校以及党政研究机构的社会科学工作者，他们与被调查地区的党政领导干部相结合，并得到他们的支持和帮助，还得到了被调查行政村的干部和群众的积极配合。专业工作者、党政部门的实际工作者和农民群众三结合，才能共同完成这项科学系统的调查任务。百村调查和研究不仅是一项研究课题，还是一个研究者与实际工作者共同合作、携手参与我国农村社会经济发展的实践平台。因此它是一项长期的、具有非常重要价值的工作。我们将在新的起点上凝聚各方力量，提升调查和研究水平，更好地为认识中国农村、推进理论创新、服务农村发展和振兴做出持续不断的努力和贡献。

《中国国情丛书——百村经济社会调查》
编辑委员会
2017年11月23日

目　录

第一章　导论：超越城乡与村社教育 …………………………………… 1
　　第一节　研究缘起和问题意识 ………………………………………… 1
　　第二节　研究过程和总体思路 ………………………………………… 18

第二章　号营村的时空背景 ……………………………………………… 29
　　第一节　号营村的基本情况 …………………………………………… 29
　　第二节　屯堡区域视野下的号营村 …………………………………… 36

第三章　生计教育：有根生计与教育 …………………………………… 49
　　第一节　种植业生计演进及教育内涵 ………………………………… 49
　　第二节　小建筑包工的演进及教育内涵 ……………………………… 64
　　第三节　经商贸易的演进及教育内涵 ………………………………… 77
　　第四节　在地化兼业型生计与村庄共同体 …………………………… 97

第四章　礼制教育：礼制秩序及社区治理中的教育 …………………… 109
　　第一节　号营礼制教育溯源 …………………………………………… 110
　　第二节　号营村礼制教育的社会基础 ………………………………… 139
　　第三节　号营村礼制教育的精神群像 ………………………………… 151
　　第四节　礼制教育与乡村治理整合的物化平台 ……………………… 161

目 录

第五章 文化襁褓：传统基底及情感牵连 …………………………… 171
 第一节 公共知识：文化习俗中的教化 ……………………………… 172
 第二节 公共活动：文化展演的地方性濡化 ………………………… 190
 第三节 公众文化空间：精神家园的建构 …………………………… 203
 第四节 "文化襁褓"概念及其价值 ………………………………… 209

第六章 学校教育：体制嵌入及村校形塑 …………………………… 217
 第一节 号营村学校教育的历史演进 ………………………………… 218
 第二节 内嵌于村落社会的学校教育 ………………………………… 245
 第三节 乡村教育与跨越城乡的环路构建 …………………………… 261

第七章 关于"开放的乡村教育"的探索与对话 …………………… 277
 第一节 以教育文化撬动文化教育的乡村复育
    ——泥河沟村案例 ……………………………………………… 278
 第二节 以乡土人本教育形塑人格基底的扎根探索
    ——田字格案例 ………………………………………………… 289
 第三节 社会工作推动的民族社会教育
    ——岩寨村案例 ………………………………………………… 302

目　录

第八章　结论："人"的成长与屯堡社会 …………………………… 316
　第一节　古典时代的教育思考 ………………………………………… 318
　第二节　现代化进程中的教育 ………………………………………… 320
　第三节　号营村的"内生教育体系" …………………………………… 321
　第四节　号营村"跨越城乡的教育" …………………………………… 326
　第五节　"人"的成长与乡村社会 ……………………………………… 329

附录一　清朝咸丰三年号营村民侯之桓等立卖水田文契 …………… 339

附录二　刘纲纪：故乡的文艺 ………………………………………… 341

附录三　肖国昌：如何当好村党支部书记 …………………………… 344

附录四　访号营村蔬菜种植大户侯泽科 ……………………………… 348

参考文献 ………………………………………………………………… 354

后　记 …………………………………………………………………… 361

第一章　导论：超越城乡与村社教育

第一节　研究缘起和问题意识

号营村人多地少，人地矛盾突出，但在经济、教育等方面却一直领先于周边诸多村落，而且生态环境的改善和修复做得很突出，可以说是守住两条底线的典型。究其原因，与其乡村教育的发展有很大关系。首先，大力发展学校教育，鼓励更多的年轻人通过升学渠道进入体制内单位工作，缓解人多地少的矛盾，当然也积累了难得的人脉资源——形成了与村里保持长久互动的乡贤群体。其次，延续社区师徒教育传统，培养年轻一代的新增劳动力，大力发展现代农业和非农产业，推进产业结构调整，增加农民收入，使村落秩序的建构有适宜的经济基础和社会基础。最后，从实行家庭联产承包责任制开始，村落内部的山林不承包给个人，归集体掌握和管理，禁止砍伐森林，使得自1958年以来受到严重破坏的山林又恢复了昔日的茂密和人与自然的和谐。当然，上述三个方面是有机联系，且相辅相成的。不少新增劳动力通过读书，走出了乡村，缓解了人地矛盾；发展经济，打开了人们的视野，也使人们具备了无须砍伐森林的经济基础和社会基础；实行家庭联产承包责任制，但山林土地不承包，使村支两委掌握了村落生态环境恢复和改善的主动权。

自改革开放以来，号营村按照发展和生态"两条底线一起守、两个成果一起收"的要求，经济发展和生态环境质量并行，因此研究该村的建构方式

和运行方式很有现实意义。号营村的实践证明，即使在贫困问题突出、生态环境脆弱的西部欠发达地区，只要发展理念和思路对头，工作方法得当，大胆地试、勇敢地闯，就完全能够做到发展和生态两条底线一起守、两个成果一起收，使"自然—人—社会"的关系问题得到较好的处理，建设好自然家园和社会家园，特别是让村民拥有了一个社区形象清晰、社区价值观得以传续的精神家园。

一　研究缘起

（一）百村因缘：九溪村结题成果《屯堡乡民社会》的回顾

2001~2005年，现号营村课题组主要成员参与了由孙兆霞负责的"中国百村经济社会调查·九溪村"分课题的调查研究，由此与百村调查总课题组陆学艺、王春光等老师及此项工作结下了不解之缘。九溪村，隶属于安顺市西秀区大西桥镇，是安顺东门屯堡村寨的典型，而本课题选择的号营村则是西门屯堡村寨的代表，是百村调查总课题在贵州的又一次因缘延续和逻辑延伸。前有因，后有果，因此在这里有必要对安顺屯堡和九溪村课题做个简要回顾。

1. 安顺屯堡简介

屯堡村落的形成与其历史出发点、制度变迁和黔中地区的地形地貌有着重要关联。

1368年，朱元璋称帝建立明朝，定都应天（今南京），但其势力并未完全控制西南地区。其时，四川有明升的夏政权，黔北属其管辖范围；云南为元梁王把匝剌瓦尔密所控制，黔西北在其势力范围之内。洪武四年（1371）朱元璋派汤和、周德兴与傅友德、顾成等率大军分南北两路进攻四川，明升投降。梁王自恃天高皇帝远，又踞西南高山之险，仍在负隅顽抗明军，甚至七次杀掉朱元璋的使臣。

洪武十四年（1381）九月，朱元璋派傅友德为大将军，率兵远征云南。傅友德从两路进攻：一支主力由都督郭英率领，由"永宁趋乌撒道险隘，自赤水河进师，与乌撒蛮夷大战"，乌撒降。另一支主力由傅友德率领，"由辰、沅趋贵州，进攻普安（今盘州）、普定（今安顺）"，年底即攻占昆明，次年二月攻下大理，云南为明朝所有，西南地区纳入大明版图。梁王败死，云南既克，朱元璋认为贵州军事地位十分重要，可此地自古为"蛮夷""化外"之地，土司们占地为王，加之山高路险，难以驯服。从战略上考虑，朱元璋认为要长久控制云南，巩固西南边疆，必须稳定贵州，于是他推行"以黔制滇"战略，下令整修通往云南、横贯贵州东西的驿道，在驿道沿线推行卫所制度，并派重兵驻扎。如此，既保证驿道畅通云南，又可监视贵州土司。

明军在贵州设置了卫所，为了解决补给问题，朱元璋令军士们一面控扼要地，一面广开屯田以自给自足，从此军屯制度在西南边疆大兴。屯田军士携带家眷随营屯驻，耕战结合，在地域上连成一片。各屯成据点之间广开驿道，设置铺站，相互保持密切联系。卫所屯堡密集，人数众多，实行军事管理，组织严密，自成体系。明代贵州地区的军屯设立，一方面是出于扼控云南和水西，同时威服和镇压当地各少数民族反抗的目的；另一方面明代卫所以人为载体，把中原、江南、湖广比较先进的科学、技术、文化、思想带进贵州。总而言之，政治、经济、文化三个方面皆使贵州从历史上的"化外"之区渐变为"化内"之地。

位处湘黔滇古驿道上的今安顺地域内，鉴于其重要的战略地位和优越的地理条件，明王朝在此设立普定卫、平坝卫、安庄卫三个卫所。为稳定卫所屯军的情绪，明王朝允许其携带家眷，未婚者则安排配偶，子孙世袭军籍，"有事则战"，"无事屯田，以资军实"。至清代康熙年间，"改卫归流"，原卫所改为府、州、县，卫所屯军转变为农民群体，并由此逐渐远离王朝国家体制。从明初至今，经过数百年的积淀，这些明代屯军后裔，以"他乡为故乡"，不忘祖源地的文化习俗，"家国"观念根深蒂固，虽身处边缘，亦不忘国家及其礼制教化传统；"自组织"传统相因承袭，由于历史上数百年的军旅轨迹，即便"由军转农"，组织化的运作惯习也渗透于他们的生产生活之中。正因如此，其居住区域形成了独特的军旅移民文化空间——由300多个屯堡村寨构成的特殊汉人社会，形塑了特殊的汉民族族群——屯堡人，建构了独特的文化——屯堡文化。

屯堡村落不是民间自发迁徙形成的汉族村落，也不是少数民族村落，而是在王朝国家体制下经由"调北征南"等军事行动而形成的具有移民性质的村落。为更好地研究这一村落类型，本课题组主要成员于21世纪初申报"中国百村经济社会调查·九溪村"分课题，展开对位处安顺城区以东的九溪村的研究，丰富了"百村调查"的村落类型。当"百村调查"第二轮申报工作开始时，我们再续前缘，对安顺城区以西的西门屯堡典型村落号营村进行申报并展开研究，探究不同屯堡村落的共性和个性，期冀对当下的村落建设和发展做出有益探索，并试图回应一些重大现实问题。

2.《屯堡乡民社会》的回顾

九溪村课题组通过调查研究，在该村丰富的文化事象的基础上，发现其村落内部发达的横向关联和非宗族等特征。为此，经过4年多的持续研究最终撰写出版了《屯堡乡民社会》一书。

该书提出"乡民社会"的概念，认为"乡民社会"与费孝通先生曾论述的中国农村宗族血缘社会，即"乡土社会""差序格局"的社会结构有所不同，屯堡社区的社会结构，不是单纯以血缘式地缘为基础，而是发生学意义上的地缘关系与后来族群内通婚形成的血缘关系二者结合的产物。书中不仅描述和刻画了九溪村落社会公共空间的完整内容，还力图揭示其存在的社会基础和文化网络，并将其与西方社会公共领域的相关理论进行对话，这拓宽和加深了对村落发展内在资源的认识。该书还提出"乡村重建的内源性资源"的命题，认为九溪村有一套完整的自组织机制，即村民的自我生产、自我服务、自我管理、自我教育、自我提高。

作为"资料性的学术专著"，《屯堡乡民社会》从类型学上将贵州农村分为城郊型农村、边远山区农村和居于二者之间的中间过渡地带农村，深入阐述将农村进行类型化区分对当下农村发展的重要现实意义；提出要挖掘农村的内源性资源，以为在城乡二元格局背景下进行乡村重建和"家园"重振提供智力支持。该成果较为深刻地展现了屯堡乡民社会，系统性地勾勒出屯堡社会建构及变迁的逻辑内容。

《屯堡乡民社会》是以九溪村为代表的安顺东门屯堡的研究成果，其理论观点对于东门屯堡有较强的解释力，而在生存环境、社会生活和文化实践等方面与东门屯堡有明显差异的西门屯堡，是否可套用此理论观点进行认识和理解，或者其社会结构具有何种特性等，这些都是九溪课题组成员多年来不断思考的问题。

（二）百村续缘：号营村尊崇教育的社区形象

20年前，课题组部分成员带领学生在普定县开展暑期"三下乡"社会实践活动时，听闻过号营村的一些情况。此后多次到过该村，对村庄的整体情况有一定程度的了解和把握。该村尊崇教育、人文兴盛、人才辈出的社区形象清晰突出，并且在经济、教育等方面领先于周边村落。我们多年来常常在思考号营村重视教育的原因，教育与社区发展有何关联，村落的运行机制和乡村社会的建构怎样。可以说，这样一个社区形象清晰突出和颇具特点的村落，尚未有人做过较为全面、系统、深入的研究。借百村调查的因缘，中国百村调查总课题第二轮申报选题时，我们着意选择号营村作为研究对象。

通过进一步的调查了解，我们发现号营村呈现如下一些具体特点。

第一，传统文化底蕴深厚，尊崇教育、躬行教育是村落的文化传统和全体村民的最大公约数。号营村与百村调查的第二本著作《屯堡乡民社会》（第一本是《内发的村庄》）研究屯堡文化东片区的典型代表九溪村有共性，比如有地戏、花灯等传统文化事象，但也有诸多不同之处，比如号营村自明清以来就有重视教育、躬行教育的文化传统。自20世纪80年代以来，号营村明确提出和实践"教育立村"的发展思路，不论是集体的投入、寻求外部资源的支持，还是个人对教育的关注、重视和身体力行，都有别于其他村落。

第二，教育形态较为完备，实际上建构出一个包括学校教育、生计教育、礼制教育、习俗教育在内的农村社区教育体系。"教育形态""教育体系"等概念，一般都是专家学者和高居庙堂之人口中的常用词，与草根没有关系。但是，号营村用自身的实际行动，初步建构了一个属于他们自己的"农村社区教育体系"，这不同于学术精神的理论体系和制度体系，这是村民们共议躬行的教育实践体系。他们不仅重视学校教育，加强社区与学校的互动，输出"榜上有名"学子，亦着力对"榜上无名"的在村人员进行培训和教化。村民们的教育自觉和教育实践指向一致，实际上已呈现一个整体化的而非碎片化的农村社区教育体系，主要包括学校教育、生计教育、礼制教育、习俗教育等相互关联的教育形态。

第三，教育成效比较显著。自1949年以来，号营村通过中考、高考走出村落在外工作的乡人乡贤，在数量上较为可观。与全国其他一些村庄进行横向比较，虽然数量不是最多的，但是这些从号营村走出去的"榜上有名"者，在物质和精神方面都未远离家乡。他们有根深蒂固的家园情怀，持续地关注家乡和反哺家乡。其中，比较典型者有从号营村走出大山、走向美学圣殿的著名美学家刘纲纪，虽已80岁高龄，但其家园情怀愈久弥深，多次从经济和精神上支持家乡的教育事业。为什么号营村会出如此多的人才？为什么这些作为知识分子的游子，会以不同方式关注和参与家乡的发展？或许，这与号营村重视和发展教育的文化传统及其实践行动有着重要的关联。

第四，重视文化建设，着力教愚化贤，为社区治理营造出了一个很好的公序良俗环境。号营村在诸多文化建设方面领先于周边村落，甚至在贵州省亦有较高知名度。形式多样、延续多年的文化建设，不仅极大地丰富了村民农闲时节的文娱生活，而且为社区治理营造了一个很好的公序良俗环境，着力教愚化贤。号营村将中国优秀的孝文化传统与现实的尊老、敬老、爱老、养老结合在一起，营造出浓厚的孝文化氛围，这些事情是与村落每年表彰好学生、好儿子、好儿媳、好家庭等常态化机制结合在一起的。一个村落能在建设发展上与大传统对接，其中的运行机制是什么，这值得我们认真思考和研究。

第五，因地制宜、因人制宜地形成了"人力资源的分流－衔接机制"。多年来，号营村存在着人多地少的矛盾，但整个村庄有效地创造了"榜上有名"与"榜上无名"的人力资源分流衔接机制。一方面努力发展学校教育，集资办学，寻求多方资源的支持，并且注重加强村落社区与学校的互动，参与学校发展的考核，创造优于周边村落的教师工作环境、优于其他学校教师的经济待遇，使号营小学在较长时期内成为全镇最好的小学。并且，村支两委建立奖励机制，鼓励本村学生通过中考、高考等渠道升学深造，进入体制内的单位工作，缓解人地关系紧张的矛盾。对于不能通过升学渠道进入体制内的人员，则通过请进来、走出去的办法，着力于村民生计培训，使更多的村民了解了蔬菜的种植技术和销售经验。同时，亦通过传统的师徒制形式，传授建筑技艺给在村人员。正因如此，一方面号营村人地紧张的矛盾得到缓解，并且积累了大量的社会资本；另一方面村落的产业结构实现了调整，村民收入得到了提高。

号营村"教育立村"形成的诸多经验，为新农村建设、为培养新型职业农民，特别是乡村振兴提供了较好的个案。同时，该村作为"西门屯堡"的代表，与"东门屯堡"的典型九溪村有着诸多不同，这为我们在《屯堡乡民社会》的基础上进行延伸研究提供了可能。

（三）《屯堡乡民社会》的延伸：对号营村农村社区教育的追问

通过田野调查和深入研究之后，我们发现该村与九溪村课题的结论有着诸多的相同之处。

首先，号营村亦是"乡民社会"。这与费孝通先生提出的"乡土社会""差序格局"的社会结构有所不同，屯堡的村落社会结构不是单纯以血缘为基础，而是发生学意义上的地缘关系与后来屯堡族群内通婚形成的血缘关系二者结合的产物。这种社会结构和关系内源性地排斥宗族私利和自闭性，建构出村落公共生活的规范和传统，使核心家庭与村落公共空间结构性互补，从而形成了一个扎根于基层社会的村落公共生活制度空间。

其次，号营村同样有村落社会公共空间。号营村虽然有着几个大家族，但由于村落社区体现出鲜明的公共性、公益性，并不为某一家族所主宰，号营村公共生活具有非宗族的特征，村落有着一个由乡村精英、民间组织、社会舆论三个部分构成的村落公共空间。乡村精英在村落公共生活中发挥主导作用，村支两委和民间组织承担起村落内部事务的开展和协调，社会舆论对村落事务起着监督和评判作用。可以说，共议、共识、共勤、共力成为村落社会的集体意识和集体行为。

最后，号营村同样拥有内源性资源，具有自组织机制。乡村重建、乡村振兴，除有外部的资源进入外，还要有内部载体和渠道的衔接，这就要求村落要有内生性资源，形成推动村落发展的动力机制，才可以实现可持续发展。号营村与九溪村一样，有着较多的内生性资源，村落内部形成了一套集自我生产、自我服务、自我管理、自我教育、自我提高为一体的自组织机制。正是得益于这样的资源和机制，内外部资源更好地结合了，使号营村推

行"教育立村"的发展策略并不是停留在口号上，而是一种社会化的教育实践，村落社区由此实现了良性运行和整体发展。

当然，我们在理解共性的同时，即号营村与九溪村都具有乡民社会的特点，也要看到号营村与九溪村的一些不同之处。

第一，当年九溪村是希望通过发展乡村旅游来带动村落发展，而号营村则是着力实现"教育立村"的愿景以解决一些现实问题。

九溪村寨大人多，民俗文化资源十分丰富，寄希望于通过内部调动积极性、外部寻求更多官员和专家学者的支持，来推动本村旅游的发展。而与九溪村相比，号营村的规模较小，人口较少，但人地矛盾较为突出。为缓解这一矛盾，延续过去重视教育的文化传统，发展教育成为全村的共识。通过教育既能使本村学生进入体制内单位工作，从而使在村人员拥有更多的土地资源，缓解现实突出的矛盾，又能使在村人员提高文化素养，不断培养出符合本村社区价值的合格成员。

第二，九溪村通过传承和发展，在丰富的文化事象上建构出了一个民俗文化活动体系，而号营村则在其诸多文化事象的基础上，建构出了一个农村社区教育实践体系。

自改革开放以来，九溪村的老人们通过自己的回忆，复原了过去的文化事象。通过老协会的老一代精英的操作，这些文化事象得到了传承和发展，特别是在安顺东门屯堡文化受到高度重视和发展乡村旅游的背景下，建构出了一个主要以岁时节庆传承为纵轴的民俗文化体系。号营村作为西门屯堡的代表，屯堡文化旅游并不是其关注的重点，而是着力解决新增劳动力的职业取向问题。因此，号营村民继承村落的传统，推动学校教育与村落社会的协调发展。在关注未成年人教育的同时，还关注成年人的精神教化和村落社会的公序良俗，通过村民的教育自觉和教育实践，建构出一个主要以村民职业走向为横轴的农村社区教育实践体系，主要包括学校教育、生计教育、礼制教育和习俗教育等教育形态。

第三，九溪村走出去的知识分子和其他工作人员，更多的是关注如何通过本村的文化发展乡村旅游，号营村则是不断地沉淀社会资本，以支持村落社区的教育发展。号营村走出了200多个大中专生，他们以自己的能力大小，不同程度地参与村落社区的发展。农村社区的发展需要外部知识分子与当地村民的结合，号营村不仅做到了这一点，而且是由本村走出去的大中专生，即是本村培育的知识分子参与进行的。比起其他一些村落来说，这是一支稳定、可靠、可持续的力量，不会出现外部知识分子及其资源的撤出以后，"雨过地皮湿"的现象。

第四，九溪村和号营村在操作大型文化活动上有些差别。两个村落每年都要举办大型文化活动，九溪村依靠本村精英和村民来开展，在村落内部举办一年一度的"迎春会"，规模大，在村落及周边村落都有很大的影响力，成为九溪村重要的标志性文化活动。号营村自20世纪90年代发起的"花灯大赛"，不仅成为影响村落的重要事件，而且已经演变为由地方党政机关主导的全镇、全县和安顺市范围内的重要赛事。

可以说，号营村有着屯堡乡民社会的特征，但也有较为显著的个性化属性。正是这样的不同，促使我们对其进行深入的调查研究和问题求解，探究其现象背后的社会机理。

二 当下中国农村存在的相关问题

本课题将研究聚焦在号营村的社区教育上，但又不是只研究教育，而是力图通过教育来理解整个村落社区。因此，我们认为要做好号营村的研究，应该将其置于当下中国农村社会的背景中，特别是其中存在的相关问题中，如此才会发现号营村落社区与内外因素的关联。在此，有必要对当下中国农村存在的相关问题做简要梳理。

近年来，中国农村社会发展的诸多方面取得了很大的成绩，社会面貌发生了显著的变化。正如《中共中央、国务院关于实施乡村振兴战略的意见》所指出："坚持把解决好'三农'问题作为全党工作重中之重，持续加大强农惠农富农政策力度，扎实推进农业现代化和新农村建设，全面深化农村改革，农业农村发展取得了历史性成就，为党和国家事业全面开创新局面提供了重要支撑。"结合十九大报告中对农村农业提出的"产业兴旺、生态宜居、乡风文明、治理有效、生活富裕"的总要求，我们发现当下农村社会出现的问题，主要表现在人的生产、生活等方面。

（一）农村社区与传统文化的断裂问题

伴随着全球化、现代化、城市化进程，中国社会传统文化的消解速度不断加快。不论是物质层面，还是精神层面，皆是如此。在城乡二元格局下，农村社会的发展速度与其传统文化的消解速度呈正相关状态。

不少农村的传统文化，在物质层面上受到了很大的破坏，新的物质文化又缺乏中国特色、地方特点、民族特征，并且在精神层面上也存在与整个社区的断裂现象，诸多传统文化事象面临代际传承的困境。人们的价值观单一，很多具有正能量的传统观念受到挑战，原有的乡村秩序受到消解，而新的社会秩序又有待建立，甚至有人惊叹中国乡村正在从"乡土中国"走向"混凝土中国"，诸多优秀传统文化和文化传统已经荡然无存。农村文化是中国文化的"根"和"系"所在，这不仅涉及文化的消解，还关乎农村社会甚至整个社会的稳定和发展。农村社区与传统文化的断裂问题，受到越来越多有识之士的关注，因为这不但关系当代，更涉及未来。

（二）农村社区"空心化"、家庭"空巢化"问题

当前农村"空心化""空壳村"问题，是一种普遍现象。可以说，在中国目前近60万个行政村中，有相当大的比例属于这种村落，特别是中西部地区农村，所占比例尤为突出。"空心化"，突出表现为村落人口的空心化，即很多村落大量的青壮年出外务工，仅有老人、妇女和儿童留守在村落。当然，我们并不是一味地反对农民外出务工寻求生计，这本身就是他们的生活需要和生存权利。外出务工在农民增加收入、开阔眼界、积累经验、提升能力等方面均有积极作用。但随着时间推移，不少严重的问题就产生了。

我们看到不少"空心化"村落，许多家庭剩下老人独处一屋，即便抛开经济问题不说，老年人的生活起居等方面也需要年轻人的照料；村落社区原有社会关系的维持和延续，需要年轻人来承接；村落公益事业需要人承担，农村公序良俗的形成、维护、发展要有传人。但是，这些皆由于农村大量青壮年外出而陷入困境。

（三）农村社区产业结构调整问题

农村产业结构调整，是当前中国社会的重大问题，在中西部地区表现得尤其突出，主要反映在产业结构单一上，不少农村仍然是以粮食种植为主的

单一农业结构。农村产业结构的调整，不仅要调整农业产业内部的结构问题，还要对农业、农村工业和农村服务业三者之间互不协调的状况进行调整，同时改变各行业内部的关系。这些调整，一方面涉及农民对现代农业技术、农村工业技能、农村服务业等方面的了解和技能掌握的问题；另一方面，要求农民在传统农业生产理念和生计观念方面有显著转变，以便提升其生产技能和市场适应能力。而这两方面目标的实现，除来自外部力量的倒逼和冲击外，其村落社会内部也应有一定的应对机制和举措。

（四）农村社区农民能力建设问题

当下社会十分重视人们各方面的能力建设及其研究，对于农民也不例外。在当前社会发生深刻变化的情况下，农民的能力不能停留在以往"农业社会"的状态，必须与时俱进地进行调整和提高。根据中央提出的要加快构建一支有文化、懂技术、善经营、会管理的新型职业农民队伍，农民的学习能力、文化能力、思维能力、合作能力、创业能力、管理能力、经营能力和生态建设能力等方面，都应因人而异、因地制宜、因时而变地加强培训，而这需要增强村民的内发动力才能得以实现。

（五）农村社区治理体系问题

党的十九大报告指出，要健全自治、法治、德治相结合的乡村治理体系。这是中国社会对乡村治理提出的新要求。建设"三治结合"的乡村治理体系，需增强农民的自我管理、自我服务能力，提升乡村治理法治化水平，充分发挥德治在乡村社会治理中的基础作用。但是，当前农村的现状是：不少农村自我管理、自我服务的能力不强，难以跟上新时代社会发展的步伐，甚至有些农村处于无序、失序的状态，村民的利益诉求缺乏适合的表达渠道和平台，村民致富的渠道尚需拓展和稳定；村落内部管理水平不高，且随意性比较大，甚至还存在少数人控制村落事务的现象，有些甚至偏离了法治的轨道；村落内部优秀传统文化和文化传统不能得到发掘和延续，社会主义核心价值观的教育尚需开拓多种形式和扩大效应，村落亟待建立良好的教化环境和形成正常的社会公序良俗。

乡村振兴最终归结点是人的提升和振兴，只有如此，才可促进农村社区的可持续发展。1978 年以来，我国经济发展成就举世瞩目。城市发展获得

11

了空前进步，但广大农村地区的发展却较为缓慢，有些地方甚至出现停滞和后退。我国当前最大的发展不平衡，仍然是城乡发展不平衡；最大的发展不充分，仍然是农村发展不充分。为此，中央提出了乡村振兴战略。乡村振兴是全方位、深层次的振兴，关键是人的振兴。一方面，需要国家宏观政策制度的调整；另一方面，需要在具体村落社区中将中央政策与本地实际结合，形成更多有启示借鉴的经验。这就需要我们及时研究当下具有启示意义的实践案例。

三 中国农村教育的"问题"

中国农耕社会的基础在农村，农耕社会的村塾、书院及其相关社会教育等都是围绕礼仪教化来展开的，这构成了传统乡村教育的基本特点。及至近代"识字学校""工学团""劳动教育协会""劳动大学"等教育形式的出现，皆是如此。1949年以后，"夜校""扫盲班""农业中学""义务教育""县级职教中心"等兴起，虽然它们在一定程度上可起到增加民众知识量和拓展知识面的作用，但这些形式的教育更多是"知识论"意义上的教育。中国社会的诸多优秀文化和文化传统随着这种教育形式的深入推进而逐渐消解，或其存在空间被大大压缩。农村教育走上单一化的路径，不仅其本身存在着很多问题，而且对整个乡村社会亦造成诸多影响。

（一）"农村教育"理解的狭隘化

很多年以来，人们往往将"农村教育"等同于农村学校教育，由名称而衍生出狭隘化的理解和实践。其实，传统乡村社会的教育，除学校教育之外，还包含民俗、礼制、生计等方面的教育内容。借鉴人类学的视角，学校教育只是文化濡化的一种特殊安排和特殊形式。人们生命个性的社会化养成、职业生计的代际传递，都是由教而化之的渠道、方式、平台和环境来完成的。人类学研究的教育，一方面关注传递特定文化传统的部分；另一方面亦注意它们特定的教育（包括教养）方式。"农村教育"理解的狭隘化和具体实践，给乡村社会造成了如下三方面的负面影响：①遮蔽了内蕴于民众日常生活中的民俗、礼制、生计教育对其心性的养成和对生活技能的培育作用；②导致乡村学校虽然在物理空间上"在场"，而实际功能却"非在场化"，割裂了农村学校与所在村落社区的关系；③存在教授的内容与学生生活环境释放的文化知识信息相排斥、相对立的现象，在乡村社会中引发"读书无用论"。

（二）农村教育城市中心主义取向的问题

农村教育的城市中心主义取向，主要表现在三个方面：①教材或课程内容设置的城市取向，许多内容远离农村学生的生活环境。当然，不少内容对于农村学生学习知识、开阔视野，是必要的，但涉及农村学生身边的自然生态和人文社会的内容就比较少；②当下农村教育的"县城化""城镇化"，虽然使农村学生的就学环境得到很大改善，但也造成农村社区人口的政策抽空、文化的代际断裂，使农村社区更加"空心化"。而且一旦"学校离村"理念在地方政府"节约教育成本"理念的支撑下迅速扩展开来，其最终结果是大量乡村学校急速消亡，进而在很大程度上使村落消亡、农村社区瓦解加速、农村文化"失地"、中华文化生态遭遇破坏和农村少年健全人格培养"土壤"缺失等问题；③即便是扩展意义上的农村教育，即农村社区教育，往往也不考虑农村社会的实际情况，将西方社区教育和中国城市社区教育的做法硬性植入其中，也表现出城市中心主义的取向。这些使得沉淀在农村的优秀传统文化和具有民族智慧、乡村智慧的好经验、好做法被湮灭。与以上三种"去农化"做法不同，号营村学校教育在与社区互动，学校空间在场化、功能在地化，以及扩大意义上的农村社区教育等方面的教育实践，对我们回应农村教育城市中心主义取向的问题具有启示意义。

（三）新农村建设与对人的教育断裂的问题

新农村建设需要与对人的教育相衔接，但目前的新农村建设"见物不见人"的情况比较突出，不重视对人的教育，或对人的教育尚未真正达到化民成人的效果。质言之，当下的新农村建设更多的是"物的新农村建设"，还需要大力地推进"人的新农村建设"。乡村治理应当及时从对"物"的改造转向对"人"的培育，将村民培育成有文化的人。这需借助村落社区的教育，如此方能遏制乡村治理中"人""物"不齐的主体弱化趋势。"人的新农村建设"需要解决三个问题：一是要思考如何将人留在农村，特别是留住一部分致力于乡村建设的年轻人，解决农业和乡村后继乏人的问题；二是乡村建设要满足村民的生产与生活的需要；三是要有助于提升村民素质，特别是要培养爱农业、懂技术、会管理、善经营的新型职业农民。新农村建设与对人的教育断裂现象在具体村落社区里，往往表现为村庄发展不充分、阶层分化较严重、村民合作机制缺失等方面。诸如此类现象的出现，皆可追溯到村庄发展过程中的"强经济"诉求。

（四）"农村社区教育"尚未纳入现存教育体系

在中国传统基层社会，所谓"皇权不下县"，是指在农村社会空间里没有政权管理机构，但王朝的诸多制度是下沉到下层社会的，社会秩序的形成和人们对规则的尊崇，更多的是借助乡村社群——士绅阶层通过"教化"的手段来维持运行。这其实是真正意义上的、广义上的"大教育"，是真正在推行对所有人的教育，它渗透村落社区系统的各个方面。此时，"教化"既是教育的手段，也是村落治理的手段，二者合一。

当下的农村教育，化约为一种以单纯获取知识为基本诉求的教育。民俗、生计、礼制等方面教育的缺失，加之城乡二元体制的存在，导致城乡收入差距较大，大量农民进城务工，乡村社会"空心化"。大量青壮年的外出，导致留守儿童无人管教、留守老人难以顾全自己生活等问题。农村自然生态的破坏、文化传统的消解、公共生活的缺失、心态秩序的混杂，生活在其中的民众是直接受害者。这对农村未成年人的负面影响尤其显著，他们正在失去农村社会对他们生命悉心的、整体的呵护。在物质层面上，他们可能拥有更好的生活条件，但并不能弥补父母缺位给他们带来的心灵创伤。

目前，一些有识之士力推的"农村社区教育"，仍然处在一种碎片化的状态，一个包括全体村民在内的"农村社区教育"尚未真正推行，更没有作为一种教育类型纳入现存教育体系。其实，至今农村内部尚存的一些教育资源及其形态尚需引起人们的高度关注，只有如此才能着力改善和重建农村的公序良俗。

本课题以号营村为个案，在中国大教育史视野下，着力进行一种超越狭义乡村教育观念且具有社会整体关联性的基础性研究，探究乡村教育形成的历史缘由、主要类型、实践走向及其在当下的教化育人作用。

四 本课题的问题意识

以"农村教育""乡村教育""村落教育""农村社区教育"等为关键词，检索到的相关研究成果，主要集中在对民国和20世纪以来的乡村教育研究上。民国时期涌现出梁漱溟、陶行知、黄炎培、黄质夫等乡村教育思想家，这一历史阶段主要是由政府发起的、由乡村教育家在全国各地推行的乡村教育运动。当下的学者对此阶段的资料整理和学术研究成果较多。21世纪以来，由于现代化、城市化的深刻影响，农村社会问题频现，一些有识之士在农村进行了相关的教育改革实践，而另一些人员则展开了乡村教育研究。就成效来看，前一方面有所推动，但成效并不明显，后一方面可谓数量惊人，但真正有效的对策性成果或理论性成果却不多见，其中以村民作为教育实践主体的研究成果则更为乏见。

我们认真梳理了屯堡研究的成果，有少数的涉及屯堡教育，但其中主要表现为向外的一端，即研究屯堡历史上的科举教育、科举家族、科举人才等属于精英教育的人物和事迹，而扎根基层的一端，即关注村民教育实践的成果则极为少见，这方面本应是关注屯堡教育的重点，却反而被忽略。

本课题根据中国农村教育的实际状况，针对农村教育和屯堡文化研究的现状，结合号营村的村落特点，将目标集中在农村社区教育的主题上，反思和回应我国农村发展中存在的一些问题。本课题虽然就具体村落进行个案研究，但号营村建基于教育自觉和教育实践之上的社区教育体系，可为我们回应当下农村的诸多重大问题提供重要启示和借鉴。

（一）农村教育的窄化问题

当下的农村教育，很多人往往将其等同于农村学校教育，这种看法存在着以下三个方面的问题：一是忽视了农村学校教育与农村社区的直接关联；二是忽视了农村社区教育除了学校教育之外，还有其他社会教育类型或者相关资源；三是忽视了当下农村教育的"县城化""城镇化"实际上是对农村社区的人为抽空，农村社区更加"空心化"。

号营村有着学校教育、生计教育、礼制教育、民俗教育等多种教育形态，并且这些教育类型撬动、激活了村落社区，成为参与村落发展的重要资源。这一案例使我们可以回应农村教育窄化的问题,关注如何走出狭隘的学校教育观,如何发掘社区教育资源、聚焦村落发展目标,从而构建一个相对完整的实践教育体系。

(二) 教育的根本目的问题

立德树人是教育的根本所在。但当下的教育特别是学校教育,更多的是一种知识论意义上的教育,更多着眼于知识的外显传递、分数的提高、升学的追求和就业的需要而展开,此种以"道德缺失"和"功利化追求"为基本标志的教育理念已成为社会普遍现象。

号营村学校教育与全国众多的学校教育有着共性的方面,主要是在制度化教育机构中展开儿童教育,这是教育的最狭窄定义。但号营村的学校教育也有其个性化特点,即学校在村落社区空间既是"在场的",又与村落社区是互动的,并不是像其他很多学校那样是空间的"在场化"而功能的"非在场化"。生计教育主要关注村民作为正式劳动力的生计技能的传递和市场能力的提升。号营村形成"人力资源的分流-衔接机制",即囿于人地关系矛盾,努力发展学校教育,鼓励学生通过中考、高考等渠道进入体制内的单位工作,缓解人多地少的矛盾。而对于不能进入体制内的人员,则通过生计教育的渠道让他们学习从事蔬菜种植、建筑工程或经商等来获得生存之道,既解决了村民的生存和致富问题,又调整了农业产业结构,解决了村民"本"的问题。礼制教育则更多涉及个体与村落社区之间的关系,号营村建构了家庭、宗族、社区等不同层面的道德教化内容和基本框架,为村民解决了"根"的问题。民俗教育则是通过花灯、地戏等具体文化事象的实践,展示村落的文化风貌和文化实力,连接当下与传统,它实际上直接勾连号营村与外部社会。上述四种教育形态,皆可用号营村民常说的"教愚化贤"一词来概括,这与"立德树人"的教育根本目的是一致的。

(三) 村落社区主导价值失落的问题

由于整个社会环境的功利化,导致不少农村社区和乡村民众产生了片面逐利的价值取向。再加之一些村落文化的空心化,传统文化的断裂、坍塌,文化娱乐生活的缺失,赌、黄、毒、黑等社会风气的存在,导致社区主导价值缺失。

第一章 导论：超越城乡与村社教育 ○ 中国百村调查丛书·号营村

号营村恰恰相反，教育是全体村民的最大公约数，村落社区价值观念和社区精神清晰可见，社区形象不仅得到周边村落的认同，也得到政府、社会、市场的认可。乡村振兴战略不仅是物质方面的振兴，更是精神层面和主导价值的振兴。号营村"教育兴村"的案例，可为我们思考相关问题提供现实参照。如村落社区价值观念和社区精神是如何形成的？其作用表现在哪些方面？其社区形象又是如何积淀而成？对诸如此类问题的研究和思考，有助于在当前社会背景下为绝大部分村落社区走出困境探寻合适的路径。

（四）乡村治理的内生性资源和外部资源的结合问题

民国乡村建设运动、乡村教育运动的弃本土化知识问题，不注重挖掘和培育内生性资源，所以，本质上是一种自外而内的乡村运动，难以扎根和可持续进行。当年，晏阳初的定县模式或"青年会式"、梁漱溟的"邹平模式"或"孔家店式"、陶行知的"晓庄模式"、黄炎培的"徐公桥模式"、高践四的"无锡模式"、卢作孚的"北碚模式"等，尽管提出了诸多思想，也展开了一系列的乡村教育实践，但总体上不太成功。它们更多的是一种外部的输入，农民缺乏教育实践的自觉性，也难以与农民的生计和教养进行可持续的结合。因此，难以在广大农村真正扎根和得到拓展。

本课题研究的号营村，更多的是农民的一种内生性的自发行为，其"贴着时代走"（村民话语）的精神和智慧，使他们能将内外之间的资源进行有效整合，使村落社区形成一个可持续的发展动力机制，从而推动村落的整体发展。关于外部知识分子参与村落社区建设的问题，从号营村走出去的知识分子关注、支持村落发展，他们既有外部知识分子的眼光和资源，同时由于有了根的依托，形成了一支稳定的、可靠的、可持续的力量支援村庄建设。这或许与传统乡贤"告老还乡"的城乡之间循环机制有些相似，虽然人不一定还乡，但知识、资源实现了还乡。号营村的案例，为我们回应乡村治理的内生性资源和外部资源的结合问题提供了很好的范例。同样，也为我们思考如何培养"有根的人"和如何建设人的精神家园提供了经验。

本课题基于号营村案例承载的主要信息，分析其形成的运行机理，力图在上述问题上得出一些认识，从而彰显扎根基层的生动教育实践，为反思当

17

下的农村社区教育的诸多重大问题提供启示和借鉴。

第二节 研究过程和总体思路

一 研究过程

(一) 调查过程

1. 调查前的工作

本课题在立项之前，课题组部分成员曾多次赴普定县号营村展开调查研究，并在此基础上进行课题论证，最后将申报书上报总课题组。2013 年 6 月课题立项之后，课题组成员检索相关研究文献，认真阅读并消化已有相关研究成果，并经过多次讨论，设计出 30 多个调查表和 7 份访谈提纲。

2. 正式调查

(1) 第一次调查

2014 年 10 月 1~7 日，利用国庆长假，课题组负责人张定贵及吕燕平、吴羽、陈斌等，带领安顺学院学生范悦、林春桑、尚仕松、陈毅、刘俊、龙秋香、罗勇、刘志红等，赴号营村展开首次调查，采集到诸多号营村的基本信息，加深了对调查村落的认识。

2014 年 12 月 25~27 日，课题组总协调人孙兆霞及研究团队曹端波、卯丹、陈志永、张定贵、吴羽、吕燕平、陈斌、赵世钊等 14 人，在安顺举行课题讨论交流会，并赴号营村现场考察，针对以后的研究工作进行专题讨论和具体安排。

(2) 第二次调查

2015 年 5 月 18~25 日，课题组再次对号营村展开调查，课题组总协调人孙兆霞及研究团队曹端波、卯丹、陈志永、张定贵、吴羽、吕燕平、陈斌、赵世钊、彭建斌、陈发政、方莹，贵州民族大学研究生翟静，安顺学院学生陈毅、刘俊、龙秋香、王灿、蒋友琪、安林江，共有 18 人参加。本次调查在上一次的基础上，采集到更为丰富的基础资料，完成了基本的田野调查工作。

3. 资料整理

经过总协调人和参与调查的全体师生的共同努力，通过两次的正式调查，本课题完成了如下工作。

①对号营村村干部、文化传承人、蔬菜种植户、经商人员、建筑工程人员和一般村民等进行深度访谈，获取大量一手材料。

②完成建筑队、蔬菜种植户、1949年后考入大中专学校人员等30多个调查表格的填写。

③收集侯、肖、刘、张、杨、钱6个姓氏的家谱。这几大姓氏与号营村的历史过程紧密相关，收集其家谱不仅可以管窥村落历史，亦可借此把握"村民—家族—社会—国家"之间的关联。

④采集号营村落环境、成果荣誉、党务行政、传统建筑、家谱碑刻、文化活动、民生状况等方面图片5000多张。

⑤收集号营村自1991年以来的诸多档案资料，这对于本课题的开展亦是重要的原始文献资料。

⑥完成田野调查访谈录音的文字录入，总计逾106万字。

4. 补充调查

2016年1月15~20日，课题组成员张定贵、吴羽、吕燕平、陈斌等，带领安顺学院学生陈毅、刘俊、龙秋香等10人，对号营村进行补充调查，进一步收集资料，同时加深对村民生产生活的体验和理解。

2016年国庆期间，陈发政等课题组成员到号营村进行补充调查，完善相关资料。

2018年5月，张定贵、吕燕平、吴羽、陈斌对号营村再次展开补充调查，针对民俗教育对肖国昌、侯祖祐等人进行深入访谈。

（二）课题写作

2016年初，本课题根据写作提纲进行任务分工，课题组成员各自写出初稿。2016年暑假，课题组成员张定贵、吴羽、吕燕平、陈斌、彭建斌、陈发政等前往安顺市西秀区旧州镇集中进行为期15天的写作，进一步推进写作进程，最后汇总出本课题较为完整的草稿。经过总协调人孙兆霞对各章节的阅读和与课题组成员的交流，2018年4月，孙兆霞、张定贵、吕燕平、陈斌再次到旧州古镇集中进行 20 天的封闭写作，调整相关章节，进一步提炼相关概念。

（三）学术活动

1. 写作提纲专题讨论

根据号营村的特点，本课题将研究主题聚焦为"乡村教育"。紧紧围绕"乡村教育"，撰写提纲、组织课题组成员深入交流讨论。据不完全统计，课题组成员对写作提纲进行了十余次的深入专题讨论。

2. 王春光老师等到号营村现场指导交流

2016 年 7 月，王春光利用在贵阳、普定参加"生态文明国际论坛贵阳会议"的空余时间，和其指导的农村社会学博士单丽卿，与课题组成员孙兆霞、张定贵、吴羽、吕燕平、陈斌等赴号营村实地考察，与村干部、村民进行交流，与课题组成员围绕乡村教育展开交流讨论，并就有关问题进行指导。

3. 杜应国老师到旧州镇的专题研讨

2018 年 4 月，课题组成员集中在旧州写作期间，邀请贵州省文史研究馆特约研究员杜应国老师到旧州进行专题讨论。杜应国老师根据已有的写作草稿，建议全书的最终诉求可定位于村民精神家园的建构，使本课题具有更大的学术意义和实践价值；借鉴路易·阿尔都塞"意识形态褓襁"的概念，针对号营村的民俗教育，提出"文化褓襁"的概念；考虑号营村教育的特色，建议使用"村社教育"概念，以对号营村诸多教育形态进行总的概括和提炼。课题组虚心吸收其建议，对相关章节进行调整，最终以"屯堡村社教育"总括全书。

4. 参加相关学术会议的交流

在进行号营村课题的研究阶段，课题组成员除积极参加 2015～2017 年各届"百村调查"年度会议外，还参加国内相关领域的学术会议。如 2015 年屯堡学国际学术研讨会、中国社会学会 2016 年学术年会、中国明史学会 2018 年学术年会及屯堡研究分会成立大会等，就相关问题在会上与参会学者进行讨论。

二 研究方法

（一）理论分析视角

1. 整体性研究视角

整体性研究是社区研究常用的视角。我们将号营村落社区视为一个整体，研究其各个方面及其相互关系，考察各方面因素对村落社区的影响。社区研究经过一百多年的沉淀，已形成三种取向：地域与区位研究取向、人群与心理研究取向、制度与文化研究取向。本课题主要借鉴制度与文化取向，并兼顾其他研究取向，最终将其具体化为以大教育视野为观照，考察号营村涉及教化育人的诸多资源、形式、渠道。为便于陈述，本书将其分为学校教育、生计教育、礼制教育和民俗教育四个部分，探究号营村农村社区教育的整体运行状况。当然，本书以大教育视野对号营村进行研究，并不是只研究与大教育相关的方面而舍去其他要素，而是说以这种视野为总体观照，兼顾村落社区的其他要素，从而有侧重地完成对村落社区的整体研究。

2. "结构－制度"视角

"结构－制度"的视角，是在社会结构理论和"新制度主义"学派的基础上，经过不断发展充实而形成的社会分析方法。其既擅长于从结构的角度来观察社会，又能兼顾制度的视角，对相关社会现象进行宏观意义上的阐释。强调结构和制度因素对人的行为的"刺激、引导与约束作用"，主要倡导者有李路路、李汉林、张静等人。

但是，我们认为上述框架也有方法缺陷，其没有看到社会或社区成员的实践主体性方面，结构实际上已经包含了制度等方面因素，而实践是结构的能动性层面，具有更多的开放性与弹性。对于号营村来说，村民本身在学校教育、生计教育、礼制教育、民俗教育等方面所表现出的实践主体性和能动性，对村落的影响都是不容忽视的。因此，基于"结构－制度"的思维框架，本课题借鉴布尔迪厄等人的理论思想，加入实践分析的视角，形成既注意"外源性"的社会结构，又注意"内源性"的村民实践的理论分析视角，如此，则可以较为全面、系统地分析号营村落社区教育。

3. 人的社会化视角

关于人的社会化的定义，社会学界有一个大体共识性的界定："它是一个人学习社会的文化、增加自己的社会性、由生物人变为社会人的过程。"[①] 其他类型的书籍也大致做如此解释。本研究注意在研究中融入这一理论视角，一是注意考察村落文化对人的早期社会化的影响；二是注意考察村落文化对在村成年人和在外成年人的继续社会化的影响。其实，社会学关于人的社会化研究的三个角度，即个性发展的角度、文化的角度和社会结构的角度，我们认为在号营村这一案例中都有体现，但更主要是社会结构的影响，这与"结构 - 实践"视角亦是一致的。从个性发展的角度来看，人的个性形成与社会化有着重要关联；从文化的角度来看，个体学习和认同文化与社会、社群对其实施的社会化举措密切相关；同样，成为合格的社区成员和社会人，社会结构本身及其相互之间的作用非常关键。我们认为，号营村社区教育体系的基本内容，与其社会结构的构成是一致的，它对村民甚至在外打工、经商和工作的人都有持续的影响。

4. 国家与社会、城市与乡村、传统与现代的互动视角

号营村作为一个村落整体，其外部有着一个更大的社会系统，村落社区的运行离不开与外部系统的互动，特别是该村以"教育立村"为主要目标，这就涉及与外部知识、信息、资金、人员等资源的互动。为此，我们着重考察三对关系，即国家与社会、城市与乡村、传统与现代的互动，从而更好地理解村落社区教育的发展。

(二) 资料收集方法

1. 访谈法

对号营村的村干部、学校教师、学校负责人、文化传承人、蔬菜种植户、经商人员、建筑工程人员和一般村民等人进行深度访谈，发掘更多不为人知的"故事"。呈现村干部、村民精彩的农村社区教育实践，探究事件背后深刻的社会结构因素及其形成的实践经验。

---

① 王思斌：《社会学教程》（第四版），北京大学出版社，2016年，第46~47页。

2. 文献法

本课题主要集中做好两个方面的工作：一是收集有关乡村教育、农村教育、村落社区教育等内容的主要研究文献。通过文献检索，努力做好"文献查旧"即是"文献查新"的工作，发现有待研究和深入探讨的问题，尽力避免研究陷入"低水平""重复""相似"的同质性状态。"以终为始"，找到别人研究的"终"，找到本课题着力的"始"，形成新的研究起点，以确立最终成果在既有学术版图上的"合法性""正当性""创新性"。二是收集村落主要家族侯、肖、刘、张、杨等家谱及村落公园建设、基础建设、村民培训等档案资料。这些相关原始文献资料的收集，为我们研究农村社区教育实践提供了重要的基础资料。

3. 调查统计法

通过访问村干部和村民，制作了关于低保户、打工人员、大中专学历人员、村民建房、建筑人员等的30多个统计表，这为课题组了解村落的基本信息提供了重要的数据支撑，亦能分析背后一些深刻的社会历史因素。

三 基本内容

（一）基本概念

1. 关于"教育"的定义

关于"教育"的定义，可谓仁者见仁、智者见智。顾明远将其定义为"传递社会生活经验并培养人的社会活动"[①]。当然，由于不同人对生活经验的理解存在差异，导致其在设计此种培养人的社会活动内容时表现形式各异。故此，可对教育做类型学意义上的划分。"通常认为，广义的教育，泛指影响人们的知识、技能、身心健康、思想品德的形成和发展的各种活动。产生于人类社会的初始阶段，存在于人类社会的各种活动中。狭义的教育，主要指学校教育，即根据一定的社会要求和受教育者的发展需要，有目的、有计划、有组织地对受教育者施加影响，以培养一定社会（阶级）所需要的人的活动。是人类社会发展到一定阶段的产物。特指义的教育，指有计划

[①] 顾明远：《教育大辞典》，上海教育出版社，1998年，第725页。

地形成学生一定的思想政治观点和道德品质的活动。与德育同义,如'教学'的教育性,多见于与教养、教学并用时。"①

本书取广义教育的含义,因为我们认为,学校教育只是人的生命历程中的一个阶段性活动,其实人生时时处处都需要教育。特别是,当下社会是一个终身学习型社会,一个人不仅要不断地接受新的知识技能,还要面对出现的诸多社会问题不断地调适自己的思想、提升自己的心性,以适应社会的巨大变革,并为社会的良性运行做出自己的努力和贡献,构建可持续发展的精神家园。同时,根据号营村的实际情况,也只有使用广义教育的含义,才能更好地呈现和研究村落社区丰富而生动的教育图景。

2. 四种教育的界定

(1) 学校教育

学校教育是与社会教育相对的概念,其含义在当下社会最容易形成共识,学校教育的含义大致是指在学校有计划、有组织、有目标地传授知识的过程,包括教育者、受教育者、教材、课程、学科、考核评价等几个要素。一般说来,学校教育包括学前教育、初等教育、中等教育、高等教育、职业教育和特殊教育等。

(2) 生计教育

关于生计教育,至今没有一个共识性定义。生计教育的提法,最早见于陆费逵1905年《论改革当从社会始》一文,"治国者……必先谋夫教也。生计教育得道,则人心必变而善;人心而善,则社会之风俗习惯良,而国家以立矣……中国衰弱之原因,其咎亦在女子无生计教育也。苟女子有生计教育,则现在可以助男子力之所不及,而将来之结果,则可培养新国民,而移风易俗而强国矣。"② 陆费逵先生论述了生计教育对人和国家发展的重要性,但并未阐释生计教育的内涵。

1971年,美国教育总署署长马兰(Marland S. P.)为解决职业教育与普

---

① 顾明远:《教育大词典》,上海教育出版社,1998年,第725页。
② 陆费逵:《论改革当从社会始》,载吕达主编《陆费逵教育论著选》,北京:人民教育出版社,2000年,第2页。

通教育一体化的问题，提出了生计教育的构想。此后，美国联邦政府在全国大力推行生计教育，一直到 20 世纪末仍在继续。其实，生计教育是一种扩大的职业教育，它在实施形式上要求把普通教育和职业教育结合起来。一方面把所学的知识运用到实践中；另一方面，在实践中不断地学习和总结经验，让工作现场成为教育系统的一部分，最终使知识、经验、工作密切结合起来。生计教育运动的推行，旨在引导青少年从"升学主义"的浪潮中转向"生计发展"的正途，为解决学校教育与社会生活脱节的问题、治理当时美国社会的"失学""失业"、稳定社会秩序起到了不可估量的作用。

马兰并没有为生计教育下定义，他认为定义要由全国的实践者、专家来给出。事实上，由于实践的不同，不同的人员对生计教育也有着不一样的定义。本课题在此借鉴美国联邦教育总署给生计教育所下的定义，"生计教育是一生的教育计划，其重点放在人的全部生涯，即从幼儿园到老年，按照生计认知、生计探索、生计定制与生计准备、生计成熟等逐一实施，使学生获得谋生的技能，并形成个人的生活方式"。[①] 只不过，为了方便研究，我们所称的生计教育的对象主要指号营村在村人员。

（3）礼制教育

中华古"礼"远远早于孔子而存在，尽管原初相当简陋，但它确实是先民处理人际关系的最早准则。后来，经过周公"制礼作乐"、孔子宣扬与践履，融入了儒家思想因素，再经过后来各派思想家的理论探索，以及政治家的推行与践履，中华传统礼制经过数千年的积淀与反复建构，已日臻成熟和精致。先贤孜孜以求的礼制，既是中国古代思想家的彼岸理想，也融汇着中华先民的追求与梦想。其中反映中华民族宽厚、平和、诚敬、谦让、慈爱、孝悌等品格的精华部分，早已成为民族认同与民族和谐的基石。

中华礼制几千年的传播过程，实际上就是以儒家礼制为主要内容的教育过程，但作为一种教育类型很少有人提及。本课题所称的"礼制教育"，是指借助村落公共空间，通过具体的文化实践活动，将国家礼制规范（传统的、现代的）向下移的过程和形态。换句话说，这种下移的结果即是国家礼

[①] 梁运佳：《职业教育从儿童起步——美国生计教育的启示》，《江西教育》2004 年第 3 期。

制规范的在地化。

这不同于费孝通所称的"礼治",其"礼治"是与"法治"相对应的。礼治社会和法治社会的根本区别,主要表现为维持社会秩序的执行主体和所依据的规章制度。《乡土中国》一书告诉我们,礼并不是靠一个外在的权利来推行的,而是从教化中养成了个人的敬畏之感,使人服膺。法律是从外限制人的,不守法所得到的惩罚,是由特定的权利加之于个人的。礼治在表面上好像是人们行为不受规律约束而自动形成的秩序,其实只是自动的服于成规。而本课题所称"礼制教育",是通过村落硬性约束将中国传统社会和现代国家关于"礼"的内容和精神在地化的过程。

(4) 民俗教育

关溪滢在梳理钟敬文民俗教育思想的过程中,发现民俗教育除具有教育的共同特征之外,还具有如下四方面的独特属性:①民俗文化是传统文化的组成部分,是进行文化教育的重要内容;②民俗文化在人类初期和文明国的下层民众以及当今教育体系中发挥着重要作用;③了解民众生活模式和民俗文化具有特殊的教育意义;④民俗文化教育具有自然结合性、社会参与性和全面规范性的特征。[①] 从上述观点中看出,钟敬文先生认为民俗教育是一种教育类型,也是一种重要的教育资源。

柯玲认为:"民俗教育从属于广义的教育,但与狭义的学校教育又有不少类似或交叉的地方。如果把教育划分为学校教育、家庭教育、社会教育的话,那么民俗教育则是一种以风俗教育为主,渗透于家庭教育、学校教育和社会教育之中,对于影响和规范人们的思想行为具有极其重要意义的一种教育形式。"[②]

本书借鉴钟敬文的思想和柯玲对民俗教育的定义,将民俗教育与学校教育、礼制教育、生计教育并列,作为一种独立的教育类型来考察,并且主要是研究针对全体村民的民俗教育,主要包括地戏、花灯等内容,不专门研究与学校教育交叉的部分,比如民间文化进校园活动(开展文化活动、进课

---

① 关溪滢:《钟敬文的民俗教育观》,《中山大学学报》(社会科学版) 2002 年第 4 期。
② 柯玲:《民俗教育原理》,光明日报出版社,2015 年,第 1~2 页。

堂、编制校本教材等）。

（二）基本章节

第一章——导论：超越城乡与村社教育。介绍号营村课题的研究缘起，与贵州第一个百村调查课题研究的九溪村的异同，梳理中国农村出现的问题和农村教育存在的问题，以及本书需要回应的重大问题；介绍研究的基本方法和主要的研究意义。该章重点介绍号营村与九溪村均属于乡民社会，但在此基础上呈现号营村的独特性，并以此潜在地对接要回应的问题，以及针对号营村的农村社区教育提出了"村社教育"的概念，以此凸显该村农村社区教育实践体系的独特性和有可能形成的重要意义。

第二章——号营村的时空背景。主要介绍号营村依托的地理历史背景。一个地方的人与环境的关系，即地理学上所说的"人地关系"，不仅包括人类与自然环境的关系，也包括人与人文环境的关系。而人文环境与当地人的历史渊源、周围人群的关系等有着重要的关联。这是屯堡村社教育形成的时空背景。

第三章——生计教育：有根生计与教育。该章分别对号营村蔬菜种植、小建筑包工、经商贸易三种主要生计方式的演进进行考察，并从村民与土地、市场的关系变迁中凸显生计教育的内涵和特征。在此基础上，聚焦到生计实践与村落社区的关系，凸显该村的生计教育内蕴着一种人力资源的"分流－衔接机制"。

第四章——礼制教育：礼制秩序与社区治理中的教育。该章以号营村文化实践活动为主要视点，从牌坊、家谱为承载和传导渠道，以整合、校正全体村民行为规范的公共活动维度，呈现国家礼制如何传递到民间社会、如何与民间社会建构新的礼制和治理主体在地化内容。号营村的礼制教育过程，其实就是一种典型的乡村治理过程，这是村落社区运用国家礼制规范来实现礼制教育和乡村秩序再生产的基本机制。

第五章——文化襁褓：传统基底及情感牵连。该章借鉴路易·阿尔都塞意识形态襁褓的说法，认为在号营村的村社教育中，民俗文化教育的长期积淀和持续影响，形成了一个有助于人的精神成长的"文化襁褓"。该章主要从民俗文化教育在公共知识、公共活动、公众空间对人的教化作用来进行呈

27

现，力图反映村落社区文化襁褓的存在和作用。通过研究，笔者认为"文化襁褓"是一个由公共知识、公共活动、公众空间、乡村社群四个相关互联要素构成的结构性民俗文化系统。

第六章——学校教育：体制嵌入及村校形塑。在体制嵌入的社会背景下，该章从"村校一体"和"村落共同体"的视角，追溯号营村学校教育的发展历程，重点分析村落社会与号营村学校100多年的互动过程。从升学率、个人成长、情感培育以及教育景观和社会资本生产等方面，分析号营村学校教育的制度性产出和非制度性产出。号营村以积极参与乡村教育的方式达成共识，形塑出新型的村校关系，重新建构乡村社会治理中的群众基础，亦可以此反思当下的撤村并校现象。

第七章——关于"开放的乡村教育"的探索与对话。该章认为在对号营村案例进行总结时，需要一种比较的、对话的机制。为此，特别呈现陕西省榆林市佳县泥河沟、贵州省正安县等地推行的"田字格"助学模式和凯里市的岩寨村三个自外而内的教育案例，完整地呈现了当前中国乡村"破败"与"教育兴村"的现实。通过比较，让人们看到"教育"与"社会"的重要关联，使人们更有时代感地认识整体性教育的社会本质和社会作用；在城乡互动、上下勾连、结构嵌构、立体演进的有全局、有重点、有极向、有牵连机理的实践操作考察中，更有效地深化对号营村教育实践体系的表征力和解释力。

第八章——结论："人"的成长与屯堡社会。该章强调号营村的社区教育实践体系与社区治理、乡村建设的内在关联，就其共同体中的教育资源平台打造的历史进程的开放性而彰显教育与社区公共空间的品质形成的关联及载体功能。该章认为号营村的教育实践体系具有超越城乡二元结构思维定式的重要意义，乡村基础教育问题不是学校自身问题，实质上是现代教育如何嵌入山地贫困社区的问题，单独依赖学校教育是不可能成为教育强国的，脱离社会的教育也会失去源头和活力。

第二章 号营村的时空背景

在村庄研究中,惯于从时间和空间角度,对村庄的基本情况进行概述。主要目的是将村庄置于一定的时代和地域背景下,以阐述其人地关系。诚然,这种人地关系"要远比其它动物与环境的关系复杂得多,它不仅包括人类与自然环境的关系,而且包括人与人为环境和社会环境之间的关系,同时也包括自然环境、人为环境和社会环境彼此之间的关系"。[①] 故此,本章就是在一定的时代和地域背景下,对号营村的自然环境、人文环境和社会环境进行社会学、人类学意义上的考察。本章主要包括两方面内容,即号营村基本情况、屯堡区域视野下的号营村,试图系统、立体地呈现号营村民生存的自然环境、社会环境,以及在此环境中以种植水稻为主要谋取生计资源方式所面临的挑战,并重点介绍村民应对挑战过程中所形塑的人文环境,试图通过这种方式彰显其人地关系的丰富内涵,为我们从教育角度聚焦号营村提供相应的时空背景。

第一节 号营村的基本情况

一 村庄的地理区位

号营村隶属普定县马官镇,东接下坝村、中坝村,西界六谷,南连马堡,北抵贾官村,与山脚村、荷包村毗邻。其地理位置(东经105°40′,北

---

① 方修琦:《论人地关系的主要特征》,《人文地理》1999年第2期。

纬26°13′）总体位于贵州省中部，东距省会贵阳90多公里，距安顺市22公里、普定县城10公里、距马官镇政府所在地仅1公里。

在历史上，号营村所在的马官镇区域，是安庄卫、普定卫交界处，也是西堡长官司、十二营长官司的接壤地带。从明朝统治者的角度来说，此地属于重要的战略要冲地带。

1949年后，村庄交通较为便利。首先，马（官）普（定）公路从号营村边缘穿过；其次，贵昆铁路、株六复线、安六城际铁路在东西方向上横穿马官镇，并且双（阳）黄（桶）公路、普（定）镇（宁）公路交织全镇。

从表面上看，无论是乡村公路，还是县级公路，抑或是跨省区的铁路，均未直接与号营村相连接。但是借助如下两方面条件，号营村的交通优势立即凸显出来：一是地近马官镇政府所在地的区位优势。马官镇作为一级行政机构，其所在地的交通条件，自然优于一般的村庄。号营村距离马官镇政府所在地仅1公里，从这个角度看，号营村自然可以享受到来自马官镇政府所在地便利的交通优势。二是借助辅道与主干道或者中心城市相连接。自村内天兴大道修建之后，号营村村民可以经由此道快速地进入马普公路，进而显著缩小与普定县城、安顺市的空间感。尤其是2012年"安普城市大道"建成开通之后，号营村不知不觉地就被融入"安顺半小时经济圈""贵阳一小时经济圈"之中。

号营村作为当前中国社会诸多村庄中的一个，鉴于其与中心城市较近的距离，以及便利的交通条件，可将其定性为地处广大中间地带的农村，即并非近郊农村，也并不属于偏远农村。总体而言，基于此两方面因素之上的村庄地理区位，一方面，可视为我们考察和理解号营村生存环境、社会生活和生计实践的空间起点；另一方面，更可视为号营村民进行社会交往、发展经济和塑造文化的积极因素。

二　村名缘起及变迁

（一）村名来源的民间叙说

关于号营之名的来源，目前尚未见到确证的文献记载。课题组在号营村田野调查过程中，共搜集到两种民间叙说。

其一，明朝号营说。据肖国昌讲述，明朝洪武年间的"调北征南"过程中，肖家老祖公肖授被封为"洪武将军"。因征战有功，战死之后，其子肖时荣（乳名阿号）被官封十二营长官司长官。原先驻扎于安顺东门坡一带，当时这一带皆是肖姓民众居住。后移师至号营村驻扎，当时该地不叫号营，后因为是阿号扎的营，故被称为阿号营。1949 年之后，"阿"字被去掉，直接称为号营。

其二，清朝阿格凸说。据号营村侯姓的家谱记载，在历史上，号营村为彝族先民居住之地，主要由土司统领。课题组在号营村田野调查过程中，一直致力于追问如下两个问题：①号营村原来叫什么名字？②彝族先民迁出号营村的时间、原因？对于这两个问题，所有的访谈人都未能给出明确的说法。只是告诉我们，号营村在清朝时被称为阿格凸，后来又改叫阿久寨。根据咸丰《安顺府志》中的记载，阿久寨曾被称为阿肘寨："阿肘寨，在治西四十三里。东北接下坝，东南接上坝，西北界镇宁贾官堡，北界郎岱新堡。"[①] 当然，无论是阿久寨，还是阿肘寨，何时被称为号营，仍然是一个谜。

（二）号营之名来源的逻辑分析

凭借上述两则民间叙说，尚无法判定号营之名的来源。但并非就说明这两则民间叙说毫无价值，至少其提供了如下四方面的重要信息："调北征南""十二营长官司""彝族""土司"。查阅相关文献记载之后发现，我们可以在一定的历史背景下，对号营之名的来源进行逻辑分析。

根据相关文献史料记载，在今天安顺地域内，确实曾经有彝族先民在此居住过。"蛮名普栗部（即播勒）又谓之罗殿国，领镇宁、永宁、习安三州。"[②] 通俗地说，播勒部作为彝族的一个分支，不仅曾经活动在今安顺一带，而且在此区域占主导地位。"播勒部的活动范围，以今贵州省安顺市的西秀区一带为中心，周边含普定、平坝、镇宁等县一带。"[③] 当历史时钟拨

---

① （清）常恩修、邹汉勋、吴寅邦纂《安顺府志》，安顺市地方志编纂委员会点校，贵州人民出版社，2006 年，第 149 页。
② 转引王继超《乌撒简史》，贵州出版集团、贵州民族出版社，2015 年，第 30 页。
③ 王继超：《乌撒简史》，贵州出版集团、贵州民族出版社，2015 年，第 30 页。

到明朝洪武年间时，居住在安顺地域的彝族播勒部分支的静好岁月被打破。朱元璋为完全控制西南地区，通过"调北征南"战争大举向西南地区发兵。安顺作为通往云南的重要通道，明王朝在此建立普定卫、安庄卫、平坝卫。今普定县所管辖的大部分地域，为当时隶属于普定卫的定南所所管辖，号营村应在其中。在这一历史背景下，原先居住在号营村或者号营村周边区域的彝族先民，迫于大量卫所屯军的压力，被迫迁居他处。

我们在号营村进行田野调查期间，在肖氏家谱中见到记载其始祖在明朝洪武年间进入安顺地域的情况，可视为此逻辑分析的间接证据。

根据号营村《肖氏家谱》记载，肖姓始祖肖授（字安民）就是在这种背景下进入贵州的。入黔始祖肖授，生于元至正十五年（1355）。明洪武十二年（1379），应试取中江西武举。在与元残军征战中初露锋芒，当年敕任湖广省云梦县（今湖北省云梦县）协台。明洪武十五年（1382），编入南征军，随元帅傅友德南征入黔。肖授领安顺军民府十二营长官司长官职，驻兵习安（今安顺）。洪武十六年（1383），肖授升副千户。洪武二十三年（1390），肖授执行明廷"土流并治"方略，以抚为主，稳定了土著，安定了社会，发展农耕，效果显著，升为正千户。

由此看来，前述两则民间叙说各有其合理性，但仍不能清晰地说明号营之名的具体来源。不过我们可以大致判断，号营村的形成与卫所屯军制度在安顺的建立应紧密相关。

（三）号营村名称的演变

虽然号营之名的来源无法确证，但自1949年之后，号营村作为行政村之名，一直延续到2015年。2015年，普定县实施"村庄撤并"政策，在这一过程中，号营村与毗邻的下坝村合并，新的村庄名为天兴村，是以两村寺庙的首字合并而成，即下坝村后的天龙寺和号营村内的兴隆寺之"天"和"兴"合并而成。此时，原先作为行政村的号营村变为自然村。但鉴于本课题在2013年进行研究设计时，主要是基于原号营村的实际情况和特点而设计，为确保课题设计的延续性，并深入挖掘号营村村民社会生活和生计实践的结构性特征，故本研究的田野调查仍在原号营村域内展开，本书中所使用的相关案例、数据等信息，皆是基于原号营村的实际情况而述及。

三 村庄居住结构及通婚区域

（一）村庄基本情况

根据 2015 年的统计数据，号营村共 587 户，计 1967 人，是一个典型的由多个姓氏组成的村庄。课题组在田野调查过程中了解到，截至 2015 年，号营村共居住着以侯、肖、钱、杨、刘、张姓等为主的 41 个姓氏的村民。当然，各个姓氏之间的村民数量呈现显著的结构性差异。最多者可达上百户，如侯姓，在 2008 年时就有 149 户，占比 45.43%。而最少者仅为一两户，如钱姓，才 2 户，占比 0.61%。另外绝大多数姓氏皆为一户。

这些村民分布居住在 13 个村民组中，前 12 个村民组为号营村在历史发展过程中自然形成的，而第 13 村民组则被号营村民称为移民组，即在 20 世纪 90 年代，由于修建梭筛水库，由普定县人民政府组织水库周边的村民在县内移民。通过田野调查了解到，号营村共接收来自不同村庄的移民 11 户，计 62 人[①]。主要有廖、张、田、石、杜、伍、高等姓氏。

全村民众以汉族为主，另外还有苗族、布依族居于其间，但占比很少。据不完全统计，苗族村民仅占 0.5%，布依族村民占 1.3%。这些少数民族村民，主要居住在移民组中。质言之，他们是原先居住在梭筛水库周边的民众，后因水库修建而移民至号营村。

（二）村庄居住格局

号营村并未出现"同姓聚族而居"的情况，而是各姓氏之间交错杂居。课题组在号营村田野调查期间，被访谈人皆乐于以村民小组为单位，为我们介绍相关情况。村民小组是国家控制乡村社会的一种手段，这在人民公社时期表现得异常明显。"村民小组成为了具有地缘性的经济共同体。但无论其社区性还是经济性，牌、生产队、村民小组的产生和变迁都与国家控制乡村社会相关。"[②] 从这个角度来看，在号营村民的潜意识中，以村民小组为依据的人群区分理念，强于以姓氏为依据的人群区分理念。笔者在统计号营

[①] 一说为 16 户，计 66 人。
[②] 于建嵘：《岳村政治》，商务印书馆，2011 年，第 370 页。

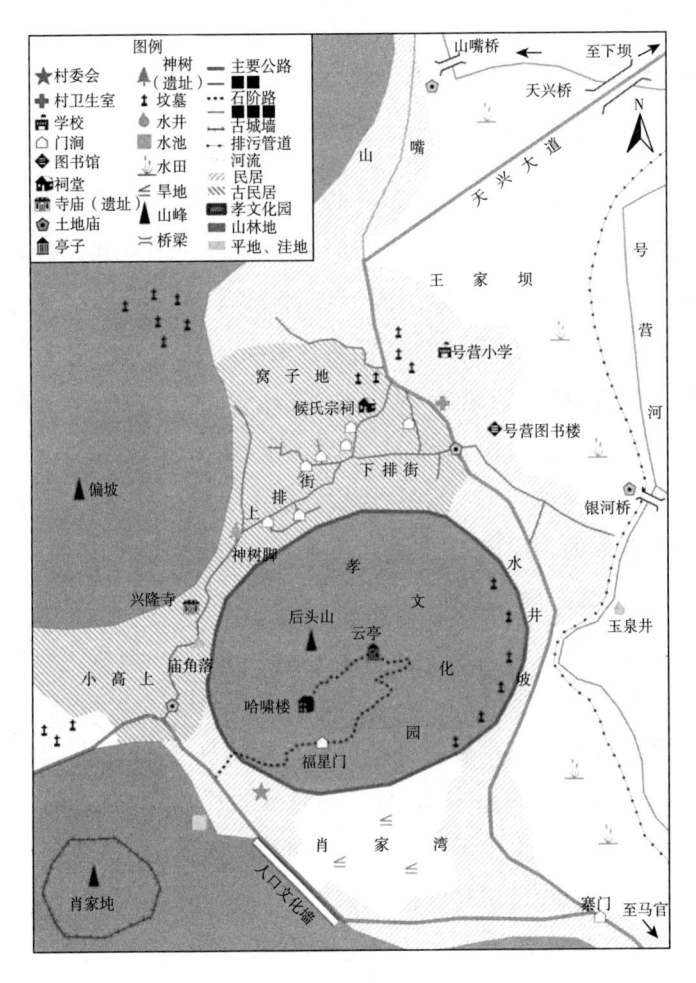

图 2-1　号营村落示意

制作人：郑杰　龙秋香　吕燕平　绘制时间：2015 年 6 月 4 日

第一村民小组的建筑工人情况时发现，42 个统计样本是由 12 个姓氏组成的。

表 2-1　号营村第一村民小组建筑工人分姓氏人数统计

单位：人

姓氏	数量	姓氏	数量
肖	16	胡	2
侯	8	廖	1
张	3	朴	1

第二章 号营村的时空背景 ○ 中国百村调查丛书·号营村

续表

姓氏	数量	姓氏	数量
吴	3	唐	1
敖	3	田	1
高	2	石	1

资料来源：据号营村提供的号营村第一村民小组建筑工人年收入统计表整理。

从表2-1中的统计数据发现，不同姓氏在每个村民小组中的户数、人口数量存在一定的差异。即便如此，仍不能妨碍我们理解号营村的居住格局，即血缘并非决定居住格局的主要因素，地缘、业缘等因素也在一定程度上发挥着作用。

（三）村庄通婚区域

之所以将通婚作为专题内容进行论述，主要基于探究婚姻制度与社会活动空间构建机理两方面目的。为此，本部分将从婚入区域与婚出区域两个层面，对号营村民的通婚情况进行概述。

1. 婚入区域

婚入地域，即指号营村男青年所娶妻子的来源地。2015年5月，课题组在号营村进行田野调查时，对此问题进行过专门整理。

表2-2 号营村婚入区域统计

单位：人，%

婚入区域	本村	本镇邻村	本县邻镇	本市邻县	本省邻市	外省
数量	35	135	120	10	60	14
占比	9.36	36.10	32.09	2.67	16.04	3.74

资料来源：根据课题组在号营村的田野调查资料整理。

在表2-2所统计的374个样本中，来自本镇邻村的最多，达135例，占比36.10%；其次是本县邻镇，有120例，占比32.09%；最少的是本市邻县，仅有10例，占比2.67%。若以马官镇为区分界限，来自镇内的达170例，占比45.46%。如此看来，号营村男青年所娶妻子主要集中在普定县以内，尤其以马官镇境内不同村庄中的女性为主。

35

2. 婚出区域

所谓婚出区域，即指号营村的女青年所嫁出的地点。2015年5月，课题组在号营村进行田野调查时，对此数据进行过专门统计。

表 2-3　号营村婚出区域统计

单位：人，%

婚出区域	本村	本镇邻村	本县邻镇	本市邻县	本省邻市	外省
数量	35	16	11	12	10	19
占比	33.98	15.53	10.68	11.65	9.71	18.45

资料来源：根据课题组在号营村的田野调查资料整理。

在表2-3的103个统计样本中，嫁在本村的数量最多，达35例，占比33.98%，而嫁到本省邻市的最少，仅10例，占比9.71%。若以马官镇为区分界限，号营村女青年嫁在马官镇不同村寨的达到51例，占比49.51%。如此看来，号营村的女青年所嫁之地主要为普定县境内，尤以马官镇境内为多。

结合田野调查所获取的信息，"本镇邻村"主要为号营村毗邻的山脚村、荷包村、下坝村、马官屯村、马堡村和贾官村等；"本县邻镇"主要为城关镇（今定南街道）和白岩镇；"本省邻市"主要为六盘水市六枝特区。

总体而言，号营村基本遵循屯堡社会的婚姻制度，即族群内通婚，但也不完全限于此，随着时代的变迁和社会的发展，其通婚范围有比较显著的变化。一方面，建立在地缘因素之上的通婚选择，如与六盘水市六枝特区的通婚，主要在于两地接壤的缘故；另一方面，与贵州省外的通婚情况，在不断增多，这在一定程度上彰显出号营村民的婚姻理念是与时代变化同步发展的。我们通过田野调查了解到，号营村民的经济活动范围基本与其通婚范围同构。由此看来，号营村民的社会活动空间的建构与民众的婚姻选择密切相关。

第二节　屯堡区域视野下的号营村

村庄存在于一定的区域环境之中。生活在村庄中的民众，其社会生活和生计实践，一方面需要遵循区域环境的自然规律；另一方面，也可以根据实际情况，充分利用生存性智慧，对自然环境或加以利用，或有针对性地进行局部改造，以弥补其不足。在这种利用或局部改造过程中，生产出与区域自然环境相符的人文环境。为更好地认识和理解号营村村民的社会生活和生计实践，有必要对其所处区域的自然环境和人文环境做一定的交代和介绍。鉴于号营村属于典型的屯堡村庄，故将其置于屯堡区域视野下来展开相关论述。

一 屯堡社会的区域结构划分

在前文中提到，号营村的形成与明朝卫所制度在安顺的建立紧密相关。因而，在号营村所属的普定县马官镇一带，民间社会有"九屯十八堡"的说法。据咸丰《安顺府志》记载，所谓"九屯"，即指马官屯、张官屯、余官屯、玉官屯、魏旗屯、上坝屯、中坝屯、下坝屯、打纸屯；而"十八堡"，则是指马堡、太平堡、二官堡、皮官堡、田官堡、水坝堡、上老谭堡、下老谭堡、玉官堡、白旗堡、陈旗堡、新堡、贾官堡、四旗堡、朱官堡、石头堡、抄纸堡等。除此之外，在田野调查中，还发现有些村庄名称含"屯"或"堡"字样，如易官堡。总而言之，在马官镇一带，名称中含"屯"或"堡"字样的村庄数量不少。

"屯""堡"作为卫所制度的重要组成部分，"一般以百户所为单位，有的称屯，有的称堡，有的称哨堡"。[①] 自普定卫建立之日起，迄今已有600多年，期间虽经历过"改卫设县"，但"屯""堡"仍作为村寨的名称延续至今。在号营村所属的马官镇境内，村寨名称中含"屯""堡"者甚多，这在一定程度上说明马官镇是黔中屯堡的重要组成部分。质言之，号营村作为典型的屯堡村寨，又多了一重间接证据。

据不完全统计，在今天安顺地域内有300多个屯堡村寨，这些屯堡村寨共同构成屯堡社会。虽然对外统称为屯堡社会，但是其内部仍存在显著的差异。孙兆霞等人在《屯堡乡民社会》一书中，将其区分为"田坝区"和交

---

① 颜建华：《安顺屯堡和安顺屯堡人》，载李建军主编《学术视野下的屯堡文化研究》，贵州出版集团公司、贵州科技出版社，2009年，第146页。

通线。"在安顺东南方向的中心区近数百平方公里的地域内，习惯上被称为'田坝区'（今旧州、黄蜡、东屯、周官、刘官、宁谷一带）；沿古驿道和今天的交通要道分布的七眼桥、大西桥、头铺、三铺、马官等地为交通线。"[1]也有一种方法以地理方位为标准，将其区分为"东门屯堡"和"西门屯堡"，即大体以安顺城区为界，以东为"东门屯堡"，以西为"西门屯堡"。其中"东门屯堡"主要由西秀区七眼桥镇、大西桥镇、双堡镇、刘官乡、蔡官镇等乡镇的屯堡村寨组成，而"西门屯堡"则主要由安顺市经济技术开发区幺铺镇和普定县马官镇中的部分屯堡村寨组成。由此看来，隶属于马官镇的号营村，既处于交通线上，又属于"西门屯堡"范畴。

二 喀斯特地貌中的生计困境

上文所介绍的两种关于屯堡社会的划分标准，实质都遵循同一个元准则：地形地貌和自然资源，即依据地形地貌的差异或者生计资源的丰裕程度，将屯堡社会区分为不同的板块。本部分主要介绍马官镇以田土为代表的生计资源概况，并在"喀斯特王国"背景下，从地形地貌和水文特征两方面介绍其生计困境。

（一）稻田主导的生计景观

自明代以来，安顺屯堡区域是贵州重要的稻米产区。马官镇虽处于交通线上，但是仍拥有相对可观的田土资源。"耕地面积35843亩（田26610亩，地9233亩）"[2]，稻田占比74.24%，旱地占比25.76%。由此可以发现，在传统农业社会中，以稻田为依托所进行的水稻种植，是马官镇民众主要的生计来源。正如《普定县志》中记载："主产水稻、玉米、花生。"[3]水稻确实在马官镇民众的生计来源中占有非常重要的地位。

马官镇地势呈东、北两面较高，西部次之，南部最低，中部为镇政府所在地及其周边村寨，此区域的显著特征是多山地和坝子。号营村由于距离镇

---

[1] 孙兆霞等：《屯堡乡民社会》，社会科学文献出版社，2005年，第37页。
[2] 贵州省普定县地方志编纂委员会编《普定县志》，贵州人民出版社，1999年，第98页。
[3] 贵州省普定县地方志编纂委员会编《普定县志》，贵州人民出版社，1999年，第98页。

政府所在地仅1公里，故而属于中部区域。此区域的主要特征是地势相对平坦，有总面积较为可观的稻田。据统计，在1981年田土包产到户时，号营村耕地总面积为1118亩，按照当时村庄仅500人左右的人口规模计算，人均耕地2亩多。虽然后来村庄人口不断增加，但仍超出中国大多数村庄人均占有的耕地面积。截至2015年，全村在村人口1967人，人均耕地为0.57亩。

（二）稻田式生计景观的自然困境

单纯从人均占有耕地面积来看，号营村民的生计来源确实不算太差。但是结合其所属区域的地形地貌和水文特征来看，则遭遇了一定的困境。

众所周知，贵州有"喀斯特王国"之说，皆因其喀斯特面积比重占全国喀斯特总面积的73%。安顺市地处黔中腹地，喀斯特面积占比更重，达到80%。普定县的喀斯特面积占比高达84%，明显高于贵州省和安顺市的比重。至于喀斯特与稻田式生计景观的关联，可从地表（峰林谷地）和地下（水文条件）两个层面展开阐述。

1. 山峰与谷地交错分布

就地表而言，其主要表现为峰林谷地，即峰林和谷地的组合。所谓峰林，是指在地面上由诸多山峰组成的地形。而谷地则指地形平坦之地。

表2-4 马官镇境内主要山峰统计

单位：米

山峰名	位置	海拔	山峰名	位置	海拔
丹凤山	镇政府东	1712	中华山	马官屯东部	1687
笔架山	镇政府西北	1699	小金钟山	易官堡西部	1349
金犬山	镇政府东北	1689	犀牛山	/	1342
金元山	镇政府东	1073	望山	/	1655
金龟山	镇政府西北	1086	凤凰山	玉官屯西部	1635
公象山	镇政府南	1719	椅子山	易官堡西北部	1325
母象山	公象山南	1722	罗汉山	易官堡北部	1345
象尾山	麒麟山西北	1325	桅杆山	二官寨中部	1105
龙头山	田官堡	1516	天龙山	下坝村东北部	1535

续表

山峰名	位置	海拔	山峰名	位置	海拔
神毫峰	号营村西	1579	案山	下坝村西南部	1025
蟠龙山	玉官屯北	1470	九五山	坡头村东北	1015
金钟山	玉官屯中部	1317	玉羊山	余官屯东部	1615
文斗山	玉官屯南部	1630	磨盘山	羊寨村北部	1545
乳头山	玉官屯南部	1560	老虎山	湾河寨	1315
脑柄山	玉官屯南部	1463	火牛山	冯家寨北部	1465
狮子山	玉官屯南部	1275	脖颈山	湾河寨北部	1115
青龙山	玉官屯西南部	1265	老鸹山	皮官堡	1015
马鞍山	玉官屯南部	1368	金鸡山	下谭堡	1025
牛华山	玉官屯南部	1563	飞龙山	上谭堡	1565
骆驼山	玉官屯东部	1579	冠子山	上谭堡	1545
月亮山	玉官屯东南部	1639	蚂蟥山	三家寨	1325
吊笋山	玉官屯西南部	1126	曲鳝山	断桥寨	1135
长龙山	玉官屯东部	1645	天柱山	家官堡	1635
小蟠龙山	马官屯东南部	1635			

资料来源：根据《马官镇志》（未刊）相关内容整理。

表2-4中的统计信息，具有两方面特征：第一，山峰分布密度较大。在马官镇115.07平方公里的土地上，分布着47个主要山峰，密度为0.41个/平方公里。若将各村寨中规模较小或海拔较低的山峰列入，其密度可能会更大。不同山峰之间较为平坦的区域则成为谷地。贵州民间社会惯于将这些谷地称为"山间坝子"。马官镇境内的35843亩耕地，绝大多数分布于这种"山间坝子"之中，其土壤以石灰土为最肥沃，次为黄壤、黑土等。再加上单块面积比较小，使得农业生产成本较高，导致其边际收益较低。第二，山峰海拔较高。海拔最高者为母象山，1722米；最低者为九五山和老鸹山，1015米，相对高差707米。尤其需要指出的是，海拔在1200米以上的山峰有37座，占比78.72%。据相关研究，1200米是水稻种植的极限海拔，即海拔超过1200米之后，玉米就开始取代水稻成为主要粮食作物。但是由于这些林立的山峰，实质上为大大小小的石质山体，坡陡土少，因而玉

米也难以生长。如此,则大大地压缩此区域民众利用旱地或山峰坡地种植玉米的空间。质言之,水稻和玉米虽然是马官镇境内民众生计的两个主要物种,但其种植环境皆存在一定的局限。

2. "地表水贵如油,地下水滚滚流"的水文景观

就地下而言,主要是指其水文条件。受喀斯特地貌影响,马官镇境内水文条件的主要特征是地表径流不发达,地下径流异常丰富。通俗地说,就是地表河流较少,而地下暗河则非常发达。

据统计,马官镇境内地表仅有2条主河流和9条支河流,皆属于长江流域乌江水系。地表的2条主河流分别为望江河和号营河。其中号营河发源于官地寨,蜿蜒于马堡、中坝、山脚、下坝、号营、荷包、平寨、新堡和贾官9个村寨的田地之间,全长3公里,河面宽15~20米,两岸高度在2.5~3米。河两岸所涉及的9个村寨,共计2万多亩田地的生产灌溉水源全靠号营河提供。

据郑明肇[①]、戴洪刚[②]、胡胜华[③]等人的研究,喀斯特地区的河流,无论是主河流还是支河流,皆与枯水、干旱、灾害等关键词相关联。河床比较狭窄,且渗透非常严重,这种河流在丰水期流量大,而枯水期则流量小。

普定县属于北亚热带气候区,年降水量约1468毫米,大于贵州省降雨1100毫米的平均值。单纯从降雨量来看,普定县的水资源确实比较丰富,气候湿润,比较有利于水稻的种植。但因为喀斯特地貌导致"在盆地、洼地等处常见地下河天窗、落水洞、漏斗等单岩溶形态,如分水岭一棵树—余官地堑内,不到2km²的范围内有天窗40个,马官附近的漏斗密度达35个/km²"。[④]"降雨常以快速流的形式通过落水洞、竖井、脚洞等溶蚀管道以点状(灌入式、流入式)或线(带)状等方式"[⑤]迅速地进入地下暗河。当降雨流入地下暗河之后,当地民众就只能"望水兴叹"。研究发现,当地民众

---

① 郑明肇:《岩溶地貌对贵州水旱灾害的影响》,《贵州气象》1996年第6期。
② 戴洪刚等:《喀斯特枯水、干旱、灾害初探——以贵州省为例》,《贵州师范大学学报》(自然科学版)2005年第4期。
③ 胡胜华:《浅谈贵州峰丛山地地区土地石漠化及其治理》,《中国水土保持》2005年第2期。
④ 周念清等:《普定岩溶区水土流失与土壤漏失模式研究》,《水土保持通报》2009年第1期。
⑤ 光耀华等:《岩溶浸没内涝灾害研究》,广西师范大学出版社,2001年,第18~56页。

对地下水的利用量占地下水总量的概率在 7.6%（P = 50%）~ 10.9%（P = 95%）。即在平水年（P = 50%），当地民众对地下水的利用概率为 7.6%，而到特枯年（P = 95%），则为 10.9%。① 综合这两方面因素，最终形成"地表水贵如油，地下水滚滚流"的水文景观。因此，马官镇境内的河流多为季节性河流，在夏秋丰水时期，由于地表的储水功能较弱，未能储备足够的水源，到每年春耕时，常常出现春旱的情况。"喀斯特枯水出现频率高且持续时间长……但从发生频率来看，3月份发生频率最高，1月份次之，往后依次为12月份、4月份、2月份。"② 正如《普定县志》记载："冬春干旱发生于2~3月，发生频率78%。"③ 由于马官镇地处普定县南部，属于典型的喀斯特地区，所以其在冬春季节发生干旱时情况更加严重。而此时正是水稻春耕时节，由于缺乏水源导致的旱灾，将明显地影响水稻的单位产量。

总而言之，对于生活在喀斯特地区中的"西门屯堡"民众，从表面上看，其虽然是以稻田为主要生计来源，玉米次之。但是受喀斯特地貌引发的山峰与谷地交错分布以及"地表水贵如油、地下水滚滚流"的水文景观影响，导致其整体农业生产条件相对较差。从这个角度来看，号营村所属区域内，这种由稻田主导的生计景观，正遭遇着由喀斯特地貌导致的生产困境。

三　屯堡民众在喀斯特地貌中的作为

号营村所属的"西门屯堡"地区，在村民谋取生计资源和践行社会生活的过程中，最大的挑战来自由喀斯特地貌导致的农业生产过程中的"工程性缺水"，以及由此衍生的民众日常生活资料缺乏。面对这两个困境，屯堡民众主要有两类应对方法：第一，民众自主地在农业外谋取生计资源或者提升田土的农业产出；第二，屯堡民众在地方政府或科研机构的帮助下，根据生态系统的观测数据和科研成果，局部改善农业生产条件。通俗地说，第一类应对方法就是通过"赶转转场"或在田土中种植经济作物，以获取经济

---

① 李发耀等编著《普定生态档案》，知识产权出版社，2015年，第147~150页。
② 戴洪刚等：《喀斯特枯水、干旱、灾害初探——以贵州省为例》，《贵州师范大学学报》（自然科学版）2005年第4期。
③ 贵州省普定县地方志编纂委员会编《普定县志》，贵州人民出版社，1999年，第125页。

收入，从而弥补由于喀斯特地貌导致的民众生活资用之不足，这是一种比较消极的应对方法。第二类方法则是指通过技术手段，科学管理和改变喀斯特系统，或修建小水利工程，以提升水资源的利用效率。通过田野调查和翻阅史料我们了解到，号营村村民将第一类应对方法发挥得淋漓尽致，即早期的"赶转转场"与后期的经商和蔬菜种植。这三种具体的生计方式，在本书第三章中有详细论述，此处不赘述。

本部分将以马官镇为基本范畴，充分论述屯堡民众是如何通过第二种方法，积极应对喀斯特地貌对其日常生活带来的挑战，以彰显屯堡民众在喀斯特地貌中的作为。

（一）科学管理和恢复喀斯特系统

普定县境内由喀斯特地貌引发的石漠化现象，以及由此给当地民众生产生活的影响，引起社会各界的广泛关注。"1975 年，国家科委、地质矿产部等八个部委在广西召开全国岩溶十年规划会议，选定普定县为全国四个岩溶研究重点县之一。"[①] 普定县由此开始意识到喀斯特地貌给当地民众生产生活带来的负面影响，并高度重视。于是在"1976 年 4 月经中共普定县委研究决定，成立普定县岩溶领导小组，下设普定县岩溶研究办公室"。[②] 经过 10 年的发展，到 1986 年时，岩溶研究办公室被批准为"普定岩溶研究综合试验站"，主要负责普定县境内的水文、水化学等日常监测工作。监测出来的数据，以及在此基础上得出的研究结果，主要用于有针对性的帮助地方民众应对由喀斯特地貌带来的挑战。据文献记载，普定岩溶研究办公室（或普定岩溶研究综合试验站）在兴建马官地下水库、解决马官地区农灌和人畜饮水等方面发挥了重要作用。鉴于普定岩溶研究综合试验站在对喀斯特地貌的研究和监测的成果对当地民众生产生活的重要性日益凸显，社会各界对其的关注程度不断提升，以至于其发展成为由中国科学院主导的地方性喀斯特研究机构。"2009 年 12 月经中国科学院批准，在原有基础上建立普定喀斯特生态系统观测研究站（以下简称"普定站"），结合喀斯特生态系统的特殊

[①] 李发耀等编著《普定反贫困的历史征程》，知识产权出版社，2015 年，第 50 页。
[②] 李发耀等编著《普定反贫困的历史征程》，知识产权出版社，2015 年，第 50 页。

性建立观测、监测体系,开展喀斯特生态系统的长期观测、试验、研究及石漠化治理的试验示范。"① 截至 2015 年,普定站在帮助当地民众应对来自喀斯特地貌的挑战方面,发挥着多方面的积极作用,"普定站成果示范区已建成 170 余个因地制宜的小水窖"②。从这个角度来看,普定站正在朝着其成立就被赋予的社会责任和历史使命靠近:为推进相关基础学科理论的研究和喀斯特生态系统管理和恢复做出了应有的贡献。

(二) 兴建小水利工程

为避免喀斯特地貌导致的水资源流失问题,通过技术手段兴建水利设施,是解决屯堡民众生产生活缺水的便捷方式。从 20 世纪 50 年代开始,省、地(市)、县各级政府就着力在马官镇境内兴建水利设施。

针对喀斯特地貌的实际情况,在兴建水利设施过程中,严格遵守三方面原则:"1. 以小型为主,积极举办中型工程作骨干;2. 以社办为主,大中型工程国家给予补助;3. 以蓄水为主,大力贯彻'一亩一坑、五亩一凼、十亩一塘,做到沟、凼、塘相连,水利上山。'"③

在紧密依靠地方民众力量且以稻田灌溉优先背景下兴建的水利设施,主要由小水库、小水窖和小水池构成。据统计,截至 1990 年,马官镇境内共修建有水库 4 个、人畜饮水工程 3 个。再加上一部分自然形成的山塘等,基本能满足马官镇境内民众的生产生活需求。

表 2-5 马官镇部分水利设施统计

设施名称	修建时间	具体位置	设施评价
杨柳水库	1968 年	杨柳村	总库容 22 万立方米,设计灌溉面积 700 亩
阿老田水库	1972 年	杨柳村	总库容 10 万立方米,设计灌溉面积 300 亩
母猪洞水库	1978 年	马官屯村	总库容 35.2 万立方米,设计灌溉面积 600 亩,实际灌溉面积 300 亩
马官地下水库	1990 年	马官镇	

---

① 李发耀等编著《普定反贫困的历史征程》,知识产权出版社,2015 年,第 57 页。
② 李发耀等编著《普定反贫困的历史征程》,知识产权出版社,2015 年,第 57 页。
③ 李发耀等编著《普定生态档案》,知识产权出版社,2015 年,第 229 页。

续表

设施名称	修建时间	具体位置	设施评价
马堡人畜饮水工程	1987年	马堡村	引母猪洞水库地下水自流供水，1988年改自流引水为电力供水，1990年日供水量150吨，可解决群众饮水2800人，大牲畜饮水500头
新堡村云盘饮水工程	1990年	新堡村	解决云盘、羊角冲两个自然村1200人及800头大牲畜的饮水，并可灌溉农田400亩
马官屯村人畜饮水工程	1990年	马官屯村	解决群众3073人、大牲畜1515头的饮水

资料来源：根据李发耀等编著《普定生态档案》第34～40页相关内容整理。

表2-5中所列举的各项水利设施，一定程度上对马官镇境内民众的生产生活产生积极作用，其中尤以马官地下水库为最。"该地下水库蓄水132.5*10⁴m³，兴利库容为132.5*10⁴m³，产生了巨大的效益：自流灌溉面积330多公顷，每年可增产粮食500t，增收130万元；防洪排涝，雨季将羊皮寨地下河流域洪峰5.52m³/s引入水库，使马官田坝约33ha良田免遭涝灾；不用动力（自流）的自来水，解决马官镇机关及马官村约5000人、1200头大牲畜的人畜用水，实现自来水化；……"①

后来，随着人口的增加和农业生产用水量的增多，马官镇境内又修建两座水利设施，分别为玉羊寨水库和玉官屯引流饮用工程，其中玉羊寨水库为小Ⅰ水库，总库容219.4万立方米。以上水利设施，基本能满足全镇农业生产和民众日常生活的用水需求。

四 号营村发展成就的社会学价值

号营村作为典型的屯堡村庄，与周边少数民族地区的村庄相比，其所依存的自然环境相对优越。这种优越性，一方面表现在拥有足够多的稻田；另一方面表现为比较便利的交通条件，以及与城镇相对较近的空间距离。但是囿于喀斯特地貌，其单块稻田面积、稻田土壤以及水利灌溉等方面仍存在显著的缺陷。质言之，号营村民的整体生存条件仍然存在一定的挑战。

面对挑战，号营村民没有退缩，而是勇往直前。他们一方面自觉地从农

---

① 汪文富：《贵州普定马官岩溶地下水库成库条件及效益研究》，《中国岩溶》1999年第1期。

业生产之外获取足够多的生计资源，如组建建筑施工队、举办村集体企业、种植蔬菜、"赶转转场"，甚或经商等；另一方面在地方政府、科研机构的指导下，利用技术手段规避喀斯特地貌之于农业生产的某些负面因素。如科学管理和改变喀斯特系统、兴建小水利工程等。事实证明，号营村民在这些方面做得都不错，这使号营村在屯堡地区、安顺市、甚至贵州省范围内，都具有显著的比较优势，不仅得到来自周边村民的赞誉声，而且受到各级政府或相关部门的表彰和肯定。

表 2-6 号营村集体获得县级以上表彰和荣誉称号统计

时间	表彰与荣誉称号	授予单位
1991 年	先进基层党组织	中共安顺地委
1996 年	先进基层党支部	中共安顺地委
1996 年	全县发展村级经济第一村	中共普定县委
1997 年	小康村	中共贵州省委、贵州省人民政府
1997 年	全省两个文明建设红旗村	中共贵州省委、贵州省人民政府
1997 年	先进民兵之家	成都军区司令部、动员部、政治部、群工部
1998 年	全区关心下一代先进集体	中共安顺地委、安顺行署
1998 年	1995~1996 年度红旗文明村	中共贵州省委、贵州省人民政府
1999 年	全国创建精神文明村镇工作先进单位	中央精神文明建设指导委员会
1999 年	全省优秀治保会	贵州省公安厅
2001 年	全国先进基层党组织	中共中央组织部
2001 年	全省先进基层党组织	中共贵州省委
2001 年	先进基层党组织	中共安顺市委
2001 年	先进基层党支部	中共普定县委
2002 年	1999~2002 年度红旗文明单位	中共贵州省委、贵州省人民政府
2005 年	全国农业旅游示范基地	国家旅游局
2008 年	先进基层党组织	中共安顺市委党的建设工作领导小组
2009 年	"五好"基层党组织	中共贵州省委党的建设工作领导小组
2011 年	先进基层党组织	中共贵州省委
2012 年	全国群众计划生育自治示范点	国家计生委、国家计生协会
2013 年	先进基层党组织	中共安顺市委
2014 年	2012~2014 年度全省文明村	中共贵州省委、贵州省人民政府

资料来源：根据课题组田野调查资料整理。

表 2-7 号营村村民个人获得县级以上表彰和荣誉称号统计

时间	人员	荣誉、称号	授予单位
1989 年	钱树立	青年星火带头人	共青团贵州省委、贵州省科委
	钱树立	在开展勤劳致富活动中成绩显著	普定县委、县人民政府
1990 年	钱树立	小星火带头人	团地委、农经委、民委、科委
	钱树立	全国农村青年星火带头人	共青团中央、国家科委
	钱国生	星火计划带头人	成都军区
2011 年	肖国昌	优秀党务工作者	普定县委
2013 年	肖国昌	全县"十佳村（社区、居委会）党支部书记"	普定县委
2014 年	肖国昌	全省优秀村党组织书记	贵州省委
	肖国昌	全国农民先进体育骨干	中国农民体协
	肖国昌	全省社会治安先进个人	贵州省综治委
	肖国昌	见义勇为先进工作者	普定县委、政府
	刘刚雁	贵州省五好家庭	贵州省妇联
	刘刚雁	全国边陲儿女银奖优秀支书	共青团中央
	夏林	全县十佳教师	普定县委政府

资料来源：根据课题组田野调查资料整理。

表 2-6、表 2-7 中所列出的集体和个人，是号营村精英的典型代表。从两个表中的统计信息来看，村庄精英的数量并不多，而与之相对应的是大量非精英的普通村民。诚然，以少量村庄精英所获得的表彰和荣誉来彰显由大量非精英村民所组成的村庄发展成就和社会影响，有抹平村庄内部不同家庭或个体之间差异的嫌疑。

我们承认村庄内部不同家庭或个人之间的差异。但是这种差异并不妨碍我们做如此论述。这主要在于号营村具有乡民社会的属性和功能。乡村精英、民间组织和社会舆论作为乡民社会的三个支架，在乡民社会的构建过程中，发挥各自的功能。乡村精英在村庄公共生活中发挥主导、引领作用；民间组织承担起村庄内部事务的操作和协调；社会舆论对村庄事务起监督和评判的作用。最终构建出既具有村庄公共空间，又具有自组织机制的乡民社会。

从这个角度来看，我们借助号营村集体或个人所获得的表彰和荣誉，来彰显村庄的发展成就和社会影响，实质是希望借此说明村庄精英在号营村发展过程中的价值和意义，即通过这些村庄精英的带领和引导，在全村范围内创造了一种积极发展的文化氛围，并构建出一种村民自发组织的机制。虽然不同的家庭或个人因文化水平、社会阅历等方面因素的差异，导致在经济收益方面存在一定的差异，但是我们不能将号营村的文化氛围和自组织机制的社会学价值掩盖在这种经济差异之下。实践证明，经济收益方面的差异，并没有导致号营村庄内部分裂，相反，村庄呈现异常强的内部凝聚力和合作能力。这种能力在推进村庄教育发展方面表现得异常突出。质言之，我们之所以将号营村作为研究对象，就是希望通过教育这一载体，深入挖掘和论述号营村的内部凝聚力和合作能力。并在城乡二元框架下阐述村庄民众的乡土情怀和发展意识。需要说明的是，基于此种初衷进行的号营村课题研究，使以西部村庄为个案的教育研究超越了经济发展和教育产出的数量局限而具有普遍性的学术价值和现实意义。

第三章　生计教育：有根生计与教育

号营村的发展历程，其实就是村民生计方式的变迁历程。在早期的发展过程中，村民在别无选择的情况下，将种植粮食作为其主要生计来源。经过较长时期的发展，号营村民当前的生计方式，已在量和质两方面发生明显变化。从量的角度视之，村民的生计来源，已从粮食种植拓展为蔬菜种植、小建筑包工和经商贸易三种；就质的方面而言，生计技能、生计收益等方面发生明显变化。促使这两方面变化的因素，除村民勤俭持家外，主要是其与土地、市场的关系已发生明显变化。因此，我们姑且以主要生计方式为依托，将村民与土地、市场关系变化而促使生计渠道拓展、生计能力提升以及覆盖人群扩大的过程，视为生计教育的过程。

本章分别对号营村蔬菜种植、小建筑包工、经商贸易三种主要生计方式的演进进行考察，并从村民与土地、市场的关系变迁中凸显生计教育的内涵特征。在此基础上深入聚焦生计实践与村庄共同体的关系，尤其是在当前中国社会转型中的实态与村庄共同体的同构性变化前提下，讨论号营村三种主要生计方式所蕴含的文化和社会价值等问题。

第一节　种植业生计演进及教育内涵

蔬菜种植作为号营村民的一种生计方式，其既区别于传统中国乡村社会中自产自销的小农生产，又区别于工业化思维主导的以土地流转为基础的规模化农业。因此，在研究和论述其对村民和村庄的社会、文化价值之前，有必要对其发展历程和内涵特征进行结构性考察，以便从历史视角探讨其对村庄共同体所贡献的社会结构与文化意义相嵌套的生计因子。

一 号营村种植业的演进及定格

号营村位处安顺屯堡的田坝区。自明代以来，此区域就是安顺屯堡的重要粮食产区。受区域大环境的影响，以水稻为代表的粮食生产，是号营村民的主要生计来源。但自20世纪60年代开始，蔬菜成为号营村民另一种重要的生计来源。本节主要从自然生境和人文生境两方面，简要分析号营村民在生计转型方面的动机因素。

（一）资源环境与种植业的优选

号营村所在的马官镇，位处普定县南部，地势相对平坦，万亩大坝——马官坝子将号营村与马官镇连为一体。号营村的人均土地拥有数，随着人口数量不断增加而日渐减少，土地资源日渐紧张，人地矛盾日渐突出。据统计，1981年，号营村土地下放时，田地数量为1118亩，当时全村人口总数为500人左右，人均占有2亩多土地。截至2015年，除去因上学、工作等因素将户籍迁出的近700人，号营全村增加到587户，共1967人，人均土地占有面积不到1亩。

望江河、习安河贯穿马官镇中部，其中习安河流经号营村，汇入波玉河。受喀斯特地貌影响，习安河为季节性河流，夏季为丰水期，河里有水；而其他季节为枯水期，河里少水甚至干涸。水资源的季节性分布，在一定程度上限制了水稻复种的空间。再加上季风气候的影响，号营村的水稻种植基本上一年一熟。这样的粮食产出，必然导致人地关系日趋紧张。为满足日益增多的人口生存需要，高效利用土地资源是解决人地矛盾、季节性水资源缺乏的主要途径。相对于水稻种植，蔬菜类作物既具有更高的经济价值，又能减轻水资源的季节性供给压力。

（二）蔬菜种植缘起的"制度"导因

为提升农业生产效率，从1953年开始，农业部开始在全国范围组织推广农业技术，并颁布《农业技术推广方案（草案）》，要求全国各级政府设立专门机构、配备专职人员，在现有农场、互助组的基础上，逐步在全国范围内建立农业技术推广网。为规范农业技术推广工作，农业部于1954年颁布《农业技术推广站工作条例》。"到1954年底，全国已建立农业技术推广站4594个，配备干部32740人，涉及全国55%的县和10%的地区。到1957年，全国共建农技站13669个，有农技人员9.5万人。"[①]

到1958年时，安顺已建立起较为完善的农业技术推广网，并有针对性地派出农技干部到村庄蹲点。据号营村民讲述，1958年，安顺市农业局（时为安顺地区农业局）干部何碧青在号营村蹲点，他在号营村内建立蔬菜种植试验小组，向村民传授蔬菜种植的品种选择、土壤要求、育苗技术以及种植管理等方面的知识。为配合何碧青的试验，马官公社从号营村选派候祖祜等一批年轻人参与蔬菜种植试验。经过较长时间的实际参与后，这些年轻人掌握了一定的蔬菜种植技能。由此，马官公社决定以这批青年为主，建立青年农场，主要种植蔬菜。

何碧青在号营村建立的蔬菜试验小组，让村民相信化肥对于农作物的种植有很好的效力，同时他还研究了一些新的蔬菜品种，如花花菜。总之，他在号营村蹲点期间的所作所为，给号营村蔬菜种植上了一堂启蒙课。但一年之后，他蹲点结束离开号营村，由于缺乏"制度性"支持，蔬菜试验小组难以为继，与之相伴而生的青年农场也就倒闭了。

（三）蔬菜种植源起的直接诱因

号营村的蔬菜种植肇始于1968年，当时正值人民公社时期，土地集中是此阶段的主要标志。农民没有土地支配权，对于土地种植何种作物及品种，种植多大面积等都没有决定权。对于农业收益，国家在农村征购粮食的比例一直都比较高。据统计，在1958～1978年，国家在农村的征购粮食占到农村粮食总产量的20%以上，在1959年甚至高达39.7%。1958年，《关于在农村建立人民公社问题的决议》中明确规定："人民公社所有制仍然是集体所有的，分配制度无论工资制或者按劳动日计酬，也还都是'按劳取酬'，并不是'各取所需'。"

紧接着的自然灾害，使得粮食产量急剧下降，并直接导致中国大规模饥

[①] 宗禾：《农技推广体系在改革中发展》，《中国农技推广》1999年第1期。

荒。普定县"出现粮食连续3年减产,集体经济和社员利益受到极大损害,农业生产正常秩序受到破坏"。① 人民物质资料极度匮乏,生活难以为继。于是,普定县在"1961年7月,根据中央精神……取消粮食供给,解散公共食堂,社员口粮分配到户,重新划给社员自留地、饲料地、开荒地"。② 自留地、饲料地、开荒地"成为农村集体经济组织下的'边缘地带',为促进人民公社时期家庭副业的发展和农民生活的改善提供了条件。"③ 据号营村村民讲述,当时每家每户可以分到2分自留地、2分饲料地。对于这4分地的使用,村民有完全的自由,可以根据自身需要和实际情况来种植作物。对于这些有完全支配权的土地,号营村民一般都用来"盘"蔬菜(即种蔬菜)。在改革开放之前,这些蔬菜除满足农户家庭的生活需要外,即一部分自食、一部分用于喂猪等,还有一部分蔬菜被城市国营蔬菜公司采购,供应普定县城和安顺市的居民。

二 学习型生计与内生动力

(一) 技术学习过程

1. 日常"闲摆"④

何碧青在号营村短暂的蔬菜种植试验,虽然无疾而终,但在号营村村民心中已埋下一颗"种子"。10年之后的1968年,村民侯祖才、侯祖喜开始在自家自留地里种植茄子,成效明显。在他们的带动下,杨德祥也开始种茄子。

限于技术和种子等因素,村民最初都是栽种少量本地茄子,产量也不多,主要是自己食用。在一次日常"闲摆"中,一个村民从山脚村的亲戚获知,六枝特区大营村用地膜培养出的茄秧很好。于是,村民就专程到六枝特区大营村购买茄秧。由于品种改良,其产量也就相应增高。对于种植茄子来说,育秧是一道很关键的工序。号营村民在从六枝特区大营村购买茄秧的过程中,一方面用心观察育秧程序和方法;另一方面向别人请教育秧技术。

---

① 贵州省普定县地方志编纂委员会编《普定县志》,贵州人民出版社,1999年,第195页。
② 贵州省普定县地方志编纂委员会编《普定县志》,贵州人民出版社,1999年,第195~196页。
③ 王曙光:《中国农村》,北京大学出版社,2017年,第72页。
④ 即村民在日常茶余饭后的闲聊。

第三章　生计教育：有根生计与教育 ○ 中国百村调查丛书·号营村

"就自己看着别人是怎么育苗的，也会向别人请教在什么时候该怎么播种之类的问题，于是慢慢就学会了一点。"① 这种情况一直延续到1986年，当时的蔬菜种植大户杨德祥购买温床，开始自己育秧。

2."顺手牵羊"

号营村的优质白菜品种来源，缘于村民的一次晚上拉煤行动。号营村村民有到六枝特区拉煤炭以做生活燃料的传统。有一次，一群村民照常晚上推着"鸡公车"去六枝特区拉煤，路过太平农场。据号营村民讲述，1959年，太平农场的白菜品种很好。路过的号营村村民见到农场专门留下的白菜种子，就将其折下来，藏在路边的刺蓬里，拉煤返回时再将其放在煤炭里面带回号营村。从此之后，号营村的白菜品种品质就上了一个台阶。

3."声东击西"

1987年，安顺地区农业局技术员易广兴帮号营村引进辣椒等新品种，还将安顺西红柿"种植大王"钱发生的经验引入号营村。一方面种植反季节西红柿，另一方面在西红柿上使用新农业技术，这不仅可以使西红柿产量大增，而且可确保西红柿不会腐烂。不过这种西红柿是高杆品种，杆有2~3米高，每次种植时需要插架子。到1990年时，号营一村民从关岭县断桥镇的亲戚处了解到矮秆西红柿。杆只有50厘米高，不仅不用插架子，而且产量也很高。为此，他借口说想要弄点西红柿吃，这样就获得新的西红柿品种，第二年就将其育成秧苗，全村种植蔬菜的农户都到他家扯秧去栽种。这为之后多年号营村西红柿独占安顺市场奠定了基础。

茄子、白菜和西红柿三个高品质蔬菜种子的获取案例，说明了号营村民的生产智慧及村庄共同体的教育积淀，这与熟人社会技术传播低成本特征具有结构性关联，这种关联也进一步映射出生产、生活、生态三者合一的知识含量对于村落社会的价值贡献。

（二）提升市场能力的学习路径

1. 茄子意外卖上好价钱

号营村民最早开始利用自留地、饲料地种植茄子时，正值人民公社时

---

① 2015年5月23日孙兆霞访号营村民侯泽科。

期。此时，虽然允许农民在土地上种植作物，城里国营蔬菜公司也会不定期从定点供应蔬菜生产村之外采购一些补漏的品种，但种植出来的蔬菜如何销售仍是难题。因为当时将农民把农作物拿到市场上出售的行为归入"投机倒把"的范畴。为避免被当作投机倒把分子抓住，号营村村民在销售茄子时都会小心翼翼。

一般情况下，他们在前一天晚上就将茄子摘下来装好，第二天天尚未亮时就用箩筐挑着，走路到安顺市去销售。他们到达安顺市时天才亮，正赶上城市居民买菜的高峰期。

蔬菜虽然能大宗进城，但在城中农贸市场销售时只能采取分散销售策略。因为进入市场卖茄子仍然有可能被当作投机倒把分子。

侯祖喜是号营村第一个种植茄子的村民，他第一次到安顺卖茄子的经历很有戏剧性。当时正值端午节，他一早就挑着茄子进入安顺，然后将茄子放在姚柏青①家，然后再用小提篮装着去农贸市场卖。以前侯祖喜自己了解到茄子的市场单价才几分钱一斤，但姚柏青了解到茄子的市场售价会因品种、时节等因素的不同而不同。姚柏青一再叮嘱他到市场上可以喊价1.4元/斤，这个价格与侯祖喜了解到的价格相差悬殊。所以他到市场上才喊价0.8元/斤，虽然他自己认为这个价格已经很高，但是茄子很快就卖完了。他回到姚柏青家准备再拿茄子去卖时，姚柏青问他卖多少钱一斤。他如实相告，姚柏青觉得0.8元/斤太低，于是建议他第二次可以喊价1.5元/斤。但是侯祖喜仍然没有照着这个建议去做，他只喊价1.2元/斤。虽然价格比之前上涨0.4元，但茄子仍很快被抢购一空。所以他第三次去卖的时候，就直接喊价1.5元/斤。如此看来，了解城市蔬菜行情的姚柏青，事实上是侯祖喜学习商品供求关系的启蒙人。

2. 拼车运菜进安顺

在种植蔬菜初期，由于受可供支配土地面积和打击投机倒把等因素影响，种植面积都不大。所以每当蔬菜上市时，村民可以自己用箩筐挑着走路到安顺去卖。但是自从土地包产到户之后，尤其是1985年普定县在号

---

① 与号营村邻近的山脚村人，在安顺城中居住。

营村推广用稻田种蔬菜的理念后,不仅种植蔬菜的农户数在不断增多,而且户均种植面积也在增加。原来肩挑手提的运输方式也就难以满足需求。当时马官镇上有户经商人家,家里有两辆解放牌卡车。他们瞄准商机,在蔬菜上市季节,每天都到号营村帮村民运蔬菜。由于蔬菜不能一次上市,每家种植户每天能采摘销售的蔬菜数量不多,但是全村蔬菜集合起来的话,达到4卡车之多。于是,大家采取拼车的方式运蔬菜进入安顺城中销售。

一般是前一天傍晚时将蔬菜准备好,第二天一早就用卡车运进安顺城中。由于每家都想早点将蔬菜运到城中,赶上早晨的销售高峰。所以大家就都拼命地争着赶第一趟车。每天第一趟车来的时候,村民蜂拥而上,用箩筐在车厢中占位,然后再将蔬菜搬上来。没有抢占到位置的村民,就只能等到卡车返回之后,再搭乘第二趟车进城卖蔬菜。

这种情况一直持续到1992年,当时号营村里一些经济条件好且"脑水多"(指聪明)的人,就开始买车。一方面可以将自己家的蔬菜随时运送到市场销售,另一方面也可以帮助村民运送蔬菜,赚取一定的收入。后来全村种植蔬菜的人家,逐渐都购买了三轮车,方便随时运送蔬菜进城销售。

从种植蔬菜满足自家生活需要,到亦步亦趋步入市场的转型,其过程既是20世纪80年代国家改革开放奠定的环境基础的夯实,也是号营村农户与村社共同体积淀信息与经验的生计空间拓展。

三 蔬菜种植生计的传递机制

(一)人民公社制度的技术传递优势

从1953年开始,农业部在全国范围内组织实施农业技术推广制度,到1958年时,全国已建立起较为完善的农业技术推广体系。而此时中国已进入人民公社时期,农业技术推广制度与人民公社制度相遇,将农民卷入进工业化、现代化的历史洪流之中。因为人民公社制度"极大地促进了农民的组织化、农业生产的规模化、农业精英的现代化"。[①] 因而,当安顺地区农业

---

① 王曙光:《中国农村》,北京大学出版社,2017年,第69页。

局农技推广干部何碧青来到号营村时，对于他的蔬菜种植试验，号营村民不仅不排斥，而且在马官公社的统一安排下，侯祖祐等一批年轻人还配合他的工作。同时，在他的组织下，成立青年农场、蔬菜试验小组。借助这两个载体，蔬菜种植的技术和理念顺利地传递给号营村民。由此，号营村民明白了种植蔬菜在经济收益方面的比较优势。

总之，何碧青在国家相关规章制度的框架下，来到号营村推广农业生产技术，并以试验小组为平台，将"国家"与村落社会、村落精英进行整合，发挥了较大的作用。

（二）日常生活的地缘关联

号营村现有40多个姓氏，每个姓氏在不同时间因不同原因，通过不同方式进入村落，他们面对同样的自然环境和生态资源，尤其是人地矛盾造成的生活压力，这些公平地传导给每一个村民。所以，在日常生活中村民就有共同的利益诉求，他们需要共同努力来解决困难。因此，在生计谋取方面，基于地缘而形成的生活共同体，在很大程度上遮蔽了基于血缘、姻缘而形成的亲情共同体。农户可以通过各种方式、手段，从村外的亲戚处获得有关蔬菜种植的信息、技术、品种等，然后在村内由全体村民共享。如有人从山脚村的亲戚处获知六枝特区大营村有优良的蔬菜育苗技术，当村民想种蔬菜而自己不能育苗时，就到六枝去购买蔬菜苗。并且在这个过程中，通过自己的细致观察和不耻下问，学会了蔬菜育苗技术。正当号营村民正为高秆西红柿的缺陷而烦恼时，一个村民就从关岭县断桥镇的亲戚处"骗"得矮秆西红柿品种，并分享给全村人使用。

日常生活的地缘关联，不仅为号营村民进入安顺城卖蔬菜提供便利条件，而且还为其提供详细的市场信息，侯祖喜第一次到安顺城卖茄子的经历也正好说明这一点。姚柏青作为居住在安顺城中的号营邻村人，能够无条件地接受侯祖喜将茄子寄放在他家，然后再分次用小提篮装着到市场去卖。同时还将自己所了解到的市场价格信息毫无保留地告诉侯祖喜。在这个过程中，号营村民与市场打交道的能力得到提升，更加能够适应市场的节奏和规则。

四 蔬菜生产与经营的价值分析

（一）高效利用土地，缓解人地矛盾

号营村位处普定县南部田坝区，是万亩马官坝子的核心区，地势较为平坦，水田多，旱地少，相对而言农业生产条件较为优越。

表 3-1 号营村人口土地资源统计

单位：人，亩

年份	人口数	总耕地	人均耕地
1981 年	500	1118	2.24
2001 年	1547	932	0.60
2015 年	1967		

资料来源：根据号营村 2001 年填报的《农村经济社会统计数据统计表》、田野访谈资料等统计而成。

从表 3-1 中发现，号营村的人口数和耕地总面积，呈反方向变动，即从 1981 年到 2015 年，人口增加近 3 倍，但耕地面积数量下降明显，由此导致人均耕地面积直线下降。人地关系紧张，人地矛盾日渐凸显。因此，如何高效利用土地，一直是号营村民执着的追求，以应对由于土地资源紧张引发的人地矛盾。

号营村从 20 世纪 60 年代初期就开始种植蔬菜。当时正值人民公社时期，尚未分田到户，田土统一由生产队集体耕种。在这种状况下，农民可自由支配的土地面积很少甚或几乎没有。

受三年自然灾害影响，到 1960 年时，普定县"出现粮食连续 3 年减产，集体经济和社员利益受到极大损害，农业生产正常秩序受到破坏"。[1] 于是，普定县在"1961 年 7 月，根据中央精神……取消粮食供给，解散公共食堂，社员口粮分配到户，重新划给社员自留地、饲料地、开荒地"。[2] 据号营村民讲述，当时每家每户可以分到 2 分自留地、2 分饲料地。对于这 4 分地的

---

[1] 贵州省普定县地方志编纂委员会编《普定县志》，贵州人民出版社，1999 年，第 195 页。
[2] 贵州省普定县地方志编纂委员会编《普定县志》，贵州人民出版社，1999 年，第 195～196 页。

使用，村民有完全的自由，可以根据自己的需要和实际情况种植农作物。对于这些有完全支配权的土地，村民一般都用来"盘"蔬菜（即种蔬菜），卖蔬菜的经济收入，可满足家庭的基本生活需要。

表 3-2 号营村农户开始蔬菜种植时间统计

单位：户

时间	增加数量	时间	增加数量
1970~1979 年	44	1991~1995 年	22
1980~1985 年	59	1996~2000 年	14
1986~1990 年	33	2001~2015 年	9

数据来源：根据 2015 年 5 月田野调查期间号营村民讲述的情况整理。

表 3-2 的统计数据显示，号营村蔬菜种植户的数量不断增加。尤其是 1980~1985 年，增加 59 户。从此之后，每年蔬菜种植户的数量仍在继续增加，但增加的数量在逐渐减少。在 2001~2015 年的 15 年里，只增加 9 户。虽然增速不断减缓，但蔬菜种植户的绝对数在不断增多。从表 3-2 中知道，号营村自 20 世纪 70 年代以来，共有 181 户村民种植过蔬菜。

按照号营村 2001 年 376 户[①]的标准计算，种植过蔬菜的户数占到全村的 48.14%。这基本符合村民所说"几乎全村有 50%的家庭在种植蔬菜"的情况。根据号营村村支两委的统计数据，2002 年左右，全村"由于搞水利建设，蔬菜生产发展近 400 亩"[②]。

受每家每户可自主支配土地的面积所限，号营村的蔬菜种植一直处于小农生产的状态，始终未形成种植大户。种植面积最大者不过 10 亩，最小者不足 1 亩。但从土地利用效率的角度视之，这是一种"地尽其用"的农业生产方式。如 2002 年，全村共种植 400 亩的蔬菜，占全村耕地总面积的近 50%。号营村的实践证明，种植蔬菜对有限土地的高效利用，在很大程度上

---

① 在不同表格中，对号营村家庭户的统计数据都不一样。此处采用的 376 户，为 2001 年由号营村按照国家统计局制定的表格填报的《农村社会经济统计数据统计表》。另在 2001 年由号营村填报的《农业税及各项任务征收分户清册》中的数据为 314 户；再就是在 2008 年由号营村填报的《号营村村民基本情况簿》中的数据为 328 户。

② 号营村党支部提供材料《积极调整产业结构，发展农村经济》（内部资料）。

缓解了村庄共同体中人地矛盾紧张的局面。

（二）经济收入明显，满足家庭需求

号营村的蔬菜种植，基本都是以家庭为单位，此种小农式的蔬菜种植，其最终经济收入因人而异。影响因素主要有如下三方面：第一，蔬菜产量；第二，销售价格、销售时间、销售地点等；第三，经济收入的期望和计算方式。鉴于此种情况，本节所分析的蔬菜种植的经济收入，完全建立在访谈对象讲述的信息之上。并且，由于其经济收入受销售时间、销售地点、销售价格、蔬菜产量，以及收入期望和计算方式等因素的影响。所以不同报告者在报告种植蔬菜的经济收入时，可能出现不一样的情况，甚至有些会出现与实际相差较大的情况。

杨德祥是号营村的蔬菜种植大户，从1968年开始种蔬菜，当时他只种2分地的茄子。"共有500株茄子苗，茄子成熟后都是自己用麻袋背着到安顺去卖。共计收入5回/周*90斤/回*0.3元/斤=135元。"[1]

按照茄子的生长规律，有6个月的产出期，也就意味着有6个月的销售期。按照每个月4周计算。种植2分地的茄子，共计可收入：90斤/回*5回/周*4周/月*6月*0.3元/斤=3240元。

一亩地可以栽种1500~1600棵茄子苗，一棵苗大概可以产20个茄子，一个茄子按3两重计算，亩产是9000斤左右。鉴于市场上价格不稳定，按照平均1角钱/斤计算，有900多元的经济收入。而一亩地用来种玉米和麦子的话，总共加起来也没有这么多的经济收入。[2]

所有的访谈对象也都认可种植蔬菜给家庭带来的好处。尤其是处于粮食供应紧缺的年代时，由种植蔬菜而获得的现金收入，对于解决家庭困局的效用更加明显。侯祖祜在访谈中说道，在田土尚未分到户时，号营村民就已经利用自留地、饲料地种植蔬菜。待到蔬菜上市销售的季节，也正是农民缺粮的时候。此时，销售蔬菜的收入，在贴补家用方面的效用就非常显著。"不管如何，每个家庭有这400~500元收入，如果当家人会持家的话，整个家

---

[1] 2015年5月23日陈斌访号营村村民杨德祥。
[2] 2015年5月23日孙兆霞访号营村村民侯泽科。

庭就会过得松爽很多。"①

根据号营村党支部的统计数据，鉴于蔬菜种植技术越来越成熟，号营村蔬菜"年亩产值由以前的不足 1000 元上升到 4000～6000 元"②。1995 年，是号营村蔬菜种植产业的转折之年，这一年只有 22 户农民开始种植蔬菜，而在这一年退出种植蔬菜的却有 38 户。即使如此，在 1995 年的时候，全村还有 100 户左右人家在种植蔬菜。按照号营村党支部的统计数据，"每年蔬菜总产值达 120 万元以上，人均收入近千元，超过了粮食产值"③。

对于种植蔬菜的经济收入，种植户、号营村党支部由于受计算标准、市场信息以及期望收入等因素的影响，各自得出的收入总额有较大的差异。但不可否认的是，号营村部分村民通过种植蔬菜，不仅满足了家庭日常生活所需，而且还有一定的收入。

（三）个人能力提升，适应市场节奏

号营村的蔬菜种植都是以家庭为单位进行，是一种自发的主体性行为。但这种行为并非完全脱嵌于社会。从品种选择到育苗育秧、从蔬菜运送到市场销售，都体现出与社会关联紧密。在这一系列与社会发生紧密关联的过程中，号营村村民不仅获得经济收入，还实现了个人能力的提升。

1. 理性计算的能力

在中国农民的日常生活中，其生活方式的选择一定与当地自然环境和资源条件紧密相关。村民在选择过程中，会根据自身需求和多种生活方式能提供的收益进行比较分析，然后再做出最终选择。对于这种建立在比较分析基础上的生活方式选择过程，我们姑且将其定义为"理性计算过程"。号营村民在长期的日常生活中，对号营村的土地结构、土壤特质、水源条件等有充分的了解，因而经过一番比较分析之后，选择将种植蔬菜作为农业生产的主要内容。

玉米是贵州农村社会中传统的农作物，但是种植玉米经济收入较低。

---

① 2015 年 5 月 21 日孙兆霞访号营村村民侯祖祜。
② 号营村党支部提供《黔中大地一面旗——记普定县马官镇号营村党支部》（内部资料）。
③ 号营村党支部提供《黔中大地一面旗——记普定县马官镇号营村党支部》（内部资料）。

"如果是种玉米的话,2分地可以产200斤,最低也可以产150斤左右。按照当时的市价,最多不超过100元的收入。"① 玉米的单位面积产值确实很低,而号营村村民所分配到的土地面积有限,如果不能提高单位土地面积的产值,就难以满足其日常生活需求。为此,侯祖才、侯祖喜等老人在1968年时,就用这有限的土地种植蔬菜。号营村村民在日常生活实践中发现:"凭着这2分饲料地,随便是栽哪种蔬菜,都可以获得700~800元的经济收入。除去前期投入,诸如肥料、农药、种子等(的费用),纯收入有400~500元。"② 这使一部分村民开始积极利用2分自留地和2分饲料地种植蔬菜,由此所获得的经济收入,不仅能满足日常基本生活需求,与周边村庄相比,还有一定的比较优势。"在当时现金收入不多的情况下,对于度过每年六月间青黄不接的时段,确实起到很明显的作用。也就是因为这样,所以在每年六月间青黄不接时,附近村子都觉得生活难以为继的时候,号营村民过得很好,因为他们在这个时候开始卖蔬菜了。"③

到1985年时,不断有村民选择种植蔬菜,也不断有村民退出种植蔬菜,转而进入小建筑包工。尤其从1991年开始,退出蔬菜种植的村民越来越多。这两种不同选择的同时出现,不仅建立在号营村民对自身需求、资源条件充分了解的基础上,更关键的是其对市场已经有一定把握的前提下做出,这是号营村民理性计算能力不断提升导致的结果。"现在有手艺的都选择去做工,每天有150~200元的收入,老熟手的话甚至达到400元/天。这样他们也就不愿意来种蔬菜了。"④

2. 适应市场的能力

在种植蔬菜的过程中,一次次的市场实践让号营村村民适应市场的能力得到明显提升。

在卖菜的过程中,村民对于销售价格的把控能力也在逐步提升。如侯祖喜第一次在安顺卖茄子时,根本不敢将茄子价格定为1.4元/斤,因为这与

---

① 2015年5月21日孙兆霞访号营村村民侯祖祜。
② 2015年5月21日孙兆霞访号营村村民侯祖祜。
③ 2015年5月21日孙兆霞访号营村村民侯祖祜。
④ 2015年5月23日孙兆霞访号营村村民侯泽科。

之前他自己所了解的市场价格相差太大,所以他只敢定为0.8元/斤,这已经是他认为的最高价格。但是进入市场之后,茄子很快被抢购一空。他虽然不会用供不应求的概念来对此种情况进行理论阐释,但他明显地意识到市场的巨大需求导致茄子价格增高。所以,在后来的卖菜过程中,他一次又一次地提升茄子价格。如此,既满足市场需求,又增加了自己的经济收入。

适应市场的能力,也体现在蔬菜运送工具的选择上。随着蔬菜种植面积的增多,原来人挑肩扛的运送方式已经难以适应节奏。为此,村民选择由别人提供的卡车运送蔬菜。如此经过6年之后,部分号营村村民选择自己购买汽车来运送蔬菜。发展到目前,几乎所有的蔬菜种植户都有自己的运送工具。这样既减轻自身的劳动量,又能及时将蔬菜运送到市场销售,以获取较大的经济收益。

种植蔬菜经济收入的获得,离不开与市场一次又一次的博弈。在这个过程中,号营村民的理性计算能力和适应市场能力,不仅实现从"无"到"有"的跨越,而且逐步得到提升,已达到能适应当前市场节奏的水平。当然,能力的提升或变化是悄悄发生的,"它可能意味着变化的力量与抵抗变化的力量达到了某种平衡"①。从这个角度视之,部分号营村村民在未来能有多种生计方式可选择,也是情理之中的事情。

(四)社区社会资本增殖价值

从村庄共同体的角度看,种植蔬菜还使得号营村的社会资本逐渐增殖,号营村成为远近闻名的明星村和示范村。

1. 蔬菜生计拓展号营村的社会关系网络

1986年,普定县组织全县菜农到罗甸县参观考察,交流学习早熟蔬菜的种植经验。号营村杨德祥、侯祖彪两人,因种植蔬菜面积大而得以参加培训会。1992年,安顺地区(今称安顺市)通知杨德祥,到关岭县参加冬季果蔬种植培训会。培训会结束后,贵州省农科院农业专家李桂连找杨德祥谈话,向他了解号营村的土质、土壤,以及适宜种何种蔬菜等情况。1996年,

---

① 芭芭拉·哈里斯-怀特等:《小生产的经济学与政治学》,《中国农业大学学报》(社会科学版)2016年第2期。

第三章 生计教育：有根生计与教育 ○ 中国百村调查丛书·号营村

正处于号营村蔬菜种植的高峰期，村民的家庭经济收入明显增加，从而使得全村的整体经济水平也相应提升。在这一年号营村获得普定县委的肯定和表彰，被授予"全县发展村级经济第一村"荣誉称号。并于1997年被贵州省委、省政府授予"全省小康村"称号。

2003年，贵州省开始实施农业结构调整。基于号营村种植蔬菜的社会影响和规模，普定县农业局将其选定为全县农业结构调整的示范点。号营村30多年的蔬菜种植实践，为周边村庄发展蔬菜种植不仅起到示范作用，而且可为它们提供经验积累和技术支持，更是在全县推进反季节蔬菜种植的过程中为其他村起到榜样的作用。

除与国家的联系日渐紧密外，号营村还拓展了与其他村落的社会联系。为购买秧苗、学习育苗技术，号营村民一次又一次地往返六枝特区大营村。为获得矮秆西红柿品种，他们通过亲戚关系与关岭断桥镇建立联系。号营村还影响到周边村庄的经济发展思路。如与号营村毗邻的荷包村，其很多村民之所以选择种植蔬菜，就是受号营村村民的影响。罗贤夫是荷包村第一个种植西红柿的村民，他是接受号营村蔬菜种植大户杨德祥的建议后，才开始种的。"他是我小学同学，一次他来我家里玩，说是不知道种什么能赚钱，我就告诉他可以种西红柿来赚钱。他听了我的意见，回到家之后就开始用家门口的一块地来种西红柿，晚上开着电灯在田里挖田种西红柿。"①

2. 蔬菜种植提升社会对号营村的信任程度

在1989年之后的10年里，号营村的蔬菜种植规模比较大，当时周边村寨很少种植蔬菜。所以，当号营村的蔬菜进入安顺市场销售时，非常受欢迎。长期如此之后，号营村的蔬菜已经较有名气，并且积累起比较大的市场信任度。所以每当蔬菜上市季节，号营村民都是凌晨4点左右就开始用汽车拉着蔬菜去安顺，一般到安顺时天才亮。"我们到安顺之后就将蔬菜摆成一大排，天亮的时候二手贩子就来收购蔬菜了，一个多小时就可以卖完了。"②后来周边村寨也开始种植蔬菜，但未能影响号营村蔬菜的市场地位，反而是

---

① 2015年5月23日陈斌访号营村村民杨德祥。
② 2015年5月23日陈斌访号营村村民杨德祥。

周边村寨种出来的蔬菜，蹭号营村的市场信誉度。"20世纪90年代的时候，'号营'牌蔬菜的影响大，马堡等地的蔬菜在市场销售的时候都打'号营'牌。"①

由蔬菜种植给号营村带来的广泛社会关系网络以及市场对其蔬菜品质的普遍信任程度随着时间的推移正在逐渐提升，以至于周边村寨的蔬菜需要冒"号营"蔬菜之牌才能销售出去。这些都是村民在种植蔬菜的实践过程中，用自己的举动为号营村创造出的社会资本，随着号营村的名气增大，其增殖速度也就越快。正如美国学者迈克尔·武考克所言："在一个特定的社群内，社会联系和普遍信任的程度越高，这种形态的社会资本的'禀赋'就越高。"②

总而言之，蔬菜生产与经营的价值，全部内蕴于土地高效利用、家庭经济收入提升、个人能力提升以及社区资本增殖四个方面。涵盖村民个体、农户家庭以及村庄共同体三个层面，整体性、多层次地彰显出村民一方面通过提升土地生产效率、一方面与市场发生联系等方式来满足家庭日常生活所需。尤其是在与市场发生联系的过程中，村民个人能力得到提升的同时，还促使社区资本实现增殖。从这个角度看，蔬菜种植虽然是一种以土地高效利用为前提的小农生产，但是它与市场发生联系的方式，既突破了村民生存的文化规范限制，也在这个过程中化约了农业生产受自然资源环境影响的制约因素。

第二节　小建筑包工的演进及教育内涵

所谓小建筑包工，主要是指由号营村民承包的当地政府的小工程项目、乡村学校建设以及农民住房等小建筑工程。这是一种立足于乡土社会的生计方式，它既区别于传统中国乡村社会中艺人的"按日计价"的手工生产，又区别于现代化、专业化的以建筑公司为载体的规模化建筑工程承包。这种

---

① 2015年5月23日陈斌访号营村村民杨德祥。
② 迈克尔·武考克：《社会资本与经济发展》，载李惠斌、杨雪冬主编《社会资本与社会发展》，社会科学文献出版社，2000年，第276页。

第三章　生计教育：有根生计与教育 ○ 中国百村调查丛书·号营村

小建筑包工在建筑技艺传承和职业伦理方面所表现出的村庄内生性品质，既具有创造村庄社会结构功能相对完整的文化和结构力量，又具有化解由科层制建筑队伍、工业化的技艺传承引发的质量监督乏力的禀赋。因而，在研究和论述号营村小建筑包工对村民和村庄共同体所具有的社会、文化价值之前，有必要对其演进历程和内涵特征进行结构性考察，以便从历史的角度，论述其在村庄共同体形塑过程中所发挥的社会、文化的支撑作用。

一　在地化缘起与发展历程

（一）小建筑包工的缘起

1958 年，人民公社制度、城市户口登记制度、粮食统购统销制度等一系列制度相继出台。不可否认，这些制度在促进城市化、工业化建设具有积极意义。但农村、农民所付出的代价是巨大的。如人民公社制度规定农村社、队和社员不能从事商业活动；《中华人民共和国户口登记条例》限制农民进入城市；1961 年 7 月，在北京召开的全国高等学校及中等学校调整工作会议，将部分农村学生下放回村参加农业劳动。有限的土地、农业的低产以及因不能自由流动而导致的大量剩余劳动力，给农民的生活带来巨大压力。尤其是原来在城市上学或工作的人员重新回到农村后，面临着更大的生活压力。由此，这部分人便想尽各种办法跳出农业生产领域，希望在农业生产之外谋取生计资源。

地方社会为他们的行为创造出一套规则体系：第一，对于有意愿外出从事非农业生产的农民，人民公社可以开具证明，并填报花名册；第二，年底需向生产队交钱，以换取参与粮食分配的资格。"当时在外面包工做，每年都要交 450 元钱给生产队，然后剩下的钱才是自己的。"[①] 号营村村民从事小建筑包工就是在这种社会背景下开始的。从学校被下放回村的肖国昌、因人民公社食堂停办而回家待业的侯祖祜以及迫于生活压力的肖国才是典型代表。

肖国昌于 1959 年被下放进村，从事农业生产劳动两年后，1961 年去六

---

① 2015 年 5 月 21 日陈发政、曹端波访号营村支书肖国昌。

枝特区跟着姐夫学木工手艺。经过两年的学习，1963年便自己出来承包一些小的工程项目，如六枝特区粮食局、大米厂、百货公司、火车站等单位的小工程项目。后来发展到贵阳、六盘水等地做工程。侯祖祜1960年就在畜牧场当会计，1961年畜牧场停办之后，到号营村村办食堂当会计。村办食堂于1965年停办，此时的侯祖祜待业在家。后来看到号营村有些人在外包工，于是就到六枝等地承包小建筑工程来做。肖国才迫于生活压力，主动外出向别人学习石工、雕工等技艺。待到学会之后就慢慢自己带着人去做工，到安顺、普定、马官等地，给别人雕刻土地菩萨、修坟墓等较为私人性的事情。

（二）小建筑包工的发展历程

这些在国家制度与地方规则夹缝中生发出的号营村小建筑包工队，在"文化大革命"结束后，随着改革开放政策的实施，迎来了发展的春天。

1. 村集体的包工队

到1974年时，由于肖国昌在这方面已有经验积累，所以他在拓展业务的同时，也在村内组织50名村民成立建筑队，专门外出承包小建筑工程。据肖国昌统计，在1974年前，他承包过马官镇供销社化肥仓库、马官镇卫生院、马官镇中学教学楼等建设项目。1976年10月，他回来担任号营大队干部之后，建筑队只能以村集体的名义承包工程。这样在对外承包小建筑工程项目时，一方面，村集体的可信任程度为其提升了一定的市场竞争力；另一方面，在给肖国昌个人及村民带来经济收入的同时，也为村集体带来一定的经济收入。一直到1992年，号营村集体建筑队在肖国昌的带领下，先后承包了普定县民政局精神病医院、号营小学、陈旗小学、王堡小学、化处镇大兴寨小学等单位的工程项目。

2. 私人包工队

从20世纪70年代开始，就已经有私人将自己居住的房屋承包给小建筑包工队修建。此时，有两种不同的操作方式：第一，"点工"；第二，"包工"。所谓"点工"，即由主人自己请建筑工人到家来修建房屋，按日给建筑工人开工资。每天做完之后，请人做工的村民就需要按照一定的标准给建筑工人发工资，还要给工人安排建房期间的伙食并发给烟酒等。据赵家全回忆："工资从70年代的1.2元/天，增加到后面的4元/天或5元/天，后来就是7元/天或8元/天。"① 张大富是1985年左右跟着肖国昌学泥水工的，他说，"当时的工资是2~3元/天，师傅不抽钱"。②

在"点工"的实践过程，可能由于信息不对称，有些建房人家自己一时请不到建筑工人。此时，主人家为省事，就会委托已请的工人再帮忙叫些人来做。这种操作方式可视为"包工"的雏形。20世纪90年代时，蔬菜种植使号营村村民的整体经济收入水平有明显提升，大量村民开始修建房屋。这时需要更多的建筑工人，而号营村能提供的建筑工人数量，已难以满足号营村以及周边村寨建房对建筑工人的需求。"点工"不能适应当时的形势。大家都愿意将修建房屋的工程承包给建筑工人，由他们来组织建筑队伍，这种方式就是"包工"。即某一建筑工人将某家人的住房建设项目承包下来，叫上号营村的其他建筑工人一起做，做完之后大家一起分钱。这种操作方式有两个比较典型的特征：其一，承包工程的劳务费，由参与建筑的全体工人均分；其二，没有固定的包工头，号营村内的任何建筑工人，都可以承包私人住房修建。一旦承包之后，其他建筑工人都可以参与。

3. 专业化的包工队

从20世纪90年代开始，号营村的一部分蔬菜种植户转向建筑行业。首先，号营村建筑队伍经过近30年的积累，在周边村寨小有名气，越来越多的农民愿意将自己家的房屋建设项目承包给它。其次，号营周边村寨蔬菜种植户越来越多，激烈的市场竞争导致蔬菜种植的获利空间缩小。最后，相比而言，蔬菜种植是一种长线行为，由于其生产周期较长，所以其获利周期也比较长。而从事建筑包工则不存在这一问题，周期短，钱也来得快。

发展到2010年时，号营村已出现专业化的包工队。据不完全统计，号营村已有大小包工头50多个，200多个建筑工人。这些专业化的包工头已出现分化，即有大小之别。据村民讲述，大包工头就是承包私人住房建设，甚或一些较大的建筑工程项目。如杨云是号营村内典型的大包工头，他从别处转包到黄果树景区修堡坎的工程项目，总造价8000万元。而小包工头则主

---

① 2015年5月22日曹端波访号营村村民赵家全。
② 2015年5月22日陈斌访号营村村民苏琴、张大富夫妇。

要承包私人住房装修等。虽然包工头有大小之别，但其操作模式一致。首先，他们没有固定的建筑队伍，都是在承包到建筑项目后，从号营村内临时招募建筑工人。其次，按照市场行情给建筑工人发工资，即按单位建筑面积定价工钱，建筑工人多劳多得，而剩下的钱则归专业化包工头所有。

二 建筑技艺传递机制

（一）熟人社会生发的师徒式无障碍传递

师徒式传承是号营村建筑技艺传递的路径之一。号营村20世纪60年代第一批外出学艺的村民，如肖国才、侯祖祐、肖国昌等，他们学成之后，回到号营村及周边村寨从事建筑行业，并且还承包一些小规模建筑工程。号营村任何姓氏的村民都可以拜他们为师。拜师除遵循传统的程序和仪式外，有比较明显的特征，即建筑技艺是在实践过程中实现传递的。所以，往往只有那些在周边能承包到建筑项目的村民才可能成为师傅。如肖国才会石工雕刻，主要是给别人家的房子或者墓碑雕龙画凤。后来因为他会这个手艺，被安顺建筑公司直接招为工人，被派到各个地方修建公路石拱桥。因为此种因素，其在号营村没有教会徒弟。

而肖国昌则不一样，他自1968年之后，一直都在号营村及周边村寨从事建筑行业或承包建筑项目，在这个过程中带了很多徒弟。我们在号营村调查期间了解到，很多曾经或正在从事建筑业的村民，都说自己是跟肖国昌学会建筑技艺的。据不完全统计，从1968～2001年，肖国昌总共通过此种方式向78名村民传授建筑技艺。

表3-3 肖国昌向村民传授建筑手艺统计

时间	所做工程单位	学徒	学艺内容
1968年	马官供销社	侯泽传、肖国方、肖安邦、胡进兴、敖伯昌、肖安中（6人）	学做灰沙毛石墙
1969年	马官镇医院	肖安光、赵家全、杨德华、侯贻祥、肖安中（5人）	学做灰沙毛石墙、开石头
1973年	马官中学	肖安中、杨德华、赵家全、郭国中、肖华、肖安光（6人）	学做灰沙粉墙、扎钢筋、支木

续表

时间	所做工程单位	学徒	学艺内容
1978 年	普定民政局精神病院	吴明元、侯保昌、侯贻国、肖安华、侯贻庆、肖安森、肖安林、肖安胜、肖兴奎（9 人）	学扎钢筋、做门窗等
1980 年	号营学校	肖华、侯泽智、张大发、任永深、任清林、肖兴琴、肖老二、侯泽晶（8 人）	学扎钢筋、分墙、打预制板
1984 年	陈旗学校	侯泽勇、侯泽智、侯泽朝、肖华、潘立祥、张大发、皮老三、任清林、郭云顺、杜云昌、张双友、邱正学、侯桥元、肖兴明、侯文件、肖兴荣（16 人）	
1986 年	王堡学校	侯泽勇、侯泽智、侯泽朝、肖华、潘立祥、张大发、皮老三、任清林、郭云顺、杜云昌、张双友、邱正学、侯桥元、肖兴明、侯文件、肖兴荣（16 人）	学扎钢筋、分墙、打预制板
1992 年	化处大兴寨学校	毛国兴、胡贤刚、侯贻昌、侯建祥、赵家祥、侯国二、侯二国（7 人）	
2001 年	号营村公园	高克祥、廖兴桥、侯泽突、任华、小林（5 人）	木工、泥工、油漆、贴砖

资料来源：根据 2015 年 5 月 23 日肖国昌提供资料整理。

现以第一生产队 43 名农村建筑工人拜师学习建筑技艺的情况为例，分析号营村内建筑技艺的传承结构。

表 3-4　号营村第一生产队建筑技艺传承结构

姓名	跟谁学艺	是否还做建筑	姓名	跟谁学艺	是否还做建筑
肖国昌	杨玉贵	包工头	肖兴春	肖国昌	是
肖安忠	肖炳清	否	肖安华	肖国昌	是
肖安兴	肖国昌	是	肖安华（大）	肖国昌	否
高克许	肖国昌	是	吴友妹	吴明元	是
高大龙	肖国昌	是	胡贤刚	肖国昌	否
廖兴桥	肖国昌	是	肖安云	肖国昌	是
肖安德	肖国昌	是	侯贻庆	吴明元	是
侯泽迁	肖国昌	是	吴国贤	吴明元	是
肖安乐	肖国昌	是	肖安福	肖国昌	是
张家荣	肖国昌	是	梁闯国	侯贻祥	是

续表

姓名	跟谁学艺	是否还做建筑	姓名	跟谁学艺	是否还做建筑
吴明元	肖国昌	是	胡贤华	侯贻祥	是
侯兴荣	肖国昌	是	肖安刚	肖国昌	否
侯贻祥	肖国昌	是	侯贻国	侯泽传	是
敖方鸿	肖安中	是	张大富	肖国昌	是
敖方兴	肖安中	是	张大发	肖国昌	是
肖兴红	肖国昌	是	肖兴旺	肖兴洪	是
敖方元	肖安中	是	肖友妹	肖国昌	包工头
肖兴明	肖国昌	是	肖安胜	肖国昌	否
肖云才	肖国昌	是	唐发共	/	是
侯贻发	侯贻祥	是	田庆伦	肖国昌	是
侯贻文	侯贻祥	是	石帮云	肖国昌	是
侯贻武	侯贻祥	是			

资料来源：号营村提供。

从表3-4发现，肖安忠、肖安华（大）、胡贤刚、肖安刚、肖安胜5人未再从事建筑行业，而其他38人仍继续从事建筑行业，其中肖国昌、肖友妹是包工头。由肖国昌直接教授的徒弟有27人，其中肖安中、侯贻祥、吴明元，分别于1968年、1969年和1978年跟随肖国昌学习建筑技艺。他们学成之后，又在第一生产队内教授其他村民。跟随肖安中学习建筑技艺的有敖方鸿、敖方兴和敖方元3人。而吴友妹、侯贻庆、吴国贤则跟随吴明元学艺；侯贻发、侯贻文、侯贻武、梁闰国和胡贤华跟随侯贻祥学艺。

从师承关系看，师徒之间应该有较为严格的等级关系。但蕴藏在这种师徒等级关系背后的是横向的技艺传递机制，即号营村任何村民都可以跟随他人学习建筑技艺。正是这种"一个传一个"的横向技艺传递机制，使得号营村迅速培养出200多名建筑工人，并形成较为专业的民房建筑施工队伍。

（二）组织机制造就的"无垄断"式传递

从1978年开始，普定县境内的建筑需求逐渐增大。据统计，在1978~1990年共13年时间里，普定县政府及各部门陆续有150幢办公楼、厂房、宿舍等开工建设，与1958~1977年共20年时间只建设15幢办公楼、厂房或宿舍相比，增长整整9倍。建筑总面积增长近36倍，1978～1990年的建筑总面积为644662.12平方米，而1958～1977年的建筑总面积仅为17456平方米。①

除国家政府部门的建筑需求外，农村的私人住房建设需求也在不断增多。由于种植蔬菜可获得稳定的经济收入，号营村及周边村寨的农民逐渐富裕起来，他们改善住房条件的需求，随着经济收入的增加而愈加强烈。杨德祥1988年种植蔬菜获得2.5万元的经济收入，当年他就用这些钱给自己家修建了一栋新住房。由于蔬菜种植需要耗费大量的时间，所以农民在修建住房时将其承包给专门的建筑队伍。

巨大的建筑市场需求，拓展了农村建筑工人的从业空间，为普定县促生出相当数量的建筑队。与其他地方有固定工人的建筑队伍相比，号营村建筑队伍的组织显得较为灵活，只有包工头和建筑工人，并且两者之间没有固定的关系。如某一包工头承包到建设项目后，他就可以召集村内的建筑工人一起去做。而当这个项目结束后，这些建筑工人又可以跟随其他包工头去做。甚或这些建筑工人如果能承包到建设项目，他也可以召集一帮建筑工人和自己一起做。

巨大的市场需求、灵活的组织机制，在号营村内营造出了有利于建筑技艺传递的平台。首先，当市场需求增多时，号营村临时组织起来的建筑队伍也就增多了。这就为那些想从事建筑行业但又不会技艺的入门者，提供可以随时进入建筑队伍的机会，并且可以在实践过程中跟随相应的建筑工人学习技艺。其次，由市场需求引发的建筑队伍增加，每增加一个建筑队伍，意味着不同建筑队伍之间的边界更加模糊。因为村内建筑工人的总数有限，不可避免地会出现同一个建筑工人同时加入多个建筑队伍的情况。这就意味着建筑队伍没有固化，也不存在技术垄断的问题。

建筑队伍的每一次重新组合，都是不同建筑工人之间相互交流和学习建筑技艺的过程。尤其当某一次临时组织的建筑队伍有外村建筑工人加入的时候，其相互之间技艺交流和学习的效果更佳。

---

① 贵州省普定县地方志编纂委员会编《普定县志》，贵州人民出版社，1999年，第413～420页。

（三）村庄共同体的整体性影响

不管是师徒式传递，还是灵活的组织机制引发的建筑技艺传递途径，都是建立在号营村落社会共同体的整体性特质之上。

号营村的整体性特质由村内的姓氏结构决定。据统计，号营村目前有40多个姓氏，都是从外面迁徙而来的。但是来的时间有先后之别，其中侯、肖、杨、郭、张、刘等少数姓氏，或因逃难，或因奉旨平叛土司叛乱等事由，在明末清初时来到号营村，其他姓氏都是在后续的时间里因婚姻、移民等而来。通过这种方式形成的村庄，其社会特质主要表现在如下两方面。

1. 人群来源多元构建村落社会的平权化结构

当前号营村民的先祖基本都是外来的，所以尚未在村内形成世家大族，也没有在不同姓氏之间形成阶序。不因姓氏人口总数来区分大、小姓，各姓氏之间可以平等共处，在村落社会的公共生活、公益事业建设过程中，各姓氏均有平等的参与机会。这是一种有利于村落社会集体行动的社会结构，村民也容易在日常生活中找到共同的利益诉求点。

2. 非宗族社会易促生自组织和公共空间

不同人群在村庄集体行动中的平等参与机会之所以能得到实现，建立在非宗族社会中的自组织和公共空间之上。与宗族社会相比，这是其显著的社会特征。村庄内部不以姓氏划分为不同的家族或群体，全体村民不再有"门户之见""姓氏之别"，村民之间的社会交往主要以相互合作的形式彰显。

建筑业或者小建筑包工，是一个需要集体合作才能得以实现的生计方式。建筑技艺与号营村相遇时，便易于在全村范围内不分姓氏顺畅地传递。因为只有先让别人学会建筑技艺，自己才能在需要建筑工人的时候顺利地找到合作者。这既是在成就别人，也是在成就自己。

三 小建筑包工的价值分析

（一）稳定的经济收入

小建筑包工，作为号营村的三大生计之一，其从业人员的经济收入是必须关注的重要内容。

1. 家庭经济收入

计算建筑工人一年的经济收入，需要考虑两方面因素。第一，建筑工人每天的劳动报酬。按照2015年的行情，技术工人一般300元/天，而非技术工人则只有150元/天。第二，一个建筑工人每年的做工天数。全年总共365天，受其他因素影响，每年还有一部分时间不能做工。首先，任何人都需要休息，不可能天天去做工；其次，家里农业生产需要一定的时间；第三，按照屯堡社区的风俗习惯，村里有农户办红白喜事时，村民都会到场帮忙，尤其是老人去世之类的事情，去帮忙的时间就更多。总体计算下来，一个建筑工人一年大概可以做200天的工。如此，每个技术工人每年可以有300元/天 * 200天 = 60000元的经济收入，而非技术工人则只有150元/天 * 200天 = 30000元的收入。

当然，上述计算方式是一种比较理想的状态，但并不是每个建筑工人一年都能做到200个工，所以，不同的建筑工人每年的经济收入存在比较明显的差异。

表 3-5 号营村第一生产队建筑工人年收入统计

单位：万元

姓名	建筑工种	年收入	姓名	建筑工种	年收入
肖国昌	建房、筑路	8	肖兴春	泥工	2
肖安忠	建房、筑路	2	肖安华	支模工	2
肖安兴	建房、筑路	2	肖安华（大）	/	/
高克许	建房、筑路	3.5	吴友妹	石工	2
高大龙	建房、筑路	4	胡贤刚	石工	2
廖兴桥	建房、筑路	3.5	肖安云	木工	3
肖安德	建房、筑路	3.5	侯贻庆	泥工	/
侯泽迁	建房、筑路	3.5	吴国贤	石工	2
肖安乐	建房、筑路	1.5	肖安福	石工	2
张家荣	石工	2	梁闰国	砖工	2
吴明元	石工	2	胡贤华	砖工	3
侯兴荣	石工	2	肖安刚	/	/
侯贻祥	泥工、砖工	3	侯贻国	支模工	3

续表

姓名	建筑工种	年收入	姓名	建筑工种	年收入
敖方鸿	泥工、砖工	2	张大富	砖工	2
敖方兴	泥工、砖工	3	张大发	砖工	3
肖兴红	泥工、砖工	3	肖兴旺	砖工	3
敖方元	泥工、砖工	2	肖友妹	砖工	3
肖兴明	泥工、砖工	3	肖安胜	砖工	2
肖云才	泥工、砖工	5.5	唐发共	装修	5
侯贻发	泥工	2	田庆伦	砖工	5
侯贻文	泥工	3	石帮云	石工	5
侯贻武	泥工	2			

资料来源：号营村提供。

整体地看，表 3-5 中的统计数据与前文计算出的结果相差不大，基本符合事实。但不同建筑工人之间的年收入确实存在较为明显的差异。最多者可达 8 万元，最少者则只有 1.5 万元。当然，对于这种收入差距，除了由做工天数的差异造成外，还与从事的工种有关系。表 3-5 显示出，能从事两种以上工种者，其经济收入整体上比只能从事一种工种者高。尤其是肖国昌，其收入之所以是最高的，达到 8 万元，他除了会从事多种工种外，还是专业化的包工头。当然，表 3-5 所显示的他在这方面的经济收入，可能是一种比较保守的估计，其实际收入可能比这高很多。

2. 村庄集体收入

20 世纪 70 年代，时任号营大队干部的肖国昌，组织建立号营村建筑队，以村集体的名义对外承包小建筑工程。所以，其经济收入分为两部分，一部分归肖国昌和村民个人所有；另一部分归号营村集体所有。如此一来，号营村也就有了一定的集体收入。在 20 世纪 80 年代，号营村建筑队与酒厂、酱油厂、木器加工厂等一起成为号营村的村办企业。由此获得的经济收入，主要用于号营村在 20 世纪 80 年代的集资办学。在集资办学遇到经济困难时，建筑队的一部分收入用于修建学校，还用来给号营小学的教师发浮动一级工资、教学奖和年终奖等。剩余部分则用来还上一届大队干部所欠贷款。

（二）地方性知识促生"良心工程"和稳定机制

农民建房之前，都会向他人打听本区域内包工头的详细情况，然后再从建筑质量、材料使用以及责任感等方面去选择包工头。其具体实践方式有两种：其一，只包工不包料，即包工头只负责房屋框架建设，而由主人自己购买建筑材料；其二，包工包料，即包工头既负责房屋框架建设，又负责购买建房所需材料。至于最终选择哪一个包工头、哪一种包工方式，包工头之前承建的房屋质量以及口碑是重要的参考因素。这是一种被号营村民称为"良心"的衡量机制，即通过之前的建筑质量，来认定某一包工头的良心好坏。我们通过田野调查了解到，号营村的小建筑包工队在周边村寨已修建了1000多栋房子，都没有出现质量问题。周边村寨的村民因而认为这些包工队"良心"好，对它们的信任程度很高，乐意将自家建房工程承包给他们。此种"良心"式衡量机制的形成与实践，实则是由屯堡的社会结构和内生的惩处机制共同促生的。

第一，非宗族社会的交往网络。屯堡社会的非宗族属性[①]，导致其有浓郁的自组织机制和广泛存在的公共空间。生活在这种社会结构中的人们，尤其是主要依赖声誉招揽生意的小建筑包工头，自组织和公共空间既是对其自身行为的约束机制，更是其借此拓展市场空间的无形载体。因为，区域内所有包工头的建筑质量，人们都可以在日常生活中通过眼睛看、耳朵听、嘴巴说等方式了解，让更多的人知道。这是一种无形的监督机制，与其说是在衡量包工头的建筑质量好坏，不如说是在品评包工头人品的优劣。日常生活中的口耳相传，对包工头来说可谓一把"双刃剑"。如果其建筑质量很好，那么这种口耳相传，就相当于活生生的广告；如果其在以往建筑中留有劣迹，那么其劣迹通过这种口耳相传就会被无限放大。

第二，内生的惩处机制。在小建筑包工头与农民之间，已经形成一种无形的建筑市场。农民作为这一市场中的重要主体，在建房时对包工头的选择权力，实际就是对包工头的监督权力。农民对于自家房屋用谁作为施工者，

[①] 关于将屯堡社会定性为非宗族社会的论述，参见孙兆霞等《屯堡乡民社会》、《屯堡社会如何可能》的相关章节。

有最终的决定权。他们都会选择在建筑市场上声誉较好的包工头,一旦遇到不佳的包工头时,他们自有一套惩处机制。

首先,如果在房屋建筑过程中,发现包工头偷工减料,或者建筑质量有问题,主人家就会扣除后续的工程款。其次,若因建筑出现严重质量问题,造成严重后果时,损失得由包工头来承担。因为当前社会对于房屋建筑质量是有标准的,虽然农村民房不一定完全按照标准执行,但是一旦出现严重质量问题,仍然可以通过法律途径来追究相关人员的责任。最后,如果某一包工头所建的某一栋民房的建筑质量不好,那么以后的农民将不再选择这个包工队。因此,包工队也就没有威信在行业里立足。乡村社会的信息传递方式和舆论力量,促使号营村的包工头在施工时,一般都会按照乡村社会中约定俗成的规则行事。他们不能也不敢逾越这些规则,否则,最终后果不仅由包工头个人承担,更将影响到整个号营村小建筑包工队的形象。

号营村的小建筑包工队,都未经过建筑质量管理部门的注册认可。表面上看,社会对其建筑质量缺乏衡量和监督机制。但从上述内容来看,非宗族社会的社会交往网络和地方社会内生的惩处机制,都是建筑质量的保证和监督机制。

(三) 在地化生计与村庄共同体的构建

小建筑包工作为号营村的三大生计来源之一,在地化是其最显著的特征。这是一种立足于乡土的生计方式,号营村民可以在此基础上,实现既不离土也不离乡的愿望。按照屯堡社会"妇女在家、男性外出"的家庭分工,从事建筑行业者大多是男性,而女性在家照顾老人和孩子,还可从事农业生产。男性则在农忙季节回家从事农业生产,而农闲时节则到周边村寨从事建筑工作。女性在家从农业中获取的经济收入,加上男性外出从建筑工作中获取的收益,是农村家庭能满足其基本日常生活需求的经济保障。更关键的是,孩子、老人生活在完整的家庭中,其生理、心理以及经济等方面的需求可以得到极大的满足。

对整个村庄而言,正是由于一个个完整的家庭在村庄中生活,一旦遇到有老人去世,或者乡邻结婚,甚或是村庄集体文化活动,都不至于出现无人参与的情况。在田野调查中我们了解到，离开村庄到周边村寨去从事建筑行业的村民，一旦遇到村庄有集体活动时，都会暂时停工回到村庄，通过义务出工、互帮互助、人情往来等方式履行其该履行的义务。对一个家庭而言，表面上这是维系家庭与村庄的关系，使自己的家庭不脱离村庄。实质上这是在生产一种克服单一家庭功能不足的公共秩序。这种在地化的生计，既可促生温情的家庭生活，又可形成村庄共同体。将单一家庭置于具有公共秩序的村庄共同体中，不仅使村庄中的所有家庭成员都能生活在一起，而且可使村庄走向较为稳定的社会秩序。更关键的是，可借此推进村庄中的集体公益事业建设。如20世纪80年代的集资办学、2001年的红旗公园修建等，都是此种在地化生计带来的成果。因而在号营村难以看到各种"回乡体"散记中描述的农村衰败凋敝的景象，也难以将学术界对农村毁誉参半的理性表述与号营村的现状完全画等号。

第三节 经商贸易的演进及教育内涵

本节所论述的经商贸易，概指号营村存在的两种商业经营形式：其一，"赶转转场"式的小农经营；其二，内含亲缘互帮互助式的现代小农商贸。将这两种商业形式置于同一框架下进行讨论，一则可进行以历史传统为基础的观察，即凸显屯堡社区的小农经商传统对现代小农商贸的基础作用；二则可以凸显现实状况与历史传统的关联。单纯从数量来看，号营村当前采取这两种商业形式的人数并不多，但却是号营部分村民获取生计资源的一种重要方式，且具有较为明显的社会文化功能。

一 赶转转场

（一）转转场概述

1. 屯堡转转场传统的形成

在当前安顺屯堡人居住的区域内，"由于田坝区与交通线的分工以及屯堡核心家庭的社会结构的功能不足，造成了田坝区对家庭及社区之外广大环境的依赖，在经济上的交换行为更是频繁，这种交换的实施形式便是赶场"。① 赶场的场期"是以十二生肖定场期。每地场坝常以两个时距相等的生肖为场期。届时,附近乡、村民众从四面前来该场坝进行集市贸易"。② 位处场坝周边的屯堡农民,都在这个场期规则下,选定自己每天的赶场之地。一般是以7天为一个周期,每天确定一个场坝进行贸易,一个周期结束后再依次循环,年复一年地这么循环下去,这种模式的赶场被称为"赶转转场"。

2. 号营村"赶转转场"的演进

清末民初,屯堡区域内已建立起较为完善的市镇体系。尤其到民国时期,安顺商业体系发达,贸易繁荣。其经营内容涉及山货、水果、粮食、棉花、香烟、纸、油、布、纱、盐、米、酒等30多个种类,都与民众的日常生活高度相关。这也就意味着村民在农业耕作之外,有了较为稳定的生计资源获取渠道。号营村民"赶转转场"的历程,大致可以分为如下几个阶段。

第一阶段:1949年以前。

截至1949年,马官镇境内建有4个乡镇集贸市场。

表3-6 1949年马官镇集贸市场一览

单位:平方米,公里

集市名称	集市面积	与县城距离	主要上市物资
马堡	5000	12	棉纱、土布、大米、土酒、生猪、百货日用品、手工业产品
白旗堡	2000	16	棉纱、土布、大米、土酒、生猪、百货日用品、手工业产品
魏旗屯	3000	12	土纱、土布、大米、棉花、菜油、生猪、家禽
余官屯	2000	20	棉纱、土布、大米、土酒、生猪、百货日用品、手工业产品

资料来源:根据《普定县志》相关内容整理。

表3-6中马官镇境内的四个乡镇集贸市场中,马堡场形成于清朝乾隆年间,其他3个都稍晚才形成,并且它们主要上市物资也稍有差异,"马堡集市多经营棉纱、土布,余官、魏旗集市主要经营粮食"。③ 不同集市上经

---

① 孙兆霞等:《屯堡社会如何可能》,社会科学文献出版社,2016年,第74页。
② 曾芸:《二十世纪贵州屯堡农业与农村变迁研究》,中国三峡出版社,2009年,第44页。
③ 贵州省普定县地方志编纂委员会编《普定县志》,贵州人民出版社,1999年,第318页。

第三章 生计教育：有根生计与教育 ○ 中国百村调查丛书·号营村

营物资的结构性差异，与各地集贸市场的市场地位存在紧密关联。马堡手工业也较为发达，如铁业、织布业、鞋业、染布业、酿酒等，尤其是织布业、鞋业、染布业为棉纱、土布在马堡集市上的大量销售提供了市场。

号营村离马堡场距离不到1公里，空间距离的优势，为号营村民借此谋取家庭生计提供了便利。民国时期，号营村的商业经营有性别之分，男性一般是从事食盐、畜产品、山货等经营项目，而女性一般是在家织布、打草鞋等，然后由男性拿到集市上销售。据号营村村民钱开友讲述，其父亲在民国时期在号营村周边村寨收购牛皮、马皮，然后自己加工成产品，趁马堡场赶集时就去售卖，同时还收购山货售卖。侯祖祜的伯父在农闲时，会到六枝岩脚等地收购牛皮、马皮等畜产品，然后拿到安顺销售。武汉大学著名学者刘纲纪的父亲，曾经常年到幺铺镇和化处镇等地收购金银首饰，然后转手将其售出赚钱。

第二阶段：1949~1978年。

中共中央于1958年8月颁发《关于在农村建立人民公社问题的决定》，标志着中国进入人民公社时期。约一个月后，中共普定县委就下发《关于建立人民公社的规划意见》，到12月时，在全县范围内"建成马官、化处、马场、坪上、补郎、白岩、城关共7个区级人民公社，下设39个管理区，管理区下再设生产队和生产小队"[①]。此时是不提倡农民经商的，在这种情况下，部分号营村村民迫于生计压力，在集体生产之外，沿袭历史上小农经营的传统，偷偷地"赶转转场"。

肖安忠夫妻俩在这段时间想尽一切办法做小生意。农闲时走村串寨收购粮食，趁赶集时卖掉，然后用卖粮食赚的钱买棉花。由于受统购统销政策影响，棉花需要凭票购买，每人每年只能分得一定数量的棉花票。这些棉花对每一个家庭来说都很重要，大家都用来纺纱织布，解决家人的穿衣问题。但也有一些人家不会纺纱、织布，于是肖安忠就将这些人家的棉花票买过来，再用这些票去购买棉花。回家之后妻子将棉花翻成纱，再将棉纱织成布，由肖安忠走村串寨到旧州镇的苗族、布依族村寨销售，因为这些少数民族有用

---

① 贵州省普定县地方志编纂委员会编《普定县志》，贵州人民出版社，1999年，第195页。

白色布料做裙子的习惯。家庭手工副业与经商的结合，在区域集市平台上实现其生产价值，每月可以赚得10元钱左右。

肖安忠还从坪上镇贩卖小猪。坪上镇位处普定县西北部，距离县城16公里，属于典型喀斯特地貌，山多地少，主要居住有苗、彝、布依、仡佬等少数民族。而号营村位处普定县西南部，距离县城11公里，地势平坦、交通便利，属于田坝区，居民以汉族为主。两地相距27公里左右，全靠步行，辛劳自不必说。为逃避地方政府对此种"投机倒把"行为的处罚，贩猪途中一旦被地方政府发现的话，他们就会说自己买小猪是回家去养的。由于来回路途太远，不能在一天之内从坪上镇到另外一个地方进行销售，所以都是从坪上镇将猪挑回家，在家养几天之后再挑到镇宁县新场、龙宫、扁担山等地去销售。一般每次可以挑3~4头小猪。

赵家全对自己在20世纪60年代"赶转转场"经历的记忆尤为深刻：

> 20世纪60年代时，政策不允许做生意，那些偷偷做生意的被叫为投机倒把。号营村也有偷偷做生意的，当时我也做过。就是到坪上镇去挑桃子、李子到马官镇来卖，因为马官这里的人很喜欢吃。桃子、李子在坪上镇只卖6~8分钱一斤，我们挑到马官来之后就卖1~2角一斤。还有就从织金县马场挑鸡蛋到安顺去卖，鸡蛋在马场卖8分钱一个，我们挑到安顺之后就卖1.2角钱一个。因为织金县马场那边人烟稀少，土地面积宽，还有就是粮食多，所以即使当时政策不允许私人养鸡，但是他们那里比较偏僻，偷偷养鸡也没有人会去搜。而安顺这里由于土地面积不宽，粮食不多，连人都不够吃，更就没有粮食来养鸡咯。这个虽然能赚些钱，但是太苦了。①

第三阶段：1978年以后。

1978年之后，随着家庭联产承包责任制的实施和改革开放的推进，此前被视为"投机倒把"的"赶转转场"行为，可以名正言顺地做了。号营

---

① 2015年5月22日曹端波访号营村村民赵家全。

村村民在土地之外谋取生计的本领和智慧极大地释放出来。

> 我以前做的都是小生意。首先，收购稻谷打成米到水城去卖。因为水城是高山地区，而我们这里是田坝区。高山地区的稻米比较少，玉米比较多。所以我们就在号营附近村寨买稻谷打成米，然后到水城去卖。一般是100斤谷子，可以打70斤米。都是用人工挑到火车站，坐火车到水城去，到水城下火车之后挑进城里去卖，卖了之后就回来。除去生活费、车费，多少能赚点钱，具体能赚多少我不记得了，要是不能赚钱谁去干这个事情啊，但是也赚不到大钱。
>
> 其次，从坪上镇贩冰脆李、桃子，到各地去赶场。一般是周三赶余官和新堡、周四赶三间房、周五赶下坝、周日赶马堡。每次差不多能装80~100斤的水果去卖。第三，到安顺去批发蔬菜（如蒜薹、蒜苗、莴苣等比较稀奇的）来卖，每次都批发80~100斤，然后直接到普定来卖或者批发给别人，这样差不多就需要一天的时间，如果不骑自行车的话就搞不成。①

当然，侯平孝比较"前卫"，他是骑着自行车穿行在安顺、普定、坪上镇、马官镇以及其他乡镇集贸市场，而另一些村民则只是通过步行，从普定贩折耳根、李子到马堡集贸市场来卖。

3. 号营村"赶转转场"的现状

号营村目前仅有少部分村民在通过"赶转转场"谋取家庭生计。田野调查中了解到的，只有6户的情况比较明确。

表3-7 号营村赶转转场统计

	主要产品	产品来源
张大富	服装	贵阳西南商贸城
胡家	干菜：粉条、木耳等	安顺

---

① 2015年5月23日曹端波访号营村村民侯平孝。

续表

	主要产品	产品来源
侯家	铁制农具：锄头、耙头等	安顺
唐家	蔬菜	安顺
侯谢强	干菜	安顺
侯江苏	铁制农具：锄头、耙头等	安顺

资料来源：根据号营村村民苏琴讲述内容整理。

这6户村民基本每天都去"赶转转场"，销售不同的产品，并且产品的来源渠道和方式都不一样，但赶场地点差不多，即都围绕安顺周边的乡镇转，没有离开过安顺境域。

张大富是号营村唯一在乡镇集贸市场上卖服装的村民，夫妻两人一起赶场。他们之前是开电动三轮车到达各个乡镇赶场。2012年购买了一辆面包车，这样他们的赶场频率更高，且赶场地点也相对较远。

表3-8 张大富夫妇赶转转场情况统计

地点	赶场时间	离家车程	摊位费
猫洞乡	周二	80分钟	20元/天
水母	周三	30分钟	租房2800元/年
小洞农场	周四	60分钟	租房2000元/年
木岗镇	周五	40分钟	20元/天
沙坝田农场	周六	60分钟	20元/天
化处镇	周日	40分钟	20元/天

资料来源：根据号营村村民苏琴讲述内容整理。

除周一以外，张大富夫妇每天都会到周边乡镇集市上去"赶转转场"，且距离都还比较远，最远的猫洞乡，有80分钟的车程，最近的水母，也有30分钟的车程。

唐家是婆媳两人从安顺贩蔬菜到乡镇集贸市场销售，受性别、年龄以及交通工具所限，她们"赶转转场"的范围、频率明显不如张大富夫妇。据唐肖健讲述："妈妈和奶奶主要在马堡、新堡、三间房、木岗等地赶场。"

（二）转转场的经济功能

结合在号营村田野调查调查过程中了解到的信息，对于"赶转转场"的经济收入，需要从如下两方面进行阐述。

1. 销售额

以张大富夫妇为例，卖服装有季节之别，一般春季和夏季是销售旺季，而其他季节则是淡季，衣服卖得比较少。旺季时每天能卖1000元钱。除去进货成本，差不多能有300~400元的利润。他们由于是夫妻两人一起做，正值年富力强，再加上交通工具比其他人便利，能到比较偏远的乡镇集市去赶场。这样的好处是同一个集市上的竞争者会相对少一些，生意自然也就会好一点，这正好可以抵消淡旺季带来的收入差别。

2. 支出费用

张大富夫妇两人"赶转转场"时，每天需要支出如下费用。

第一，生活费。"赶转转场"时，每天都是早晨5点就起床，5点半出门。到达赶场地点摆好摊位后，就开始挂货。忙完这些事情，就在集市上吃早餐，一般是吃一碗米粉，10元钱/碗。中午饭因时因地根据自己的喜好而定，支出难以确定。

第二，摊位费。在乡镇集市上"赶转转场"，基本都是向集市上私人家租用摊位，租金20元/天。在唐大富夫妇赶场的六个集市中，有四个集市的摊位租金按天收，另外两个集市是租房，租金按年算，其中水母是2800元/年，小洞农场是2000元/年。

第三，卫生费。每个来赶场卖货的人都需要交卫生费，一般是交2元。

另外还有面包车的油费。"每天包括油费、生活费、摊位费、卫生费在内，起码要100元的花费。"①

> 我赶的比较远，因为距离远了之后，卖货的人就会少点，那样生意就会好点。中老年款服装卖得比较多，以进价50~100元的衣服为主。现在赶转转场一年的收入大概是：6场/周 * 50周/年 * 300~400元/场 =

---

① 2015年5月21日陈斌访号营村村民苏琴、张大富夫妇。

90000~12000元。不过赶场的次数也不是很确定,如果遇到天气不好的话就不去赶了。①

当然,由于各家"赶转转场"的频率、地点以及产品不一样,所以每家的收入也就存在一定的差异。唐家婆媳每年的收入则明显比张大富夫妇的少。

> 现在我妈就是和"太太"(指奶奶)每天赶转转场卖菜,主要有西红柿、辣椒、茄子、折耳根、豆腐干等,平均每天能赚200~300元钱……我妈主要是到安顺市客车东站那里去拿菜来卖,这样赚取其中的差价。一年的收入大概是3场/周＊50周＊200~300元/场＝30000~45000元。②

虽然每家"赶转转场"获取的收入存在较为明显的差异,但是这些收入相对不是太低,最起码可以有一笔固定的经济收入,以满足一个农村家庭最基本的日常生活需求。

(三) 转转场的社会文化功能

1. 在地化经营与家庭生活

以家庭为中心,在"一日往返"的半径内选择赶场集市,是"赶转转场"普遍遵循的基本原则。这是一种广泛意义上的在地化经营方式,此种方式对赶场者的家庭生活的正面影响较大。

首先,赶场者可以每天都回家,过正常的家庭生活。与那些离家超出"一日往返"距离的村民相比,"赶转转场"的优势就是每天的生活起点和终点都是家。张大富的妻子苏琴对此感受颇深,她此前一个人在大湾镇"赶转转场"卖中老年服装。大湾镇位处安顺市西北方向,它是六盘水市在毕节市境内的飞地,离安顺市180多公里。由于离家远,不能每天回家,只有张大富一人在家带孩子。苏琴只有趁着每周回安顺市小商品市场进货时回家住

---

① 2015年5月21日陈斌访号营村村民苏琴、张大富夫妇。
② 2015年5月21日陈斌访号营村村民唐肖健。

一个晚上,看看孩子。

一般是周一、周二,和几个长期在一起赶场的朋友约着回安顺来进货,进货之后自己背着1万多元的服装坐火车去大湾镇……后来经济条件稍微好一点,就通过物流公司发托运,然后自己回号营村看看孩子,周二一大早就得赶火车到大湾去,因为周三就要赶场了。①

表3-9 苏琴在六盘水大湾镇赶转转场情况统计

地名	赶场时间	离大湾距离	单边所需时间	摊位费
大湾镇	周三	0	0	20元/天
艾家坪	周四	50公里左右	1个小时	20元/天
珠市乡	周五	70公里左右	1个小时	1100元/年
拱桥	周六	20公里左右	10分钟	20元/天
二塘镇	周日	10公里左右	10分钟	20元/天

资料来源:根据对苏琴、张大富夫妇的访谈内容整理。

从表3-9可以看出,他们主要是以大湾镇为中心,向周边乡镇集市拓展。最远的是珠市乡,有70公里。所以他们一般都是合心的几个人约着一起去赶场,这样大家可以相互有个照应。早上5点出发,到达赶场地点才刚天亮,待摆好货物后差不多9点,这样就开始赶场了。一般到下午5点才结束,回到大湾的住处都差不多晚上8点。

每天赶场回来,有时间的话就自己做饭吃,如果回来比较晚的话,有时会请房东帮我们煮好饭,然后自己回来买菜炒,有时就干脆直接吃方便面,我们这些每天一起赶场的人,虽然都在一起住,但都是各人自己做饭吃。刚开始的时候我们是一起搭伙吃饭的,但是后来有些人结婚成家后我们就分开各自自己吃咯。②

---

① 2015年5月22日陈斌访号营村村民苏琴、张大富夫妇。
② 2015年5月22日陈斌访号营村村民苏琴、张大富夫妇。

如此坚持5年之后，苏琴回到号营村，在号营村周边的乡镇集市上继续"赶转转场"卖服装。她表示，"自己一个人在外做这种生意，很辛苦，离家还远"。

其次，为家庭构建新的社会关系和交往方式。"赶转转场"人员、地点的固定性，为相互之间的社会交往提供了平台。在赶场过程中，能结识自己村庄之外的同行。并可能因为同样的经历，结成"伙契"（即兄弟）或"姨妈"（即姐妹）。

> 我们赶转转场认识的人，大家关系都比较好，都会在过年过节时相互走动，就是前几年在大湾赶场时认识的人，到现在我们都还在走动，赶场认识的人各个民族的都有。①

在闲时或者节假日之间互相走动，并因此与双方的家人熟悉起来。这种通过赶场经历而泛化的单纯同行伙伴关系向拟血缘关系方面转变，由两个人之间的关系扩展为两个家庭之间的关系。

2. 开放性勾连与市场能力

转转场可以满足部分号营村村民日常生活的经济需求，为其家庭积累起一定的财富。这种在地化经营方式，还可以让赶场者过上正常的家庭生活，为家庭构建新的社会关系和交往方式。更关键的是，这种经营方式具有开放性特征，能将村民与市场、社会连接起来。

在转转场上卖蔬菜，尽可能多地提供菜品种类是基本要求，以满足不同顾客的需求。号营村虽然也有较多农户种植蔬菜，但由于每家种植的品种单一，不能满足多品种蔬菜的需求。所以唐家很少在村内蔬菜种植户中进蔬菜，而是到安顺市东客运站蔬菜批发市场去进货，因为那里蔬菜的品种齐全。

对于服装，市场的要求则更多，其一是季节性强；其二是款式变换快，每个季节都有不同的款式需求。这就要求售卖者在进货时，不仅要关注服装

---

① 2015年5月22日陈斌访号营村村民苏琴、张大富夫妇。

市场的动态,而且要注意自然的季节变换。为与季节变化的节奏同步,苏琴一次的进货量不能太多,以防季节变化导致服装压货。她一周进货一次,都是趁周一没赶场时去贵阳市西南商贸城进货。为追求款式的多样性,她没有固定在某一家进货,而是沿街一家家挑选,即使是选择到合适的款式后,也不会一次进货太多。"一般每种款式拿10件左右,如果卖不出去的话可以换,但不能退。现在的人买衣服主要看款式和质量。"① 虽然长期和四川、湖南的服装商人打交道,彼此之间也很熟悉,但是为保证服装的质量,苏琴每次都是亲自去贵阳拿货。她说:"每次拿货都必须是自己去,主要是担心有老板发货来的服装款式不合心,因为如果我们自己不去的话,他们会发不好的货给我们。"②

号营村村民一头通过乡镇集贸市场,直接连着普通的屯堡民众,另一头通过区域外的专业批发市场,和专业化的现代商人发生联系。从这个意义上说,号营村民所赶的转转场,具有显著的开放性特征,"既是在屯堡区域的'小'市场,也是与区域外相勾连的'大'市场……交换因此被嵌入一个更为广泛的交换体系,这种结构赋予他们与市场打交道的能力。"③

二 现代商贸

转转场具有的经济、文化和社会功能,不仅可以满足农民家庭的日常生活花销,而且为他们积累起日后将生意做大的财富和能力。

(一) 号营村区位优势与经商传统

号营村位处普定县南部,隶属马官镇。距离马官镇中心不到1公里,距离普定县城10公里。自明清以来,号营村一带是安庄卫、普定卫与西堡长官司、十二营长官司的交界区域。在安庄卫、普定卫区域内,海拔较低,多山间坝子,农业生产条件较好,以水稻耕种为主,但人口密集,因此人地矛盾较为紧张。而西堡长官司、十二营长官司区域内,主要是少数民族生活其

---

① 2015年5月22日陈斌访号营村村民苏琴、张大富夫妇。
② 2015年5月22日陈斌访号营村村民苏琴、张大富夫妇。
③ 孙兆霞等:《屯堡社会如何可能》,社会科学文献出版社,2016年,第76页。

87

中,海拔较高,多山地,不适宜于水稻生长,主要种植玉米等作物。由生态环境引发的生计方式差异,使其各自发挥自身优势,以物易物或其他形式的交换由此出现。

这种情况发展到民国时期表现得更加突出。随着安顺城内完善的市镇体系建立,生活在海拔较高区域的少数民族民众,与卫所屯军之间的交换更加频繁,他们甚至自己进入安顺城中,参与市镇体系下的商业贸易。田野调查中我们了解到,水城县、六枝特区等地民众进入安顺城中贸易,离号营村不到1公里的马堡场是必经之地。商贩清早从六枝特区出发,步行到马堡场时正好天黑,如此就得在马堡场住宿,第二天一早再从马堡场步行进入安顺,将货物销售完之后,再步行到马堡场正好又是天黑,还得在马堡场再住一晚。如此,过往商贩生活所需的土布、大米、土酒、生猪、百货日用品、手工业产品等物品在马堡场销售较多。从而为号营村的草鞋制作、销售提供较为广阔的市场空间,以至于在马堡场中形成"草鞋街",几乎由号营村民占据。

(二) 号营村商贸经营现状

随着现代化、城市化水平的不断提升,市场对商业经营提出新的要求。从20世纪80年代开始,号营村村民就在现代商业环境中,结合传统乡村社会的血缘基础,创造性地发展出超越"赶转转场"式的现代商贸。

表3-10 号营村商贸经营统计

姓名	主要产品	经商地点	初始时间
肖兴奎	花生	六盘水	1985年
侯爱华	/	安顺	2003年
侯祖夫	水果	昆明	1985年
侯泽龙	干果、废品收购	六盘水	1985年
侯泽勇	打字复印	昆明	/
薛成勇	佛像	泰国	/
薛学文	餐饮	普定	2004年
薛老三	餐饮	普定	2004年
薛阳翠	餐饮	普定	2004年

第三章　生计教育：有根生计与教育 ○ 中国百村调查丛书·号营村

续表

姓名	主要产品	经商地点	初始时间
薛阳梅	餐饮	普定	2004 年
肖艳红	烟草	普定	/
钱树立	二手车	安顺	2005 年
钱英	客运	普定	2005 年
钱敏	电子产品厂	广州	/
钱进	客运	普定	/
侯爱明	客运	普定	2005 年
侯老五	客运	普定	2005 年
侯海龙	服装	普定	/
侯万春	农具	安顺	/
肖安富	干菜	安顺	/
肖飞勤	建材	马堡	2005 年
毛金荣	餐饮	马堡	/

资料来源：根据对号营村钱开友等村民的访谈内容整理。

据不完全统计，截至 2015 年，号营村村民外出从事现代商贸的有 22 家。地域范围覆盖到昆明、水城、安顺、普定等地，涉及干货批发、水果、打字复印、餐饮、客运、服装、建材等行业。

这些从事现代商贸的经营者，都是受 1978 年改革开放的政策鼓励而出现。他们有一个共同特征，即学历不高，大多数初中尚未毕业，并且没有外出打工经历。但从市场拓展机制和技能传递机制的角度，可将其大致分为两类：第一类是接替父母继续从事这一行业，经过自身的闯荡和努力，将生意发扬光大，其典型代表是钱开友、肖兴奎。由于他们秉承着祖荫，从 20 世纪 80 年代就开始从事商业经营。第二类是家族中兄弟姐妹互帮互助，某一人在某一城市或者某一领域经营成功之后，带领家族中其他人一起参与进来。如薛家兄妹、侯祖夫家族等。第二类一般到 2000 年之后才开始出现，主要是因为农业边际收益不断降低，并且受同村其他成功者的影响，主动外出从事商业经营，在自己安顿好之后再帮助家族内其他成员进入。

（三）纵向的代际传递与市场拓展

1. 钱开友一家四代的生意经

钱开友，73 岁，曾任号营村党支部副书记。从他爷爷开始，就从事收购山货、牛皮、马皮等的小生意。父亲钱万喜在 1949 年前也收购牛皮、马皮等畜产品，还收购山货，然后趁赶集时到集市上销售。掌握这些本领的钱万喜，在 1952 年时被招工到马官镇供销社工作。专门负责药材、畜产品方面的收购工作。1977 年，钱万喜从供销社退休后，钱开友顶替其进入供销社工作，主要负责马官镇境内 30 多个村的农产品采购，如蜂糖、烤烟、葵花、花生、辣椒等。

钱开友有五个儿女，迫于生活压力，让妻子在家打菜籽油、做米粉卖。同时让大儿子钱树立在家开收购站，主要收购山楂、土黄莲、老瓦蒜等药材。他家将收购通知贴出去，镇宁、安顺等地的农民就用马车拉着送来。1985 年，总共收购有 20 多吨山楂卖给云南一家公司，还收购 30 多吨老瓦蒜卖给安顺一家药材公司。这样几项累计下来，他家平均一个月有 1800 元的纯收入。当时就已经是远近闻名的"万元户"。

后来他用赚的钱支持二女儿钱英、小儿子钱进购买中巴车，在普定县内从事客运业务。大儿子钱树立则承继他的事业，大儿子还获得普定县、安顺地区、贵州省、团中央等各级政府或相关部门积极支持和鼓励。1989 年 8 月，普定县委、县人民政府公开表彰钱树立；1989 年 12 月，共青团贵州省委、贵州省科委授予钱树立"青年星火带头人"称号；1990 年 1 月，安顺地区农经委、科委等单位联合授予其"小星火带头人"称号；同年，共青团中央、国家科委认定钱树立为全国农村青年星火带头人。到 1998 年时，钱树立创办普定米冰饮料厂。从 2005 年开始，带着儿子钱远志在安顺经营一家二手车行。

2. "花生王"肖兴奎的成长历程

肖兴奎现年 50 多岁，主要是在六盘水从事花生批发生意，人称"花生王"。他从东北调运花生到六盘水市销售，每次调运量都在 60 吨左右。肖兴奎在六盘水市购有住房、商铺、仓库，村民估计其总资产有 500 万元左右。肖兴奎在商业方面的成功，离不开其父亲肖安林的前期铺垫和教育。

第三章 生计教育：有根生计与教育 ○ 中国百村调查丛书·号营村

肖安林出生于1937年，父亲是石匠，1949年解放时，家中十分贫穷，常常食不果腹。当十一届三中全会召开后，他便立即从会议精神中捕捉到商机，认为国家大力鼓励农民通过各种形式谋取农业外收入。"感谢毛主席、共产党解放了我们，我们翻了身，但农民光靠种粮难以致富，既然政策要我们放开干，为什么不干？他便收花生到家，剥花生壳卖花生米，勤巴苦做。"[①] 他白天带着大儿子肖兴奎到周边村寨收购花生，晚上全家人将花生壳剥去，再拿到安顺、贵阳等地销售，每次都销售几百斤。如此经营两三年之后，不仅满足了家庭日常生活之需，还积累起进一步发展的资本。

尤其重要的是，在这个过程中，肖兴奎学会鉴别花生干湿、好坏的本领。他也具有一定的商业头脑，在1985年时，肖安林拿900多元钱给肖兴奎，让他自己到外面去闯荡。几经波折，终于在六盘水市安顿下来，一直坚持到现在，生意做得红红火火，2003年就集聚起百万财富。他弟弟也是在父亲的"指示"下，从贵阳轻工学校毕业后，就自己外出闯荡，如今在安顺城中从事蚕豆、豌豆批发生意，已在安顺城中购得两个商铺。

（四）横向的互帮互助与市场拓展

1. 薛家兄妹的餐饮生意

薛家兄妹5人，老大薛成勇早年当兵，退伍后自己到泰国发展，然后在泰国结婚定居。从1982年开始，他一直从广东省运佛像到泰国销售。老二薛学文40岁左右，主要在家务农，2004年，他从号营村到普定县城做餐饮。老三也是跟着二哥在普定县城做餐饮。薛阳翠、薛阳梅是女性，她们出嫁之后，仍然和娘家的两位哥哥一起，在普定县城经营餐饮业。目前薛氏四兄妹在普定的餐饮业经营得比较稳定，且都已经在普定购房，孩子也在普定上学。据村民估计，老二薛学文的总资产有100多万元，薛老三有80万元左右。

2. 侯祖夫与家族水果生意

侯祖夫具有比较敏感的商业头脑，也是号营村较早从事商业贸易的人。

---

① 岳德斌：《翻身与翻山——农民肖安林一家》，载《安顺日报》"百姓春秋"栏2003年9月20日。

早在 1983 年，他就在号营小学的修建现场，和肖兴奎合伙出资购进一些商品在学校门口摆地摊。在有了原始积累之后，就到六盘水市从事干果生意，一直到 1997 年，他将生意拓展到昆明，经营产品由干果变换为水果。在昆明安顿好之后，妻子和三个儿子也相继到昆明，和他一起经营水果生意。

从 2007 年开始，昆明市启动农贸市场改造，当年就取缔了 46 个占道经营的露天农贸市场，并逐渐对未取缔的市场进行升级改造。改造完成后，面向社会招标。为扩大经营规模，侯祖夫的三个儿子侯泽国、侯泽锦和侯泽建，从一个老板处承包到 60 个农贸市场水果摊位的经营权，基本上每个农贸市场就只有一个摊位卖水果。这些摊位主要用来作为自己家族在昆明经营水果生意的主要阵地，也可以转包给别人来经营。

2014 年他们叫上自己未出五服的堂兄弟侯泽科，要他到昆明的农贸市场经营水果生意。侯泽科到昆明去了解过情况，在一个比较小的农贸市场，总共 23 个摊位，其中一个摊位可以卖水果，摊位租金 4 万元/年。侯泽国告诉他，如果万一做不下去了，还可以转给别人，不会亏本。侯泽科最终还是选择回到号营村继续种植蔬菜。因为他觉得自己家孩子长期在外打工，没法帮忙，担心自己忙不过来，再加上自己还没有汽车驾驶证，不会开车，到批发市场去进水果很不方便。

侯泽科大哥家有两个儿子，高中毕业后，都跟着父亲做过建筑，觉得太累。小侄儿为此还到福建打工。为帮助这两个侄儿找到一份稳定的生计来源，他 2015 年初建议两个侄儿到昆明跟着侯泽国经营水果生意。他们从侯泽国手中租来两个农贸市场的水果摊位。按照市场行情，一个摊位的年租金是 9.2 万元，鉴于是叔侄关系，租给侯泽科侄儿的摊位则只收成本价，每年收 7.8 万元。

侯泽勇与侯泽国同样是未出五服的堂兄弟，他原来在昆明从事打字复印行业，规模不算大。从 2015 年开始，也从侯泽国处租来一个农贸市场的摊位，开始经营水果生意。

三　号营村商贸生计的教育功能

从经济学的角度视之，无论是"赶转转场"，还是现代商贸，号营村从事这两方面生计的村民确实不多。即使是已经在从事的,不仅规模不大,而且其获取的经济收益也难以在中国众多农村中出类拔萃。尤其是在不同阶段的历史演进过程中,虽然其表现形式已发生变化,但他们与村落社会的关系仍未发生本质变化。换句话说,他们在物质方面与村落社会的关系已经式微,但与村落社会的精神联系正在不断增强。在这种精神联系的背景下,村落社会的地方性知识嵌入商贸生计之中,直接导致其社会身份实现从农民到商人的转换。在这种转换过程中,其适应市场的能力逐渐得到提升,但诚实劳动的禀赋和开放进取的精神仍一如从前。

(一)"赶转转场"与现代商贸的精神关联

商业经营者起着"中间人"的作用,一头连着生产者,一头连着消费者。"中间人"与生产者、消费者之间关联程度的高低,决定着商业经营的形式。通过屯堡社会中的乡镇集贸市场与普通消费者直接接触的,则是"赶转转场";而将消费者扩大到屯堡社会之外,则可视为现代商贸。隐藏在这种显性关联背后的是一种隐性关联,即不管是"赶转转场",还是现代商贸,其最终都直接指向每一个经营者的家庭和村落社会。

就"赶转转场"而言,需要从两个层面来理解:第一,它是号营村民获取生计资源的重要途径,以弥补由人地矛盾导致的生计资料不足。第二,可满足每个经营者对家庭生活的情感渴求,不至因生计使家庭成员在空间上分处两地。正是如此,苏琴才会放弃在六盘水已建立起的转转场圈子,回到号营村重新开始。"一日往返"的空间距离,在维持家庭完整和稳定方面发挥着正向作用。

在不断的发展过程中,村民积累了一定的财富和能力,并通过血缘关系或纵向或横向拓展的方式传承下去。改革开放之后,政策的出台,为号营村民将转转场积累的财富和能力的释放提供了社会空间。钱开友、肖兴奎等人在20世纪80年代初期就迅速进入市场体系,通过商业贸易集聚起财富。薛氏兄妹、侯祖夫家族也通过互帮互助的方式,在餐饮、水果销售等方面建立起一个家族群体。这种在转转场的基础上经由家庭血缘关系而发展起来的与市场体系同构的商业贸易,从表面上看,与村落社会的空间距离明显超出"一日往返"的范畴。但这种立足于村落社会而发展出的商业形式,并未因

空间距离的扩大,而增加经营者与村落社会的心理距离。由此看来,"赶转转场"和现代商贸之间是一种线性的发展关系,即转转场在使村民财富和能力方面的积累上,为号营村现代商贸的发展奠定了社会基础。就每一个经营者的家庭而言,转转场最显著的特征是在地化,而现代商贸则更多地表现为离土离乡。能促使这两种属性看似不搭界的商业经营形式相互衔接的是村落社会。

(二)地方性知识与市场规则共同影响的商贸生计

号营村民在凭借生计教育所传递的生计理念、生计技能进入市场体系时,虽然最基本目的是为家庭谋取生计资源,增强市场竞争力。但这种为自己(私)获取生计资源的欲望,并没有强大到超出由家族血缘关系主导的地方性知识对商贸生计的内在规定。从而没有使得这种基于满足各自家庭需求而发展出的商贸型生计因空间距离和经营规模而割裂经营者与村落社会的联系。

他们在获取足够经济利益后,一定要在家乡修建房子,使自己的晚年生活有安身之所,因为农村是他们的根。如肖兴奎,他在城市中的生意规模已经很大,有足够的能力在城市中立足,但是他仍然在号营村建起一座由四五间房子组成的小院落。原来是他父母住在里面,母亲去世后,就只有他父亲一个人住,他一般都是 10 天左右回家来陪父亲一次。侯祖夫家原来就有老房子,在六盘水做生意赚钱之后,回家又修建起一幢新房子。在传统的中国农民心目中,无论走到天涯海角,只要老家还有房子,那么自己和老家的关系就还没有被完全割裂,自己随时可以回到原来的生活轨迹中。如果在老家没有房子,村民就觉得自己像一只断线的风筝。

即使是那些暂时不能回村居住的人,他们每年春节都会回来,并且尽可能地为家族、村落社会贡献力量。如原来在昆明从事打字复印业的侯泽勇,2009 年春节回家时,了解到侯氏宗祠需要制作祖先牌位,就主动免费制作。

而那些离家比较近的经营者,则在周末或者假日回到村落社会中,寻找父母和家乡的味道。钱开友共有 5 个儿女,除一个女儿在加拿大定居外,其他四个都在普定县、安顺市或开二手车行,或从事客运业务。孙女钱远婷大学毕业后回到安顺市工作。据钱开友讲述,他们一般隔一两周就会回来一次，在家吃一顿饭之后就走。孙女钱远婷从小跟随爷爷奶奶在号营村长大，周末都会回来看望爷爷奶奶，并提前打电话告诉爷爷奶奶，自己想吃爷爷奶奶做的饭菜。

从号营村走出去的商业经营者，都没有因为空间距离增加或者经济收入的增多而与号营村割裂。所以，对于村落社会的公益性建设，他们都会积极参与进来，如20世纪80年代的集资办学，2001年的号营公园修建，他们虽然不能亲自参与，但是在经济方面给予支持，或者在建设思路和发展理念上给以引领。尤其是改革开放之后就外出从事商业贸易者的成功，在很大程度上激发起其他村民参与其中的动力。所以，在2005年左右，号营村又出现了一波外出从事商业贸易的高潮。

从上述号营村商贸经营者与整个村落社会的关联实践来看，实质就是号营村民在城乡之间能自由流动。作为成功的商贸经营者，他们能在城市立足；作为号营村民，他们能随时回来，参与村落社会中的公益性建设和集体活动。之所以能出现这种情况，有赖于地方性知识成功地嵌入号营村民所遵循的市场规则中，这导致号营村民从事的商业贸易并未被简单化约为一条单纯的赚钱之路，而是在赚钱之外，村民在未割裂与家乡的联系中，始终保持着对家乡文化的坚守。此时，市场规则也常以一种被人忽略的方式，深深地嵌入地方性知识之中，它不时在地方性知识外衣的掩盖下，将一些按照市场逻辑难以解决的难题化约于无形。总而言之，号营村部分从事商业贸易的村民，始终在村落社会地方性知识和现代市场规则的共同影响下，将这种商业贸易视为自己自如游走在城乡之间的载体，赋予其精神文化意义和社会功能。

小结　从农民到商人的变与不变

历史上，"赶转转场"、走村串寨收购或者销售某种物品，是号营村民谋取生计的重要途径。但由于其销售对象和货品供应方都是农民，所以其作为中间人的农民身份没有发生变化，这种情况一直持续到改革开放之后，号营村民在延续传统生计方式时，农民仍是其销售对象，是其经济收益的主要客体。但是其货品来源的供应方则转变为城市中的职业商人。随着时间的推移，号营村民与这些职业商人之间的联系程度日益加深。并且，由于其货品供应不再受地域、季节的限制,所以其销售对象、经营领域和经营时间也就逐步呈现职业商人的特征。这也就意味着,他们的身份从地道的农民演变为职业商人。

与之相随的则是经济收入和生计能力的变化。就经济收入而言,职业商人的经营不受时间、地点、领域等因素的限制,所以其经济收入也就显著提升。即使他们中很多人都不再从事农业生产,但是也没有任何家庭出现粮食短缺的情况。甚至很多家庭都已经购买汽车,或者在城市购买铺面和住房。而生计能力的变化则表现得更加明显。因为在与城市以及职业商人不断互动的过程中,他们接触到与以往农业生产完全不一样的理念和技能,尤其是在城市化、市场化的广阔视野中,他们以商业贸易的形式实际参与其中,明显得到增强的是适应城市生活、市场规则的能力。正如费孝通等在《云南三村》中所言:"他们在外奔波的结果,却也练就了一副胆子和一套出门的经验。"[1]

综合考虑身份、经济和能力三方面因素,号营村的这些职业商人已具备离开农村进入城市定居的基本条件。但实际上他们不仅没有离开号营村,而且自如地游走于城乡之间,原来生活空间的经验和地方性知识仍然影响着他们。首先,随着业务体量和经营规模的增大,需要更多帮手时,他们的首要人选是家庭成员,在家庭成员无法满足的情况下,然后才是家族、村落社会成员,很少考虑通过市场的方式解决劳动力不足的问题。其次,与"赶转转场"相比,现代商贸所涉及领域、覆盖区域已大大拓展。从以往的仅局限于本乡镇,甚或是跨乡镇,发展到现在的跨地州市、跨省,甚至发展到国外。但不管离号营村多远,他们在精神上仍和号营村同在,这主要体现为在物质、精神和思想方面支持或参与村庄中的公益性建设、集体文化活动。从这个角度看,现代市场的运行规则和逻辑不但没有消弭掉号营村商业经营中的血缘、地缘逻辑,反而将血缘、地缘逻辑深深地嵌入市场机制中。"从经验上而非哲学和文明形态上(如儒家文化)彰显了亲缘、地缘与现代市场契合的可能性。"[2]

---

[1] 费孝通、张之毅:《云南三村》,天津人民出版社,1990年,第511页。
[2] 谭同学:《亲缘、地缘与市场的互嵌》,《开放时代》2012年第6期。

第四节　在地化兼业型生计与村庄共同体

一　号营村的其他生计方式

除蔬菜种植、小建筑包工和经商贸易三种生计方式外，农业生产和进城打工也是号营村村民的生计方式。

（一）农业生产

号营村作为一个典型的农业村落，从土里刨食一直是村民的重要生计方式。直到1968年，这种情况开始发生变化。当时杨德祥用生产队分给村民的自留地和饲料地来种蔬菜，后面陆续有村民也跟着种蔬菜。1981年，农村土地实施家庭联产承包责任制。此时，虽然村民对土地的使用拥有绝对的支配权，但是仍将大部分土地用来种植粮食作物，而只将少部分用来种植蔬菜，以获取经济收入。蔬菜种植大户侯泽科在1983年开始种植蔬菜时，虽然全家共分得7亩水田、3亩旱地，但他只用1亩旱地来种茄子，其他的水田、旱地都由父亲和大哥用来种粮食。"手中有粮，心里不慌"，是以往的饥饿经历教给中国传统社会中农民的经验。号营村村民也是如此，发展到当前，绝大部分村民通过种植蔬菜、小建筑包工和经商贸易能获得较为可观的经济收入，绝对能满足家庭日常生活的粮食需求。但是这种传统经验仍未改变，一部分村民仍秉持着农业生产的传统。

张大富夫妇现在主要是"赶转转场"，但是家里仍种有3亩地的玉米。因为玉米种植比较轻松，不需要费太多时间，收获之后可以直接卖掉，获取一定的经济收入。一部分老年人，虽然儿女都已成家立业，有稳定的事业和经济收入，完全有能力供养他们。但是他们仍然在家种一部分地。侯泽民的两个儿子都在昆明从事水果生意，但是他仍然在家种田。肖安忠的一个堂弟，已经68岁，两个儿子都在贵阳农贸市场卖菜，他自己在家仍种有粮食。2013年，普定县将马官镇定为全县农业园区，号营村正是核心区域。马官镇人民政府将土地从农民手中流转集中之后，再统一承包给外来老板进行规模化种植。肖安忠的堂弟对待这个事情比较理性，没有将土地流转出去，而是自己用来种植果树。

据不完全统计，号营村目前已流转土地800多亩，占号营村实际土地总面积的57%左右。土地流转费用以粮食计算，地按500斤玉米/亩·年，田按570斤稻谷/亩·年，还特别规定按每年8月份市场均价计算。截至2018年5月，由于老板经营不善，出现大面积土地抛荒，老板多次更换，流转费用支付出现诸多问题。主要表现为不按流转合同的规定时间支付、老板支付流转费"踢皮球"两方面，另外，承包者在对流转地使用过程中，不经过村支两委和土地承包户同意，乱挖田埂地界，导致土地四至不清，甚至还将土地转为企业用途。为此，村民综合权衡后，希望将土地收回，用于自己耕种。号营村村支两委了解村民的意见后，代表村民与马官镇人民政府交涉，希望能终止土地流转。而号营村周边的几个村则因为农户对土地的依附更强，它们打着"农业产业园"、"现代农业企业化经营"旗号，拿到土地流转的国家优惠政策红利之后，便将土地抛荒或"敷衍式"经营。依靠土地为生的农民，对土地的此种利用方式令人痛心疾首。

总而言之，号营村目前只有少部分村民在家从事农业生产，且是典型的自产自销式的小农生产。但村民明显意识到，和经由流转实现的规模化农业相比，各家各户自己安排的小农生产更符合自身的需求，也更有利于土地的可持续合理利用。

（二）进城打工

在"城市信仰"和"工业崇拜"的话语体系下，大量农民被裹挟进城市打工，号营村也不例外。据不完全统计，2015年时，号营村共有60户计122人外出打工，主要分布在上海、浙江、福建、广东等省份，年收入多者10万元，少者2万元。受收入水平所限，他们的家人大部分都留在号营村生活，甚至还有一部分人将未成年的孩子留在家中，由爷爷奶奶照顾。

二 在地化兼业型生计的内涵特征

蔬菜种植、小建筑包工和经商贸易是号营村村民的三大主要生计方式，另外还有少部分村民在家从事农业生产的同时进城打工。

第三章 生计教育：有根生计与教育

1. 在地化兼业型生计的概念界定

号营村村民的生计主要是一种典型的在地化兼业型生计，即一个家庭在村内或在可"一日往返"的乡村范围内，采取包括农业生产在内的至少两种谋取生计资源的方式。

2. 在地化兼业型生计的内涵特征

对于在地化兼业型生计，可从"在地"与"兼业"两个角度理解。首先，所谓在地化，有三方面特征：第一，除少量外出经商和进城打工者外，号营村大部分村民获取生计资源的地点，均在号营村或在可"一日往返"的乡村范围内。第二，号营村村民的生计，是通过在为当地乡村社会提供日常生活所需服务而实现的。第三，三种主要生计方式的技术和理念传递，是建立当地社会的文化基础之上。其次，所谓兼业，同样有三方面特征：第一，"建立在代际分工基础上，一个家庭同时在城市务工和在农村务农，因此同时有务工和务农两笔收入"。[1] 第二，建立在性别分工基础上，一个家庭内的男性主要负责在外从事小建筑包工或经商贸易等，而女性则主要在家从事农业生产。第三，建立在季候性基础上，即在农闲时节，家庭内成员主要从事与农业生产无关的生计方式，而到农忙季节，则暂时放弃与农业无关的生计方式，而主要从事农业生产。这在在地建筑包工实施季节选择、蔬菜种植和"赶转转场"中均表现得非常明显。

如此看来，在地化的兼业型生计，必与相应的自然条件和社会因素相关联。首先，人多地少的现实矛盾，规定了号营村民需要农业外的收入，才能满足家庭的日常生活需求。因此，从明清时期开始，号营村村民的祖先们就开始外出"赶转转场"或者进入安顺城中经商。发展到民国时期，这种情况更加普遍。刘纲纪的父亲常到幺铺镇、化处镇收购金银首饰，然后转手将其售出赚取差价。侯祖祜的伯父在农闲时，就到六枝特区岩脚等地收购牛皮、马皮等畜产品，然后拿到安顺城中销售。另外就是村民普遍会将畜产品、山货，或者女性织出的布和编好的草鞋拿到马堡场去销售。在人民公社时期，在"赶转转场"之外，还发展出建筑技艺和种植蔬菜等

---

[1] 贺雪峰：《小农立场》，中国政法大学出版社，2013，第3页。

生计方式。肖国昌、肖安忠和杨德祥是这时期比较典型的代表人物。自从改革开放之后,之前处于"地下"状态的生计方式,发展为号营村绝大部分村民的主要生计方式。其次,"屯田制度及其变迁规定了屯堡社区家庭经济活动和经济制度的核心家庭'单元'化模式"。[①]因此,与经济活动和经济制度紧密相关的蔬菜种植与小建筑包工便形成特有的"合作"模式,即以村民个体或家庭为基本单元,在整个社区内部建立起纵向和横向的生计技能、生计理念的传递渠道。纵向传递主要表现为在同一家庭内部的代际传递,而横向传递则主要发生在不同村民之间无障碍的技能和理念传递。因而,才可能出现钱开友一家四代都从事商业经营的情况;才可能有"家家会种菜,人人会卖菜"的村落景观;才可能在村内不同姓氏之间培育出200多名建筑工人或包工头。以号营村内"制度化"的"硬约束"和"强传统"来整合不同家庭或同一家庭不同世代之间在生计方面的技能和理念,以互通有无、各尽所能产生的"剩余资源"获得号营村内主要生计方式产生的社会效益,由此奠定社会合作结构的经济基础和组织资源,这也是号营村主要生计方式要求村落社会内部合作而内生的结构性特征。

三　嵌入生计实践中的生计教育

(一) 市场主体性形塑的知识拓展

号营村的蔬菜种植与城市化、工业化同步发展,它与城市化、工业化体系下的市场关联性日渐增强,这密切了农村和城市、农业与工业、农民和市民的联系。蔬菜种植除由个人完全承担且可自主安排的繁重田间劳作和繁复日常管护外,还与市场之间存在一份隐形的"契约"。这是一份没有经过正式程序和没有形成文本的"契约",因为它是号营村村民与市场在长期的互动中形成的一种默契。在这一互动过程中,市场扮演着主体性的角色,号营村村民从最开始的试探性状态到当前能自如利用市场规则获利的境界,彰显出号营村村民对市场的了解程度不断加深。

---

① 孙兆霞等:《屯堡社会如何可能》,社会科学文献出版社,2016,第94页。

1. 蕴藏在蔬菜定价中的能力提升

号营村村民种出来的蔬菜，进入市场销售是其主要出路。由于并不了解市场行情，当侯祖喜第一次进入市场销售茄子时，茄子价格从 0.8 元/斤经由两次提价，最后达到 1.4 元/斤。这是当代号营村村民对市场的一种试探行为，也是与市场的适应过程。市场通过这种无声无言的方式，最终让号营村民知道，进入市场销售的蔬菜，其价格并非完全由蔬菜本身的价值决定，而是由市场的实际供求关系来决定。所以，号营村村民在后来售卖蔬菜的时候，都会首先了解行情，根据实际情况决定蔬菜价格。并且还养成讨价还价的习惯，如此一方面使自身的经济收益最大化，另一方面是与市场的博弈能力得到提升。

2. 内含在蔬菜品种选择中的知识拓展

在了解到蔬菜销售价格是由实际供求关系决定的市场规则之后，如何让自己在市场的供求关系中占据主导地位，是村民获得较大经济收益的前提。对于这个问题，号营村蔬菜种植者的实践经验是在品种选择上下功夫。

在蔬菜种植大户杨德祥的带动下，到 20 世纪 90 年代初期，号营村 80% 的农户都种植蔬菜。这种规模效应进而延伸到号营村周边的村寨，因而出现马官镇境内诸多村寨的农户都种植蔬菜的现象。这种现象是由成功的蔬菜种植者的示范效应而引发的，即其他农户本来对种植蔬菜毫无经验或者也不了解具体情况，他们受成功者的经济收入"诱惑"而来。这方面很明显的一个体现就是在蔬菜品种的选择上。如此，当大量农户选择同一蔬菜品种时，市场供求关系由之前的供不应求发展到供过于求。最终结果是，农户蔬菜增产却并未带来增收。对于这个问题，号营村一些蔬菜种植大户，显得特别理性和精明。2014 年，号营村很多农户都种四方茄，而侯泽科家种的是西红柿。在四方茄普遍滞销的情况下，很多农户折本而他家则没有折本，还略有小赚。到 2015 年时，由于担心其他农户吸取前一年的教训，大量农户改种西红柿，侯泽科改种了香葱。另外，最早通过种蔬菜的收入修建好一幢房子的杨德祥也是如此，其在了解到其他村民都选择某一蔬菜品种时，就反其道而行之，种植别的蔬菜。

他们的这种举动，看似很平常，实际则是多年的市场经验积累的结果。

是市场让他们明白，在无法改变市场规则的情况下，规避或降低市场风险是增加经济收入的主要途径。从这个角度看，蔬菜种植已成为部分号营村村民的一种职业，而不再是一种生活方式。

（二）小建筑包工的技术传承与职业伦理

根据已经掌握的材料，号营村村民掌握的建筑技艺，主要是在20世纪60年代部分村民主动或被动外出学来的。对于一个之前未曾有这种技艺传统的村落社会来说，这是一种新的技术。但这种新技术并未成为村落社会中少数村民的特有生计机会，这是由建筑技艺的本身属性决定的。

建筑技艺是一种纯手工的手艺，不需要使用动力和机器设备，只用一些简单工具即可施工，如砖刀、斧头等。操作工具的简单性，使绝大部分村民都可以参与，不会出现因买不起工具而难以参与的情况。更不会因为购买生产工具的高成本而产生"生产者无法购买工具，购买者不能从事生产"的情况。正是因为建筑技艺的此种属性，规避了如下两方面后果：第一，普通村民在从事建筑的过程中，"所能得到的利益，还是限于保留于手工生产的部分。机器生产部分所获得的利益，统统会归到占有生产工具的富户手里"[1]。第二，限制了建筑技艺的传递范围和人群，使得绝大部分村民都不能参与。反过来看，建筑技艺的纯手工操作属性，导致其经济收益都归参加施工的村民所有，不参加具体施工的村民则无法获得。再就是技术传递范围和人群的广覆盖性，使得所有愿意从事这一行业的村民都可以参与进来。这些因素导致建筑技艺在号营村内部可实现无障碍传递，不受姓氏、年龄所限，并且也激发了大部分村民从事这一行业的积极性和能动性。

建筑技艺的开放性特征，以及由开放性所释放出来的生计机会，毫无障碍地传递到所需要的村民手中。只要有需要、只要个人愿意从事这一行业，人人都有机会。经过长期的发展，截至2015年，号营村已有200多村民从事这一行业，在这些建筑工人中，还涌现出大小包工头50多个。

同一个村庄中从事这一行业的人数愈多，愈加能使其在周边村庄中积累起较为广泛的社会声誉，也才更可能促使其建立起能保证建筑质量的职业伦

---

[1] 费孝通：《乡土中国》，上海世纪出版集团，2010年，第237页。

理。首先，这是绝大部分家庭的主要生计来源，谁都不愿意为此背上砸大家"饭碗"的恶名。否则一方面需要承受来自事主的惩罚，主要表现为其损失赔款或者承担法律责任；另一方面则需要承受来自村内同行的唾弃，因为他的个人行为，导致其他家庭的生计受到影响。这种惩罚更多以诅咒方式表现出来。其次，由于学习建筑技艺的环境、条件和机会一样，村内所有建筑工人的技艺水平大体相同，从而使得每一个建筑工人在施工过程中对于建筑质量都有同样的责任感。

从这个角度看，建筑工具的低端性、建筑技艺传递的无障碍性，使得村民人人都有机会参与其中。参与机会的公平性，还体现在号营村建筑队伍的组织方式上。号营村虽然有为数不少的建筑工人和包工头，但并未形成规模化、固定的现代建筑工程组织，而是一直采用一种松散的组织方式，即只要有空闲，任何建筑工人可以随意加入某一包工头的临时队伍中，包工头也可以随意暂时将某建筑工人纳入麾下，当工程结束后，下一次又随意地重新组合。如此，一方面，没有在村庄内部造成新的社会分化；另一方面，没有将建筑工人从农村、农业中分离出去，更没有将小建筑包工发展成为脱嵌于村落社会的现代工业。

（三）经商贸易地域与领域的内在拓展

与小建筑包工相反，经商贸易可视为号营村在长期历史发展过程中形成的一种传统生计方式，最早可以追溯到村庄形成之时，影响经商贸易发展的主要有两方面因素：其一，国家制度（或政策）；其二，家庭或社区积淀的经验和精神。国家制度（或政策）一直处于变动之中，而家庭或社区积淀的经验和精神，内涵处于逐渐丰富的状态。

两种状态的唯一差别，就是覆盖地域的大小和所涉领域宽广的程度。当政策禁止时，农民可能偷偷摸摸地从事小规模、短距离的贩运，获取区域价格差，维持家庭的基本生计。人民公社时期，肖安忠从其他村寨的农民手中收购棉花票，购买棉花回家后将其翻成纱、织成布，再到周边旧州镇苗族、布依族村寨销售，有的从普定县坪上镇贩小猪到镇宁县新场、龙宫、扁担山等地销售，即属于此种类型。从 1978 年开始，随着改革开放政策的实施，为号营村村民从事商业贸易提供了合法的空间。此时，肖兴奎的父亲就带着他行走在周边村寨收购花生,将花生剥壳后再拿到安顺、贵阳等地销售。如此持续5年左右,待时机更加成熟,他便支持肖兴奎外出从事商业经营,肖兴奎来到六盘水,集聚起不菲的财富。钱开友家也是如此,从其爷爷开始他家就在周边收购山货等,一直传承到钱开友这一辈。在积累起一定的财富和经验之后,正好国家政策允许从事商业贸易,他支持儿子钱树立创办了制冰厂、山货收购站等,并出资为小儿子和女儿购买客运汽车,在普定县内从事客运业务。国家政策在不断调整中,应大力鼓励个体户商业经营,在号营村较早外出从事商业贸易并获得成功者的示范作用下,号营村在2005年之后掀起一股跨地州市,甚至是跨省的商业经营潮。薛家兄妹在普定县城的餐饮业,以及侯祖夫家族在云南省昆明市的水果销售就是在这种背景中发展起来的。

对于"赶转转场"而言,经营地域虽然没有发生明显变化,仍围绕号营村周边的乡镇集贸市场进行,循环往复,长年如此,但是所涉足的产品品种日渐丰富,从以往的粮食、土特产和山货等,发展到现在的服装、蔬菜、干货以及铁制农具等,村民与市场发生联系的程度日渐加深。号营村目前虽然仅有五六家人在"赶转转场",但是他们是每家都销售不同的品种。

虽然号营村目前从事商业贸易的人数不多,但他们的经历和成就都彰显着一种深层的文化因素,即号营村历代祖辈积累和传承下来的经验和精神。主要表现为两个方面,其一,诚实劳动的禀赋;其二,开放进取的精神。正是这两方面因素与当前国家政策的和谐结合,才使得部分号营村村民在满足家庭生计需求的同时,其商业贸易的地域和领域正在日渐得到拓展。

总而言之,在蔬菜种植、小建筑包工以及经商贸易的生计实践中,号营村村民的生计技能不断得到提升,生计理念也不断得到拓展。从表面上看,这是得益于村民与市场的深入接触、建筑技艺的开放性以及经商贸易中的世代传承和他人的示范。其实,更深入理解的话,这主要有赖于号营村村落社会自晚清以来对主流文化采取的"吸纳－嵌入"态度。从这个角度来看,号营村的生计教育是一种对村落社会以外的主流文化进行吸收之后,并内嵌于生计实践过程的教育形式。

四 有根生计、村庄共同体与教育

纵观号营村村民的生计实践，虽然其仍是在当前既有的城乡二元结构中进行的，但由于具有在地化和兼业型特质，生计实践既具有文化意义和社会价值，又具有超越城乡二元结构的特质。因此，我们姑且将号营村民当前的生计方式称为有根生计。

有根生计，不是在完全与城市割裂的农村中，以中国传统农业社会中自产自销方式实现的小农生计。而是在城乡二元结构中，农民以特有的禀赋和方式，实现既能从现代市场中获取经济收入，又能将农村社会中的血缘、地缘等因素融入其中的生计方式。在这种理念的支撑下，号营村村民既能获取生计资源，又不需要完全与自身所在的村落社会割裂。

（一）有根生计与村庄共同体建设

对整个村庄来说，正是由于这种生计体系，只有少部分的村民进入城市打工，绝大部分村民通过在村或者在"一日往返"的范围内从事蔬菜种植、小建筑包工或经商贸易等方式就可获得生存之需。也就是说，市场经济和现代传媒对号营村的负面影响，被在地化的兼业型生计体系所具有的文化意义和社会价值消解，号营村本来所具有的自主价值生产能力还没有被彻底破坏。所以，号营村三年一度的孝顺儿媳、孝顺儿子评选活动已持续进行了20多年。田野调查中我们了解到，在2018年的孝顺儿媳评选中，当评选结果张榜公示时，村内的一些女性认为榜上某人在日常生活中有对公婆不孝顺的行为，于是向村支两委反映，并提出异议。另外助人为乐榜样、无私奉献榜样、热心公益榜样等评选活动也得以顺利推行。因为这些活动，村内路灯、公共活动空间等才有人去维护，这些是号营村仍是一个具有自主生产价值能力村庄的最好注脚。

（二）有根生计与生计教育

本章开篇就指出，所谓生计教育过程，即是指以主要生计方式为依托，将由于村民与土地、市场关系变化而促使生计渠道拓展、生计能力提升以及覆盖人群扩大的过程。在这个过程中，除种植粮食和进城打工外，蔬菜种植、小建筑包工和经商贸易已发展为号营村民的三大主要生计方式。在研究中我们发现，蔬菜种植提升村民的理性算计能力和市场应对能力；小建筑包工教会号营村村民用地方性知识构建职业伦理和结群方式；经商贸易使号营村村民意识到传统经验的重要性并提高将血缘、地缘等因素用于对抗"冷冰冰"的市场体系的能力。如此看来，此三大主要生计方式的实践过程，其实就是生计知识的生产过程。由于所生产出来的知识是面向整个村庄共同体，所以，也可以将这个过程理解成是为整个村庄共同体积累知识的过程，即建立在生计基础之上的自我学习、自我教育的过程。

（三）有根生计与学校教育

生计教育并不等于学校教育。所以，此处应该再论述号营村的有根生计与学校教育的关系，其主要表现在如下几个方面。

1. 有根生计为号营学校教育提供经济基础

对于这一点，可从两个方面理解。首先，家庭层面。在号营村的调查过程中，未曾听说号营村村民的孩子因经济困难而辍学。有些家庭经济条件较好，将子女送到普定县城或者安顺市的学校去上学。其次，村庄层面。积极从经济方面支持号营村的学校教育。民国时期以及20世纪80年代的集资办学行为，都是建立在号营村村民有一定经济基础条件之上的。尤其是20世纪80年代，号营村民通过种植蔬菜、小建筑包工以及经商贸易三种方式获取的经济收入，不仅能满足家庭的日常生活需求，而且有剩余。村集体通过举办建筑队等村级企业的方式获得经济收入。村民的剩余以及村集体的收入，为号营村在20世纪80年代的集资办学提供了经济基础。

2. 有根生计为号营学校教育提供精神支持

如果说父母是人的启蒙老师，那么家庭则应是一间充满温情的教室，而父母在日常生活中的言行举止，则应是一本充满爱和温暖的书。但在城乡二元结构中的村落社会不能为村民提供谋生之途时，村民只有离开村庄，进入城市获取生计资源。由此造成乡村儿童的"启蒙老师"缺位、教室变得冰冷，原本应充满爱和温暖的书变成一本冷冰冰的教科书等。家庭亲情的缺失，导致学校教育孤军作战，在"家校断裂"的社会氛围下，学校教育的效果不尽如人意。

号营村的生计实践，让村民可以在离土不离乡的情况下，就获得满足家庭所需的生计资源。所以，号营村村民一方面可以照顾家庭，与孩子建立良好的亲子关系，满足孩子的情感需求。"良好的亲子关系能够满足儿童爱、归属与自尊的需要，是儿童人格健康发展、社会化顺利进行的必要前提……充满关爱的家庭氛围能让他们的各种生活、学习、交际压力得到合理的释放与宣泄。"[①]从而不至于出现因缺乏父母管教而逃学、厌学、辍学，或在学校打架斗殴、偷窃抢劫、抽烟喝酒等顽劣行为。另一方面，村民也可以与学校的教师建立良好的互动关系。家庭教育是学校教育的基础，家庭与学校、家长与教师之间的关系非常重要。号营村的有根生计，使得家长与教师之间有效的交流、沟通成为可能，他们可以共同关注孩子的学习、心理以及品行等状况。在号营村的调查中我们了解到，学校教师会有定期或者不定期的家访，学生在校的任何情况都可以很畅通地传递给家长。总而言之，这两方面关系的良性发展，实质上都得益于有根生计对号营学校教育的精神支持。

3. 有根生计为学校教育的失意者提供情感归属之道

竞争、淘汰是中国学校教育的显著特征，总有人成为学校教育中的失意者。尤其是当城乡二元思维主导下的学校教育遭遇城乡一体的考试竞争机制时，乡村学生成为失意者的比例注定高于城市。社会对这些来自农村的失意者有两条分流路径：第一，回乡务农。小农生产本身是一种劳动密集型产业，它在遭遇以资本密集型为特征的市场体系时，毫无竞争优势。其后果主要有两方面：一方面可能是大部分失意者难以胜任小农生产的相关工作，并且他们的求学经历以及所接受的教育使他们可能也从情感上抵触这些工作。另一方面，小农生产中以户为单位且分散的经营体制，导致其在面对以资本密集为主要特征的市场体系时，毫无竞争优势，小农生产的边际收益日渐减少。第二，进城打工。城市化、现代化水平不断提升，为学校教育的失意者提供了诸多就业机会，大量的失意者在离开学校后毫不犹豫地进城打工。但是当前中国的发展实践对劳动者的知识、技能和信息接受能力提出较高的要求，而这些正是失意者所缺失的。即使他们愿意进入城市从事劳动强度大、

[①] 刘永刚等：《守望的童心》，载钱理群、刘铁芳编《乡土中国与乡村教育》，福州：福建教育出版社，2008年，第35页。

经济收入低的工作,并且也已经生活在城市,但是"城市只把他们当作经济活动者,仅仅将他们限制在边缘的经济领域中,没有把他们当作具有市民或公民身份的主体,从体制上没有赋予其他基本的权益,在生活和社会行动层面将其排斥在城市的主流生活、交往圈和文化活动之外,在社会认同上对他们进行有意无意的贬损甚至妖魔化"[1]。

综合这两方面因素,这些失意者成为"既回不了村,又进不了城"的人,"双重的失败把他们推向了绝望的深渊"[2]。而有根生计所具有的离土不离乡、对知识和技能的较低要求、相对较高的经济收入三方面特质,可使这些失意者在这里活出自信,同时还可密切自身与村落社会的精神联系,并借此开启一条情感归属之道。从这个意义上看,号营村的生计教育内蕴着一种人力资源的"分流－衔接机制"。

---

[1] 王春光:《农村流动人口的"半城市化"问题研究》,《社会学研究》2006年第5期。
[2] 孙庆忠:《社会记忆与村落的价值》,《广西民族大学学报》(社会科学版)2014年第5期。

第四章　礼制教育：礼制秩序及社区治理中的教育

礼制，乃礼仪制度的简称。古代流传下来的关于礼仪制度的专门文献，主要包括《周礼》《仪礼》和《礼记》三种，俗称"三礼"。这些文献典籍主要论述的是国家对礼仪方面的具体规定。如《仪礼》主要记载的是在特定情境中带有表演色彩的一整套行为体系；《礼记》主要论述伦理道德思想，以说明"礼"在社会中的意义和作用；而《周礼》的核心内容是讲述先秦的职官与各种典章制度。有研究者认为，关于"礼"的三种专门文献，其实约略相当于"礼"的三层含义：《仪礼》主要记述节文仪式，即在特定情境下使用的、带有表演色彩的一整套行为体系；《礼记》大体论述伦理道德，侧重阐发各种仪式的道德意义；《周礼》则主要是对政治制度的设计。[①] 无论何种层面的"礼"，都明显地带有国家色彩，也就是所谓的国家礼制。国家礼制以其鲜明的表演性、象征性和程式化、标准化而区分于民间礼仪。这是一种显著的对国家礼制与民间礼仪进行二元对立的分析范式。受这种范式的影响，当前的研究者都有意无意地将两者区分开来。即使注意到两者之间的关系，也只从"（国家）礼制的形成大多是社会上层或统治集团对流行的民间礼仪不断加以政治化和规范化的结果"的角度进行考虑。[②] 对于这一点，学术界已形成共识，"礼失求诸野"、"礼出于俗"等通俗的表述正好表

[①] 胡新生：《礼制的特性与中国文化的礼制印记》，《文史哲》2014 年第 3 期。
[②] 胡新生：《礼制的特性与中国文化的礼制印记》，《文史哲》2014 年第 3 期。

征这一点。但在落地机制上，这种被政治化和规范化之后的国家礼制是如何传递到民间社会的呢？杨志刚认为历朝历代不断演绎和阐释的礼典可以促进礼制的传衍、下渗和普及。① 艾红玲等认为古代学校是促进国家礼制由庙堂向民间社会传播的主要载体。因为古代学校是习礼演礼的场所，也是一些重大礼典的行礼场所，学礼制度本身就是对古代礼制的丰富和发展。②

这两种传递载体的共同特点，是由国家完全主导、忽略民间社会的主体性和能动性。并且，经由这两种方式传递的内容，是由国家安排和组织的。最关键的是国家礼制传递到民间社会之后，对民间社会将产生何种影响和效果，在以往的研究中并没有进行深入论述。为此，本章以号营村文化实践活动为主要观察点，以牌坊、家谱为承载和传导渠道，以整合、调教全体村民行为规范的公共活动维度，呈现国家礼制如何传递到民间社会、如何与民间社会建构新的礼制和治理主体在地化内容。

第一节　号营礼制教育溯源

从明朝洪武年间开始，在600多年的社会发展进程中，号营村的礼制教育大致分为三个阶段。当然，这种以时间为标准的划分，其起讫点并非绝对清晰，同时其教育形式和内容也并非完全相异。可能在时间起讫点或者教育形式和内容方面存在重叠的情况。如1912~1949年，仍存在由国民政府主导的新生活运动，此举可被视为中央政府希望通过自主制定"礼"来达到影响和干涉民间社会之"俗"的目的。从20世纪80年代初开始，一直到2001年，由号营村纠纷调解委员会主导的村民日常生活中的纠纷调解，彰显出村落社会在礼制教育方面扮演着较为重要的角色。据号营村"调解纠纷登记簿"记载，1984~2001年，共有61个相关的成功调解案例。虽然存在着诸多相互交叉或重叠的教育形式，仍做如此划分，其主要依据是某种教育形式在某一阶段中占主要地位，则将其视为这一阶段的教育形式。或者说，

---

① 杨志刚：《汉代礼制与文化略论》，《复旦学报》（社会科学版）1992年第3期。
② 艾红玲、陈戌国：《古代学校对礼制的传播》，《社会科学家》2009年第7期。

此阶段礼制教育的特质则依据此种教育形式的特质来进行概述和归纳。对号营村的礼制教育做出阶段性划分，并不是要将不同阶段、不同形式的礼制教育对立起来，但也不能说不同阶段的礼制教育完全趋同。明清之后的号营村由家族和社区主导的礼制教育，是在由国家主导的"以礼节俗"的教育框架下，充分发挥其主体能动性，根据时代需要和号营村的实际情况逐渐发展出来的。

一　牌坊：保障政治秩序的文化载体

（一）牌坊文化的在地化过程

1. 以卫所人群为载体

王朝国家时期的礼制教育由国家主导，通过立牌坊建构乡村社会文化秩序以保障国家的政治秩序。明清时期的乡村社会并非没有文化秩序，但中国乡土社会的差序格局特征，导致其文化秩序缺乏超乎私人关系的道德观念。但是为保障由王朝国家发起的"调北征南"战争能够维护边疆社会政治秩序的初衷得以实现，需要超乎私人关系的道德观念贯穿其中。因为在"调北征南"过程中，大量卫所屯军从江南迁居云贵高原，自然环境和生活条件的巨大变化，以及频繁战乱引发的动荡生活和心灵创伤，需要超乎私人关系的道德观念来安顿。为此，王朝国家以立牌坊的方式，通过彰显其中蕴含的孝、悌、忠、信等符合私人关系特征的礼制要素，以达到建构超乎私人关系的文化秩序的目的，从而保障王朝国家在西南边疆地区的政治秩序。

2. 牌坊的内涵

牌坊最早可上溯到春秋战国时期。从春秋战国时期到唐代，牌坊主要建于城市之中，用于将城市划分为若干区域，以防止犯罪，便于城市治安管理。到北宋时期，受商品经济繁荣发展的影响，"原先的坊与坊之间的隔墙被纷纷拆除，封闭的里坊制，逐渐被开放的街巷制所取代"。[①] 此时的牌坊已发展成为一种具有标识作用和装饰作用的新型建筑。因而多设于庙宇、陵墓、祠堂、衙署和园林等入口处，为追求美观，各种造型、型制和花式的多

[①] 金其桢：《论牌坊的源流及社会功能》，《中华文化论坛》2003 年第 1 期。

间、多柱、多楼牌坊逐渐出现。发展到明清时期,"立牌坊成为一件极为隆重、极不容易的事,是由各级官府乃至最高封建统治者来控制的一种官方行为"。① 并且对于牌坊主以及规制都有严格的等级限制。相关文献记载,只有两类人在通过地方官府审核批准后,才可由地方官府出资按规定为其建立牌坊:其一,通过岁贡、恩贡、拔贡、优贡、例贡或副贡等形式被贡举入国子监者,即由府、州、县学贡献给皇帝的生员;其二,参加科举考试获得举人以上功名者。除此之外,道德气节高尚、军功政绩卓著者也可允准立牌坊,但需要通过更加严格的推举审查程序。一般是先由地方官府查核验证后逐级上报,最终经皇帝审查允准后方可,或者皇帝针对某一具有突出成就和典型教化意义者直接封赠,才可由地方官府按照规定建造。

牌坊的神圣性、等级性赋予其旌表褒奖、彰显礼制的功能。民间社会的民众在这种氛围中内化自身关于社会秩序的观念,最终形成一种共同思维。因而逐渐在民间社会中形成共识——只有在日常生活中,其言行举止严格遵照王朝国家的礼制规范,才能获得由皇帝恩准建造牌坊的资格。这不仅是一个人能获得的最高荣誉,也是一个家族甚或一个地方的殊荣,更是对民众进行精神激励的物化载体。丁武光的研究发现,明清时期的统治者共在安顺境内设立88座牌坊,其中明朝53座,清朝35座,都是为旌表在科第功名、忠正名节、文治武功、寺庙宫阁、贞女节妇等方面有显著成就或象征意义而设立的。

表4-1 明清时期安顺牌坊统计

单位:座

	类型	科第功名	忠正名节	文治武功	寺庙宫阁	贞女节妇
数量	明朝	26	7	13	2	3
	清朝	1	2	1	10	18

注:有15座牌坊不属于表格中的五种类型,故表格中的牌坊数量少于88座。
资料来源:根据丁武光《明清安顺牌坊八十八》一文整理。

---

① 金其桢:《论牌坊的源流及社会功能》,《中华文化论坛》2003年第1期。

3. 号营村与牌坊文化

号营村位处安顺西南部，距离安顺22公里。两地之间的日常接触少，各自有着相对独立的生活圈子。对此，必须要回答的问题是，号营村如何与安顺城中的牌坊发生联系？或者说安顺城中的牌坊文化如何传递到号营村？号营村村民如何将这种牌坊文化内化于日常生活之中？

(1) 共同的文化空间

安顺城在明朝是普定卫所在地，而号营村属于定南所的管辖范畴，定南所隶属于普定卫。"普定卫－定南所"这种显著的制度空间连续性，表明号营村一直在国家的统治范畴内，两地民众在日常生活和文化方面的接触不可避免，并且还会构建出一条自上而下的制度性文化传递通道。从这个角度看，制度空间的连续性将消弭地理空间的隔离性，地理空间的陌生感也将因此而转化成制度空间中的信任感，最终形塑出共同的文化空间。生活在同一文化空间的人，共同接受来自国家的礼制规范，并以此来规约自己的日常生活和行为举止。明清时期的王朝国家统治者恩准在安顺城中建立的88座牌坊，是国家礼制规范在民间社会的物化载体。由此在民间社会中形成的牌坊文化，汇融进地方民众的日常生活中，则是国家礼制规范在民间社会的精神载体。物化载体虽然位于文化空间的中心，但其精神载体经由国家制度的强力推进，能够辐射到这一共同文化空间中的边缘区域。因此，号营村虽然距离安顺城22公里，但它们都处于共同的文化空间范畴，位于安顺城内的牌坊必将对号营村村民的行为产生规训意义上的影响。

(2) 血缘构建的伦理共同体

在中国传统乡土社会中，贯穿始终的是儒家伦理强调的沿着父系家族世系而传承的父子、兄弟之间的感情。这种由血缘衍生出来的人与人之间的关系，广泛存在于中国传统乡土社会中。其血缘将生活在乡土社会中的普通个体裹挟进更复杂的社会体系中，对于知名人物更是如此。所以，当王朝国家的统治者旌表某人的时候，这种至高无上的荣耀不单只属于他本身，更属于以他为中心因血缘而连接起来的所有人。明清时期，王朝国家的统治者允准在安顺城中建立88座牌坊，以旌表在科第功名、忠正名节、文治武功、贞洁操守等方面具有典范意义的人员。旌表对象中，赵、张、潘、夏、顾5姓

113

均有后裔分布在号营村。因为血缘，生活在号营村的这 5 个姓氏的村民们，就与牌坊产生了联系。由牌坊带来的荣耀，超越地缘空间，将具有血缘关系的人整合起来，构建出一个伦理共同体。伦理共同体中的所有人，一方面可共享由牌坊带来的荣耀，另一方面也需要遵守蕴含在牌坊背后的国家礼制规范。这是一种将有血缘关系的人的自然情感礼俗制度化的方式，凡是生活在这个共同体中的人，可共享荣耀，也需共守礼制。

（3）与赶场圈、通婚圈同构的经济活动

"黔中屯堡人自来就有严格的通婚圈，实行族群内通婚，不与少数民族和非屯堡人通婚，是其婚姻制度的核心。"[①] 号营村也遵循着这一族群内部通婚的传统。村内只有极少数男性娶周边少数民族的女子为妻，而村内的女性也很少嫁到少数民族村寨。

表 4-2　号营村部分通婚区域统计

单位：人，%

通婚区域	马官镇	普定县城关镇	坪上乡	白岩镇	镇宁县
婚姻数	91	19	9	8	4
百分比	47.39	9.89	4.69	4.17	2.08

资料来源：根据 2015 年号营村田野调查所获数据整理。

我们在号营村田野调查期间，共对 192 位村民的通婚地点进行统计，为便于说明问题，表 4-2 中只列举 131 个比较集中的通婚地点。从表 4-2 的数据来看，号营村的婚姻圈相对集中于马官镇和普定县城关镇（今称定南街道）等屯堡乡镇，其中城关镇就是明朝时期普定卫定南所所在地。这一地理分布，辐射了号营村区域内的重要集贸市场，号营村村民日常生活中的经济活动都与之频繁互动。号营村通婚圈与经济活动的重叠，反映出经济活动范围与婚姻关系的相关性。在这种相关性背后隐含的是号营村经济活动的要素和方式与其对象之间存在一种开放性互动关系。位于安顺城中的明清时期的牌坊及其礼制规范，就是通过这种开放性互动关系传递到号营村的。

---

① 孙兆霞等：《屯堡社会如何可能》，社会科学文献出版社，2016 年，第 148 页。

第四章 礼制教育：礼制秩序及社区治理中的教育

（4）号营村的牌坊

虽然号营村与安顺城存在一定距离，但国家制度、血缘、通婚圈和赶场圈，将号营村和安顺城置于同一文化空间和伦理共同体中。所以，明清时期由皇帝允准在安顺城中建立的牌坊，以及释放出的国家礼制规范和文化内涵，借助这种开放性互动关系，同样可以传递到号营村村民的日常生活中。自辛亥革命之后，牌坊设立的相关规章制度和程序，随着清王朝的灭亡而失效。此后，民间社会陆续自发设立牌坊。号营村及与之相邻的下坝村在此种情况下也设立了牌坊。据《普定县志》记载，1949 年以前，普定县境内有牌坊多座，如位于安顺、普定交界处的砖砌花牌坊；马场猪场的石牌坊和县城西门外的石牌坊等。

号营村侯氏宗祠的石牌坊最早建于民国二十三年（1934 年），在"文化大革命"期间被毁坏，加之日久严重风化，面目全非，于 2007 年修复。现在见到的石牌坊为四柱三间三楼式，高 3.95 米，宽 4.8 米，中楼上镌刻着"侯氏宗祠"四个隶书大字。南楼阳刻"教泽犹存"；北楼阳刻"慎终追远"；下方南间阴刻"倡文重教"；北间阴刻"继往开来"。左右四石柱上皆为阴刻对联，牌坊中联，即朱红大门的两侧对联为"书香一门由来日月舍秋馥；流川百韵自古清音播惠风"，由原安顺师范专科学校（今安顺学院）校长王学书撰联，其第十一代孙侯祖新所书。侧联"宗亲祭先人谈粟谈商谈年景；诗文扶后进品书品画品人生"，为原安顺市文联副主席、作家吴之俊所撰，由其第十代孙侯明全撰写隶书。

2014 年，在普定县"一事一议"项目支持下，号营村在村口修建寨门，为四柱三间三楼式牌坊架构，宽 12.4 米，高 8 米。寨门中间对联为"灵山秀水玲珑奇物天造就；杰才佳景巍峨峻岭地生成"，侧联为"有时遍野闻虎啸；不觉高岗听鹿鸣"。

与号营村邻近的下坝村，于 1949 年建立了气派恢宏的古寨门，为四柱三间三楼式牌坊架构，宽 8.63 米，高 6.27 米。寨门对联由时任国立贵州大学第一任校长张廷休撰写，中联为"自昔士读农耕老安少怀最爱醇称德里；依然山明水秀花香鸟语耿聪何处问桃源"。侧联为"修此门以便交通财丰物阜；入其境而瞻风化家诵户絃"。

（二）牌坊文化的影响和传递机制

1. 顶层权威性

自明朝开始，牌坊的设立有严格的审批程序和规定。金其桢的研究发现，由皇帝下圣旨恩准建牌坊始自明太祖朱元璋。据《古今图书集成·考工典》记载："洪武二十一年（1388年），廷试进士赐任亨泰等及第出身，有差上命，有司建状元坊以旌之。圣旨建坊自此始。"就其审批程序而言，以科第功名坊为例，"根据当时的规定，凡是通过岁贡、恩贡、拔贡、优贡、例贡、副贡等形式被贡举入国子监读书也即由府、州、学贡献给皇帝的生员，和获得举人以上功名的人才，可在经多方官府审核批准后，由地方官府按规定官方出资建功名坊……至于对想以道德气节高尚、军功政绩卓著立贞节牌坊、仁义慈善牌坊、功德牌坊，则要求更严，事先须经当地官府查核事实后逐级呈报，最后经皇帝审查恩准后，或由皇帝直接封赠，方能建造"。①

通过立牌坊的方式，旌表地方社会中具有典范意义的某一个体，是王朝国家统治者在地方社会实施的一项治理行动。表面上看这似乎是一种文化行动，即统治者希望通过这种行动向地方社会传递王朝国家的礼制规范。如科第功名牌坊是为褒扬科举仕进，希望树立卫学榜样。"此类牌坊以明代数量最多；忠正名节牌坊是为彰显高风亮节，慰藉贤官能臣；文治武功牌坊是为了昭示皇权神圣，彰显官府威严；寺庙宫阁牌坊是为了物化信仰崇拜，营造出能安顿人们心灵的氛围；贞女节妇牌坊是为宣扬妇女节范，规训妇女生活。其实在这种文化行动的背后，蕴藏着王朝国家统治者的政治诉求。能否被立牌坊，都需要经过王朝国家最高统治者的审查和恩准。此举使得被立牌坊"成为臣民所获得的最高等级的荣誉……对一个人、一个家族，乃至对一个地方来说，都是一种至高无上、无与伦比的殊荣。"② 其实，这是王朝国家统治者对地方民众的精神规训，地方民众按照王朝国家的礼制规范行事，方可享受这种荣誉。否则的话可能会受到来自王朝国家统治者的严厉惩罚。

---

① 金其桢：《论牌坊的源流及社会功能》，《中华文化论坛》2003年第1期。
② 金其桢：《论牌坊的源流及社会功能》，《中华文化论坛》2003年第1期。

2. 文化下延性

牌坊是王朝国家统治者将其原本专用于自身的礼制规范嫁接到乡土社会的物化载体，由此构建乡土社会的文化秩序，重新确立乡土社会中的道德观念和意识形态，将其作为政治秩序的附属品。将乡土社会的孝、悌、忠、信等道德要素与王朝国家所倡导的超己观念结合起来。首先，让普通民众在自己身边按照新的文化秩序和道德观念筛选出被立牌坊的对象，尤其是那些想以道德气节高尚立牌坊者更是如此；其次，经由地方官府上报给皇帝，由其审查并最终恩准方建造牌坊；最后，按照特定的方式和途径，将这些人的生活经历和人生阅历演绎成各种版本的故事或民谣。一方面以官修志书、史册为载体，借助其权威性、广覆盖性、强传递性等特质，将这些牌坊主人的精神形象传递到下层社会的每一个角落。另一方面以民谣为载体，借助其亲民性、生活化等特质，将这些牌坊主人的人生阅历和家庭状况加以神圣化。如"民间有谣传世：操如梅，明如月。双清那可得致仕"。[①] 这句民谣通过将安顺梅氏世家中梅月的姓、名、字巧妙地嵌入其中，组合成"梅月双清"这一能体现其人高尚形象的词语。借此赞颂梅月在官场上的清廉形象，最后表明这样的人很受老百姓欢迎，哪可能得以退休。通过这两种路径，原本日日与普通民众比邻而居的牌坊主人，一跃成为乡土社会中的精神象征。

3. 民间内化自觉的载体

这种精神象征与其说是从下层社会中自我生发出来的，不如说是王朝国家统治者制定的礼制规范的民间版本。他们借助此种方式，将王朝国家统治者制定的礼制规范传递到社会最下层，并弥散在下层民众的日常生活中，内化为民众心中的生活信仰，使其能按照这些礼制规范的内核安排自身生活，为生活增添色彩。同时，地方社会中不同姓氏、地域、职业、层级的群体因受共同礼制规范的影响，彼此之间的隔离性被消弭，亲近感和信赖感得到强化。最终使得这些原来只受乡土社会中孝、悌、忠、信等道德要素控制的个体，转变成王朝国家礼仪制度规训后可随时控制的臣民。对正处于学龄阶段的青少年尤其如此。王朝国家与民间社会共同塑造的弥漫着传统礼制规范的

---

① 丁武光：《明清安顺牌坊八十八》，载《文化安顺（2016年卷）》（未刊），第88页。

文化氛围，一方面有助于他们深入了解中国传统文化，并将其用来规范自身的行为举止；另一方面，在这些礼制规范下涌现出来的精神载体，尤其因科举考试成功而享受立牌坊待遇的人，其人生经历、事迹以及成就都将成为青少年求学路上的动力和源泉。

总而言之，牌坊作为明清时期号营村礼制教育的重要载体，就是在这种大的历史背景和社会环境中被推进的，王朝国家是主要力量。国家礼仪制度与乡土社会中孝、悌、忠、信等道德要素相结合，构建的新文化秩序是此时期礼制教育的主要方式和内容。

明清时期，王朝国家统治者通过为地方社会中的科举精英、贞节烈妇等立牌坊的方式，为地方社会塑造出一种既符合国家礼制规范，又能被地方民众接受的文化秩序，促使生活在这种文化秩序中的民众，既能遵循国家礼制，以固有的文化理念安顿心灵，消除由于异地迁徙、战争伤亡等给生活带来的隔离感和焦虑感；又能在村庄内部不同姓氏、地域、职业、层级的人们之间，塑造出亲近感和信赖感，生产出共同维护地方社会秩序的参与机制，最终起到保障地方政治秩序的目的。1905年之后，科举制度被废除，尤其是1911年辛亥革命的发生，再加上后续的军阀混战、日本侵华战争以及国共内战，王朝国家体制彻底崩塌。就国家礼制规范的传递而言，这种社会环境对其产生了最直接的影响，其一，既然"国家"不再，那么也就没有能被全社会接受和认可的礼制规范可传；其二，动荡的社会环境，传统王朝国家自上而下的礼制传递通道被堵塞，但"乡土社会是安土重迁的，生于斯、长于斯、死于斯的社会。不但人口流动很小，而且人们所取给的资源的土地也很少变动。在这种不分秦汉，代代如是的环境里，个人不但可以信任自己的经验，而且同样可以信任若祖若父的经验"。[1]隐含在这种非规范性经验背后的是乡土社会中长期积淀出的规范性亲属伦常和礼制规范。

二 家谱：国家礼制的民间表达

家谱作为一种以记载父系家族世系人物为中心的文字载体，肇始于《世

---

[1] 费孝通：《乡土中国》，上海世纪出版社，2010年，第48页。

第四章 礼制教育：礼制秩序及社区治理中的教育

本》。① "《世本》系古史官所录，记黄帝至春秋（一说至秦）帝王公侯卿大夫的系谥名号。有《帝王谱》、《诸侯谱》、《卿大夫谱》、《氏姓篇》、《居篇》、《作篇》、《谥法篇》等15篇。"② 经过较长的历史时期，由统治者主导的修谱制度，在宋朝发生重大变化。"除皇家玉牒外，家谱均由私家编修。"③ 与之对应的是，谱牒的社会政治作用开始减少。由原来作为王朝国家统治者向民间社会传递国家礼制、儒家伦理秩序的文字载体，转变为由民间社会自主决定、自主选择的家庭系谱。"主要注重在族内世系、婚姻、亲属远近关系和敬宗睦族的伦理道德教化，以及统一宗族内部的思想和言行，而不复讨论族与族之间的高下等问题。"④ 发展到明清时期，修谱已成为各家各族必不可少的一项重要议题，尤其是在家族重大活动中体现得更为明显。同时，王朝国家的统治者也大力倡导和提议，将其作为维护王朝国家制度和构建地方社会秩序的重要工具。

（一）号营村姓氏与家谱

1. 号营村姓氏概况

根据2008年的统计数据，号营村有侯、肖、钱、张、郭、杨、刘等37个姓氏，计328户，共1382人。

表4-3 号营村人口姓氏统计（部分）

单位：户，%，人

姓氏	户数	占比	人口数	占比
侯	149	45.43	622	45.01
肖	32	9.76	139	10.06
刘	22	6.71	89	6.44
杨	20	6.10	99	7.16
郭	17	5.18	69	4.99
张	14	4.27	64	4.63

---

① 仓修良：《试论谱学的发展及其文献价值》，《文献》1983年第2期。
② 武新立：《中国的家谱及其学术价值》，《历史研究》1988年第6期。
③ 武新立：《中国的家谱及其学术价值》，《历史研究》1988年第6期。
④ 武新立：《中国的家谱及其学术价值》，《历史研究》1988年第6期。

续表

姓氏	户数	占比	人口数	占比
王	8	2.44	29	2.10
丁	5	1.52	21	1.52
吴	5	1.52	28	2.03
钱	2	0.61	10	0.72

资料来源：根据号营村提供"号营村村民基本情况簿"统计。注意：2015 年课题组得知号营村现已有 41 个姓氏，计 587 户，共 1967 人。虽然两个时间点的村民户和人口数有显著差异，但各个姓氏村民户和人口数占比相对数的趋势不会变。

就表 4-3 中的内容而言，号营村确实是一个多姓村。一方面，从家户数量和人口规模的角度，侯、肖两姓占绝大多数，侯姓有 149 户，计 622 人；肖姓有 32 户，计 139 人。而最少者为钱姓，仅有 2 户，计 10 人。当然，号营村还有很多仅有 1 户村民的姓氏。另一方面，各姓氏之间家户数量和人口规模显著的等级性差异，凸显这些姓氏来源的复杂性。此处的复杂性有两方面内涵：第一，是多次、分阶段陆续进入号营村的；第二，迁入号营村原因的多样性。

2. 六姓先祖入黔的家谱叙事

在号营村田野调查期间，我们发现诸多姓氏的村民家中有家谱。为此，课题组有针对性地收集到侯、肖、郭、杨、张、钱六个姓氏的家谱。笔者在翻阅这些家谱之后发现，所有姓氏的家谱，都会安排很大的篇幅对本姓氏的历史沿革、世系繁衍、人口变迁、居地迁徙等内容进行专门介绍和记录。

表 4-4 号营村各姓氏入黔情况统计

姓氏	入黔始祖	入黔原因	入黔时间	入号营村时间
侯	侯正纲	躲避川蜀苗夷叛乱	1549 年	第一次：1571~1600 年；第二次：1610 年左右
肖	肖授	随傅友德征南入黔	1382 年	约 1662 年
郭	郭英	随傅友德征南入黔	1382 年	约 1821 年
杨	杨士恒	自四川成都迁移而来	1698 年	1698 年之后
张	张程	南征入黔	1381 年	1658 年之后
钱	钱仁峨	随傅友德征南入黔	1381 年	约 1801 年

资料来源：根据号营村侯、肖、郭、杨、张、钱 6 姓提供的家谱整理。

第四章 礼制教育：礼制秩序及社区治理中的教育 ○ 中国百村调查丛书·号营村

对于表4-4，我们主要有两方面指涉：其一，各姓氏入黔原因；其二，各姓氏入黔时间。就入黔原因而言，侯、杨是因躲避战乱等迁来，而肖、郭、张、钱四姓则因征南入黔。关于入黔时间问题，已有研究表明，因征南入黔的相对比较早，即明朝洪武十四、十五年左右。而侯、杨则是明朝末年或清朝初年才迁入。

《侯氏家谱》中记载，明朝嘉靖二十八年（1550年）秋，因躲避川蜀苗夷叛乱，侯氏家族由四川成都金堂县石灰巷侯家湾迁入黔地，"择安顺东门外天马山阿雅枯寨（后易名牛家堡）落业定居"。① 25年后，万历三年（1575年），由于世道混乱，二世祖建纲"携带家小迁徙定南阿格凸寨（今普定县马官镇号营村）落籍，公定居号营后，农商兼营，宵食旰衣，艰苦创业，天遂人愿，初显业绩。便遭当地强族嫉妒，万历庚子年（1600年）冬，与当地强族争讼，赴安顺途中被仇人杀害，抛尸洞中"。② 此后，"祖妣周太君……遂携应富、应贵、应元三子迁徙落别谋生"。数年后，由应贵带领世臣、世良复迁号营村。世臣从此在号营村成家立业，生有五子，家道日渐昌盛。杨姓和侯姓一样，也不是因征南入黔，但其来的时间比侯姓晚。据《杨氏家谱》记载，约清朝康熙三十七年（1698年），杨氏家族自四川成都石灰巷杨家湾迁移而来。"初住安顺尹家庄斯时安顺差役过重，吾始祖系外乡之人，多受遣使，其任不堪支持，始迁移至普定三棵树。"③

肖、郭、钱、张四个姓氏虽然都因征南入黔，但其进入贵州之后的经历各不相同，进入号营村的时间和原因都存在明显的差异。据《肖氏族谱》记载，入黔始祖肖授（字安民），生于元朝至正十五年（1355年）。明朝洪武十二年（1379年），应试中江西武举。在与元残军征战中初露锋芒，当年敕任湖广省云梦县（今湖北省云梦县）协台。明朝洪武十五年（1382年），编入南征军，随元帅傅友德南征入黔。肖授领安顺军民府十二营长官司长官职，驻兵习安（今安顺）。洪武十六年（1383年），肖授升副千户。洪武二

---

① 《侯氏家谱（2013年增订本）》（未刊），第28页。
② 《侯氏家谱（2013年增订本）》（未刊），第28页。
③ 《贵州普宣三棵树弘农杨氏家谱》（未刊），第7页。

十二年（1389年），肖授长子肖杰接替其任十二营长官司长官。代代世袭，历经十代，正值明清易代，"明衰清盛，社会动荡……乃丢官……肖授后裔……纷纷疏散外流。是该族居住的大变动、大迁徙时期。"[①]

《郭氏家谱》记载："明朝洪武十四年（1381年），朱元璋命颍川侯傅友德为征南大将军，……命武定侯都督郭英为总参将军，率师南征。洪武十五年（1382年）九月，郭英与傅友德会师乌撒……顺利打通七星关，郭英率部回师毕节，以武力剿抚并施，于是东川、乌蒙、芒部四十八家大大小小土司政权，以实力最大的霭翠、宋钦率众蛮首降附，西南平定……1382年腊月，爆发了来势凶猛的东川、芒部、西堡蛮复叛，郭英再次奉旨平叛。"

《张氏家谱》记载，入黔始祖张程，江南应天府瓦钳街石灰巷（今实辉巷）高坎子，于"明初奉调征南入黔，反平定居"。后因"支延派衍，相传覆没，导致籍支紊乱……有据者，只存聚居西堡数百载"。由此可知，张程应该于明朝洪武十四年（1381年）因征南入黔。约清朝顺治十五年（1658年）左右迁入仁岗屯。

据《钱氏家谱》记载："明朝洪武十四年（1381年），入黔始祖钱仁峨，原籍江南应天府十字街杨柳巷……明朝洪武十四年（1381年），以职随傅友德、蓝玉、沐英统兵征讨云南而入黔。云南平定后，傅友德、蓝玉奉诏班师回南京，沐英留镇云南，仁峨公随同留镇。后择地而居毕节蔡官屯。"

3. 辗转入村的逻辑分析

与各个姓氏详尽地记录先祖入黔原因不同的是，各姓族谱关于先祖入村方面的内容非常少，或者说几乎没有。但是结合表4-4和上述内容发现，这6个姓氏的先祖入黔后，并非直接进入号营村，而是经历多次辗转才进入。因此，还需要关注各个姓氏进入号营村的原因和时间。

从表4-4中各个姓氏进入号营村的时间来看，大致有两个时间段：其一是清朝初年，即1660年左右，肖、张两姓进入号营；其二是清朝前期，即1800~1820年，郭、钱两姓进入号营。这两个时间段前后相距100多年，看似毫不相关，但若将其置于改土归流这一历史大事件框架下来进行逻辑分

---

① 《肖氏族谱》（未刊），第79~80页。

第四章 礼制教育：礼制秩序及社区治理中的教育

析的话，则会发现其中的关联。

第一，1660 年左右，即明朝天启至崇祯年间，四川永宁宣抚司奢崇明和贵州宣慰同知安邦彦联合反明，经过八年之久，后被朝廷平定。自此，四川永宁宣抚司和贵州宣慰同知水东宋氏土司被废革，贵州宣慰使安氏土司被保留下来。经历过明清易代战争"洗礼"之后，云贵地区的一些土司借机发动叛乱，此时奉命镇守云贵地区的吴三桂对叛乱土司进行镇压，改设流官。肖、张两姓祖先当时正驻扎在安顺周边，很可能就是在这种情况下被派到号营村一带镇压土司势力，从而长期驻扎下来并繁衍生息。

第二，1800~1820 年。郭、钱两姓进入号营村与清朝雍正四年（1726年）开始的贵州大规模"改土归流"不彻底有一定的关系。据《清史稿》记载，此次大规模改土归流完成之后，"贵州长官司：长官六十有五人，副长官十有九人"。① 其中位于今安顺境内的长官司有，"曰募役、曰顶营、曰沙营……。副长官有，曰西堡、曰康佐"。② 即使如此，这些长官司或者副长官司所辖地域极小，权力极小，已经不是一级地方政权。虽然他们已经不可能再大规模进行兼并仇杀战争，但有的已发展成为地方恶霸势力，扰乱了地方秩序。郭、钱两姓可能就是在此种情况下被清朝地方政府从黔西北地区调集而来安顿地方秩序，从而在此常驻并繁衍生息。

第三，民间自发迁徙。据《肖氏家谱》记载，正值明清易代之际，明衰清盛，肖授长子肖杰后裔在这种动荡环境中丢失官职，于是举族纷纷逃散外迁。肖杰后裔就有一部分迁移到号营村。杨姓之所以迁居号营村，一方面是躲避较重的差役，另一方面也可能是正常的家族人口向外繁衍迁徙。经历过 1660 年左右的"改土归流"，号营村一带的社会秩序相对较为平稳，杨姓可能就因此迁徙到此处。

表面上看，侯、肖、郭、杨、张、钱 6 个姓氏的村民，对其先祖入黔或入村的原因、时间方面，均有各自不同的表述。但整体来看，皆与改土归流紧密相关。或受王朝国家调派进入号营村，以维护地方社会秩序不受残余土

---

① 赵尔巽《清史稿》卷 117，职官 4。
② 赵尔巽《清史稿》卷 512，土司 1。

司势力破坏，如张、郭、钱三个姓氏；或受王朝国家内部动乱影响无法在原居地继续生活，自发迁徙进入号营村，如肖、杨、侯三个姓氏。无论哪种方式，每个姓氏的先祖在进入号营村时，规模不大，人数不多。并且，在历史发展过程中，国家或地方政府在兴建水利工程时，会通过行政手段将一部分移民安排至号营村。如1990年左右，普定县人民政府在修建夜郎湖时，就安排一部分民众迁移至号营村。

号营村村民来源的复杂性、多样性、多阶段性等特征，导致其未能形成单姓村庄或以某一大姓为主的村庄。生活在此种属性村庄中的民众，在强调其血缘或族源的同时，也需要借助他姓村民的力量来应对日常生活中单一家庭或家族难以完成的任务。结合相关的学术研究成果和田野调查我们发现，修撰家谱、营造社区公共空间，是号营村村民避免此种"窘境"的两种主要路径。

（二）号营村家谱与礼制规约的教化

家谱进入乡村社会，始自宋代。进入明清以后，乡村社会中修撰家谱的姓氏越发增多，几乎成为一种普遍现象。这意味着文字不再是王朝国家统治者的专属，"整个社会识字的范围无疑扩大了，几乎所有乡村都有识字的人。但另一方面，当我们的目光深入到基层社会时，又必须承认，一直到20世纪初，中国社会的识字率还是相当低的，可以说是个半文盲的社会"。[①] 在科大卫等人看来，即便是进入20世纪，由朝代更迭赋予地方社会民众更多、更大的文字使用权，正在被地方社会内部较低的识字率消解。并且可能导致两者对于礼制规约的理解存在一定的差异。我们通过田野调查发现，号营村的情况似乎与此不同。为此，本部分主要以号营村侯氏家谱为例，分析论述内隐于号营村家谱中的教化理念。

1. 家谱文本

无论是家谱，还是宗祠，在对祖先之善进行大力宣扬的同时，也在很大程度上对祖先之恶进行摒弃。"私谱之文，出于闾巷，家自为说，事非经典，

[①] 科大卫等：《宗族与地方社会的国家认同》，《历史研究》2000年第3期。

第四章　礼制教育：礼制秩序及社区治理中的教育

苟引先贤，妄相假托，无所取信，宁足据乎？"① 祠堂亦是如此，清朝江西巡抚辅德在疏文专门指出，"查所见府县祠堂，大率皆推远年君王将相一人为始祖，……有祠必有谱，其纂辑宗谱，荒唐悖谬，亦复如之"。② 武新立在研究中发现"有的家谱为了隐恶扬善，定有明文：'以恶终者，讳其事，隐其名'"。③

的确如此，笔者翻阅在号营村收集到的家谱以及梳理田野调查资料时发现，号营村村民的家谱存在两种不同形式的文本，即载诸纸上的外显文本和隐于日常生活的内隐文本。

（1）外显文本

综合分析号营村侯、肖、郭、杨、张、钱6个姓氏的家谱内容之后，我们发现皆包含如下四方面信息：①本姓氏的历史沿革、世系繁衍、人口变迁、居地迁徙以及婚姻状况等；②本姓氏成员在科举考试、现代教育等方面的成就、事迹和影响等；③本姓氏丧葬、祀典的具体情况；④本姓氏内部为管理、教化族众而专门制定的族规家法。

《侯氏家谱》是我们在号营村收集到的最早修撰的家谱，于清朝顺治十六年（1659年）修撰。其间，经历过多次补充、完善，截至2012年，已修撰第三版家谱，并在2013年修成第三版的增订本。不管版本如何变换，其中所蕴含的核心内容始终未曾出现显著变动。在极力彰显祖先或者当代宗亲在各个领域优异成就的同时，仍一如既往地将祖训或新拟定的家训刻于其上。诚然，祖训或家训的呈现形式，可能存在文言文向白话文转变的趋势。

在第三版的《侯氏家谱》中，专设"号营侯姓祖训"栏，祖训以四字歌形式呈现，共40句，计160字。其详细记载了号营村侯姓先祖的艰难创业过程及取得的成就，要求后代铭记并学习之，以了解亲属伦常和规范日常言行举止。如"教泽犹存，爱国爱卿……明理诚信，孝悌纲常……勤耕苦读，刺股悬梁……切莫酗酒，拒入赌场；远离毒品，身心康强……淡薄名

---

① 《汉书》卷七五《睦弘传注》。
② 辅德：《请禁祠宇流弊疏》，载《皇清经世文编》卷五八。
③ 武新立：《中国的家谱及其学术价值》，《历史研究》1988年第6期。

125

利、谦和礼让……倡文重教，秀启一方……"①

肖姓的家谱也将家训载入其中，以三字经和四字歌两种形式呈现。"家训三字经"共36字，如"敦孝悌、崇节义、谦礼让、端尚习……隆师尊、……兴礼信、盛诚实"。而"家训四字歌"则有96字，如"忠孝节义、纲纪人伦、孝经父母……夫妻和顺……弟兄友爱、妯娌相亲……德育并重、传育儿孙、遵守纪律、敬业专心……"。②其相对侯姓祖训而言显得较为简洁。即便如此，但其初衷和最终目标都是为了教化后代。

家谱中的家训（祖训），不仅是对儒家伦理核心内容的阐释、演绎和传承，也是历代祖先在长期的生活过程中"习"得的。家谱修撰者将其以文字形式在家谱中呈现，让生活在这个环境中的人从一出生就开始受家训（祖训）的熏陶，经过长期的体悟达到从心底认可的目的，从而在日常生活中遵守家训（祖训）也就成为顺理成章之事。如此，则为传统乡土社会中形塑出由家训祖训（硬规范）和儒家伦理（软规范）共同发生作用的生活经验和礼制规范。因血缘、地缘而共同生活在传统乡土社会中的人，共同享有这种共同的生活经验和礼制规范。

（2）内隐文本

课题组在号营村调查期间，侯祖祜等多位村民都表示，家族中一些怙恶不悛者，都被排除在家谱和宗祠的记载范围之中。村民所讲述的两个案例，翻遍《侯氏家谱》，确实都未能见到。

民国期间，HZB跟随当地的土匪去抢劫，他虽然只分到一床棉絮，但仍被政府逮捕。鉴于他是第一次作案，并且侯姓家族在当地也算望族，所以当时官府传出话来，只要侯姓家族内能有10位德高望重的老人出面担保，他就可以获得释放。但是他家一个亲叔叔说这个人本身就不学好，任由政府处理。10多天之后，HZB就被政府处决了。③

300多年前，侯姓家族内万字辈的一个人，主营食盐销售，有钱有势。

---

① 《侯氏家谱（2013年增订本）》（未刊），第9页。
② 《肖氏族谱》（未刊），第31~32页。
③ 2015年5月22日孙兆霞访号营村民侯祖祜。

第四章 礼制教育：礼制秩序及社区治理中的教育 ○ 中国百村调查丛书·号营村

他本人习得一身武艺，时而做出一些诸如杀人、抢劫等违法乱纪的事情，官府多次想逮捕他都未成功。有一次，官府对他实施逮捕行动时，他正背着手在卖食盐，嘴巴里还含着一把小叉子，他亲叔叔出面，将其手中的叉子以及其他武器哄骗下来，官府才将其逮捕。逮捕之后，县太爷亲自出面跟侯姓家族说，干脆将他交给你们家族自己处置。县长之所以这样做，第一是因为侯姓家族在当地人多势大，第二是因为侯姓家族的族长与县太爷关系比较好。但他自己家的爷爷主张由官府来处置，不出面担保。[①] "后由官府法办于号营岩板凼，祖妣独居，生活窘困，羞于颜面，不想再居号营，遂腹中携子外出求生，终定居于今镇宁本寨乡跳花村，生支先公，传跳花村后裔延续至今。"[②]

这一支系在300多年之后才认祖归宗。因 "跳花村地处偏远，交通不达，信息不畅，号营、草堂位居何方不得而知，寻根溯源，认祖归宗之愿久久不能"。[③] 后由于交通便捷，信息通达，终于查到号营村位于普定县马官镇，二世祖建纲公之安息地距离号营村仅1000多米。所以，2012年初，跳花村侯姓先后派出HZH、HSH、HSG等到号营村考证，经观瞻侯姓祖坟，查找相关资料，终于成功地认祖归宗。在认祖归宗仪式上，他们三人代表跳花村支系跪拜于侯姓宗祠大厅列祖列宗牌位前，燃烛焚香。双方决定再版《侯氏家谱》第三版本时，将跳花村侯姓支系编入。

2. 家谱实践

三个版本的《侯氏家谱》都浓墨重彩地对侯姓宗祠进行专门记载。号营村侯姓宗祠始建于民国二十三年（1934年），在承首人侯光国、侯光美等人的组织安排下，族众合力支持，纷纷解囊捐资，历经一年多苦战，一座庄严肃穆、气势恢宏的三合头石木结构的宗祠，于是年8月竣工落成。侯姓宗祠建成后，正值号营村学子人数大增，原在村内庙堂办学的号营村学堂难以容纳。"侯姓族众毅然决定将庙堂学子迁入宗祠兴办号营小学。宗祠正厅中

---

① 2015年5月22日孙兆霞访号营村民侯祖祜。
② 《侯氏家谱（2013增订本）》（未刊），第34页。
③ 《侯氏家谱（2013增订本）》（未刊），第34页。

127

央供奉祖先灵位……正厅左右两间及右厢房下间作教学室，上间作教师办公室。号营村正规初级完小正式成立。"① 号营初级完小在侯姓宗祠办学4年后，时任云贵监察区监察使的任可澄，为侯姓宗祠题写对联，上联：平国旧勋名百代蒸赏称祖德；下联：琰州新世泽千年食服迪前光；横批：继世承华。

后来在特殊的时代背景下，侯姓宗祠本身及其附属设施成为村民批判的对象。"在众所周知的特殊年代，宗祠被视为封建家族主义的产物惨遭毁坏，'文革'期间，侯姓宗祠正厅的多扇雕花隔门，以及任可澄先生亲笔撰写的'继世承华'大牌匾、对联……全被砸毁……"。② 在被毁坏之后，宗祠成为全体村民加工米面的场所，长达40多年之久。一直到2006年，侯姓家族才向全体宗亲发出修复宗祠的倡议。2007年正式开工复建，经过两年多的努力，终于在2009年清明节时竣工。一方面，恢复任可澄先生为之撰写的牌匾和对联；另一方面，在宗祠尚未落成时，侯祖农就专门请知名人士为其撰写两副对联。一副由时任安顺地区教育局局长、安顺高等师范专科学校（今安顺学院）校长王学书撰，上联：书香一门由来日月舍秋馥；下联：流川百韵自古清音播惠风。另一幅由时任安顺文联副主席吴之俊撰写，上联：宗亲祭先人谈粟谈商谈年景；下联：诗文扶后进品书品画品人生。

侯姓宗祠从第一次修建开始，就一直与村庄、国家紧密关联。

首先，与村庄的关联。侯姓宗祠刚修建完成，就作为号营初级小学的办学场所。这表明宗祠虽为家族内部所有，但其族众允准办学条件艰苦的号营初级小学搬入其中，并允许全村所有适龄儿童进入学习，这其实是为全村所有姓氏的民众提供平等接受教育的机会。并且在支持号营村学校教育过程中，也联合其他姓氏一起合作。民国三十七年（1948年），为解决教师的后顾之忧，让其安心在号营小学执教，侯祖泽、侯祖恩、侯宗义与杨斌辅商议决定，自愿每月出资四十万元（法币）补贴教师，并表示，如物价上涨，按月增加。第二年，又乐捐稻谷四石五斗做教师生活补贴。

---

① 《侯氏家谱（2013增订本）》（未刊），第34页。
② 《侯氏家谱（2013增订本）》（未刊），第34页。

第四章　礼制教育：礼制秩序及社区治理中的教育

其次，与国家的关联。自民国二十九年（1940年），号营小学成为县立号营初等小学；民国三十一年（1942年），在原来的基础上改设为信义镇二、三保国民学校；民国三十四年（1945年），再将其合并为信义镇号营国民学校。这段时间内，号营村的小学教育从名义上已经纳入中华民国政府的教育体系，但鉴于普定县政府每年财政收入有限，并未为每所学校提供足额的教育经费和校舍。"用于教育的经费远远满足不了办学需要。小学教育从无到有发展到民国三十四年（1945年）的顶峰，主要靠地方热心教育人士发动士绅民众捐资兴学。"① 在这种前提下，号营村的小学教育虽然从名义上获得国民政府的认可，但其办学一直在号营村侯姓宗祠中进行。也正是因为此种因素，时任民国政府云贵监察区监察使的任可澄才为之题写对联，尤其是横批"继世承华"。与其说是对侯姓家族过往教育成就的肯定，不如说是对号营村教育的一种期望，希望全体村民在特殊时期，能克服困难将村庄的学校教育坚持到底。侯姓宗祠经历过时代劫难，再次修建完成之后，由既是地方知名文化人士，又具有国家公职身份的王学书、吴之俊为其题写对联，其一方面肯定侯姓宗祠的家族属性，另一方面更着力彰显侯姓宗祠在村庄内部的公共属性。即通过在宗祠"播惠风"之方式，达到在全村"扶后进"之目的。

侯姓宗祠不仅是号营村侯姓物化祖宗崇拜、彰显祖先事迹的载体，而且成为号营村村民日常生活的活动场所，更是村民心目中的文化和精神中心。

（三）家谱的功能分析

从纵向角度看，号营村所有成员都可借助家谱清晰地知道本家族的血脉源流关系，从而确定自己在整个家族中的位置。从横向角度看，不同姓氏的成员能借助家谱明晰相互之间的边界，明白在日常生活中需要依赖社区的力量。这是一种由血缘和地缘共同构建的日常生活空间。

1. 家谱的扬善功能

在由血缘和地缘共同构建的既有清晰边界又需相互合作的亲密、习惯、熟悉的生活空间中，形塑出一种符合儒家伦理秩序的礼制规范。而符合所有

---

① 《普定县教育志》（未刊），第455页。

民众需求的价值观和行为规范是维持社区内不同姓氏相互合作、共同参与的主要精神载体。这些内容在各自的家谱中，都通过文字的形式展现出来，所有人都能看得见，即扬善。如《侯氏家谱》所记载的宗祠相关情况，特意凸显在号营小学办学场地非常紧张的情况下，族众同意将号营小学搬入其内的事迹。同时，也刻意表达家族祠堂在特殊历史环境中，被村民破坏，并长期用于全体村民的生产生活场所。更关键的是还邀请国家公职人员为宗祠题写牌匾和对联，这是因为他们的公职身份内蕴着国家权威，所以这一举动与其说是对侯姓族众的激励和肯定，不如说是对整个号营村村民的鼓励和期望。

2. 家谱的隐恶功能

在家谱的修撰过程中，修撰者凭借着文字权力，将家族中一些怙恶不悛者摒弃掉，即隐恶。课题组成员在访谈侯祖祜关于号营学校教育的情况时，他为了说明村内老人为激励村民向学的积极性、在全村营造浓厚的教育氛围，专门举出了两个反面案例。虽然都与侯姓家族有关，但其实是面向全村的。案例中的两个人，他们本身因其劣迹不能载入家谱中，但是他们的劣迹通过全体村民在日常生活中口耳相传，成为村民茶余饭后的谈资。这实际是在告诉村民，如果不能遵从整个村落社会的公共价值观，就可能受到相应的精神惩罚和舆论抨击。这可对全体村民起到一种规训的作用。

3. 非规范化家谱中的规范化礼制表达

无论是扬善还是隐恶，都彰显出一种文化性权力，费孝通认为这种权力具有极强的教化功效。[①] 质言之，这种非规范化的家谱修撰过程，实质上彰显的是符合儒家伦理秩序的规范性礼制。长期生活在这种环境中的民众，会深刻地感觉到，如果按照这种规范性礼制去执行，就会被载入家谱中，甚或得到国家的肯定；如果不按照这种规范性礼制去执行，就可能会受到相应的惩罚，并且成为整个社区的反面教材。村落社会在长期的发展历程中形成的这一套行为规范，逐渐被整个社区民众接受，同时民众也对其产生了相应的敬畏感。这种行为规范对传统乡土社会中的民众起到或显或隐、或神圣或世

---

① 费孝通：《乡土中国》，上海世纪出版集团，2010年，第60~64页。

俗的规训作用，以"达到明彝伦、序昭穆、辨尊卑的目的"。[①] 所以，从这个意义上来说，家谱无论是成为民间社会中各家各族"以昭雍睦""以联疏远"的主要载体，还是民间社会用于彰显学校教育成就的一种方式，抑或是激励适龄学生积极向学、崇文重教的主流阵地，都无可避免地成为国家礼制规范在民间社会的注脚。

家谱撰修者凭借其拥有的文字权力，秉承扬善抑恶的原则，对家谱所载内容进行选择。扬善主要表现在如下三个方面：其一，凸显家族祖先迁徙过程、创业经历等方面的艰辛，借此达到彰显祖先人格魅力和高尚道德的目的；其二，对家族内部公共空间用于村庄教育事业的过程进行详细记载，如宗祠；其三，邀请国家或地方知名人士，为家谱或宗祠题写牌匾和对联，尤其是具有国家公职身份的人。而抑恶则主要表现在拒绝将家族内部怙恶不悛者及其相关事迹载入家谱。无论是扬善还是抑恶，从表面上看都是家族内部的事情，亲属伦常和礼制规范沿着父系路径，从家族先祖经由普通成员，进而弥散到所有宗亲的日常生活中。但在非宗族的平权社会中，不同姓氏之间的平等性和强依赖性，使得具有显著教化性作用的扬善或抑恶案例，能迅速在整个村庄社会中传播开来。并且由于其后果的可预见性，使得村庄民众明白如果不能遵照此种规范行事，将会受到清晰可见的惩罚。

三 公共活动：国家治理理念的乡村落地平台

自 20 世纪 80 年代开始，中国的城市在 40 多年的发展历程中，已实现政治化城市向工业化城市转型、计划经济型城市向市场经济型城市转向。城市定位和功能的变化，为农民在城乡之间的流动提供现实空间。两种因素的合力，使得农民在城乡之间大规模、高频率地自由流动得以实现。于是，大量农民离开农村，不再从事农业生产，进入城市务工或经商。

号营村位处西部地区的云贵高原，与中部地区农村差异在于，其并未因为农民进入城市而带来村庄空心化，仍有大部分农民未离开农村，但他们较少从事农业生产，而是在家从事各种非农产业，如小建筑包工、"赶转转

---

① 朱启臻等：《留住美丽乡村——乡村存在的价值》，北京大学出版社，2014 年，第 229 页。

场"等。尽管如此，此种"向城化"趋向依然对号营村的人际关系产生显著影响，在基于血缘、地缘、亲情纽带而产生的农村人际关系之外，新生出一种基于市场逻辑的契约型人际关系。当差序格局的乡土社会与团体格局的市场社会相叠加时，给号营村的礼制教育提出挑战。

（一）调解式礼制教育

课题组在号营村进行田野调查时发现，从20世纪80年代开始，村支两委在号营村礼制教育过程中扮演着重要角色，但仍然受到一定程度的忽略和遮蔽。号营村所属的马官镇，在1954年时称为马官区。当时，就在全区范围内建立了区一级的调解委员会，并且在各个村建立了调解小组，主要是在人民法院的领导下，依照国家法律、政策和社会道德习俗调解民间纠纷和轻微的刑事治安案件。1982年时，马官区改称马官公社，公社建立调解领导小组，在各生产队建立调解委员会。号营生产队的调解委员会就在此时建立。号营村提供的"调解纠纷登记簿"记载，号营村调解委员会从1984年开始履职，一直到2001年。在存续的17年时间里，共记录有61例纠纷调解的相关情况。

表4-5 号营村纠纷调解统计（1984~2001年）

纠纷类型	纠纷数量	纠纷类型	纠纷数量
生活琐事	35	生产纠纷	1
土地问题	6	乱砍滥伐	1
房屋纠纷	4	车祸纠纷	1
赡养问题	4	医疗纠纷	1
婚姻纠纷	3	承包合同	1
计生问题	2	意外伤亡	1
酗酒闹事	1		

资料来源：根据号营村提供的"调解纠纷登记簿"（1984~2001）统计。

从表4-5中可以发现，日常生活琐事是主要的调解内容，达35件，占比57.38%；其次是土地问题、房屋纠纷、赡养问题和婚姻纠纷，分别为6件、4件、4件和3件，占比分别为9.84%、6.56%、6.56%和4.92%。这

第四章　礼制教育：礼制秩序及社区治理中的教育　○ 中国百村调查丛书·号营村

些纠纷都发生在号营村内，是其村民日常生活的真实反映。

从"调解纠纷登记簿"记录的具体内容看，号营村调解委员会主要由村支两委成员组成。每次调解时，调解委员会参加的成员人数不确定，多者七八人，少则仅有一人。调解步骤大致为：①纠纷双方陈述事件原委；②调解委员对纠纷双方进行"各打五十大板"式的批评；③调解委员对纠纷双方进行"说之以利害，晓之以大义"式的教育；④调解委员根据乡规民约、传统习俗对纠纷做出最终裁决；⑤纠纷双方按照惯例向调解委员会交一定的"讲理费"。此种由村支两委成员构成的村庄调解委员会，是中国调解系统的组成部分，其调解过程始终"贯穿了'息讼'、'德化'以及'和谐'等原则和精神"。[①] 这种调解，一方面，具有司法判决的功效。即在国家法制规范的框架下，处理发生在乡土社会中的民事纠纷，并做出最终判决，敦促双方在往后的日常生活中严格遵照判决结果对待双方之间的关系；另一方面，具有礼制教育的功能。实际调解过程中遵照村规民约和民间习俗，将纠纷双方的当事人召集在一起，采用一种非常缓和且体面的调解息讼方式。既解决纠纷问题，又顾全纠纷双方的面子。从村庄公平正义价值理念形成并延续的机理分析，以事件为载体的舆论聚合即最终共识达成，是公众参与村庄治理的"日常"践行。从这个角度看，这种调解其实就是一种长期贯穿在日常生活中的礼制教育过程，"长期的教育已把外在的规则化成了内在的习惯"。[②]

（二）公共性的礼制教育

自 2001 年起，村支两委组织和推动的礼制教育，是借助一系列村庄公共活动而实现的。村民自主性及村庄主体性，以一种组织化机制为载体，撬动了全体村民参与积淀丰厚社会资本的路径。

1. 礼制教育景观营造

为加快推进文明普定、美丽普定的建设，普定县于 2013 年 3 月启动

[①] 胡旭晟等：《中国调解传统研究——一种文化的透视》，《河南省政法管理干部学院学报》2000 年第 4 期。

[②] 费孝通：《乡土中国》，上海世纪出版集团，2010 年，第 52 页。

133

"十星级文明家庭"创建活动。普定县文明委专门下发《关于在全县开展百村千户"十星级文明家庭"创建活动通知》，要求各乡镇根据文件精神，结合乡镇和村庄的实际情况，认真组织实施"十星级文明家庭"的评选活动。此项活动分两个阶段推进：从2013年开始，在全县11个乡镇、100个行政村试点；从2014年开始，在全县所有行政村开展。

在村支两委组织下，号营村正有条不紊地开展该评选活动。其类型有助人为乐榜样、无私奉献榜样、热心公益榜样、和谐家庭榜样等。其具体做法是：①以家庭为单位参加村民小组的自评，每个家庭依据10颗星的标准，自报星级；②由村民小组为单位进行初评，再由村委会召开村民代表大会进行评议，并召开村党支部会议进行评审；③由村委会集中部分高龄老人、党员、群众代表的评议结果给参评户定星；④将评选结果张榜公示；⑤公示无异议后即上积德榜；⑥由县文明委对获得"十星级文明家庭"称号的家庭，给予精神奖励、相关优先优惠待遇和物质奖励；⑦金融管理部门和银行、信用社出台"道德贷款"政策，对"十星级文明家庭""十星级文明示范家庭"在信用额度上予以放宽，在抵押、担保方面给予优惠；⑧将上榜人事迹报县文明办，作为身边好人向市、省、国家文明网推荐。

其实，从1995年开始，号营村就在全村范围内评选孝顺儿子、孝顺儿媳，三年评一次。因为孝顺老人是一件需要长期做的事情，时间间隔太短的话，难以评选出真正的孝顺儿子和孝顺儿媳。评选机制、过程和"十星级文明家庭"的评选一样。评选结果也同样纳入积德榜中公示。由于孝顺儿子、孝顺儿媳是号营村支两委自己组织的评选活动，无法享受到政府给予的物质奖励和精神奖励，也不能享受金融部门的"道德贷款"政策优惠。即使如此，全体村民对此仍很重视。2018年5月，课题组在号营村补充调查时了解到，在过往某年的评选中，评选结果张榜公示时，有村民举报其中一人以前有过对老人不孝顺的行为。村支两委核实情况后，即刻撤销此人的参评资格，并重新补充其他评选人。

2015年5月，课题组在号营村进行田野调查时，积德榜上同时张贴着助人为乐榜样侯祖江、无私奉献榜样刘廷华、热心公益榜样钱开友、孝顺儿媳王顺芬、孝顺儿子侯浪波、和谐家庭钱树立等人的事迹。这些人的事

第四章　礼制教育：礼制秩序及社区治理中的教育 ○ 中国百村调查丛书·号营村

迹对其他村民来说，既是一种刺激，也是一种榜样，使全体村民在反思自己日常生活中的行为举止时有参照的对象，及时发现自己的不足，为规训其他村民的行为举止提供了精神资源。自从开始评选孝顺儿子、孝顺儿媳后，在 20 多年的时间里，号营村几乎再没有出现虐待父母的情况。尤其是 2013 年开始评选"十星级文明家庭"之后，村庄内部的民事纠纷也大大减少。

2. 公共性礼制教育的运行机理

以积德榜的形式公布好人好事，是在普定县文明委的统一安排下，由号营村支两委组织实施的一种全体村民共同参与、面向全村的公共性礼制教育。这种组织理念和实施过程，充分考虑到屯堡村落中存在社会公共空间的事实。① 在整个礼制教育过程中，号营村充分利用村落社会公共空间的功能，由村落社会中的精英通过组织实施覆盖整个村庄的公益事业，动员社会力量以及社会舆论，对整个村落社会实施一种集体的公共性礼制教育。

随着收入水平的提升，村民建房数量越来越多、楼层越来越高、房屋面积越来越大，以致出现二层阳台架空在村内公共道路上的现象。部分村民在路上会遇到行车困难的问题，偶尔勉强通过时，也可能出现车辆刮坏民房而引发纠纷的情况。在"调解纠纷登记簿"（1984～2001 年）中就专门记载有 2 个此类案例：①1994 年 12 月，村民侯泽益女儿出嫁，接亲车将 HJ 家的房子的滴水线刮掉，虽然侯泽益主动赔偿 HJ100 元，但是 HJ 对此赔偿不满意，到侯泽益家吵闹，并将其接亲车扣留。经村调解委员会调解后，才将接亲车放行。②1995 年 12 月，村民侯明友的弟弟用车拉煤炭，车子刮坏 RYM 家房子，RYM 将其车扣留不放行。经号营村调解委员会调解后，由侯明友赔偿 RYM 家建房费 180 元，才将其弟弟拉煤炭的车放行。

为避免此类情况再次发生，号营村主要从以下三方面着手。第一，在修订村规民约时，专门添加两条内容——不准长期将秸秆堆放在街上或其他公

---

① 王春光等：《村民自治的社会基础和文化——对贵州省安顺市 J 村农村公共空间的社会学研究》，《浙江学刊》2004 年第 1 期

135

共场所；村民建房时房屋走廊不准占用村内街道的空间；第二，倡议将之前修建在村内街道两旁的老厕所拆掉；第三，对于个别不遵守此规定的村民，由村支两委成员和村落耆老共同出面对其进行劝解和引导，通过说事实摆道理的方式向其讲述利害关系。

通过上述努力，现在号营村内的主要街道，都已基本满足行车的宽度要求。村民之间因为车子刮坏房子发生纠纷的事情也没有再出现。对于村内道路上的路灯号营村也是采取如此管理手段。号营村自2012年开始安装路灯，共安装有120盏路灯。2015年5月，课题组进入号营村进行田野调查时，路灯虽然已经使用三年时间，但没有一盏路灯被人为损坏。这主要有赖于全体村民在村规民约中达成共识，专门制定路灯管理条例，损坏路灯得照价赔偿。但赔偿只是手段，真正的目的是希望村民遵守条例规定，以村民自我教育、遵守公共道德规范为主要目标。

社会转型导致号营村礼制教育的实施主体发生变化，其教育内容和方式也发生明显变化。在各级政府领导下，由村支两委组织实施的全村参与的礼制教育，具有显著的公共特征。这既弥补了由家族组织实施的以祠堂、家谱彰显亲属伦常式礼制教育的不足，也满足了在社会转型背景下村落社会发展的需要。从教育的实施方式来看，村支两委成员以身作则、劝说引导、村规民约约束是这个时期礼制教育的主要途径。村支两委成员及村庄耆老，通过身体力行的方式，激发起村民参与村庄公共事务的热情。对于那些不积极参与的村民，也不运用强制压迫的手段，而是待他需要村里帮助的时候，轻描淡写地几句话，向其传递出合作团结的理念和精神。如此，在以后的公共性事务中，全体村民就都会主动积极参加。通过民主程序推选出来的各种示范性人物，将其张榜公布，在接受村民监督的同时，也在向村民传递着这些示范性人物的精神，如王顺芬的孝老爱亲、侯祖江的乐于助人、刘廷华的无私奉献等。从具体的教育内容来看，除将之前建立在婆媳、父子、长幼等具体人际关系之上的传统礼节发扬光大之外，还通过劝说引导的方式，让村民了解、认识需要在公共场合遵守的具有公共性、现代性、普遍性特征的礼制规范。如劝说村民建房时不要让阳台超出屋檐，以免占用村内道路的公共空间，保障车辆能无障碍地进入村民家中。

第四章　礼制教育：礼制秩序及社区治理中的教育 ○ 中国百村调查丛书·号营村

1949年，中华人民共和国成立，现代国家层级清晰、体制机构完整，社会环境安定，国家礼制规范向乡村社会的传递可以顺利实现。但1978年之后，改革开放的进度不断加快、程度不断加深，原本较为封闭的乡村熟人社会，被裹挟进城市化、工业化的建设和发展潮流中，乡村社会在原来由血缘、地缘因素构建的人际关系之外，还增加了一种基于市场形成的契约型人际关系。

多种人际关系交汇的乡村社会，基于其实际需要的村庄公共活动是国家礼制规范在乡村社会落地的重要平台。由此，号营村村支两委、村内有识之士等乡村精英的作用被凸显出来。他们通过以身作则、劝说引导等方式，为国家治理乡村社会的理念和政策迅速下延到村落搭建平台。在普定县大力实施人口文化建设的良好氛围下，号营村在原来已持续20多年的孝顺儿子、孝顺儿媳评选活动的基础上，按照普定县制定的评选标准，在全村范围内评选"十星级文明家庭"，将其作为村庄文化建设的重要组成部分。通过这种方式，国家有关乡村的社会治理理念嵌入村民的日常生活中，被演绎成一种口耳相传的口碑化教育。在这个过程中，所有村民既是监督者，也是被监督者，国家礼制规范在乡村社会的落地又增加一层保障因素，即社会舆论。通过"十星级文明家庭"评选的村民最终都将登上"积德榜"，并且还需要接受全体村民的舆论监督。这些登上"积德榜"的村民，不仅积极配合各级政府以及村支两委的行动，而且还从村庄发展和建设的角度出发，主动无私奉献，这对其他村民是一种激励。由此在全村范围内形成一种无私奉献、团结合作的理念，从而使村内公共道路及路灯维护取得十分明显的效果。

从这个角度视之，融合于村庄公共空间中的公共性礼制教育，不仅有助于国家礼制规范在乡村社会的落地和内化，而且也是号营村发展的动力源和生长点。这在某种程度上既可以解决传统礼制教育的缺陷，又能增强村庄自我发展能力。

四　小结

如果将历史上国家与村庄互动方式的核心及持续发力的支点加以廓清，

137

可以发现礼制教育一直在其中充当着不变的载体。其上下贯通的机理体现在两个重要方面。

第一，国家在场的村落礼制教育。号营村的礼制教育肇始于明朝，将其600多年的发展历程按照教育主体、教育内容和教育方式，可将其划分为三个阶段。这种阶段性划分，后一阶段的礼制教育，并不是要取代或者否定前一阶段的礼制教育。实质是后一阶段的礼制教育是对前一阶段的继承和发展。三个不同历史阶段的礼制教育，都与国家存在紧密联系。明清时期，国家通过牌坊的方式，为地方社会构建文化秩序，以保障其政治秩序。自民国之后，家谱成为国家礼制的民间表达载体，文字权力内蕴的扬善和隐恶功能，彰显出非规范化表述之后的规范化影响。自20世纪80年代之后，主要由村支两委在地方政府的统一领导下组织全村参与实施的公共性礼制教育，这主要是为适应当前时代精神而进行的。

第二，在地化的村落礼制教育。号营村礼制教育的主要实施载体是村落社会。从明朝洪武年间开始，直到民国二十三年（1934年），号营村才有牌坊式建筑出现。但由制度连续性带来的共同文化空间、血缘构建的伦理共同体以及与赶场圈、通婚圈同构的社会生活，将号营村与牌坊文化联系起来，其社会影响也辐射到号营村。家谱主要是村落社会中各个姓氏组织撰修的，但其所彰显的仍是整个村落社会所需要遵守的共同礼制规范。20世纪80年代的礼制教育，是通过推动村落内部的公共活动而实现的。总而言之，不同历史阶段的礼制教育，都与村落直接发生联系。其显著的社会效果就是能将整个村落内部各个单一生命个体组织成社会团体，共同应对不同历史阶段村落社会遇到的挑战。尤其在当前，通过在村庄中实施一系列公共活动，将各种不同力量组织起来，使得村庄在保持基本底色的基础上，还能拥有与社会相适应的发展能力。

这三个历史时段的聚焦，如果从历史的延续性来看，缺少了对1949～1979年30年的考察。这一"断链"的取舍，主要是因为本节重心是从国家与村落社会两个主体互动的机理这一维度进行的，而1949～1979年这一时段，乡村自治并不成为主流和典型。因此，我们的研究暂时搁置对这一历史时段的考察。

第二节　号营村礼制教育的社会基础

号营村的礼制教育之所以能实现并延续至今,主要有赖于号营村存在一个由诸多功能不同的组织建构的社会公共空间。实施礼制教育的文化氛围、生活形态、组织方式等,均与社会公共空间及其中的组织有密切关系。根据号营村的实际情况,本节将从法理型组织、经济组织以及文化组织三个方面,对号营村实施礼制教育的社会基础进行考察。

一　法理型组织

(一) 村党支部和村委会

1. 号营村建制发展历程

1949年10月1日,中华人民共和国成立。同年11月25日,中共普定县委、普定县人民政府在安顺成立。与之同步的是乡镇、村庄区域的划分以及管理机构的建立。"全县划分为5个区,辖3镇8乡,160保,1334甲,隶属安顺专署。"[1] 号营村划归第一区,辖号营寨、荷包寨和平家寨。从1961年开始,改称号营生产大队,一直延续到1984年,从此之后一直沿用号营村之名。自1949年后,号营村名称虽一度有所变动,但中国共产党领导下的村庄治理机构一直未变,有着村党支部和村民委员会两套班子的建制。

2. 号营村领导机构变迁

在1966年以前,号营村村支部和村委会主要领导有过经由马官区党委和人民政府下派的记载。

从表4-6可以知道,在号营生产大队领导机构5名成员中,支部书记、大队长和其中一名副大队长,由上级党委和政府部门下派。在调查中了解到,这种情况从1967年开始改变。领导机构成员全部在号营生产大队内产生。

---

[1] 贵州省普定县地方志编纂委员会编《普定县志》,贵州人民出版社,1999年,第26页。

表 4-6　1966 年号营生产大队领导机构成员

姓名	职务	文化程度	年龄	村庄归属	此前职务
罗兴贤	党支部书记	小学	40 岁	荷包	马官区农具厂厂长
侯亮贵	大队长	小学	38 岁	号营	马官区政府统计员
肖安文	党支部副书记	文盲	38 岁	号营	/
丁日红	副大队长	文盲	42 岁	号营	/
梁家才	副大队长	文盲	33 岁	/	普定县酒厂下放人员

资料来源：号营村提供。

表 4-7　1967 年号营生产大队领导机构成员

姓名	职务	性别	文化程度	年龄	村庄归属	备注
侯泽海	党支部书记	男	小学	29 岁	号营	部队退伍
钱开友	革委会主任	男	小学	22 岁	号营	
肖安文	党支部副书记	男	文盲	43 岁	号营	
张华山	贫协主席	男	文盲	60 岁	号营	
林间英	妇女主任	女	文盲	50 岁	号营	

资料来源：号营村提供。

发展到 2009 年时，号营村已建立起由 5 人组成的党支部委员会。

表 4-8　2009 年号营村党支部委员会成员名单

姓名	职务	性别	民族	年龄	文化程度	备注
肖国昌	支部书记	男	汉族	63 岁	初中	
侯泽突	支部副书记	男	汉族	34 岁	初中	兼任村委主任
刘刚雁	村委委员	女	布依族	42 岁	大专	兼任村计生副主任
侯贻林	村委委员	男	汉族	51 岁	初中	
丁世平	村委委员	男	汉族	45 岁	初中	

资料来源：号营村提供。

3. 号营村共产党员构成

号营村领导机构的健全和领导能力的增强，还体现在号营村的党员发展方面。据统计，到 2015 年时，号营村已有 40 名党员，其大致呈现如下三方面特征。

第一，入党时段结构不合理。

表4-9 号营村共产党员入党时间统计

单位：人，%

入党时间	数量	占比	入党时间	数量	占比
1950~1959年	6	15	1980~1989年	3	7.5
1960~1969年	4	10	1990~1999年	6	15
1970~1979年	7	17.5	2000~2009年	14	35

资料来源：号营村提供。

从表4-9中可以知道，号营村在2000年之前的50年中，以10年为一时段，每个时段的党员发展波动不大，最多者为1970~1979年，有7人，最少者为1980~1989年，只有3人。其入党时段结构不合理主要体现在2000年之后，在2000~2009年中，号营村发展14名党员，占35%。通过田野调查得知，从2010年开始，截至2015年，未发展党员。

第二，党员受教育程度普遍偏低。

表4-10 号营村共产党员文化程度统计

单位：人，%

文化程度	数量	占比	文化程度	数量	占比
小学以下	3	7.5	初中	20	50
小学	12	30	初中以上	5	12.5

资料来源：号营村提供。

从表4-10可以知道，在全村40名党员中，小学及以下文化程度的有15人，占总数的37.5%；初中文化程度者最多，有20人，占总数的50%；而初中以上文化程度者只有5人，分别为高中3人、大专2人。

第三，党员老龄化现象比较严重。

从表4-11中可以发现，全村40名党员中，60岁及以上者有23人，占比57.5%；而60岁以下者有17人，占比42.5%。其中郭国林年龄最大，已94岁，最小者为1986年出生的侯金伟。

表 4-11 号营村共产党员年龄统计

单位：人，%

年龄	数量	占比	年龄	数量	占比
90 岁及以上	1	2.5	50~59 岁	4	10
80~89 岁	9	22.5	40~49 岁	7	17.5
70~79 岁	6	15	30~39 岁	6	15
60~69 岁	7	17.5			

资料来源：号营村提供。

4. 号营村支两委与村庄发展

从号营村共产党员的入党时间、文化程度以及年龄结构三个角度来看，号营村党支部处于非常态的发展状态。其作为中国共产党在号营村的基层组织，一方面扮演着连接上级党组织和号营村村民的角色；另一方面，和其所领导的号营村村委会一起，共同为号营村的发展出谋划策。主要表现为制定村庄治理中的规章制度、向上级政府有关职能部门申请资金支持村庄发展。以下以 2001 年号营村支两委的工作情况为例，说明号营村支两委在村庄发展中的功能和角色。

号营村支两委在 2001 年的工作中，与村庄发展相关的工作主要有两大类：第一类是制定村庄发展的有关规章制度；第二类是积极与上级相关职能部门沟通，为村庄申请公共基础设施建设经费。

第一，制定村庄发展的有关规章制度。

号营村支两委制定的有关村庄发展的规章制度，主要围绕两方面。其一，为维持村民日常生活秩序而制定相关规章制度。如 2001 年 3 月 15 日制定出台的《管理闭路电视须知》。号营村是普定县第一个接通闭路电视的村庄，为维护好闭路电视线路，及时解决村民使用过程中遇到的技术问题等，号营村支两委专门制定此须知，要求"管理人员必须每月向村委交清所收费用；群众反映后，应及时作出故障处理，反映后不能超过两天；增加电视用户，必须先向村委交钱后，才能安装"。2001 年 9 月 15 日出台《号营农家乐旅游公司章程》。号营村从 2001 年 4 月开始，计划利用位于村庄中心的飞凤山建立村级公园，并在此基础上发展乡村旅游业。于是，村支两委计划开设村集体企业号营农家乐旅游公司。在章程中,对公司名称、开办宗旨、公司性质、隶属关系、办公地点、组织机构、资金组成、账务管理、公司职责等方面做出具体要求。其二,为落实上级政府的相关工作,依据村庄实际情况制定相关规章制度。如 2001 年 10 月 3 日,村支两委制定的《马官镇号营村普法试点工作专人负责制度》。2001 年是实施"六五"普法规划的启动年,号营村为确保普法依法治理工作正常、有序地进行,将工作落到实处,特制定此制度。制度中规定:"号营村支书肖国昌负责全村的普法依法治理工作,协调上级有关部门开展法制宣传工作,组织村民学法、给村民上法治课、组织召开全村普法工作会议等。而村支两委杨得志、侯祖顺、钱开友、侯泽良等成员,则分别负责全村各个村民小组的学法工作。"另外,为配合《公民道德建设实施纲要》在号营村的落地和实施工作,村支两委在 2001 年 12 月 25 日专门制定《公民道德建设实施纲要宣传纲要》,对公民道德建设的主要内容、路径和目的做出简要说明,以促进村民更好地吸收和接受。

第二,为村庄申请公共基础设施建设经费。

据统计,为促进号营河道、红旗公园、人畜饮水、生产公路等基础设施的建设,号营村支两委在 2001 年共向马官镇、普定县政府及相关职能部门递交经费申请报告 8 份。

表 4-12 2001 年号营村支两委基础设施建设经费申请报告统计

报告名称	申请时间	相关部门	主要内容	申请经费
治理号营河	2001.3.16	中国人民政治协商会议普定县委员会	清理、修复号营河	160 万元
修建红旗公园要求资金补助申请报告	2001.3.16	马官镇党委、政府	为修建村级红旗公园申请资金补助	10 万元
关于修复人畜饮水附廓灌溉工程的申请报告	2001.4.1	普定县有关职能部门	为已建人畜饮水工程的保护和功能延伸申请经费补助	21.84 万元
关于号营娱乐公园旅游点工程启动的报告	2001.5.20	安顺市旅游局、安顺市计划经济贸易局和普定县计划经济贸易局	为修建号营村娱乐公园申请资金补助	38 万元

续表

报告名称	申请时间	相关部门	主要内容	申请经费
关于申请修路经费资助的报告	2001.9	普定县扶贫开发办	为提高肖家湾山后200多亩土地的产出，申请经费修建肖家湾公路	6.5万元
号营村要求解决人畜饮水资金补助申请报告	2001.10.2	普定县人民政府、普定县计划经济贸易局	为解决号营上半村喝水难的问题	3万元
关于号营村有偿投资两座青山使用权的请示报告	2001.10.20	马官镇人民政府	申请将村庄中两座青山作为有偿投资号营农家乐旅游公司	
关于号营村建设肖家湾生产公路工程建设实施的报告	2001.11.19	普定县扶贫开发办	为提高肖家湾山后200多亩土地的产出，申请经费修建肖家湾公路	5万元（分两次：第一次先拨款3万元；第2次2万元，凭实际发票拨款）

资料来源：号营村提供。

号营村支两委立足于农业生产、村民生活以及未来发展，积极向上级政府部门申请经费用于基础设施建设。从已掌握的材料来看，只看到《关于号营娱乐公园旅游点工程启动的报告》的批复意见。在批复中，普定县计划与经济贸易局同意号营村修建娱乐公园，但要求其资金自筹。从后续的情况来看，号营村在没有政策资金资助的情况下，仍然将公园修建起来，彰显出号营村支两委在村庄公共事务中的领导力和号召力。本章第四节对公园修建过程有详细论述，此处不赘言。

(二) 关心下一代工作委员会

号营村关心下一代工作委员会（以下简称"关工委"），是在上一级关工委领导下成立的村级法理型组织。其领导班子由8位成员组成，分别由号营村村支部书记担任关工委主任，号营小学校长和一名经验丰富的老村干部担任副主任。另外5名成员都是村内德高望重的老党员、老村干部等。

对村内少年儿童，尤其是留守儿童等进行关爱、教育是其主要职责。如，①每年清明节时组织学生到三间房烈士墓扫墓；②开展"祖国好·家乡美"的演讲活动；③举办"尽责优教"大讲堂暨留守儿童家长培训活动；

④对适龄儿童进行造册登记；⑤对留守儿童进行定期走访并给予资金资助；⑥上门对辍学儿童进行劝返；⑦每年邀请法院、派出所、司法所等相关单位领导到村开展法制宣传教育，讲法制课，让广大青少年知法、懂法并守法；⑧充分利用孝文化主题公园平台，开展孝顺儿子、孝顺儿媳、女强人、五好家庭、积德榜、乡贤榜等评选活动，对村内少年儿童进行道德教育。

除此之外，在促进村庄公共建设和发展方面也发挥积极作用。①邀请马官镇农业服务中心工作人员、村里致富带头人和种植养殖能手，指导村内青年人种植食用菌、韭黄，养殖肉兔、生猪等；②抽调关工委中德高望重的成员参与普（定）马（官）路、韭菜种植基地等土地流转工作；③参与号营村土地确权工作；④参与、组织号营村花灯、地戏、篮球等文体活动，丰富村民的精神文化生活。

（三）纠纷调解委员会

号营村纠纷调解委员会肇始于1954年。号营村当时隶属的马官区就建立了区一级的调解委员会，其管辖的各个村也相应成立了调解小组，主要是在人民法院的领导下，依照国家法律、政策和民间社会习俗调解民间纠纷和轻微的刑事治安案件。1982年，马官区改称马官公社，公社建立调解领导小组，在各生产队建立调解委员会。号营生产队纠纷调解委员会也在此前村级调解小组的基础上建立，其成员主要由号营生产大队的领导干部组成。

号营生产队纠纷调解委员会在调解村民日常生活中的纠纷方面发挥着重要作用。其调解范围包括生活琐事、土地问题、房屋纠纷、赡养问题、婚姻纠纷、计生问题等13个方面，并取得不错的效果。纠纷调解委员会从1984年开始履职，共持续17年，总计调解61例纠纷案例。此后随着号营村孝顺儿子、孝顺儿媳、女强人、五好家庭等公共性礼制教育的实施，村民之间或村民家庭内部的纠纷逐渐减少，纠纷调解委员会的活动空间也就逐渐处于边缘化境地，直至退出公共领域。

号营村的上述三类法理型组织，都是遵循国家制度安排，在上级政府部门或专门组织的统一领导下建立的。在落地到村落社会之后，主要是以村支两委为主导，关心下一代工作委员会、纠纷调解委员会在其领导下开展各项

工作。这些组织的本身属性导致其主要职责就是为村落社会的公共性事业建设服务。不同种类、不同属性的法理型组织能各安其位,甚至有些组织在完成自己本职工作的同时,还能参与村支两委组织的村庄公共性集体活动,为村庄公共空间的营造发挥积极作用。

二 村庄经济组织

(一) 蔬菜种植试验小组

号营村的蔬菜种植试验小组,直接肇始于安顺地区农业局(即今安顺市农业局)技术干部何碧青在号营村蹲点的额外举动。从1953年开始,国家将农业技术的推广作为一项重要工作在全国范围内实施,并专门制定《农业技术推广方案(草案)》。经过5年的努力和发展,安顺市在1958年已建立起较为完善的农业技术推广机制。时为安顺地区农业局的技术干部何碧青在此种情况下被派驻号营村,负责为号营村村民的农业生产提供技术支持,如按照农业局的统一规定:"要求农民扩大秧田面积,撒稀秧、育壮秧、撒早秧;普遍推广黄泥选种,盐水选种;改传统秧田为合式秧田,合理灌溉,深水保温防止'倒春寒'烂秧;加强秧田病虫害防治;推广水稻小窝密植,减少每窝栽秧的片数。"[①] 在完成本职工作之余,何碧青利用自己的专业特长,在号营村内建立蔬菜种植试验小组,号营村的一批年轻人被马官公社选派参与蔬菜种植试验中。遗憾的是,他蹲点结束离开号营村之后,蔬菜种植试验小组由于缺乏"制度支持"而难以为继。

虽然蔬菜种植试验小组存在的时间不长,但在其存在的一年多时间里,这批参与其中的年轻人,对蔬菜种植中的品种选择、土壤要求、育苗技术以及种植管理等均有一定程度的了解。此举不仅为号营村村民在以后的生计选择中开启了一条新的路径,而且为其积累了蔬菜种植的经验和技术。更为关键的是,当种植蔬菜作为号营村村民的一种生计方式在全村范围内无障碍地传递时,附着其上的村民之间的团结合作、能力提升以及人际交往的方式和路径也发生显著变化。此举不仅为号营村在周边村寨中脱颖而出提供了生计

---

① 贵州省普定县地方志编纂委员会编《普定县志》,贵州人民出版社,1999年,第223页。

基础，而且营造出一种公共性质的社会氛围。

（二）绿色蔬菜协会

绿色蔬菜协会成立于1996年，主要为保证"号营牌"蔬菜的品质而成立。从1983年开始，号营村种植蔬菜的农户逐渐增多，从40多户，到1985年时，全村差不多50%的农户开始种植蔬菜。到1989年时达到巅峰，全村80%的农户都在种植蔬菜。绝大部分人家的种植面积不多，多者不过10亩，少者不足1亩。即使如此，由于种植蔬菜的农户数量多，号营村的蔬菜仍然有较强的市场影响，并且也比较受市场欢迎。以致"跟风"种植蔬菜的周边村寨民众，为获得比较好的收益，冒"号营"之牌销售自己的蔬菜。这种情况出现后，为保证"号营牌"蔬菜的品质，由有"蔬菜状元"之称的杨德祥等10人共同商量成立绿色蔬菜协会。协会的主要宗旨是倡导全体蔬菜种植户，一方面全力种出高质量的蔬菜，另一方面尽力维护好号营村的蔬菜品牌。同时，还借此为号营村蔬菜种植户搭建一个销售平台。在刚建立的前3年时间里，协会运行良好，蔬菜种植户都能遵照协会的各项规章制度办事。协会成员兼会计的侯奎，虽然是高中毕业，是协会成员中学历最高的，但是他家的蔬菜种得不好，没有获得可观的经济收益。于是他就在1999年去兴义市做生意。此时，协会其他成员都没有人能胜任会计工作，所以整个协会陷入混乱状态，以致最后无疾而终。

（三）"无形"的建筑队

之所以说号营村的建筑队"无形"，主要在于其组织机制的灵活性，整个号营村没有由固定包工头和固定建筑工人组成的科层制建筑队。

号营村建筑队的历史，可以追溯到20世纪60年代，当时受生计所迫，个别村民外出学习建筑类的手工技艺，学会后就外出承包小建筑工程，然后召集村民一起做。这种情况延续到改革开放之后发展出现转机，此前偷偷摸摸的"地下"行为被村民光明正大地操作。于是就以村庄的名义组织50个村民成立建筑队。经过30多年的发展，到2010年时，号营村已有大小包工头50多个，建筑工人200多个。

和以村庄名义组织村民成立建筑队相比，此时包工头和建筑工人的关系已发生如下两方面变化，或者说"无形"的建筑队有如下两方面内涵：第

147

一，包工头和建筑工人没有明确的边界。一方面是指包工头都是从建筑工人发展而来的，其在承包过多次小工程之后，慢慢从建筑工人中"析出"，成为专业化的包工头；另一方面是指普通建筑工人也可以承包小型建筑工程。第二，包工头和建筑工人没有固定的关系。即只要某一建筑工人承包到小型建筑工程，那么他就是包工头。他就可以召集村内的其他建筑工人一起做。而当这个工程结束后，这些建筑工人又可以跟随其他包工头去做，甚至前一项目的包工头都可能成为别的建设项目的建筑工人。

灵活的组织机制并不影响建筑队作为经济组织的整合功能。对外时，他们统称"号营牌"建筑队。每个建筑工人都是包工头，每个包工头也都是建筑工人。大家用让外界民众认可的信誉、价格和建筑质量为"号营牌"建筑队负责。在内部，对任何村民都没有技术门槛限制。这样一方面在一个村内培育出200多名建筑工人的队伍；另一方面也增强了每一个建筑工人对号营村的认同感，在面对村内的集体公益活动时，他们都愿意以主人翁的心态参与其中。

总体来看，号营村的三类经济组织，具有如下两方面显著特征。第一，由外而内并逐渐实现自主发展。蔬菜种植试验小组，是由国家统一组织的农业技术人员蹲点号营村之后成立的。这为号营村未来的蔬菜种植播下一颗种子，并奠定了技术基础。所以号营村在20世纪80年代末期蔬菜种植规模达到巅峰时，为维护本村蔬菜的品牌效应，自发组织起绿色蔬菜协会。虽然存在时间不长，但其社会价值与存在的时间长短无关，主要体现出民间社会的自我组织的意识和能力。这是为"无形"的建筑队的出现奠定制度性基础。第二，为号营村礼制教育的实现和乡村社区治理的实施奠定经济基础。在村落社会举办集体公共事业时，这种经济基础得到充分彰显。在中国人的传统观念中，对于普通村民而言，只有个人家庭日常生活诉求得到满足之后，才有意愿和能力参与村落社会的集体公益事业。号营村村民在这一方面表现得异常明显，20世纪80年代的集资办学能得以实现，有赖于村民在蔬菜种植、小建筑包工过程中获取的显著经济收益，2001年的村级公园修建更是如此。

三 村庄文化组织

（一）地戏队

号营村地戏队的源起，其具体时间不可考，但在较早时候就已有地戏队是一个确凿的事实。地戏传承依靠的是民间社会中"老带新"的方式，即老地戏演员在每年跳地戏过程中，会有意叫上一些对地戏感兴趣并有天赋的孩童跟着学。但近年来随着城市化、工业化的发展，"经济收入"成为村民日常生活中的关键词。对于地戏这一类传统文化事项，参与其中的年轻人越来越少。对号营村地戏队目前的 13 名成员的年龄进行分析，就可以发现这一特征。

表 4 - 13 号营村地戏队成员年龄统计

年龄	人数	年龄	人数
70 岁及以上	3	50~59 岁	1
60~69 岁	6	40~49 岁	3

资料来源：号营村提供。

表 4 - 13 显示，号营村地戏队成员呈现两方面特征：第一，老龄化特征凸显。60 岁及以上的成员有 9 人，占比 69.23%；第二，地戏后备成员缺乏。整个地戏队中最年轻的成员是 1973 年出生的，也已 46 岁，人至中年。

对地戏队成员的年龄进行统计分析后发现，号营村地戏文化传承的前景堪忧。但其目前仍然存在，且功能也不减当年。第一，满足村民节日期间的娱乐需求。虽然当前地戏表演的时间已经缩短，但号营村在每年春节期间仍会表演地戏。第二，满足整个村落社会祈求人畜平安、五谷丰登的需求。第三，满足个别村民独特的需求。如村民修建新的房屋时的"开财门"，或者个别村民在家庭遭遇不顺时，会在表演地戏期间去参拜地戏面具等。第四，积极参加各种地戏比赛，为村庄获取物质奖励和社会资本。

（二）花灯队

花灯是一种典型的地方文化形式，在号营村所处的地域范围内有较为悠久的历史，是贵州西路花灯的典型代表。但号营村民成立花灯队的时间比较晚。

表 4-14　号营村花灯队成立时间

花灯队名称	组建时间	花灯队名称	组建时间
老年花灯队	2004 年	青年二队	2013 年
青年一队	2009 年	肖家湾花灯队	2006 年

资料来源：号营村提供。

表 4-14 显示，号营村目前共有 4 支花灯队。从成立时间来看，2004 年成立的老年花灯队是最早的，最晚的则为 2013 年成立的青年二队。从成立原因来看，首先，与号营村所属的地域内浓郁的花灯文化紧密相关。其中成立最早的老年花灯队中，大部分成员都有参演传统花灯的经历，深受传统花灯文化的影响。他们乐于通过成立花灯队的方式，将这种传统文化形式传承下去。在他们的影响下，号营村在不到 10 年的时间里，先后成立三支花灯队。其次，与社会提供的高频表演机会有关。随着人们收入水平的提高和观念的改变，花灯表演已不受时间限制，而演化成为一种日常生活中可随时表演的文化休闲娱乐形式。并且，地方政府或者社会组织从繁荣地方文化等角度出发，往往在春节等节日或者某一重要时间节点，通过举办花灯比赛的形式来彰显其花灯文化的群众性特征，从而在一定程度上激发了民间社会成立花灯队参加比赛的积极性。

号营村有 4 支花灯队，这主要是指在村内时的状态，平时各支队伍各自组织学习或者表演。而对外时，则统称为号营花灯队，主要由 4 支队伍中在年龄、表演技巧等方面具有比较优势的成员组成。

花灯表演形式已从传统的花灯戏扩展为花灯歌舞，甚至更接近广场舞形式。随着表演形式的拓展，花灯剧目也在不断变迁，不仅有传统的花灯剧目，而且各种新编的花灯剧目也不断出现。主要有两方面原因：第一，为宣传国家的有关政策。如《创建和谐平安村》《歌唱十九大》等即是在此种背景下创作出来的。第二，为村落社会营造长幼有序、尊老爱幼的礼制秩序。如《夸媳妇》《赞公婆》等花灯剧目的出现体现了这一点。

地戏队、花灯队作为号营村村庄文化组织的典型代表，其对于村落社会礼制教育、社区治理的重要意义主要表现在如下两个方面：①生活化礼制教育的内容，加深村民对其的理解和认识。地戏队、花灯队的出现，主要源于其所属区域内浓郁的历史文化资源、社会基础等。因此，对于号营村的礼制教育而言，其不仅能将国家政策以日常生活中通俗易懂的语言展演出来，如《创建和谐平安村》《歌唱十九大》等，而且能将长期蕴藏于村落社会内部的儒家伦理秩序以朴素的形式呈现，如《夸媳妇》《赞公婆》等。②地戏队、花灯队内蕴的自组织机制，可为号营村的村庄治理提供传统资源。这种资源是号营村村落社会实现自我管理、自我发展等现实需求的社会基础。如果能很好地利用这种社会基础，尤其是将其与法理型组织紧密地结合起来，可以取得意想不到的效果。

第三节　号营村礼制教育的精神群像

号营村的礼制教育，滥觞于明朝洪武年间。明清时期牌坊的神圣性和旌表功能，在肯定乡土社会中少数出类拔萃者的同时，也构建出乡土社会新的文化秩序，最终使得王朝国家的威严在偏远地区得到保障。号营村人群来源的多样性和复杂性，构建出平权化的村落社会。这种社会中的家谱不仅能彰显亲属伦常，而且还能成为国家礼制规范民间表达的载体。公共活动使得国家的治理理念，能迅速贯彻到村落社会。从这个角度看，号营村的礼制教育，与其说是国家礼制规范向村落社会传递的过程，不如说是村落社会在国家礼制规范的框架下，借助相关载体，将国家礼制规范演绎成乡村日常生活中行为规范的过程。村落社会中的民众在这一行为规范中获得认同，构建社会秩序。在实现这一目标的过程中，诸多人为之付出努力，他们共同构成村落社会礼制教育的精神群像。

构成这种群像的社会个体，是杜赞奇所言的"保护型经纪"和韦伯所提出的"超凡魅力权威"的结合体。作为"保护型经纪"，他们是号营村全体村民的代表，配合国家将不同历史时段的礼制规范传递到村落社会，为村落社会构建新的文化秩序和社会资本而努力。而作为"超凡魅力权威"，他们能如此作为，完全是村落社会责任感和情怀使然，他们既没有国家的任命,也没有村民的正式推举;既没有国家赋予的权力,也没有个人的经济利益诉求。正如韦伯所言:"超凡魅力拒斥一切条理化的理性获利活动,事实上是拒斥一切理性的经济行为,认为那有辱尊严。"① 他们或通过成就自身事业影响村落社会中的其他个体,或通过积极参与一系列村落公共性事业而逐渐形成代表村落社会与国家博弈的能力,从而内生出超凡魅力的。

一 区域标志性人物的故事

明朝洪武年间的"调北征南"战争,在武力平定元梁王巴扎瓦尔弥反叛势力的同时,也平叛了一些地方武装力量。为保住战争的胜利果实,大量江淮籍军士戍守此地。在这种看似风平浪静的军事管理制度背后,对王朝国家的统治者而言,还隐藏着两方面挑战:其一,如何安顿外来军士的心灵。其二,如何将卫所屯军周边少数民族地区的民众纳入王朝国家的统治框架中。将王朝国家的礼制规范柔性地传递到地方社会,为地方社会构建新的文化秩序,是应对这两方面挑战的重要措施。用王朝国家的礼制规范从地方社会中筛选出典范人物,形塑这一历史阶段礼制教育的精神符号,是实现这一目标的主要途径。赵侃以及梅氏家族受到来自王朝国家的嘉奖和表彰便是在这种背景下出现的。

(一) 独享两座牌坊的赵侃

赵侃(1423~1481年),出生在普定卫(今安顺城)的一个"隐德"之家。祖父赵兴甫和父亲赵华、母亲董氏乐善好施且不事宣扬。他于明朝景泰元年(1450)参加云南乡试,以明经第二名得中举人。此后便在京师专门向学,学问日渐精进。于天顺八年(1464)时科举及第,是安顺历史上首开进士之门的人,也是自1413年贵州建省后100年间在朝廷任职最高的贵州屯军后裔。入仕为官18年,赵侃对待政务,"刚正不阿,振举公道,其所举弹无所避。凡公论不容者,无论官职多大,皆为其弹劾对象。他陈言禁革宿弊,任贤养民,皆切中时弊,廷臣皆服其才。成为皇帝治国不可疏离

---

① 〔德〕马克斯·韦伯:《马克斯·韦伯社会学文集》,人民出版社,2010年,第233页。

第四章 礼制教育：礼制秩序及社区治理中的教育 ○ 中国百村调查丛书·号营村

的内臣。"① 其文亦有才气，"所作《优恤边军》、《陈时政八事》、《进退不公》等奏章都是经济急务之论谈，于朝廷治国多有补裨，寅僚对他的见识十分叹服"。②

他为官如此，对待家庭、乡人，亦颇有称道之处。首先，重视家庭教育。"赵侃有子女二人……其子赵谷在他的潜心教育下中进士，于弘治庚申（1500年）以俊贤授奉训大夫任云南马龙州知州，后官拜五品大夫衔，得佩银鱼铜符。赵谷之子赵愈，瓷器宏伟，凭军功升至普定卫指挥使。"③ 世科坊则为表彰其功劳而建。其次，尊崇孝敬先祖。明朝成化六年（1470年），继母朱氏病逝，赵侃丁忧期间，"哀恸恻惧，乡人为其孝心所动，皆以为大孝"。④ 并且，他对于乡人的孝敬之举更是大力支持。明朝右军都督府都佥事郭贵，在亲生母亲逝世40多年后，将其灵柩迎回普定卫城与父亲合葬。对此，赵侃专门撰写碑铭，极力肯定郭贵的孝顺之举，同时更大力褒扬郭母李氏的风范和品德。"予素闻太夫人之德，天性慈爱，端谨诚庄，事舅姑尽孝敬，睦姻戚以柔和，相夫加纮綖之助，训子和熊胆之丸，奉蒸尝必丰腆，待婢妾务宽容，妇道姆仪为缙绅家楷范。"⑤ 赵侃虽贵为朝廷重臣，但对待乡邻之一介平凡女子，给出如此高的评价，实乃"仁者见仁"之举。同时也是寄望通过此举大力倡导母慈子孝、家庭和睦、相夫教子之道。赵侃在论述撰此碑铭缘由时，专门提到"亦欲百代之后，闻太夫人之风，睹太夫人之墓者，莫不悚然为之兴叹，乃为之铭"。⑥ 再次，激励后进士子。"不时到卫学为后生讲学，激励安顺士子奋发精进。"⑦ 最后，谦和对待乡人。"赵侃与乡人交游，从不以显贵自恃，对人总是心平气和，从不颐指气使……（被）

---

① 丁武光：《家族传承影响下的黔中文脉》，载姚晓英主编《金陵金府入黔记》，北京：外文出版社，2015年。
② 颜建华：《才猷茂勋的赵侃》，《贵州大学学报》（社会科学版）2007年第5期。
③ 颜建华：《才猷茂勋的赵侃》，《贵州大学学报》（社会科学版）2007年第5期。
④ 颜建华：《才猷茂勋的赵侃》，《贵州大学学报》（社会科学版）2007年第5期。
⑤ 范增如：《明清安顺风物诗文评注》，贵州民族出版社，1999年，第38页。
⑥ 范增如：《明清安顺风物诗文评注》，贵州民族出版社，1999年，第38页。
⑦ 丁武光：《家族传承影响下的黔中文脉》，载姚晓英主编《金陵金府入黔记》，北京：外文出版社，2015年。

视为一方之德厚长者。"①

国家礼制规范与民间礼仪在赵侃身上得到很好的结合,在朝,忠贞侍君,爱民如子;为官一任,留声一方。在乡,身体力行,倡导孝行;教子有方,激励后进。正是因为这些优良品质,赵侃赢得了诸多褒奖。

明朝成化三年(1467年),尚在给事中任上,明宪宗十分赏识赵侃的才华,即敕赠恩典碑于其二亲,该碑经贵州布政使司官员与地方缙绅共议后,立于安顺城南凤凰山。碑文由明朝连中"三元"(即解元、会元、状元)者商辂撰写,"凡其裨时政者,知无不言,言无不尽,是其忠也"。明朝成化十八年(1482年),年仅58岁的赵侃病逝于安顺。对于这么一位勤政爱民、忠于职守且坦诚率直大臣的逝去,明宪宗痛心不已,专遣贵州等处承宣布政使司左参政刘本往祭,曰:"惟尔发身贤科,擢官近侍,服劳有年,才猷茂著。既迁职于银台,乃耽心于所事;顾委任之方隆,何一疾而遽逝!爰惟恤典,特赐以祭。尔灵不昧,尚克歆慰。"②

据丁武光统计,明朝时期,安顺境内共建有53座牌坊,其中有2座为赵侃而建。其一,进士坊,为表彰其为安顺第一进士而建,位于普定卫城南;其二,通政坊,为纪念其为通政使司右通政而建。

(二)梅家四牌坊

安顺第一座贞节牌坊于明朝洪武年间建立,为旌表安陆侯吴复淑人杨氏而建。然而分量最重却属梅氏家族的牌坊。据丁武光统计,明清两朝共为安顺梅氏家族建立过4座牌坊。分别为:为褒奖明朝丙戌进士梅月建的进士坊,位于普定卫城南;为褒奖明朝丁巳举人梅豸而建的亚魁坊;为梅雪专于侍奉母亲而建的纯孝坊;为旌表梅家老太太熊氏而建的梅氏节坊。

熊氏23岁丧夫,守寡70年。坚持用心培育儿子梅月、梅雪专心向学。自长子梅月始,梅氏一门五辈共有一举人、两进士、三人因科举而入仕。熊氏于明朝嘉靖四十年(1561)冬月去世后,时任贵州巡抚郭子章亲自作

---

① 颜建华:《才猷茂勋的赵侃》,《贵州大学学报》(社会科学版)2007年第5期。
② (清)常恩修、邹汉勋、吴寅邦纂:《安顺府志》,安顺市地方志编纂委员会点校,贵州人民出版社,2006年,第1001页。

第四章　礼制教育：礼制秩序及社区治理中的教育　○　中国百村调查丛书·号营村

《梅节妇熊氏传》悼唁："后月学遂大成，登嘉靖丙戌进士，仕至川南道。雪以孝闻。长孙惟和，癸巳末进士，仕至广东道御史，巡按山海。二孙惟用，亦获明经科。三孙惟台，由壬午选贡，任蜀纳溪县尹。五孙惟诗，登癸酉贤书，授任中牟县。重孙孜中，戊午亚元，任北直隶完邑宰。"① 熊氏不仅守节 70 年，而且为王朝国家培育出人才。所以，熊氏去世后，嘉靖皇帝专门下旨旌表，允准为其建立贞节牌坊。

城乡一体的屯堡区域社会文化结构。"这一结构的特殊点在于，它超越了宗族的狭隘性和自闭性，使社区中的社会资源、文化资本成为公共资源，惠泽于社区中每个家庭成员，构成社会稳定的结构依据。"② 从而使得赵侃、梅氏家族、牌坊等承载的礼制教育信息，无障碍地快速传递到安顺城周边屯堡村落，甚至也成为非屯堡村落的意识形态向心力。在明朝卫所屯军后裔流布区域，赵侃以及梅氏家族诸成员，都是标志性人物，他们的经历及成就，在区域内各个村落社会中几乎家喻户晓。人们常以他们在科举考试方面的成就来教育自家儿女，村落社会也以其孝老爱亲、友爱乡邻的特质来规范民众的言行举止。号营村崇文重教、扎根教育，正是在国家话语的直接感召下践行和传承。

二　延续社区记忆的精神群像

侯姓自明朝万历年间在号营村立足之后，在 300 多年的发展历程中，先后三次修撰《侯氏家谱》、两次修建侯姓祠堂。侯姓历代族人的如此作为，是推动彰显儒家学说提倡的亲属伦常式的礼制教育。主张如此作为或为实现此作为而无私奉献的历代族人，是这一种礼制教育精神群像的主要成员。在这一群像中，他们既是塑造者，也是被塑造者。如侯光炳、侯祖农等典型代表人物。

侯光炳，生于清朝咸丰十年（1860 年），殁于民国三十一年（1942

---

① 任可澄总纂：《续修安顺府志辑稿》，安顺市人民政府地方志办公室整理点校，贵州人民出版社，2012 年，第 274 页。
② 朱伟华等：《建构与生成——屯堡文化及地戏形态研究》，广西师范大学出版社，2008 年，第 99 页。

年)。他天资朴厚,生性正直,敦于古道,稍有古贤之风,不肯趋时,不踏俗习;平生无他好,唯喜读书。他通过县州组织的童试,考取秀才。于清朝光绪十一年(1885年)进入镇宁州学就读。苦读几年之后,未能在贵州省组织的乡试中考取举人。因为家贫,未能继续从学,于是回到号营村私塾执教。当时号营村的私塾主要由富裕人家设立,聘请有知识者执教。侯光炳回村之后,即被聘为私塾教师。如此执教数十年后,于清朝宣统二年(1910年),将私塾改为学堂,设教于村内寺庙中。这是马官境内将私塾改为官学较早的学校之一,时有一、二年级两个班,共有教师2人。再经过20多年的发展,村内进入学堂接受教育的适龄儿童逐渐增多,原有的寺庙逐渐不能满足教学之需。此时正值侯姓宗祠竣工落成,族众毅然决定将号营学堂迁入宗祠。据《侯氏家谱》记载,"号营侯姓上到盛字辈,下至泽字辈,几乎无一不受其教,后均多有成就"。[1] 他中途还曾受聘于马堡学校,担任国文、数学教员,整个马官区内受其教益且有所成就者颇多。"可谓乡之良师,满门桃李,族之楷模,人口皆碑。"[2]

执教数十年之后,侯光炳已近古稀之年。正值侯姓家族中乡贤寨老倡议再次撰写家谱,以"更好地维护家族凝聚力,树立正确的家族观和道德规范,系统总结和彰显族人修身齐家的典范"。侯氏一边派出人员前往四川、河南、浙江等地搜集源头资料,一边举荐"九世祖光炳公广泛搜集整理资料,着手撰写家谱(第二版本)"[3]。"据传,光炳公编写《侯氏家谱》历经三年有余,因缺乏现存资料,公不惜翻山越岭对侯姓族中已故先辈之墓碑逐一考察,为使资料准确,有的墓碑他数次往返,从碑文记载中加以考正。由于光炳公的呕心沥血,废寝忘食,终于编撰完成《侯氏家谱》第二版本。"[4]

侯祖农,1933年出生于号营,1954年从贵阳师范学院(今贵州师范大学)艺术系毕业,先后执教于普定中学和安顺师范高等专科学校。1962年任普定中学(今普定一中)教导主任。1966年在揪斗"牛鬼蛇神"中,被

---

[1] 《侯氏家谱(2013增订版)》(未刊),第120页。
[2] 《侯氏家谱(2013增订版)》(未刊),第120页。
[3] 《侯氏家谱(2013增订版)》(未刊),第22页。
[4] 《侯氏家谱(2013增订版)》(未刊),第121页。

第四章 礼制教育：礼制秩序及社区治理中的教育 ○ 中国百村调查丛书·号营村

扣上"地主阶级的孝子贤孙"的帽子。号营村春节期间有家家请客吃饭的习俗。有一年侯祖农回家过春节，好多家都请他去吃饭。他权衡之后，为照顾族中每个家庭的情绪，和侯祖祜一起，家家都去到。[①]"每一家都去吃嘴把菜或者口把酒，或者去喝杯把水，家家都去走到。"家族成员或村民由此而改变对他的看法，他也因此与村庄联系交往更加紧密，更多地参与村庄的发展和建设，尤其是在续编侯姓家谱和修建侯姓宗祠的过程中，他用行动在家族内和村落社会中形塑着侯姓家族之精神。

据第三版《侯氏家谱》记载，自2006年底开始，号营村侯祖新、侯祖顺、侯祖祜牵头，着手准备修复侯姓宗祠和续编家谱，并于2007年初向族众发出书面通知，且开始筹集资金。不久之后侯祖新因病猝逝，修复宗祠和续编家谱工作暂时搁浅。待到2007年5月，侯姓宗亲公举推荐侯祖农、侯祖顺、侯明全、侯祖祜、侯泽洋等再次牵头，并于5月20日在号营村召开有安顺、普定、镇宁、六枝、落别、化处等地各大支系五十余人参加的代表大会。大会主要讨论了两方面内容：第一，组建修复宗祠、续编家谱领导小组。侯祖农担任总策划，并负责宗祠的外形设计；第二，商量决定资金筹集方式及要求。在家族大会上，侯祖农当场表态个人捐资一万元用于修复宗祠和续编家谱。

修复宗祠的工作于2007年7月正式启动，时年74岁的侯祖农，虽已齿摇发落、皓鬓苍髯，却数十次奔赴号营，策划修复宗祠、续编家谱的活动。他亲自设计宗祠牌坊、龙板踏步；书写复制牌匾、对联；撰写家谱部分资料等。

据《侯氏家谱》记载："宗祠工程至半，祖农公突患癌症，手术后仍抱病往返安顺、号营，集余力至宗祠落成。实乃呕心沥血，殚精竭虑。"[②]"修祠堂他自己掏钱都是一回事情，他患病之后放疗刚刚结束就来这里了。他坐个车就来这点守到修祠堂。"[③] 2009年3月侯氏宗祠终于竣工落成，在4月4

---

① 2015年5月21日孙兆霞访号营村民侯祖祜。
② 《侯氏家谱（2013增订本）》（未刊），第121页。
③ 2015年5月21日孙兆霞访号营村民侯祖祜。

157

日清明节举行的落成典礼上,他亲自撰写祭文。在祭文中,他追溯侯姓先祖由川入黔,再落籍号营的艰辛过程,尤其凸显二世祖建纲公为谋生计遭遇的苦难,并死于非命的过程。"二世祖建纲公考妣为谋生计,举家迁徙号营落籍,穷乡僻壤,拓土开疆,农商兼业,稍显业绩,嫉者日增,不幸赴安顺途中蒙难,终于非命。"① 饱受夫亡子幼之苦的周太君,带领三个儿子应富、应元和应贵外出谋生。数年后,周太君及其子应富、应元相继去世。此时,应贵携妻带子复迁故地号营创业,并获得成功,由此而长久定居号营。从祭文和其他文献资料记载中,侯姓在号营村算是大家族,掌握有较大的话语权,但当年确实经历过很多磨难才在号营村立足。所以,侯祖农在祭文最后部分,从心底发出呼唤,"回眸我历代先祖创业,磨难多多,坎坷接踵,披荆斩棘,历经风霜,乃我后裔楷模,可敬可佩。"② 在这个落成典礼上,侯祖农还自掏腰包,拿出 4300 元奖励当年侯姓家族的优秀学子,并由他自己直接发放到优秀学子手中。据侯祖祜讲述,"他这个钱不通过我们,而是他自己将奖金装进信封中,再发给优秀学子。由于我家有两个孙孙得到这个奖金,我才知道他给每个大学生奖 400 元,中学生和小学生在班内前三名的,每人奖 200 元。"③

侯姓宗祠竣工后,续编家谱工作才正式开始。此时,修宗祠续家谱的主要策划人侯祖农身患癌症并处于晚期。尽管如此,他还是抱病坚持撰写大量文稿。一直坚持到 2010 年 6 月,也就是他生命的最后时刻,才将相关工作移交给他人。

侯祖农的这种精神,使得号营村侯姓族人对他非常敬佩。尤其对于他身患癌症,抱病坚持修建宗祠一事,《侯氏家谱》中专辟一节,浓墨重彩地记了一笔:"宗祠工程过半,祖农公突患癌症,手术后仍抱病往返安顺、号营,集余力至宗祠落成。实乃呕心沥血,殚精竭虑。"④

宗祠、家谱既是家族中彰显亲属伦常秩序的重要物化载体,也是村落社

---

① 《侯氏家谱(2013 增订本)》(未刊),第 10 页。
② 《侯氏家谱(2013 增订本)》(未刊),第 10 页。
③ 2015 年 5 月 21 日孙兆霞访号营村民侯祖祜。
④ 《侯氏家谱(2013 增订本)》(未刊),第 122 页。

会中扬善抑恶的意象承载体。这两方面功能的强稳定性特征,"呈现出的秩序与平静便能让我们在这令人欣慰的延续性中认识自己"。[①] 从这个角度视之,号营村侯氏家族中的相关人物在宗祠修建、家谱撰修过程中的付出和努力,实际就是在延续整个村落社会的集体记忆。

三 公共性礼制教育的精神群像

由于转型时期城乡社会流动加速,村落社会的人际关系在熟人关系之外,还增加了一种契约关系。这种关系的出现,更加强调村落社会的礼制教育应该注重公共性特征,即要求此时期的礼制教育需要更多地超乎私人关系和超越家族的内涵。在这一转型过程中,号营村涌现出诸多典型人物。

作为普定县人口文化建设的重要组成,十星级文明家庭评选于2013年3月21日在全县启动。课题组2015年5月进入号营村时,在积德榜上,看到有热心公益榜样钱开友、无私奉献榜样刘廷华、助人为乐榜样侯祖江、和谐家庭榜样钱树立以及孝顺儿媳王顺芬、孝顺儿子侯浪波等人的事迹。

钱开友,73岁,曾任号营村党支部副书记。1977年,顶替父亲进入马官镇供销社工作,负责全镇30多个村的农产品收购,同时他还安排妻子和儿子钱树立在家开山货收购站,因而对马官镇境内的出产物品和消费需求非常了解。当时马官镇境内只有马堡集贸市场,人流量大,不能满足民众需求。于是,钱开友利用自己的优势,到处奔走团拢周边村庄民众,倡导在三间房路段建设马官镇境内的第二个农村集贸市场。

三间房位于马官镇与太平农场的中点,从马官镇到太平农场需要经过三间房。太平农场于1955年9月建场,隶属贵州省安顺专属公安处劳改科,1979年改称为贵州省太平农场。农场的农业生产以种植水稻为主,工副业生产以烧制红砖、酿造白酒为主。经过一番努力,周边村民听取了钱开友的意见,纷纷表示支持。三间房农村集贸市场于1982年成功设立。赶集规模从最初的50多人,发展成今天的上万人参与,成为马官镇境内的第二大农村集贸市场。

---

① 埃米里奥·马丁内斯·古铁雷斯:《无场所的记忆》,《国际社会科学杂志》2012年第3期。

他还积极地参与集资修建号营小学、修建村级公园中。2001年,红旗公园开始建设时,他主动捐资2000元,因此在2015年被号营村村支两委推选为热心公益的榜样。

受他的影响,儿子钱树立与他同时上榜,被村支两委推选为和谐家庭榜样。积德榜给出的理由是:"一家人三代同堂,家庭从未大吵大闹过,孝老爱亲,和和睦睦,其乐融融,是街坊邻里羡慕和学习的好榜样。钱树立在外工作,虽然有时工作很忙,但是总会定期回家看望老人,陪老人聊聊天,拉拉家常,做些家务,有时还陪父亲到村委会帮忙,帮助村里出谋划策,义务劳动。"钱开友说:"虽然孩子们都各忙各的,但是他们总忘不了常回家看看。"

其实,关于孝老爱亲,号营村在20多年前就开始在全村范围内组织评选孝顺儿媳和孝顺儿子。自2013年普定县推行十星级文明家庭评选活动后,号营村就将之前的孝顺儿媳和孝顺儿子评选活动与之结合起来,评选结果也列于积德榜中。此次评选出的孝顺儿媳王顺芬,是因为长期照顾卧病在床、行动不便、生活不能自理的公爹侯祖发而上积德榜。"照顾老人的生活起居,煮饭一口一口地喂老人家。由于老人行动不便,屎尿都是拉在裤裆里,王顺芬不嫌脏不怕累,经常给老人洗、端屎抬尿,两年来,她从没怨言。公爹死后,家里没钱请人做坟墓,王顺芬硬是一块一块石头背去给公爹做坟墓。"

另外如助人为乐榜样侯祖江,在帮助村民侯泽元家建房子时摔伤导致残疾,他不仅没有向侯泽元索取医治费用,也不向村委会要补助和救济,甚至还在力所能及的范围内帮助低保户侯祖进交电费。另如无私奉献榜样刘廷华,年轻时在西藏当兵,退伍回村后遵纪守法,从不向国家和领导开口要补助和救济;年老后,坚持长年义务捡拾村内道路上的垃圾,只图村中干净卫生。

四 小结

(一) 号营村公共空间与国家礼制规范的在地化

屯堡社区的非宗族性,使得其存在由民间组织、乡村精英和社会舆论三部分共同构建的公共空间。当明清时期牌坊主人的故事演绎和传承、家谱内容的选择性撰写和宗祠用途的决定过程,以及公共活动中村支两委成员和村民组长的示范效应等具体事象,成为公共空间的实质构成时,意味着号营村礼制教育实践具有较高的可行性。附着在这些具体事象背后的是国家,从而赋予这种礼制教育的国家属性。从这个意义看,号营村的礼制教育,即乡村精英借助内生的公共空间,通过具体的文化实践等公共活动,将国家礼制规范向下移的过程。换句话说,这种下移的结果即国家礼制规范的在地化。

(二)国家的秩序建构与乡土社会的自我规范

号营村的礼制教育,可以追溯到明朝洪武年间。王朝国家的统治者利用允准对乡土社会中具有典范意义的人物立牌坊的方式,如给赵侃、梅氏家族诸成员等立牌坊,试图通过对他们的形象塑造和精神阐释,为乡土社会构建一种符合王朝国家需要的文化秩序。这种新构建的乡土文化秩序,并不是要将乡土社会中原有的文化秩序消灭,也不是要取代它,而是通过一定的制度框架,将两者融为一体,最终为王朝国家的统治者所用,以保障乡土社会中的政治秩序。

受王朝国家文化秩序、政治秩序的影响,传统乡土社会的民众在发展过程中,可借此对自身行为举止进行规范、反省。家谱扬善隐恶功能的凸显、谱叙内容国家化、宗祠用途社区化,以及公共活动中的劝导性教化、以身作则的示范效应等是很显著的表征。号营村在这一系列的历史发展过程中,将国家的礼制规范与自身行为规范很好地结合在一起。从这个意义看,礼制教育既是国家在乡土社会中建构政治秩序的重要手段,也是乡土社会自我规范、自我反省的形式,更是乡土社会自我治理的实现载体。

第四节 礼制教育与乡村治理整合的物化平台

号营村的礼制教育,一方面是村庄组织、乡村精英和社会舆论在共同为国家礼制规范搭建乡村落地平台的过程中实现的;另一方面,是村庄社会在吸纳、消化国家礼制规范的基础上,做出创造性发展的过程中实现的。号营村孝文化公园的建设和发展历程正好可以证实此观点。

一 孝文化公园的前世今生

号营村建成贵州省首个孝文化公园,在持续10年的建设过程中,经历三次改名,从其名称变化亦可看到公园形成的历史过程。

(一)飞凤山:村落公园的景观载体

飞凤山,坐落于号营村界内,此片区域属于黔中喀斯特地貌的集中地,具有典型的西南喀斯特地貌的地理特点。山体体量不大,呈东高西低的东西走向,主要由石灰岩构成。四周绝然耸立,形成陡峭的悬崖,岩石表面及低洼处覆盖薄薄的表层土壤。土壤多是草木积年累月形成的腐殖质,因此肥力充足,植物茂盛。山体西北处与后置山体相连接,此处山体较为平缓,其岩石离地较近处可攀爬上山。据说飞凤山山上植被历来覆盖率高,树木长势较好,村民偶尔上山采拾部分枯枝用于生活燃料。历史上,飞凤山植被生长不但没有受到严重的破坏,其植被保护还一度成为村民的自觉。在1958年大炼钢铁中,飞凤山的树木几乎完全被砍伐。后来又经历过三年困难时期,山上的树木成为村民生活燃料的主要来源,甚至树根都被村民挖来做饭吃。整座山就只剩下一些灌木丛,一旦下雨,就会产生泥石流。生态失去平衡,水土流失严重,大量经数百上千年累积下来的土壤被雨水冲刷掉,形成大面积的裸露岩。肖国昌1977年10月担任号营生产大队队长之后,母亲跟他说:"如何将村中已荒废的飞凤山利用起来,让全村人因此致富是你应该考虑的重要问题。"母亲的叮嘱成为其担任大队干部之后,带领大队领导班子成员进行封山育林的主要动力。

先是大队领导班子召集全体村民开会,宣布封山育林,对于违反规定的村民,实施经济处罚。第一个被罚的就是肖国昌的一个侄儿媳妇,有群众举报她违规上山砍树,肖国昌知道后对她罚款200元。1996年时,肖安帮上山砍树,被村民发现反映到村支两委后,村支两委责成肖安帮交100元罚款。号营村在制定村规民约时,专门强调"不准上山砍柴铲土灰、挖药材和各种花草树木"。从此以后,全村再也没有人上山乱砍滥伐。经过20多年的封山育林,山上树木茂盛,植被逐渐恢复往日的葱郁。这为飞凤山后来修建成公园打下了景观基础。

第四章 礼制教育：礼制秩序及社区治理中的教育 ○ 中国百村调查丛书·号营村

（二）红旗公园

号营村各项事业取得的成绩较为显著，得到社会各界的认可，曾获"普定第一村"的称号。从1997年至2001年，该村被中央文明委、中组部及省委、省政府评为"全国文明先进村"、"先进基层党组织"、"两个文明红旗村"和"红旗文明单位"等，得到各级政府机构的奖金近十万元。

2001年，号营村村支两委召集全村所有党员、群众代表90多人开会，研究奖金的使用问题，最终决定将这些奖金用于飞凤山的改造，并在此基础上修建村级红旗公园。关于公园名称，因号营村在过往的经济社会发展中成绩突出，屡次获得各级政府的肯定和褒奖，并一度成为红旗标兵，所以取名为红旗公园。公园修建分三期工程，第一期工程资金总预算38万元。对于资金缺额，一方面，倡导村民集资，最终筹集资金4万元；另一方面，向各级政府部门申请资金支持。2001年3月26日向马官镇人民政府申请补助资金10万元。红旗公园于2001年4月1日正式开工，在建设50天之后，再次于5月20日向普定县计划与经济贸易局递交报告，申请资金支持。但从6月25日普定县计划与经济贸易局的批复文件看，资金申请未获批准，其要求号营村自筹资金。在这种情况下，号营村红旗公园的建设仍在进行，除利用村内自筹资金外，普定县人大、县水利局等单位支持14吨水泥用于公园建设。

在没有申请到第二批建设资金的情况下，一方面，村支两委将前期在村内向村民或外出工作人员所筹集到的资金，主要用于购买建筑材料和支付外请技术工人的工资；另一方面，动员本村干部和村民以工代捐，支持公园建设。为调动村民参与公园建设的积极性，首先，村支两委干部带头做义务工；其次，各个村民小组的组长也带头做工。村民吴明元说："修村级公园是为儿孙造福的事，投几个工值得。"红旗公园在建设过程中因资金不足曾犯过难，但在村支两委有效组织、村民积极参与下，经多方联系和沟通，各种建设问题得以解决，公园雏形基本建成，成为贵州省第一个村级公园。在此过程中，账务一直张榜公开，上级拨款、集资款项、工程预算、实际花费以及村民投工情况，均是账务公开的内容。

（三）号营山庄

由红旗公园改称号营山庄的原因颇为戏剧性。2002年初，当号营红旗公园正建得热火朝天之际，中央电视台播放电视剧《刘老根》，该剧让号营村的干部备受鼓舞，于是效仿剧中做法，号营旅游公司决定将红旗公园更名为号营山庄，村支书肖国昌因此被当地干部群众戏称为"安顺刘老根"。改名后，为增添公园文化氛围，号营村邀请中国书法家协会主席、著名书法家沈鹏先生题写庄名，并邀请韩国宋明信等二十余位国内外著名书法家题写山庄的碑林碑文。经过三年的建设之后，号营山庄定位于乡村旅游开发。2005年9月，号营山庄正式对外开放，首游式在号营村隆重举行。至此，公园面貌初见雏形。就在当年年底，还迎来了安顺等地游客3万余人次，收取自发捐助的卫生费达2000多元。有趣的是，号营村的乡村旅游的主要目的不是为挣钱，而是为出名，让外界了解安顺，了解贵州乃至全国有了第一个"村级公园"。超越农户家庭经济、超越村庄传统文化事象的创新带来的村庄共同体声誉，才是号营山庄软实力的自我定位和价值取向的本真。

（四）人口文化公园

号营人口文化公园又叫孝文化主题公园，其更名和建设得益于普定县实施的"人口文化亮县工程"。政府工程可以在村庄落地，意味着国家投入的新一轮工程可以借势搭乘。号营村顺应形势，创新载体，精心设计，在原号营山庄的基础上，从2011年4月开始筹备，2012年8月动工到2013年4月基本竣工，修建号营人口文化公园。全园占地500多亩，以孝文化为主题，融入花灯等群众喜闻乐见的文化元素，大力弘扬婚育新风，构建美丽号营。其中孝文化公园主体由牌楼、学步亭、摩崖石刻、"弟子规"仿铜石雕、名家碑林、二十四孝石刻图及彩绘图、生命的历程系列雕塑等景点组成。各景点集知识性、趣味性、观赏性为一体，具有较丰富的文化内涵和综合艺术表现形式，让人们在游园观光之余潜移默化地感受人口文化的熏陶，使人口、资源和环境的和谐理念深入人心。

二　公园景观与礼制教育

飞凤山是号营村的标志，与远处"下寨坡"相对，该山一面形似书本，

第四章 礼制教育：礼制秩序及社区治理中的教育

所以有"飞凤啥书"之说，当然也是有隐喻的，意为号营是个钟灵毓秀、人杰地灵的好地方。经过全体村民多年的努力，号营村将自然之山——飞凤山建成为文化之山，成为集中展示孝文化的主题公园，成为村落社区进行润物无声的重要教化场所。

在飞凤山山脚，村办公楼一侧有一石头砌成的大门，上书"孝文化公园"几个大字，这是进入公园的入口。依山势而建的石级上行数十步，左侧树立一块石头，以行草上书"飞凤山"三个大字，为侯祖农手迹，其侧立有修建公园的功德碑。再沿石级而上数十步，建有一处亭子，叫"学步亭"，其意明显是以人的生命历程为起点，为人生学步之开端。再上有一圆形拱门，名曰"福星门"，取福星高照之意。自此顺石级而上，可看到公园诸多的文化景观，其内蕴着礼制教育的诉求。

①赋予裸露石崖以文化内涵。对于山上裸露的石崖，将其打磨平整，在其上镌刻与孝文化相关的内容。顺山势石梯而上，一处处石刻展示着中国孝文化的诸多精髓，或介绍孝道形成与确立的历史，或呈现孝道的社会变迁，或表现"孝"字的真草隶篆行各类字体、各位名家、各种名帖的写法，或镌刻《说文解字》、《孝经》和诸多古代名人对"孝"解释的名言警句。

②通过雕塑艺术集中展示人的生命历程。沿石级而上，塑造出不同主旨的雕塑，将一个人从孕育、襁褓、呵护、成长、热恋的不同阶段加以呈现，体现出生命之孕育、成长、成熟的历程，亦是提醒人们对父母养育的感恩、对生命的重视和对美好生活的追求。

③在歇息凳椅上刊刻人口数据。考虑到上山游玩者可能出现劳累的情况，制作了诸多树形歇息凳椅，就如一棵大树从中一分为二的切分剖面，将其油刷为古色古香的颜色，与周围的山林在视觉上颇为协调。关键是将中国历史上不同时期的人口数据镌刻其中，既可供人们休息，亦让人看到我国人口的变迁历程。

④将传统文化嵌入浮雕艺术中。在学步亭下，其墙上有一古铜色浮雕，一对夫妇对一名即将离开襁褓的孩子，精心呵护，让小孩学会走步。再一处是大约在半山之处的"弟子规"古铜色大型浮雕。该浮雕以孔子行教图作为主体部分，将弟子规的部分内容和"仁、爱、诚、信"等字样嵌入其中，

165

同时又有地方性的符号——花灯扇子占据左下部分，内涵丰富、古色大气而又有着号营一带地方文化的特色，可谓是花灯版的《弟子规》浮雕。

⑤建立书法名家碑廊。在异形转角长廊与山顶观景台的青云亭之间，建有名家碑廊，二十余幅书法名家的作品勒石为碑呈弧形排开，其中有中国书法家协会主席沈鹏书写的"号营山庄"四字，有号营人、中国美学学会副会长刘纲纪的作品："背倚青山临绿水，风和日丽展平畴；号营山庄来入梦，何日返乡任遨游。"表达作者对家乡美的赞颂和深深的乡愁。有韩国著名书法家、美学博士宋明信的作品"桃李不言下自成蹊"，等等。

⑥构建区域文化景观和精神高地。在公园顶端建有规模较大的圆柱形观景房——吟啸楼。此创意源自肖国昌的一次经历。2001年，时值中国共产党建党80周年，号营村党支部被中组部表彰为"全国先进基层党支部"。肖国昌作为代表去贵阳市参加表彰大会时，会议主办方组织他们参观贵阳市位于28层楼上的自动旋转餐厅，其可以让游客快速临高观览贵阳全城。受此启发，肖国昌回来之后，就把号营村公园顶部的观景房设置成圆柱形，只是不能旋转。侯祖农为观景房撰写对联："号名誉黔中治山理水勤耕细作迎来层层秀色；营地扬禹甸兴教倡文苦学深研造就代代英才。"

在山顶的周围石栏上刻有新旧二十四孝故事和花灯唱词版《弟子规》。另外，还有2004年4月坦桑尼亚总统、工人党总书记菲利普·曼德拉到访号营村种下的中坦友谊树及碑记。号营孝文化公园已经成为周围十里八村万众瞩目的文化景观和精神高地。此外，号营村正计划下一步将山顶的一处楼阁建成乡贤馆，号营村从1949年以后考上大中专学校的人和为号营做出贡献的本村人士，都要将其照片、事迹请进馆内，供人们学习，启示后辈年轻人。当然，有犯罪、不孝等行为的，即使文化再高，功劳再大，也不能进入乡贤馆。

总之，号营村孝文化主题公园内的所有景观，均内蕴着儒家礼制、国家政策、地方文化、精英传统等方面内容。在人们进入公园后，既可让其在仰望苍穹之际顿觉自然孕育万物之博大，又可在觉悟人生之时反省父母养育之无私。公园里，号营村村民漫步休憩时乐而观之，在闲暇生活时静而思之，在尊老爱幼时践而行之，儒家礼制、国家政策、地方文化和精英传统等，皆已不知不觉地融入号营村村民的生产、生活中。

三 公园建设过程中的乡村治理

从2001年起,号营村开始建设贵州省的第一个村级公园,到2013年,扩建发展成全省乃至全国为数不多的孝文化主题公园。这10多年的公园建设过程,其实就是号营村自己主导的乡村治理过程。

(一) 激活乡村内部力量

作为一座陡峭的山体,飞凤山能在10多年的时间里,被建设成为颇具规模且有一定文化内蕴的主题公园,号营村内部的力量不容小觑。这种内部力量并非与生俱来,而是在逐渐推进的建设过程中逐渐被激活的,绝大部分村民都参与了公园建设,或者后续的村庄公共性事业建设中。

在修建公园过程中,为节省开支,全村党员、村支两委和村民小组长带头义务出工出力。肖国昌和其他村民一样,每天都义务投工投劳。义务出工者一般是早上扛一包水泥上山,中午下来吃完饭之后再扛一包水泥上去。这样可以节省很多劳力。经过一段时间之后,部分义务出工出力者的家属表示不满,出现埋怨情绪。对于此种情况,村支两委会动之以情晓之以理地跟家属沟通,直到让他们接受为止。肖安忠在面对妻子的埋怨时说:"我们现在不是为了自己做,是为了下一代下几辈做一点好事。做一点好事摆在那点,下一代下几代就会记得我们这几个老人。"[①]

在村支两委干部和村民小组长的带领下,大部分村民积极参与公园建设。当然,也有极少部分村民不愿意参与。对于这一类人,村支两委也不强迫其参加。但是在公园建成之后,这些村民的家人要进公园游玩时,他们一般自己都不好意思找村支两委干部拿钥匙开门,而是打发孩子来。此时,管理钥匙的村支两委干部就会说,当初修建公园的时候,你家既没出钱也没有出力。话虽然这么说,但还是会将钥匙给他。村支两委如此做法,并不是要为难这些来拿钥匙的孩子,而是希望他们将这些转达给父母。另外,即使当前自己或者孩子都不进公园去玩,但是保不齐孙辈或者更远的后代要去玩。

---

① 2015年5月22日孙兆霞访号营村民肖安忠。

再就是，因为号营公园是贵州省第一个村级公园，村民觉得很骄傲，当家里有亲戚来的时候，一般都会带去公园看看。如果某一村民因为自己之前的不参与出资出力，而在亲戚来时不能进入公园的话，那岂不是让自己在亲戚面前丢脸。在经历过这些尴尬或者有这种焦虑之后，那些之前不愿参与做义务工的村民，在后续的公共性事务中一般都积极参与。

（二）激发在外乡贤资源

在号营村最近100多年的发展历程中，有三次较大的村庄集体行动，将在外的乡贤资源被充分调动起来。前两次都与学校教育有关，一为民国年间的私塾教育实践，一为20世纪80年代的集资办学（详见第六章相关论述），第三次则是修建公园。

公园得以顺利建成，离村外出的村民虽然未能身体力行地参与公园建设，但其在经济支持和文化创造方面均发挥着重要作用。其一，经济支持。据不完全统计，在2001年开始修建公园时，全村有24个外出进入国家体制内单位工作的村民，共捐资7800元（详见第六章相关论述）；其二，文化创造。在公园的整体设计方面，侯祖农时刻关注着，对其中一些景观设置，他亲自操刀。另外还充分调动自己的社会资源，邀请国内外知名的书法家为公园的名家碑廊撰写书法作品。"比如那个名人书法，都是他（侯祖农）一个一个地去联系，其他这些像沈鹏写号营山庄那几个字，都是他（联系的）。也不晓得他是通过谁（请到这些名人），或者是通过刘刚纪的关系……那些基本上都是书画家、书法家。那些字，有好些人来看到确实觉得很不简单，讲你们咋会去搞到那么多名家的书法作品。"[①] 全国知名的美学学者刘纲纪，亲自为公园撰写书法作品："背倚青山临绿水，风和日丽展平畴；号营山庄来入梦，何日返乡任遨游。"

（三）培育社会适应能力

与周边同类村庄相比，号营村一直鹤立鸡群，总处于外拓性的发展状态。这与号营村的发展思路和理念紧密相关，总是不断打破传统的发展模式，开拓出新的生存空间。如1949年之前，一大批号营人从事乡间的山货

---

① 2015年5月21日孙兆霞访号营村民侯祖祜。

贸易，在商业不发达的年代曾创造号营经济上的富足；1949年后开办村企业、种植蔬菜、成立建筑队乃至在教育上的投入都颇具前瞻性。课题组在号营村调研时，问当地的老人："为什么号营总是要不断地弄一些新东西来？"他们回答说，这是"贴着时代走"的结果。所谓"贴着时代走"，即与时俱进、与时偕行的地方性表达。号营村村民与时俱进，紧扣时代发展主题，其超前的发展思路总能贴近国家的发展动向，进而在获取国家政策支持上比起其他村落总会略胜一筹。其发展思路总能贴近市场的内在要求，在激烈的市场竞争获得一席之地。不管是发展思路，还是发展能力，都是社会适应能力的表现。这种社会适应能力的获得，与号营村的诸多公共性礼制教育密不可分。在公共性礼制教育过程中，村落社会为村民们提供的知识，为其在把握新机会时奠定了基础。所以他们总会将国家政策和发展理念融入自身发展过程中。蕴藏在公共性礼制教育过程中的规则意识，是号营村在市场竞争中游刃有余的文化源头。

小结　礼制型乡村治理

号营村的礼制教育过程，其实就是一种典型的乡村治理过程。这是号营村村落社会运用国家礼制规范来实现礼制教育和乡村秩序再生产的基本机制。将国家礼制规范与乡村秩序结合起来，旨在塑造遵纪守法的村民和有规则、有信仰的村落社会。在长期的超越私人关系的社会化过程中，既在糅合国家礼制规范和乡村传统文化的基础上，发展出一套别致的教育话语，又逐步发展出一套独特的拓展创新机制，从而将礼制嵌入其中的乡村治理理念深入号营村村落社会的各个角落，对每个人都产生深刻的影响。

礼制型乡村治理最显著的特点：一方面，国家礼制规范中的"礼"之元素，从道德方面消除了法治理念中的"去情感化"取向，增强民众日常生活中伦理实践时的情感可能性；另一方面，国家礼制规范中的"制"之元素，从制度方面增强了礼治理念中的社会束缚功能，也凸显出国家与乡村社会的关系在不断得到正面强化。促使这种治理机制得以实现的关键要素，并非高高在上的国家或其地方社会的代理人，也不是乡村社会中的某一具体个体，而是整个传统乡村社会中的精英群体、舆论机制和乡规民约等共同作用之后的社会合力。

从明清时期的牌坊制度到彰显亲属伦理的家谱叙事，从村落社会中的公共教育景观营造到以公共活动为基础的礼制教育实践，都在证成乡村社会不仅具有吸纳、内化国家礼制规范的能力，而且也具有结合实际需求将其拓展创新成更适合乡村社会现状的文化土壤。而精英群体、舆论机制和乡规民约等正好是这种文化土壤中的重要组成因子，其对于村落社会中的传统文化、价值观念、公序良俗等，一直践行着一种"组织－守护机制"。通过此种方式将传统文化、价值观念、公序良俗融入乡村社会的自主治理过程中，构建出礼制型乡村治理的路径。

行文至此，该回答礼制秩序、社区治理与教育的关系了。教育，并不仅仅是以学校为载体并由国家投入经费、指定教材、统一内容、配备师资等的现代科层制教育，它更是人的社会生活，是陶行知所说的"生活即教育，社会即学校"。作为现代科层制教育体系中的学校是实体性的，学生在一个又一个的实体性学校中接受教育，并从实体性学校中走向社会，他们与城市相遇，适应城市的生活方式和节奏，为现代化、工业化和城市化建设服务。但经由村落社会中孝、悌、忠、信精神的熏陶、家族扬善抑恶功能的影响以及"十星级文明家庭""孝顺儿媳""孝顺儿子"等评选活动的激励，他们仍然在精神上与那个有温度的村落社会联结在一起。这种文化氛围正是当前乡村学校教育所缺失的，所以将乡村学校布局在这种文化氛围的辐射范围之外，定会"生产"出大量将乡村与城市、传统文化与现代文明对立起来的社会成员，从而导致他们会"刻意贬损和屏蔽乡村的生产和生活知识，并在观念深处将其视为落后的、与现代化格格不入的废弃之物"。[1] 此类社会成员的存在，将会给村落社会的自我治理及延续、振兴，带来无穷的负面因素。

---

[1] 孙庆忠：《社会记忆与村落的价值》，《广西民族大学学报》（哲学社会科学版）2014 年第 5 期。

第五章　文化襁褓：传统基底及情感牵连

号营村在诸多方面均有不俗的业绩，这与其对民俗文化的传承、生产和再生产是有着重要关联。或者可以说，民俗与民众是不可分的，一方面民俗文化对人的精神孕育起到重要作用，另一方面又通过人们对民俗文化的传承、生产和再生产巩固了民俗文化，两个方面不断地产生良性循环，使村落社区形成具有公序良俗的社区环境。由此，我们看到了民俗文化教育在其中产生的重要作用，而这样的教育形态和教育资源在当下却为不少人所忽视。打个比方，其实民俗文化教育就像一个成人的精神"襁褓"，是人之所以为人的精神基底，人们回避不了对它的情感牵挂和记忆。因此，我们姑且将村落社区中展开的这种民俗教育称为人的生命成长的"文化襁褓"，以便更好地说明号营村社区母体文化对人、对事的影响。

"文化"和"襁褓"的关联使用，肇始于路易·阿尔都塞，他在《保卫马克思》一书中说道："马克思就在这一世界中诞生，并开始思想。马克思的开端的偶然性在于，他诞生时被包裹在一块巨大的意识形态的襁褓之中，而他成功地从这块沉重的襁褓中解脱了出来……我们往往容易以为，青年马克思的意识是现成得来的，却看不到这一意识从一开始就受到襁褓的奴役和影响。"[①] 限于本课题的研究指向，我们在此暂且不讨论德意志意识形态襁褓对马克思的沉重负担，仅仅关注马克思的成长也离不开这一意识形态襁褓

---

① 〔法〕路易·阿尔都塞：《保卫马克思》，顾良译，杜章智校，商务印书馆，1984年，第55页。

对他的正向作用。一个人，即便是天才式的思想家，也有其思想文化的出发地，不会自动成为思想家的。

因此，我们借鉴意识形态襁褓的说法，认为在号营村的农村社区教育中，民俗文化教育的长期积淀和持续影响，就像一个包裹婴儿的被子，形成了一个有助于人的精神成长的"文化襁褓"，即便一个人以后茁壮成长，也否定不了这一襁褓对他成长的有益作用。在此，本课题从民俗文化教育在公共知识、公共活动、公众空间对人的教化作用来进行呈现，力图反映村落社区文化襁褓的存在和作用。

第一节 公共知识：文化习俗中的教化

一个人的知识积累，既有学校教育提供的，也有非学校教育不断地供给的。前者经由学校而实现，后者则主要通过日常生活而达至。钟敬文先生将后者称为民俗文化教育，它影响着一个人从襁褓到坟墓的整个人生过程。号营村丰富的民俗文化资源，为村民供给了相关知识。在此，我们从家庭、家族和村落三个层面呈现文化襁褓为人们提供的公共知识。

一 家庭

（一）砌房和坐屋

砌房即是建房，坐屋则是私人空间中的生活起居。砌房，是外在的物质文化建设。由于传统农耕社会积累资金的不容易，砌房历来是一个家庭的大事情，即便今天仍然如此；坐屋，是私人活动空间的吃喝拉撒睡行为。砌房坐屋这样的生活大事，亦是人的生命历程中的重要事件，人们不仅希望房屋是一个遮风挡雨之所，更是表达追求全家和和睦睦、顺顺气气、轻脚手快（屯堡话语，意为"身体健康"）、子孙发达的良好愿景。

村民在建房时，除了事前必要的物质准备之外，在观念上还有诸多考虑。过去普遍是传统的三合院、四合院，现在不少人家仍然是采用如此民居结构，只不过更多的是使用现代建筑材料来修建。在今天，由于土地价格较高，大多数人家会根据具体土地的形状来修建房屋，房屋的主体部分即正

第五章 文化襁褓：传统基底及情感牵连

屋，也尊崇传统惯习，不论是房屋间数，还是阶梯的步数，都讲究奇数。人住单数，猪羊牛马这样的牲口住的是双数。建房都是三间、五间、七间，全是奇数，而且即便土地面积较大，也不修建九间。因为"九"在中国文化中是最大数字，是权力的最高象征，在老百姓看来自己的"八字"（农历年月日时称四柱，每一柱用甲子的两个字表达，故称为八字）太小怕受不起。

号营村大多是庭院，但大门不直接对着正屋的堂屋，一般是斜开的八字形朝门，即所谓"歪门邪道"，从风水的角度看，避免外部"风气"直接灌入正屋；如果从医学角度看，也是有益的，阻碍携带病菌的"风气"进入家中，以免影响人的身体健康。庭院内是一块平整院坝，称天井，一般建为方形，这与屯堡人的习惯有关，因为方形象征古代的官印，喻示子孙后代入学中举、入仕做官。如果受地形限制，至少要修建为横长形状的，不能修建为直长的对着堂屋。横长的，在传统社会象征财运亨通，而直长的则犹如棺材，对人不吉利。从天井到正屋的堂屋，一般要修建阶梯，通常是奇数，大体是"奇"通"吉"之意；绝不建为偶数，哪怕由于地势较低，也要做个假的奇数阶梯，即有一道阶梯适当突出一点点儿也可。屯堡人有"人住单，猪羊牛马要在双"的传统说法。其实，这些都不是号营村村民的发明，也不是一种迷信，而是与中国人的起居习俗有着关联，房屋是人们生活的重要场所，要吉祥顺利。

屯堡人建房不是一项单纯的技术活路，他们特别重视相关的仪式，号营村也不例外。

建房之时要有上梁仪式。确定修建房屋之后，要先请先生择日，选择吉日开挖和奠定地基。在打好地基之后，还要择日，很谨慎地将房梁架好。房梁前一天要由娘舅家亲自送来。如果不是直接送来做好的房梁，那也要送木头过来，送来时请唢呐队吹着唢呐，抬着酒，加上一床红被子和一副红对联。上梁仪式由道士或村中长者主持，石工木工都在，木工把工具拿起，送梁来的娘舅家，要花钱请木工师傅将大梁的榫头开凿好。举行上梁仪式时，过去是将木头大梁推立起来，现在则是将水泥做的大梁吊上去。砌房的主人家，要买猪头、大公鸡、洗脸盆、洗脸帕等，恭请木工师傅"说四句"，即说一些表示吉祥祝福的话语，用来祭祀鲁班师傅，再后就从"爬楼梯"开

173

始说起，比如：

> 脚踩楼梯像腾云，手扒楼梯步步升，爬了头层爬二层，恭喜主人家辈辈出高官，爬了三层到梁头，恭喜主人家辈辈出诸侯。

尽是讲些吉利话。把梁吊上去后，主人家事先将糍粑用刀切细，供抛撒在房梁上时使用，这叫梁（粮）粑粑。主人家按住梁头接着说：

> 粑粑按梁头，子孙中诸侯；粑粑按梁中，子孙在朝中；粑粑按梁尾，子孙在朝里；粑粑按梁上，子孙做宰相。

也是尽讲当大官、发大财、考大学之类的好听话。然后把粑粑一撒，从梁上下来，上梁的仪式大体上就完成。这样，泥水匠、木匠才能各自地去完成自己的事情。

搬进新家的时候要有乔迁仪式。要从老房将火、水等常用要件搬到新家，即一个火把、一担水、一担柴、一个盘子装起米，上面摆放一百元、五十元、二十元、十元、五角、两角等各种票面的人民币。请先生择吉日，一过了晚上的十二点，就是选择的吉日，一般是在十二点到一点之间，就可以搬家，不能拖延到天亮。搬进新房时要燃放鞭炮，其后，就将已制作好的神榜安装在堂屋正对大门的墙上，这一程序由制作匠人实施。再后就将火、米、水等日常生活要件搬进家。然后点燃神榜面前的蜡烛，房间顿时通亮，家中亲戚朋友来参与，热闹得很。水、柴放在神榜前面。若外家在村中或附近，那这些亲友就要来参与；如果没有外家客，就是村寨里的朋友弟兄；还有一个讲究，就是挑柴挑水的两个小孩，是要没有结过婚的男孩子，拿火把的则可随意，抬盘子的要老寿星，是要有福气的老人，意思是子孙满堂、双福双禄老人。

天亮以后，就是举办搬家酒的时候。亲友们要送礼表示祝贺，外家娘舅要来挂红、放炮、送钱。挂红仪式有的在大门上挂上红布，有的觉得用红布有点浪费，就买红毛毯，这样比较实用一些。在下午四五点时，自办酒席招待宾朋。以前有些人家由于客人多，酒席规模就会比较大。现在因为村里的限制，客人相对来说就少了许多。

（二）堂屋和神榜

在号营村，堂屋是每个家庭必备的重要精神文化空间。堂屋是正屋中央的房间，这是逢年过节供奉逝去祖宗先人必备的场所，是一座私人住宅的重要构成部分。这个空间正中央的墙上常年高挂着"神榜"，以往很多人家是请毛笔字好的人写在红纸上，现在则是用现代材料来制作的，有用全木镌刻的，其价少则上千元，多则数千元。神榜之下的中央往往放着一张方桌，摆放祭祀祖先时的供品，堂屋两边的侧墙，很多人家挂上或是在世老人的寿匾，或是去世长辈的照片，遇上农历"七月半"还要将家中的祖宗牌①拿出来，供在"神榜"一侧。这是子孙后代在农历"七月半"，即中元节到来之时接老祖公等先辈回家祭祀时使用的。在两边侧墙之下，过去很多人家各放有一张椿凳，一般是用整条椿树材料制作而成的。现在很多人家已没有，但都有沙发或椅子，平时休息聊天均可在此。以往几乎家家还有门槛，往往有一尺多高，要抬腿迈步才可进入堂屋，特别是雨天都要在外面抖抖鞋上的泥土后才进入。屯堡人很忌讳有人在进入堂屋时，一只脚在内，另一只脚在外，他们认为这挡住了主人家的财路。

在传统中国，大家族的祠堂及小家庭的堂屋，除了供奉祖先外，更重要的是用于家族（庭）议事、教育子孙后代。"堂前教子，枕边教妻"，从这可看出屯堡人对堂屋的重视。

"神榜"的位置是固定的，置于一户人家堂屋正面墙上的中央，一般分为上下两个部分，上半部分由一副对联、一副子联以及中条幅构成。中条幅竖排"天地國親師位"六个大字，过去是"天地君亲师位"，现在则是将"君"改为"國"，因为皇帝已经不存在，现在是国家了，这与民国时一些地方的调整是一致的。这六个大字并非书法好就可为之的，因为其体现了屯

---

① 祖宗牌：白棉纸做的，供家用祭祀时使用的历代祖先灵位牌，灵位牌大多是四周环绕着刻印好的二十四孝的故事图案。当地店铺有出售，请回家时主人需将自己历代祖先的尊名用毛笔书写上去。

堡人对自然、国家、社会的诸多观念，而这些正是我们当下要继承和弘扬的精神价值。其要求是：天不顶头。即在书写"人"字时不能顶住"天"字的第一横画，这寓意要敬畏天、敬畏自然、尊重自然。"天"为大，不要去做破坏自然的事情，违者会受到自然的惩罚。在现实生活中，其寓意是做事情不可过头，否则亦会受到社会相应的惩罚。

"地不分家"。书写"地"时，"土"旁与"也"必须连着写，不要求像书法作品那样讲究"形断意连"，这寓意既不希望土地出现"地动山摇"自然灾害，也不希望出现人为的"分崩离析""四分五裂"的局面。

"國不开口"。原来是"君不开口"，意思是皇帝是金口玉言，不能随便说话，一旦说话就是圣旨，就是要管用的。现在改为"國"，这个字必须四周要封口，不能出现为了好看而留有空隙，其意是国家的国防重要，国门不能被攻破，一旦攻破，那国家就很危险。

"親不闭目"。"親"字里有一个"目"字，在写"目"字时要留有空隙，不能全部合拢，其意就是希望自己的亲人、长辈健康长寿，如果出现"闭目"，说明亲人已经不在人世，这是不愿看到的亲人之痛。

"師不带刀"。繁体"師"字的第一笔——撇画，不能写成刀状，可以不写，如果要写亦要写成点状，其意强调老师是"为人师表"的职业，对待学生说话不能刻薄，不能在言语上伤害学生；当然教师说话也不能伤害他人，影响教师"文质彬彬"的职业形象。

"位不离人"。写"位"字时，"亻"与"立"需连着写，不能分开，其意人一旦离开了"位子"，就不成其位，那是失职、失责，就要误事。

这六个字，在号营村很普遍地立在每家堂屋正面墙上的中央，它不仅体现了这些字本身的含义，传递了"天地人"三才的观念，从上到下排列，讲的就是天、地、人。古人认为构成生命现象与生命意义的基本要素就是天、地、人。"天"是万物赖以生存的空间，包括日月星辰运转不息，四季更替不乱，昼夜寒暑依序变化。"地"是万物赖以生长的山川大地以及供给各种物产。过去的"君親師"，现在的"國親師"，实际上就是讲"人"。"人"是万物之灵，要顺应天地以化育万物，人立于天地之间，就应当效法天地载物的厚德，用仁义之心为大众做出贡献。否则，人与禽兽只不过是名

第五章 文化襁褓：传统基底及情感牵连

称不同而已。"神榜"连书写都有这么多规矩，其实这是对做人的方向性导引，它不仅是在传承过去，同时也是在指向未来。

除了中条幅之外，往两侧依序有一副小字长联、一副大字短联。不同的人家，这些内容会有不同，它体现了每个家族的来源、信仰、堂号、职业等的不同。由于这些差别较多，就不一一列举，在此仅以号营村钱开友家为例，对"神榜"的上半部分内容做一些介绍。

小字长联：

> 求财有感，四员官将，和合二圣，利市仙官，
> 先师孔子，灶王府君，福禄财神，太上老君，
> 通天都府，五显灵官，华光大帝，如来古佛。（上联）
> 药王三圣，三伯公婆，当年太岁，牛马二王，
> 南海岸上，观音大士，历代先烈，梅花小姐，
> 钱氏堂上，历代祖宗，左昭右穆，内外姻亲。（下联）

大字短联：

> 神圣一堂常赐福，祖宗百代永流芳。

横批大字：

> 天赐纯嘏（意为上天赐福）

对于神榜小字长联可以做如下一些解读。

"求财有感，四员官将"，主要指做生意的人家对文财神比干、范蠡，武财神赵公明、关公的供奉，希望这些财神对他们经商进行保佑。

"和合二圣"，又称和合二仙，是指唐代浙江天台山国清寺寒山、拾得二人。两位大师为世人推崇，是佛教史上著名的诗僧，相传二位是文殊菩萨与普贤菩萨的化身。在民间传说中，和合二仙是主婚姻和合的神。我国从宋

朝开始祭祀和合二神。其实千百年来，中华传统文化中最核心就是讲求和顺、和睦、和谐与合群、合作、融合的"和合"精神，所以又衍生出和合文化。

"利市仙官"，说的是中国民间流传的一位小财神，系赵公明的徒弟，名姚少司，在《封神》中被封为迎祥纳珍的北路利市仙官，是五路财神之一。其他四位：中路财神赵公明、东路财神招宝天尊萧升、西路财神纳珍天尊曹宝、南路财神招财使者陈九公。"利市"，在俗语中是走运、吉利之意。利市仙官最受生意人欢迎，每到新年，必将利市仙官贴在门上，以图吉利、发财。

"先师孔子"，就是大家都熟悉的大成至圣先师孔子，这是孟子对孔子的评价。"孔子之谓集大成"，赞颂孔子达到了集古圣先贤之大成的至高境界。

"灶王府君"，又名灶君、灶神、灶王爷，被尊称为"司命菩萨""灶君司命""灶神菩萨"，是玉皇大帝封的"九天东厨司命灶王府君"，负责管理各家饮食烟火，兼管监督人间善恶，被作为家庭的保护神而备受崇拜。每年腊月二十三，灶王上天汇报工作，除夕之夜完成公干后返回人间。玉帝根据灶王的报告，奖善惩恶，看来灶王爷权力其实也挺大的。为求得灶王"上天言好事，下界保平安"，家家户户用又甜又粘的麦芽糖祭灶，通过"行贿"希望灶王在玉帝面前大肆美言。灶王尝到甜头后，一来嘴甜了，尽说美事，不好的就隐去；二来即使想说，糖粘住了他的嘴，也很难开口，只好一笑了之。至今，在屯堡村寨每年腊月二十三，每家都遵照旧例祭灶，希望灶神菩萨上天多多美言。典型屯堡村寨九溪村还专门生产祭灶糖，估计灶神菩萨吃了不少！

"福禄财神"，是指范蠡和赵公明。陶朱公范蠡是文财神，春秋末期越王勾践名臣，助越王勾践复国灭吴后，住在陶国，隐居从商，自号陶朱公，是历史传说中的最大富豪，后世尊其为财神。赵公明是武财神，最早出现在干宝的《搜神记》。

"太上老君"，即道德天尊之神，诞日为农历二月十五日。道教以太上老君为教祖，是日大多举行祝诞聚会或祈福延寿道场。至今，在屯堡地区，

第五章　文化襁褓：传统基底及情感牵连

人们跳地戏要请太上老君下凡；驱逐邪魔鬼怪的"打清醮"仪式要祭祀太上老君；铁匠逢太上老君农历二月十五日的生日时要做"老君会"，这是他们的祖师爷。

"五显灵官，华光大帝"，也叫五显大帝、五显灵官、五路财神、五圣大帝、五通大帝、华光菩萨、华光大帝等，是我国南方以及东南亚华人供奉的神仙。五显信仰起源于唐朝徽州婺源，经历代皇室崇奉和道教宣扬，并随我国古代大量移民迅速遍及我国南方地区以及东南亚地区。五显神多行正事，或施药驱疫，或抵御旱涝。在屯堡地区有传说为一个人的，也有传说是五人的，即姓萧的显聪、显明、显正、显直、显德五兄弟。至今在屯堡村寨中，特别是安顺的西门屯堡，祖籍江西一带的大多祭奉五显菩萨。

"如来古佛"，就是如来佛释迦牟尼，原名乔达摩·悉达多，古印度著名思想家，佛教创始人，在中国尊称其为佛祖。

"药王三圣"，即东方三圣，又称药师三尊，相对于西方三圣而言，是东方净土琉璃世界的药师佛、日光菩萨、月光菩萨三位。药王三圣，化导救济有情众生，尤其拯救伤病痛苦众生。

"三伯公婆"，是指雷公电母、风伯雨婆、河伯水母。雷公电母是汉族民间信仰的气象神，人们认为他们能代表天执行刑罚，惩罚有罪的人，具有主持正义、辨别善恶的能力。风伯雨婆是对风神的称呼，风是气候的主因，事关济时育物，所以唐以后受到历代君主的虔诚祭祀。风伯被视为凶神，民间传说多以女性形象出现。河伯水母是民间信奉的黄河水神，负责管理河川。

"当年太岁"，是指太岁神，是道教的星辰尊称，简称为"太岁"，或称为岁神、岁君、岁星、大将军等，也就是年神，一年一换，当年轮值的太岁神叫值年太岁（流年太岁），是诸神之中最有权力的年神，掌管人间一年的吉凶祸福，统摄众神，有"年中天子"之称。太岁神共有六十位，每一位太岁都有其姓名，顺序值年，周而复始，循环不息，从甲子年的金赤大将军到癸亥年的虞程大将军，依六十甲子轮流掌管人间一年吉凶祸福，故又称"值年使者"，或"值年太岁"。

"南海岸上，观音大士"，指观音，全称"观世音"，相传住在南海紫竹

179

林中，是"大慈大悲救苦救难的菩萨"。观世音菩萨是佛教中慈悲和智慧的象征，无论在大乘佛教还是在民间信仰，都具有极其重要的地位。众生遇到任何的困难、苦痛，如能虔敬观世音菩萨，就会得到其救护。

"牛马二王"，即牛王菩萨、马王菩萨。屯堡人从事农业生产，希望一年四季六畜兴旺、牛马平安。因此，每年六月二十三，逢马王菩萨生日，称"马王会"，养马人家要祭祀三只眼的"马王菩萨"。每年十月初一，牛王菩萨诞辰日，叫"牛王会"，养牛人家不让牛劳动，喂好饲料、糍粑，表示对牛一年辛劳的感谢。

"历代先烈"，其意易理解，当祭祀华夏历代先烈志士。

"梅花小姐"，应指梅花仙子，为花神之一，所指人物有多个版本，班婕妤、江采苹、寿阳公主等，喻才貌双全。

"钱氏堂上，历代祖宗，左昭右穆，内外姻亲"，指钱氏的历代高曾远祖考妣、左亲右戚和各种具有婚姻关系的人家，都列入其上。

综上，我们看到神榜最重要的是"天地國親師"，上述先列举的是有功于人、有功于国的各路神仙菩萨和圣人，其实包含着儒道释的内容，亦是在倡导忠孝仁义等精神，是对"天地國親師"的说明和支撑。当然，不同的人家，由于祖源地、信仰、职业等的不同，会有不同的表达。如果将"神榜"中各种人物的介绍、传说、故事等补全，可以称得上一本中国古代教育和科学的教科书，是对村民进行民俗教育的重要内容。这些习俗是以家庭为单位而传承的，因此成为文化空间的重要构成部分。

外界看屯堡人所供奉的"神榜"似乎是诸神在上。其实，屯堡人所供奉"神榜"有别于其他神位，它实质上是一块内容比较完整的教育牌匾，列入其中的人物大部分是哲人贤士、神化科学人物、忠勇义士，只含部分宗教元素，历代祖先只列在末位。这些人物与教育、科学、生产、生活密切相关。从内容的安排与布置次序上看，历代屯堡人崇尚教育和科学、感恩国家、感恩天地自然，以牌匾方式教育后人，并将教育形式神化。从屯堡人家供奉"神榜"的内容可以清楚地观察到屯堡人的信仰、教育以及文化传承。

另外，屯堡人家商议大事多在堂屋进行。神仙、菩萨和祖先在场，既是指点，亦显公正。成年人做错事的忏悔，对子孙过失的严厉教育，大多选择在堂屋。多数选择跪下反思，对小孩的过错教育更是如此，并加以家长在旁边的教训。虽然早期屯堡人家能识文断字的极少，不知道"神榜"上面内容为何物，但延续下来的这种传统教育方式至今还在一些人家能见到。同样，屯堡人家的正面教育也选择在堂屋，以求历史上的哲士贤人和祖先指点、佑护。屯堡人选择在堂屋教育子女是常事，可能他们不一定明白"神榜"上的内容，也未必去研究和推敲，但与口传下来的内容基本相似，这些内容在孝歌、山歌、佛歌中不时出现，都是在教育人、影响人，让人常怀感恩之心，常守忠义之道，常思衣食之不易，勤俭持家，和睦乡邻，做到家庭和谐。

（三）就餐和共食

号营村的住房如其他屯堡村寨一样，受儒家礼制教化、长幼有序的思想影响。堂屋一般是举行重要仪式的地方，比如重要节日或老人生日时祭祀祖宗，要供上一桌饭菜、摆酒、燃上香蜡纸烛，并要说上一些祝愿的话语，保佑全家老幼清吉平安、子孙发达。除了逢年过节等重要的祭祀仪式外，不少人家的堂屋也是一个共餐的空间，既是吃饭就餐的地方，也是长辈对晚辈言传身教的场所。当然，也有些人家吃饭会在别的房间，但都有长辈的身教示范在其中，这也是中国人家庭共餐的一个特点。

屯堡人素来讲究礼节，孝悌根本，尤其是在吃饭时的一些规矩，更能体现屯堡人的谦恭与孝道。在上桌前，如有客人在，主人要先请客人上座；如无客人，则先请年长者或辈分高的人座。一般而言，即使是辈分高的年轻人，如现场有同宗辈分比自己低但年龄比自己大20岁以上的人，则自己虽辈分大，也要尊重年长者，转请其上座，并说"长者为尊。我虽长辈，但你长岁，你应上座"，才为知礼。

在屯堡人家，来者皆是客，客者皆为尊。这是屯堡人待客接物的首义。而客人也要有一定的自知之明，如与你一起同桌吃饭的人当中，有比你年长或辈分高的，虽主人家请你上座，你也要推辞，并转请当中的年长者或辈分高者上座。即便你是领导，也要再三推辞。如同桌人一致要你上座，推辞不了，也要请年长者与你一同入座。年长者坐左，年轻者居右；年长者落座后，自己再落座并请大家都坐。

上菜后，再斟酒。主人也会先给客人斟酒。然后按顺时针方向依次倒酒入杯。上酒皆齐，主人就用眼神请示年长者是否可以开始。年长者示意后，主人即端起酒杯，敬客人及同桌人，如此三次共饮，称酒过三巡。三杯敬完大家同饮后，待客酒席才算正式开始，大家才能互敬。为什么要同饮三杯后才能互敬呢？三杯同饮酒，表示分别敬天、地、人。"天地人"三才的观念也在酒桌上。

在酒席进行中，每上来一道菜，一般要年长者先动筷子，大家才能动筷去夹。年长者未动年轻的先夹会被视为无礼。当然一般情况下年长者会发话说："大家随意，不要讲究太多，我年长了，陪不了大家，对不住咯。各位随意。"

酒过三巡后，菜也过了五味。在屯堡酒席中，菜谱一般是凉菜、干菜、炒菜、蒸菜、汤菜俱全，主要以炒菜、蒸菜为主，俗称"七盘八碗"。饭基本吃完后，主人家都会敬上茶水，大家再闲谈一段时间。待所有人吃完饭、喝完茶后，年长者问询大家是否吃好喝好后，才能一起离开。离开时也一样，年幼者要先清理好通道，并扶请年长者离席，其他人才能依次离席。

二 家族

（一）上大众坟

号营村与其他屯堡村寨一样，到清明时要上"大众坟"，就是要到坟山上祭祀整个家族的"入黔始祖"。"入黔始祖"在屯堡地区已经成为一个重要概念，这是屯堡村寨的历史出发点，也是大多家族进入贵州的历史起点。清明时，他们一般是先上总的祖先，即"入黔始祖"，再上分支的先辈，然后上自己小家的至亲。上坟通常要跨越比较长的时间段，有的要持续一两周的时间，甚至更长。大多是选择清明节放假和周末的时间进行。屯堡人的上大众坟，大致包括三个环节，分别为组织筹备、祭祀典礼和善后事宜。鉴于祭祀典礼是彰显民俗教育内涵的主要环节，故本部分将着重介绍祭祀典礼环节的相关内容。

祭祀典礼在午饭结束后，待参与祭祀的宗亲全部在"入黔始祖"坟地聚齐后进行。少长咸集，其场景甚是热闹。到达祖坟时，稍事休整后，祭祀

第五章 文化襁褓：传统基底及情感牵连

主持人就开始主持整个活动。主持人一般是家族年龄较大的、有相当多的地方文化修养和熟悉本家族历史的人。主要有如下七个环节内容：

①挂青。这是清明节最核心的内容。即用买好或自己打好的坟青（用数折白棉纸，呈长条状地打上纸钱符号，撕开后呈飘扬状），挂在一根一米多长的竹子或树枝上，插在祖坟的正中央。其意为"挂亲"，作为后人要时常念及自己逝去的祖先、长辈。《孝经·丧亲章第十八》中："孝子之丧亲也。哭不依，礼无容，言不文……生事爱敬，死事哀戚，生民之本尽矣。死生之义备矣，孝子之事亲终矣。"这里所提出的是子女对父母、长辈的孝，不仅要在其生前对父母、长辈表示真诚的尊敬与爱戴，而且要在死后对父母、长辈表示虔诚的追念与祭祀，"敬亲""念亲""祭亲"，这是孔子孝道观的道德要求。

"挂青"的同时，要在坟前上香、点烛、烧纸，以此告慰逝去的先祖。有些人为了来年顺利，跪在坟前给祖先多烧纸钱，祈求祖先保佑他（她）及全家……

②供食。要在墓前供上多种炒菜、糖食果品、白酒等。有些人家，前一年发了财，或是小孩考上大学、研究生，原来在祖坟前的许愿，已经实现，要来还愿。有的上供全猪（一头宰好并清理干净的整猪），或是全羊（一头宰好并清理干净的整羊），或是大公鸡等。感谢祖上有德，感谢祖宗保佑。当祭祀仪式结束后，这些炒菜、糖食果品，作为子孙的可以在坟前分享。全猪、全羊、公鸡则带回厨房，供晚餐时族人享用。这实际就是通过祭亲，培养后辈念亲的情感，知道自己从哪里来，今后在何方都不能忘祖、忘宗、忘本。

③追思。由主持人介绍祖先入黔的历史缘由、丰功伟绩，回顾家族历史变迁和现状，告诫后辈子孙要走正道、做正事，不辱先辈盛名等。有的要念诵用文言文写好的祭文，告诫子孙不忘祖宗，努力前行。这种追思，就是一种代际文化传递、一种家族认同、一种历史记忆的延续。

④跪拜。以辈分为序，一个字辈一排，辈分高者排在前头，渐次往后排列。然后，由主持人主持，全体子孙面向入黔始祖墓碑作揖，一鞠躬，二鞠躬，三鞠躬；下跪，一叩首，二叩首，三叩首；起立，作揖，一鞠躬，二鞠躬，三鞠躬。礼毕。主持人念颂恭贺言辞，一番溢美之词，祝愿族人未来的事业和生活顺利。

⑤鸣炮。跪拜的程序结束，然后由主持人宣布鸣炮。一些在旁准备好的年轻人燃放鞭炮和礼花，顿时鞭炮齐鸣，响彻云霄。

⑥个人祭祀。主祭完毕，个人、个别家庭单独祭拜祖先，焚香、烧纸、点烛，跪拜磕头，一应表达。这是一些人、一些家庭对祖先有所求，在祖先面前许愿的"自选动作"。

⑦共餐。有的家族直接把柴米油盐、锅盘碗筷带到坟地，生火做饭炒菜，众人在坟地旁共同就餐，边食边饮边交流。当然，也有不少姓氏是祭祀结束下山以后，在事先安排好的地点做饭，集中就餐。有些家族准备七盘八碗的菜品，供族人同桌共餐；有的则是将炒好的多个菜盛在一个盆里，这称为"一锅香"，族人或坐或站或蹲着在一起共餐。总之，共餐是一年之中族人交流的难得机会。

各家族的祭祖活动往往隆重而热烈，参加人员数百上千不等。这是一年一度的家族聚会。正如号营村的侯祖祜老人说："家族的事情，无非最多的就是祭祖的时候。"

（二）婚丧嫁娶

屯堡人的婚丧嫁娶也是村庄内部的公共大事件，家族和街坊邻居皆要参与其中。一般是街坊邻居参与帮助操办酒席等世俗性事务，而家族内的长辈则在神圣性的仪式环节中发挥作用。

屯堡人婚礼习俗从定亲下聘礼开始，要经历："折侄女鸡""开盒""哭嫁""开脸""上头""上轿""下轿""送亲""跨火盆""挑盖头""洒帐""天地桌""铺床""滚床""送喜饭""散手绢""敬茶改口接盐（结缘）""回门""谢媒"等环节。

屯堡老人去世后称"成神"，家族成员要走上前来参与商量治丧事宜。一般要经过：请阴阳先生—确定治理丧事组织—报丧—哭丧—做外家（针对女性死者）—念佛唱孝歌—下祭—点灯—绕棺—出丧—出殡—复山—佛头清场。

号营村的婚丧嫁娶等活动大体如此，只不过到具体人家时有些顺序会有所调整。在婚丧嫁娶活动中，我们看到了家族成员根据能力大小参与其中的事务，能者可能会参与得更多一些，甚至担任总管等，其他人会参与做一些具体的工作，比如在办结婚的"正酒"时，家族主要的长者要在堂屋的主桌上就餐，这些都体现了家族的参与和重视。但就婚丧嫁娶的整个过程来看，其程序都是村落经过若干年约定俗成的习俗，运作也往往是通过成立班子来进行，没有局限在某一家族之中，村落形成了一套处理婚丧嫁娶的应对机制，体现出了村落社区生活的公共性、开放性和运转水平。"个人－家庭－社区"的联接，是共同文化积淀及文化认同行为的结果，每一次行动均是对村落社区以往组织形式、行文规则、习俗旧例等的调用，承载着生活的意义和集体的认同。家族活动就是在社区约定的规则下展开的。

三　村落

（一）节日民俗

屯堡人慎终追远，尊时守位，将祖源地的一些文化习俗带到黔中地区，依时序月令变化形成了各月习俗。

表 5-1　屯堡农历节日

月份	日期	节日名称	节日内容
一月		春节	跳地戏、玩花灯；组织地戏、花灯大赛
二月	十九日	观音会	中老年妇女上庙朝山、烧香拜佛
四月	初八日	开秧门	吃"乌米饭"
五月	初五日	端午节	挂菖蒲、艾叶；吃粽子、喝雄黄酒、"游百病"
六月	初六日	秧苗会	男性老人到土地庙中祭拜土地和山神
七月	十四日	中元节	"烧包（纸钱）"给已逝祖先；跳半月地戏
八月	十五日	中秋节	拜月亮婆婆，用月饼、瓜子、水果、葵花在天井中敬供，烧香点烛，有"偷瓜"习俗
九月	初九日	重阳节	家家户户打糍粑；近年有部分村寨将其发展为"添粮节"
十月	初一日	牛王会	牛王菩萨的生日，养牛人家在这一天不让牛劳动，用好饲料、糍粑犒劳牛
十一月		冬至	村庄民众打平伙、吃狗肉
十二月	初八日	腊八节	吃"腊八粥"；女孩可在此日打耳洞
十二月	二十三日	祭灶神	用糖食供灶神菩萨
十二月	三十日	除夕	贴春联、贴神像、放鞭炮、"守岁"，长辈给晚辈发"压岁钱"

185

表5-1中的节日民俗有如下四方面特点：一是尊时守位。屯堡村寨是以从事农耕作为主要职业的农业社会，尊时是农业生产的基本原则，分清农忙和农闲的时段差异，守位就是做好农民的本职工作。二是连接大传统。屯堡人将中华文化的大传统和祖源地的习俗大量沉淀下来，节日民俗就是鲜活的案例。三是仪式化。以节日为载体，经过长期仪式化的沉淀、濡染、融汇，逐渐形成了颇具地方特色的屯堡民俗传统。四是自组织化。屯堡人按照节令来安排日常生产生活，其中诸多重要活动是由乡村社群组织来操作实施的。这些有特色的民俗活动，使屯堡人的生产生活纳入他们岁时节日的总体框架中，成为他们教育子孙的重要教育形式和文化资源。

（二）语言民俗

屯堡人有非常丰富的语言民俗现象，包括农谚、歇后语、言旨话、"说四句"，等等，这些语言民俗是珍贵的文化遗产，或是指导他们生产生活的经验通则，或是他们日常交往的互动形式，体现了他们的生产经验、生活智慧和生存心态。

1. 农谚

农谚是农耕社会生产经验的总结，充分体现了中国古人"天地人"三才的观念，"天"管时，"地"管物，"人"管事。屯堡农谚是"天地人"观念在村落中的产物，不仅有一般农谚的共性，也有屯堡的一些特色，是屯堡人根据黔中地区的天气特征、地形地貌、土壤特征、生产方式做出的概括总结，成为指导他们生产生活的经验通则。

"立夏不下，蓑衣斗篷请高挂。"意为立夏之日，应该要下雨，如果不下雨，这年的农业生产可能就要受到很大的影响。

"夏至五月中，连路吃，连路松。夏至五月尾，财主要后悔。夏至五月头，一石谷子一头牛。六月秋，减半收；七月秋，满满收。"这是他们对时令节气到来的早晚对农业生产的预判，往往比较准确，也提醒人们提前做出安排准备。

"重阳无雨望十三，十三无雨一冬干；不怕重阳十三雨，只怕立冬一日晴。""云走西，披蓑衣；云走南，雨成团；云走北，地开裂。""月亮打伞，晒得鬼喊。天黄有雨，人黄有病。"这是他们对天气的认识，可以想见天气对农业生产的影响多大。

"芒种打田不在水；夏至栽秧矮一等。"提醒人们什么时候进行农业生产。

这些农谚有三方面特点：一是指导农业生产的经验通则。这是指导屯堡人世世代代进行农业生计教育的经验总结和技术支持。二是体现了尊时守位的基本观念。三是反映了贵州山区农业的基本特点，比如"重阳无雨望十三，十三无雨一冬干；不怕重阳十三雨，只怕立冬一日晴。"

2. 歇后语

屯堡的歇后语，属于说明式歇后语。即歇后的一句话，是对前一句话意义指向的说明。当然，由于屯堡文化的独特性，屯堡歇后语虽然在形式上与全国相同，但内容上有部分歇后语也有屯堡自身的特点，是屯堡人在生产生活中创造出的语言民俗。

动物类：猫儿抓糍粑——脱不了爪爪；狗吃牛屎——图多；大公鸡戴帽子——官上加官（冠上加冠）；等等。

植物类：皇帝请客——茨菇（意为吃孤，"茨菇"为当地的一种野菜，现在可以人工培植）；半两棉花做被窝——免谈（免弹）；叫花子卖田——苦算（苦蒜，当地的一种野菜）；等等。

环境类：茅厕（si）坎上的石头——又臭又硬；房顶上贴告示——天晓得；筛子装水——漏洞太多；等等。

村落类：碰到客鸡头（膝盖）——抱疼（鲍屯）；过年杀鸡——夏官屯（下冠疼）；点灯不然——黑寨（黑在）；大宴宾客——九溪（酒席）；舀饭不满——平庄（平装）；等等。

市井人物类：癞头包帕子——围癣（危险）；杀猪匠拉二胡——游手好闲（油手好弦）；长胡子老者过河——谦虚（牵须）；老太牵马——不见骑（其）；何家姑娘嫁给郑家儿子——正合适（郑何氏）；等等。

神仙贤人类：罗汉请观音吃饭——客少主人多；阎王爷长麻子——鬼点子多；孔夫子的学生——都是闲人（贤人）；玉皇大帝过生日——天大的喜事；猪八戒成不了佛——都怪那张嘴；等等。

上文列举的歇后语，虽挂一漏万，但其所彰显的结构性特征，仍是我们认识和理解屯堡社会的主要切入点。一是反映屯堡人生存的自然和人文环境，这是孕育屯堡族群心理的文化襁褓。二是体现屯堡人对社会交往规则的认识取向，如猪八戒成不了佛——都怪那张嘴。三是反映屯堡人乐观的社会心态，幽默开朗，自娱娱人。

3. 言旨话

言旨话属于藏词式歇后语，运用于人们日常的生产生活中。言旨话可以单独说，比如问某人的弟弟去哪儿，就会说"你家的玉皇大（帝——弟）去哪里了"，或者说"你家的春回大（地——弟）去哪里了"。也可以将几个言旨话连接在一起表达，比如"今天我看见了你家的团结友（爱）呢路上行（人），上街去打点儿天长地（久——酒），买点儿细皮嫩（肉）"，意为"我看见了你家爱人去买酒肉"。

我们在田野调查中收集到数百条言旨话，主要有如下八类：（1）数字类，如九九归（一），装腔作（势——四），颠三倒（四），家有贤（妻——七），等等；（2）生肖类，如五爪金（龙），七嘴八（舌——蛇），武松打（虎），守株待（兔），等等；（3）饮食类，如劳动模（范——饭），天长地（久——酒），万寿无（疆——姜），神机妙（算——蒜），哑口无（言——盐），青山绿（水），等等；（4）物品类，如万盏明（灯），两面三（刀），三战吕（布），等等；（5）身体类，如厚皮实（脸），慈禧太（后——厚），面黄肌（瘦），一年到（头），从头到（脚），等等；（6）称谓类，如打破沙（锅——哥），玉皇大（帝——弟），团结友（爱），路上行（人），等等；（7）自然类，如下马威（风），风调雨（顺），一手遮（天），毛风细（雨），等等；（8）其他类，如儿多母（苦），钦差大（臣——成），山高水（长），周而复（始——死——屎），等等。

总体而言，言旨话有如下五方面特征：一是表达的独特性。从当下中国公开出版或发表的有关歇后语的文献中，几乎看不到藏词式歇后语的存在，主要是说明式歇后语，作为藏词式歇后语的言旨话可谓标"古"立异。二是活态的传承性。言旨话尚用于屯堡村寨的不少中老年人的日常生产生活中，有些三四十岁的人还能够讲，一些人不使用也能知道其意思。三是取材的广泛性。这些言旨话大量来自历史典故、日常用语中，覆盖屯堡人日常生产生活的多个方面，也说明村民们对这些本源词汇含义的熟练掌握和灵活运用。四是话语的变迁性。大多数言旨话在保持"三字格"形式特征数百年基本不变的情况下，在内容上也随着时代的变化而与时俱进，有所创新，如"三个代（表）"就是一个新的表达，村民们问具体时间的时候会说"你手上的'三个代'的几点钟了"。五是文化的濒危性。言旨话尽管尚有不少中老年人在使用，但是由于受到现代化、城市化的影响，不少年轻人外出打工、经商，他们中一些人不使用但还能听得懂，而一些人听不懂也不使用，生活在村中的很多人则意识不到这也是文化遗产。

4. 说四句

"说四句"，俗称"四言八句"，是屯堡人在嫁娶、建房、祝寿、乔迁等喜庆日子里，由先生们、村中德高望重的老人或亲戚朋友即兴随口而出的语言民俗现象。它包括吉言、贺词、赞语等，是由俗语、谚语、顺口溜等为主的押韵喜庆的祝福吉词组成，一般有四字、五字、七字一句，每段分四言、八言甚至多言，即兴取景于各种喜庆场合，如婚嫁喜事、建房、祝寿，甚至小孩剃头、立碑等。在此简单介绍婚嫁的"说四句"。

屯堡人结婚，双方要找一位能说会道的老人，在一些仪式环节上要"说四句"，如进堂屋，"一重门内一重房，一重门内请新郎；请得新人来到此，二人站立祖先堂。"拜天地："才郎淑女配良缘，满门福禄喜气添；堂上先拜天和地，夫妻和谐到百年。"夫妻对拜："金童玉女下凡来，鸾凤和鸣德配才；才郎淑女相对拜，夫妻恩爱永和谐。"[1]

"说四句"在内容上有如下三方面特点：一是吉词吉语。全是吉利话、好听话，这是屯堡人传统的点赞方式，让主人家高兴，也是烘托喜事的热闹气氛。二是即兴发挥且押韵顺口，因时因地因人会有不同，人们要的就是一个好口彩。三是不少内容来自历史典故，将传统的忠孝仁义的观念渗透其中，对人有教育意义。

（三）职业民俗

伴随着明代的匠户制度进入贵州，落地黔中地区，大量工匠在屯堡安身

---

[1] 石林元：《屯堡文化中的奇葩——"说四句"》，《四海艺文》（个人博客）2011年7月12日。

立命,在安顺屯堡村寨中就有"四坊五匠"的统称说法。所谓"四坊五匠",谓其匠人之多,概而言之"四坊"指的是碾坊、油坊、粉坊、糖坊、酒坊、染坊、豆腐坊、纺织坊等;"五匠"指的是石匠、木匠、铁匠、篾匠、银匠、皮匠、阉匠、泥瓦匠、烧窑匠、补锅匠、火炉匠、补碗匠、剃头匠、杀猪匠、磨刀师傅、裁缝师傅,等等,涉及五花八门的职业。其中,石匠、木匠最为突出,他们通过自己的手艺创造出了石木结构的建筑文化。这些匠人不仅传承了本行业的手艺,而且将行业的职业民俗及职业精神传承下来,这是许多人不太注意的方面,其实它与本村村民的职业操守是有关联的,与当下的工匠精神亦是有着联系的。

在号营村,不单单是家家户户的砌房坐屋仪式上要祭祀鲁班,每年农历六月十三鲁班的生日时,木匠、石匠、泥水匠在自己的行业圈子里还要祭祀鲁班、打平伙,这是祖师崇拜的记忆实践,是对其精神的传承。在村民的神榜和职业实践中,我们看到了屯堡人有着诸多职业民俗信仰,比如从事农业的信奉神农氏,酿酒的信奉杜康,传统织布的信奉黄道婆,经商的信奉赵公明(武财神)或沈万三(文财神),裁缝的信奉黄帝,等等。这些职业都有自己的一些民俗活动,其实也是在强调职业操守。

综上,我们从家庭、家族和村落三个层面,呈现了号营村村民在文化襁褓中浸染的民俗文化知识,这对人是一种润物细无声式的影响。这些知识出自村落社区,不为现在的学校教育讲授,但却弥补了学校教育的不足,这些知识作为村落社区文化襁褓的重要构成部分,滋润着村民的心灵,正向地影响着他们走向市场并融入现代生活。

第二节 公共活动:文化展演的地方性濡化

集体性的公共活动对人的社会化教育亦可起到濡化作用,培养族群的文化心理和村落社区精神,凸显族群与区域文化的意义体系。"民俗教育具有全员参与特性,是特定区域特定民众的集体活动,所以,民俗个体或积极参与其中或作为热心的旁观者耳濡目染。因而,相对某一区域来说,民众之间的民俗教育水平落差自然绝不会像学校教育那样大。因为民俗教育大多是润

第五章　文化襁褓：传统基底及情感牵连 ○ 中国百村调查丛书·号营村

物细无声式的教育方式，对特定区域的民众来说，具有'自然而然'习得养成的特点，民俗教育使人的生物生命和文化生命自然融为一体，不需要考试评估却一般都为人人掌握。"[1] 号营村是个"有戏"的村落，不仅有花灯、地戏这样的传统社戏，也借此配合学校教育、生计教育、礼制教育在村落社区中上演教化育人的"大戏"。正是这些公共活动使村民接受了族群和区域的民俗文化教育，人们收获的是一种意义习得，村落社区价值观和社区精神也得到优化提升，进一步展示出民俗教育的文化襁褓作用。

一　花灯

号营村所在的普定县马官镇，群众性的花灯艺术活动十分普及，是贵州西路花灯的典型代表。马官镇曾被贵州省委、省政府授予"贵州省花灯艺术之乡"，原文化部授予其"全国民间文化艺术之乡——中国花灯之乡"，中央文明委授予其"全国创建文明村镇工作先进镇"等荣誉称号，2007年西路屯堡花灯被列入贵州省第二批非物质文化遗产保护名录。就号营村来说，它是西路花灯的典型代表村落，其悠久的传承历史、乡村社群的组织运作、村民的民间文化修养以及其对村落社区的教愚化贤功能等，都彰显了花灯作为周围村落集群的文化标识。

（一）概况

花灯，又名"彩灯""灯笼"，是中国一种传统的民间工艺品，其最初起照明作用，后因元宵节用于赏灯而发展成一种艺术品。关于其起源有诸多的神话传说。花灯如何与戏曲糅和在一起历史上没有文献记载，但元宵节除了赏灯还有观看花灯戏的习俗，是在明清以来逐渐兴盛，并发展成为一个主要的戏曲艺术形式。花灯戏的突出特征是手不离扇帕，载歌载舞，演唱与动作紧密结合。就目前来看，花灯戏主要流行于我国南方地区，是"玩灯"与民间戏曲相结合的产物。

花灯戏在贵州被称为"花灯"或"玩花灯"，其表演形式在贵州民间广受欢迎，近年来花灯发展迅速。贵州花灯共分"东、南、西、北"四路，

---

[1] 柯玲：《民俗教育原理》，光明日报出版社，2015年，第41页。

东路花灯以镇远为主，南路花灯以福泉为主，西路花灯以普定为主，北路花灯以习水为主。其中西路花灯以普定马官镇为主流，马官被称为"花灯之乡"，而号营村的花灯作为马官花灯的典型代表，演绎着西路花灯的表演特色，并屡屡获奖。

西路花灯分为地灯中之歌舞灯和灯夹戏，其中以歌舞灯为主，以"歌不离口、动不离身、手不离扇帕、身不离步法"为表演艺术特征。有"矮桩身段""唐二趣乐""老旦形象"三大主要表演特点。"矮桩"是贵州西路屯堡花灯区别于其他各路花灯的最大特色，从头贯穿到尾的一种形体步法动作，两脚下蹲，上身挺直，两手挥动扇帕，做各种步伐动作，如"螃蟹步""耗子蹬腿"等，其难度大，技艺要求高。

西路花灯至今一直保持着季节性活动，每逢新春正月、七月是花灯演出时节，一般都在晚间进行。过了正月初三就开始在本村登台演出，之后方可出灯。正月里玩花灯有迎春、闹春、纳吉、祈福之意，农历七月玩花灯有祈祷来年五谷丰登之愿景。

花灯是号营村村民喜闻乐见的民间艺术形式，村民们多数开口能唱，起步能舞，这对村落社区形成"尚古""尊时""崇礼""重教"的观念有重要的意义。

（二）号营花灯的社会变迁

1. 花灯戏

花灯最先以歌舞表演为主，后加入了戏曲成分，尤其受到外来戏曲的影响，进而逐渐发展成为具有净、末、旦、丑等角色的花灯戏。事实上，花灯戏是借花灯的表演形式讲述故事，故事反映社会现实，具有娱乐性、趣味性和教育性等特点。以号营村花灯为代表的贵州西路花灯，花灯戏表演较为常见。据了解，花灯戏大概产生于民国时期。受时代发展演变的影响，相比传统来说，花灯戏在特点上发生了如下改变。

（1）花灯戏与广场舞互相穿插

玩花灯是普定县马官镇一带流行且男女老少皆喜闻乐见的民俗活动，其表演形式相对简单，没有花哨的行头和严格的演唱技巧，内容比较贴近百姓生活。然而，近年来受到城市文化的影响，广场舞进入农村并受到广泛欢迎，尤其是农村中老年女性。同为花灯和广场舞的爱好者，农村妇女们在表演过程中潜移默化地把广场舞的表演特点融入花灯的动作中，形成有别于传统花灯的演出特征。

（2）旦角扮演者由男性变为女性

在过去，屯堡地区有着"巧男不妆灯，好女不看灯"的传统观念，花灯戏表演中的旦角扮演者一般由男性承担，通过女性装扮及对其仪态的模仿，男性反串旦角的演出常常是一项表演难度系数很高的挑战。中华人民共和国成立后，尤其在改革开放后，女性获得解放，花灯戏中男女搭戏的旦角改为由女性扮演，这样的演出效果常常表现为本色出演，其故事性更强、更能吸引观众。这进一步提高了花灯的普及性，增强了其社会基础。

（3）演出场地逐渐变为戏剧舞台

一般来讲，传统花灯表演主要在村落进行，而受演出场地和条件的影响，花灯演出通常在村落中的公共场所，如集体院坝、寺庙、公房、停车场等地开展，甚者随时找一块空旷场地即可表演。演出中，人员分工明确，有负责在外围举着灯笼的，内侧则坐着配乐者，随着乐器的响起，花灯演员于场地中心开始表演，观众通常把演出场地围得水泄不通。当前，国家不断加强村庄建设与加大传承传统文化的力度，为其提供政策和资金支持，如号营村修建了固定的花灯表演戏台，主要用于春节期间花灯的演出。近年来，为更好地进行花灯的文化传承，花灯戏被搬上了都市舞台和电视荧屏，从而使花灯戏打破以往在村落中演出的局限，融入了现代的传播形式与空间。

2. 花灯戏与花灯舞

现时的花灯表演可分为花灯戏和花灯舞，相较两种表演类型的异同，可知两者的区别表现在：花灯戏顾名思义即以戏曲表演形式为主，重视对故事的讲述，把观众带入场景，受其感化和启发；而花灯舞则以歌舞为表现形式，重在对舞姿的展示和对视觉场景的渲染。花灯舞区别于花灯戏的一个重要特点是前者可以现编、现学和现唱。

当然，花灯戏和花灯舞也有相同之处，花灯戏虽然重在突出戏剧的故事情节，然而它也需要借助舞蹈的方式加以呈现。关于两者的异同，号营村村民侯祖祐老人认为："一般来说，花灯戏、花灯舞，只要是'二人转'的花灯，都少不了扇子和花灯，这就是共同点。至于其他的，花灯戏可以根据剧情配一些简单点儿的舞蹈。我想，还是大同小异的。不同的地方，传统的花灯，像这个花灯歌舞呢，剧情里面有些固定，这个是一方面。另一方面呢，花灯歌舞本身人员不得（没有）限制，特殊的是在哪点儿呢？就是个把（个别人）剧情不会，就要喊些特殊的人来，人数可以多点、少点，花灯剧（花灯戏）有一定的限制。"①

除了以上谈到的花灯戏与花灯舞之间的异同外，其两者之间的关系还表现在具有共同的曲调、配乐等，在内容改编上相对自由。村民侯祖祜认为："基本上唱腔都是一样的。传统性的，像《梳油头》，哪个（任何）地方都是一样的。还有《五更扬榷》，随便在哪个（任何）地方，唱腔基本都是一样的。还有《包小脚》《黄杨疙篼倒生根》。这些唱腔基本上都是一样的，因为这些东西都是古人传下来的，都是编好的传统调子。传统的好学，像我们来搞的，（乐器）主要以胡琴为主。乐器很多，（表演起来）还是很闹热。"② 花灯戏和花灯舞的并存受到现代舞曲的影响，尤其在大型舞台上的演出，花灯与现代舞蹈、戏曲杂糅在一起，从而演化出花灯戏和花灯舞的表演形式类别。

3. 花灯衰落与花灯大赛的兴起

改革开放后，中国乡村发生了翻天覆地的变化，城镇化的快速发展加速了村落结构的改变，现代性改写了传统村落的生活方式，诸多传统文化事象式微或消亡，这是当前中国村落文化传承中面临的严峻问题。然而，"我国乡村文化发展源远流长，民俗民族文化资源丰富，民间戏曲、舞蹈、音乐等文化活动内容生动、贴近需求，符合农民的审美心理，而一些秧歌、龙灯、腰鼓等文化形式还能让农民参与其中，往往对乡村公共价值具有开拓作用，能让农民寻求到精神的意蕴，由此应挖掘并培植具有本土特点的文化活动形式，并予以改造和创新。"③

---

① 2015 年 5 月 22 日，张定贵访号营村民侯祖祜。
② 2015 年 5 月 22 日，张定贵访号营村民侯祖祜。
③ 韩鹏云：《中国乡村文化的衰变与应对》，《湖南农业大学学报》（社会科学版）2015 年第 1 期。

第五章　文化襁褓：传统基底及情感牵连 ○ 中国百村调查丛书·号营村

为了花灯的传承，号营村在 20 世纪 90 年代中后期率先发起花灯大赛，超越了村落边界，十里八村的村民都可以来报名参赛，扩大了花灯艺术的传播，促进了更大舞台的搭建，后逐渐变成马官镇、普定县乃至安顺市的花灯比赛。当然，这一突破地域的文化表演，与国家倡导民间民俗文化传承与保护相契合。各级政府制定相关保护计划和措施，并层层下拨经费开展民间文化的传承与保护活动，如文化从娃娃抓起。地方政府各相关部门联合开展了花灯、地戏等文化形式进校园活动，号营小学请花灯艺人等到学校为学生讲授花灯的相关知识和演出技巧；同时，对传统文化积极地进行非遗的申报，寻找专门的传承人。对于花灯的传承和保护，还表现在每年元宵节期间各级政府和单位走上前台，举办花灯大赛。经济的快速发展带来民众对文化的需求及国家对弘扬传统文化的重视，各种比赛在促进花灯等的传承和保护上起到重要作用。在西路花灯的集中地，普定县马官镇每年元宵节在村落社会都会以各种名义举办花灯的演出或比赛，如通过设立一定额度的奖金引导并激发村民们的文化自觉。如 2016 年的元宵节由贵州省各层级多家单位联合举办了"四路花灯闹元宵"的大型晚会，在西路花灯的故乡——普定设置了一个分会场，西路花灯以东道主的身份邀请其他三路（东路、南路、北路）花灯同台竞演，用传统文化的表演祝福祖国的繁荣富强，给观众留下了深刻印象。

4. 花灯戏与孝文化

花灯演出内容的生活化和编制的灵活性使号营的花灯总是结合时代的发展，在讲述故事的同时贯穿传统孝文化的内容。传统的花灯在演出内容和形式上较为固定，一般有几个较为常见的剧目，如《踩到妹小脚》《梳油头》《扇帕结下不了情》等。后来人们根据花灯的艺术特点创制出许多新剧目，如《赞公婆》《唱计生》等。即便新剧目在不断被创造出来，然而号营花灯永远都不丢掉一个主题，那就是"孝文化"。"你像我们这点，山庄修好了之后，也编成《号营山庄等你来》，还对孝文化编《赞公婆》这些，都是按照形势来的。"[①]

---

① 2015 年 5 月 22 日，张定贵访号营村民侯祖祜。

在号营村，修建孝文化公园，建孝文化人口墙，采用村民们喜闻乐见的花灯对孝道、孝心、孝行等进行大力倡导，主题更加聚焦，形式更加民俗化，创造了一个有益的文化濡化环境。孝文化与花灯的有机结合，让号营人在娱乐中潜移默化地接受孝悌观念。

（三）号营花灯队

因花灯比较贴近现实，极具讽刺哲理且诙谐幽默，颇受村民喜爱，村民参与花灯表演的积极性高，所以号营花灯队队员历来人数众多，当前按花灯队员年龄的不同还组建成四支队伍。每年春节至元宵节期间，每支花灯队都积极参与各种花灯演出和比赛。随着社会的发展及经济条件的改善，人们闲暇时间的增多，对文化也有所求，花灯队不再局限于每年春节期间表演。花灯已经成为一种集娱乐、休闲、健身于一体的活动方式，堪比当下流行的广场舞。目前，号营花灯共有四支，有老年队、青年一队、青年二队和肖家湾队，其参加人员皆为女性，年龄大多在40岁以上。

号营花灯队平时训练或在村落内演出按各自归属的队伍组队，但当要参与大型比赛或外出演出时，则从四支队伍中抽取优秀者临时组建一支花灯队，按年龄、表演技巧、容貌等标准进行遴选，对外称号营花灯队。

（四）花灯对村落社区的影响

花灯对于号营来说是极为重要的文化表演形式，它融入百姓、贴近生活，俨然成为号营对内对外交往的文化符号。通过对号营花灯的深入考察，我们发现花灯对村落社区具有重要的作用。

1. 丰富村民的文娱生活

中国传统村落囿于村民安土重迁、小国寡民等特征而形成数千年一贯的社会结构，人们总是按照一套行之有效的规矩周而复始地生活着，孙辈完全重复着祖辈的生活轨迹，中国传统乡村社会是典型的"前喻社会"。在这一结构背景下，村民们喜于通过参与各种文化活动寻求乡间的生活趣味。而就号营来说，通过花灯等民俗活动的开展，可丰富村民的生活，增加生活的趣味性，缓减日常生活枯燥和烦闷，释放村民的生活压力。这正应了韦伯提出的"安全阀"理论，花灯在某种程度上就是起到舒缓村民生活疲劳的作用。就算在各种文化形式充斥着村落社会的今天，花灯表演作为一种文娱活动，

第五章 文化襁褓：传统基底及情感牵连

仍然是建构人们生活方式的一个重要维度。刘纲纪先生发文称，"如果说白天'跳地戏'显示了吾乡人民的阳刚之气和壮美风姿，那末晚上'玩花灯'则刚好又表现了阴柔之气和优美的一面。这一刚一柔，是互为补充的。'花灯'是人民所创造的一种以表现民间男女爱情为主题的小型歌舞剧。它非常贴近人民的生活，歌颂一种纯真质朴的爱情，具有情意绵绵和幽默机智两大特点。它经常在青年男女的欢笑声中演出，给人民带来了欢乐和对幸福生活的向往。"[①] 当然，今天的花灯发生了变化，尽管它仍然有表现民间男女爱情的内容，但是在自娱娱人的同时，增加了很多时事政策和孝文化的宣传。

2. 增强村落内外的交往互动

花灯具有促进村落内外团结的作用。首先，对于村落内部，花灯交往的媒介作用显而易见，通过参与花灯的共同训练与演出，加深村民间的互相了解，增进了友谊，消解村民间的矛盾或隔阂，在喜怒哀乐之间营造村落社区的良好文化氛围。其次，过去花灯队常到其他村落进行演出，一般来讲，花灯队所属的某村与所赴村落有着某种特殊的联系，如姻亲关系、宗族关系、产业关系、合作关系等，基于这些关系，以花灯表演等为载体，不仅可以维系乃至增强村落间的情感，也可借此实现与其他村落的交往互动。近年来，花灯表演已经超出时空限制搬上荧屏及现代舞台，其交往互动的广度和频度都大幅提升。

3. 形塑村落社区价值观、社区精神和社区形象

花灯不仅仅是一种娱乐活动，也是屯堡乡民社会中的仪式。作为仪式，它具有沉淀价值观和传递社区精神的作用。传统花灯在演出过程中有一套严格的操作流程，具体为散帖、亮灯、开寨门、开场、嗳白、盘灯、开财门、撒盘子、参门神、扫场等。花灯表演流行在村落之间，在演出过程中重视仪式的举行，这些仪式环节繁复，仪式内容有祈福消灾、五谷丰登、六畜兴旺等意义。同时，号营花灯还表现了孝文化的内涵（上文已述），其表演必然能带来对村民的教化。从花灯的表演内容来看，倡导的是守法诚信、孝顺和睦、读书求知、勤劳致富等价值观念，这也是号营村的社区价值观和社区精

---

① 刘纲纪：《故乡的文艺》，《贵州文史丛刊》2000 年第 6 期。

197

神。这与村落的学校教育、生计教育、礼制教育等在指向上具有同构性，促进了村落统一社区价值观和社区精神的形成。正是这样的社区价值观和社区精神，使得村落内部有了凝聚力和活力，加强了村民之间的团结，建构了村落的公序良俗。

当然，号营村在花灯上大力推广普及，其表演中具有的优势和特色，紧扣村落倡导的守法诚信、孝顺和睦、读书求知、勤劳致富等价值观和社区精神，与其他教育形态互为补充，让"教育立村"的社区形象更加清晰。

二 地戏

（一）屯堡地戏概况

地戏，主要流行于安顺市行政区划范围，故称安顺地戏，因集中在屯堡，又叫屯堡地戏。地戏产生之时和形成之地，尚未找到相关原始文献资料，不可考。只是有人认为是明初随着征南大军从江淮地区带来的，有人推测是明代中后期在黔中地区逐渐形成的，也有人判断是清代乾嘉时期才产生的，目前没有共识性的观点。

安顺地戏演出以村寨为单位，300多个屯堡村寨几乎都有，一般一个村寨一堂戏，当然有些比较大的村寨有二堂、三堂。地戏剧目固定，确定一个剧目，这往往是经过村寨集体协商之后做出的重要决定，不会轻易改动。地戏的演员是地道的农民，一般有二三十人，负责人称为"神头"。根据统计，目前地戏尚存28个剧目，总共有370堂。从地戏内容来看，全是武戏，不演《水浒传》之类的反戏，不跳《红楼梦》之类的文戏，也没有《西游记》似的妖魔鬼怪戏。地戏展演的主题都是正向的，《三国演义》不演走麦城，《岳飞传》不跳风波亭，原因是这些内容情节凄惨，影响关羽、岳飞在村民心目中的高大形象。

地戏演出在平地上进行，观众或站或坐地围成一个较大的圈子，演员置身其中表演。演员头部用青巾蒙住，腰围战裙，戴假面于额前，手执戈矛刀戟之属，随口而唱，应声而舞。地戏面具分为文将、武将、老将、少将、女将五类，俗称五色相。地戏演唱是七言和十言韵文的说唱，在一锣一鼓伴奏下，一人领唱，众人伴和，有弋阳老腔余韵。其动作有基本的武打套路，征战格斗打杀的场景，雄浑粗犷，古朴刚健。

地戏演出一般是每年两季，每季跳半个月，一是正月春节期间叫跳迎春神，迎接新春，祈求全村老幼清吉平安；再一次是农历七月初一之后至七月半结束，因正处稻谷扬花之时，故称为跳米花神，庆贺五谷丰登。村民还会在建房求财、祈福求子的时候请地戏队中的"神灵"如关羽、佘太君等去进行"开财门""送太子"等活动。

（二）号营村地戏剧目概述

号营村地戏剧目原来是《杨家将》，据村中老人侯祖祜介绍，村民们认为《杨家将》不够热闹，1965年经过当时的生产大队商议决定，改为《薛仁贵征东》。薛仁贵是唐初有名的将领。《薛仁贵征东》以一定的史实为基础，逐渐发展出历史演义故事。薛仁贵征东属于薛家将故事的一部分。

（三）号营村地戏队及其运行

号营地戏队组队时间相对较早，曾经一度中断，改革开放后与其他地戏队几乎是同时恢复的，现尚有十几个成员。号营村地戏队成员一律为男性，这是屯堡地戏的一贯传统。地戏表演以往颇受村民的欢迎。前些年，号营地戏队因年轻人外出较多及兴趣上的偏离，参与人数明显下降。近两年来地戏演出受到地方政府和文化界的重视，各种地戏文化活动和比赛得到积极开展，沉默了多年的号营地戏队又重整山河，重新组织人员来表演，并参与了多场演出活动，获得较好成绩。

号营村地戏队的"神头"是肖国昌支书，他是花灯、地戏两栖演员。当地戏演出之前，他要组织演员来"学书"，也就是学习将要演出的那段戏的剧本。由于一堂地戏的剧本比较长，每一季的演出难以全部表演完一本大书，就选择其中的一部分来学习。在学书时，要分配好每个演员各自担任的角色，各个演员要将属于自己承担部分的"唱词"背熟，并在老演员的带领下把动作学好，"唱词"与动作要搭配协调。

地戏队是一个乡村社群组织，平时不用集中，也没有什么固定的经费支持。过去有庙上的田产支持，既能养活和尚，又能支持地戏队。现在没有庙田了，当活动开展时，有时村里面会拿一点儿钱，有时肖国昌支书出一些，有时大家凑一点儿，活动结束后吃一顿饭，叫打平伙，然后一季的演出就结

束了。地戏队的面具是村集体和村民出资请雕匠制作的，演出的战裙由每个演员自己出钱缝制。如果是村里哪一家遇上"开财门"之类的事情，主人家也会给一点儿钱。如果到外村演出，东道主会管吃管住。地戏队成员中如果有婚丧嫁娶的事情，其他成员要邀约前去朝贺或是慰问，能出力时还要帮忙承担一定的事务。

由于地戏本身突出的"忠义仁勇"的主旨，地戏中的角色大多是英雄人物，潜意识地培养了这些演员在现实生活中的一种责任和担当，这的确起到了教愚化贤的作用。

（四）地戏对村落社区的社会功能

地戏对于屯堡人有着特殊的意义，它不仅作为屯堡社区一项重要的文化事象被人们认知，而且暗含了多重文化功能，对形塑屯堡文化意义深远。

1. 娱神与娱人

地戏不同于其他一些戏曲，它具有仪式剧的特点，一方面通过仪式过程的展演，实现人神沟通的目的，屯堡人希望神力作用到现实生活上，祈求人畜平安、五谷丰登等。当然，地戏中的"神"，实际上是神格化历史演义中的帝王将相、英雄人物。另一方面它是可以供人们审美的，表现在娱人和自娱上。节日期间跳地戏，可以增加村落社区的节日气氛，表达农民的喜悦心情。同时作为一种社戏，可供人们观赏，特别是一些老年人对地戏有很深的感情，沉浸其中的历史故事而获得体验。肖国昌支书说，自己喜欢地戏，表演好一个角色，跳出了感觉，自己舒服。地戏是屯堡村寨的重要标志，正如刘纲纪先生在《故乡的文艺》中说："地戏体现出一种威武雄壮的阳刚之气。"这当然是一种美的享受，参与其中的人，当能扮演像薛仁贵这样的重要角色，可引起人们关注和评判，这自然在精神上是件爽心的事情。如果有人说自己平时的为人处事就像其中的正面人物，那当然得到了更大的精神享受。其实，像号营这样一个有地戏的村落社区，通过地戏娱人的同时，也实现了自娱，这无形中推动了社区文化的良性运行。

2. 历史记忆与身体实践

地戏是屯堡人历史记忆的象征符号。首先是军帐生活的记忆。地戏人物及其事件基本发生于军中，这是对屯堡人过往军旅生活的回忆。其次是对祖先的记忆。屯堡人的入黔始祖大都为明朝屯边成疆的将士,他们忠于朝廷,是地戏中演义忠臣良将的影射。地戏具有一套规范的仪式操演流程,一方面记忆的实践通过身体动作(打斗和唱腔)来实现,另一方面地戏仪式是作为明代屯军后裔的屯堡人展示历史的庄严仪式,至今还有着诸多古代军队仪式的环节,如祭祀、占卜、遣将、誓师、战斗、凯旋等内容,通过自己的身体实践去主动地靠拢某些方面的主导价值。"屯堡文化及地戏活动最特殊的地方在于,其活动主体在民间底层生活,却身在江湖,心在朝廷,推崇官方正统性,具有一种'在野'状态中的'在朝'心态及'边缘'处境中的'中心'意识。其戏剧仪式的来源与其说与民间底层的道家因素相关,不如说与官方上层的儒家因素相关,虽然其关系的建立是想象和虚构的。"[①] 因此可以说经过数百年的反复扮演的身体实践,屯堡村民们镌刻着对正统文化的记忆。

3. 道德教化与文化塑形

屯堡人虽然居住在西南少数民族聚居地,但屯堡文化明显区别于各少数民族文化,具有浓郁的儒家文化特点,屯堡人具有信守忠义仁勇的精神,形成了屯堡社会的强规范。地戏对塑造屯堡人的这种文化性格起到一定的作用,地戏用带有庄严的神性特点去教化或规制屯堡人的一言一行。别说是身处其中的村民,就是远走他乡的游子也依然受着这方面的影响。著名哲学家、美学家刘纲纪先生就说道:"我出生在号营,记得儿时每当'过年',这个小小的山村就活跃起来,自发地举行一次现在看来是可称名副其实的'民间艺术节'。首先是白天看地戏,其次是晚上玩花灯。这'地戏'是远古的祭神和巫术结合在一起的戏剧的罕见的遗存,具有人类学、文化学上的重要价值,但同时又与明代派镇贵州的军队中的娱乐有密切联系。他跳的是武戏,富于一种尚武爱国的精神。吾乡'地戏'是全套《杨家将》木制面具。我儿时看这些'地戏',不但获得了一些历史知识,而且深受它的爱国主义精神感染。我后来很爱看京剧《李陵碑》,至今仍喜欢听余叔岩所唱杨老令公黄昏时分依营门等他送信搬兵求救的儿子七郎归来的那一段唱腔,击

[①] 朱伟华:《黔中屯堡民间文学与传统文化研究》,齐鲁书社,2011 年,第 173~174 页。

节叹赏,心灵中引起一种很深的震撼,为中华民族伟大的爱国精神而感到自豪。这是儿时同我在号营看'地戏'分不开的。回想当年乡亲父老们演出这'地戏',也确有一种威武雄壮的阳刚之气,至今仍鲜明地留在我的记忆中。而且这种阳刚之气,我以为是贵州人所赋有的一个特点,很值得加以发扬。"① 从刘纲纪先生的这段话,可以看到号营村以往确实是跳《杨家将》,只是后来才改为《薛仁贵征东》的;同时也看到了他对地戏凸显的爱国精神的赞颂,这是对人的道德教化的体现,通过若干年的积淀形塑了村落社区的文化和精神。

4. 培育乡村社群组织

通过地戏的展演,我们看到地戏队——一个具体的乡村社群是如何组织运作的,尽管不领工资,依靠地戏亦没有什么收入,但屯堡人比较善于使用屯堡的内生性资源——传统组织资源十分丰富的优势,每一个地戏队都设有"神头",被赋予如地戏展演时古代军队"元帅"的职责和权利,便于"调兵遣将"和"发动群众"。地戏队作为一种乡村社群组织,其不仅对于整个地戏表演起到组织的重要作用,而且进一步地培育乡村社群组织。一方面地戏的组织化可能对村落形成影响,使得很多人做什么事都会十分注重群体的力量;另一方面,人们在地戏队中懂得了规则和规矩的重要性,乡村社群组织对其中成员起到了教化的环境作用。

从上述对花灯、地戏的文化展演及其功能的分析,我们可以看到,这既是村民的自娱娱人活动,为村落社区营造一个良好的文化氛围,又将国家与乡村连接在一起,花灯、地戏形式上是地方文化的展演,但其价值指向是非常明确的。花灯凸显村民们对孝文化的重视和回应,突出他们对现实政策的解读和传播。地戏中的"国家",实际上是过去的"王朝","忠义仁勇"的主旨数百年基本不变,实际上其中许多积极的方面也是当下社会、国家提倡的,比如他们将地戏的"忠"作为一个评判标准,平时常说对人要忠,其实这个"忠",词义已发生迁移,变为"诚信"之意,而这正是当下社会提倡和重视的基本价值。同样,通过花灯队、地戏队的文化展演,我们看到乡

---

① 刘纲纪:《故乡的文艺》,《贵州文史丛刊》2000年第6期。

村社群组织在村落社区建设中的作用，有了这些社群组织，不仅可以延续地方文艺，更重要的是它以一种组织力量、文化资源在不自觉地参与乡村的善治工作。因此，可以说花灯队、地戏队类似的社群组织已经成为号营村乡村治理结构中不可或缺的组成部分。

第三节　公众文化空间：精神家园的建构

本节主要介绍号营村的公众文化空间，为了与前述堂屋、"神榜"等私人文化空间进行区分，也为了与由乡村精英、民间组织、社会舆论构成的村落公共空间进行区别，在此我们对公众空间的表述，专指公共文化空间，它更多是物质文化空间的生产和民俗文化教育效应的释放，使人们更好地理解"文化褓褓"对人的精神成长和家园建构的作用。我们主要介绍在村落社区中具有代表性的侯氏宗祠、积德榜、人口文化墙和孝文化公园，以此呈现公众空间与民俗教育的文化关联。其中有关积德榜的内容，已在第四章之"融化于公共空间中的礼制教育"部分有相关介绍，此处不赘述。

一　侯氏宗祠

（一）侯氏宗祠的社会功能与历史遭遇

侯氏宗祠目前是号营村唯一的祠堂，始建于民国二十三年（1934年），迄今已有85年历史。在这期间，除发挥宗祠的基本功能外，在民国时期还为号营村小学提供教学场地。据村民讲述，民国二十三年（1934年）侯氏族人毅然决定将侯氏祠堂作为办学的地方，兴办号营小学。九世侯光炳，十一世侯祖恩、侯祖麟在此执教，侯祖恩还担任校长，为号营村人才辈出奠定了很好的基础。关于号营小学与侯氏宗祠发生关联的过程，在第六章中有介绍，此处不赘述。

由于时代的变迁，宗祠后来作为封建家族主义的产物遭毁坏。"文革"期间，侯氏宗祠正厅的多扇雕花隔门、任可澄先生亲笔撰写的"继世承华"大牌匾、对联，肖炳清雕刻的大小两对石狮等全被砸毁，宗祠石牌坊所刻对联，箴言警句等均遭毁坏，随后宗祠又被用作本村打米磨面的加工场地长达四十多年。至21世纪初,宗祠仅存几间残檐破壁的瓦房,牌坊损毁、风化严重。

2007年,号营村侯氏族谱编纂委员会向族人发出重修宗祠的倡议,在全体族人的共同努力下,历经一年多的时间,终于于2009年清明节竣工。

(二) 侯氏宗祠的现代文化空间

侯氏宗祠是一个承载文化意义的物化空间,它坐落在金印山下,选址本身就有所指。从外部看,侯氏宗祠在满目苍翠的金印山下,与周围外墙刷上淡黄色的民居相比,传统而严整的石木结构三合院就显得突出。宗祠正门是一座石牌坊,内嵌朱红大门,左右厢房灰色侧墙与石牌坊呈一线连接而构成了正面外观。从远处看,朱红大门,高大的正厅,红黑相间的传统门窗,屋顶盖上青瓦,屋脊、屋檐配以白色修饰,呈现庄严肃穆、底蕴深厚的活动空间,体现出与一般民居功能的不同。

侯氏宗祠的石牌坊上部正中,镌刻着阳文"侯氏宗祠"四个隶体大字,沿用清末秀才九世祖侯光炳当年所书手迹,其上顶端精雕二龙戏珠图案,左右两侧雕刻行楷书阳文警句,如成人手掌一般大小的地方分别刻上"慎终追远""教泽犹存"。在"慎教"之上分别刻上朝向牌坊中心点的两条鲤鱼,明显来自鲤鱼跳龙门的典故。牌坊下方左右两端为阴文大篆,左书"倡文重教",右刻"继往开来"。牌坊有两副对联,中联在朱红大门的两侧,为阴文楷书,"书香一门由来日月舍秋馥;流川百韵自古清音播惠风"为原安顺师专校长王学书撰联,第十一代孙侯祖新所书。侧联用阴文隶书:"宗亲祭先人谈粟谈商谈年景;诗文扶后进品书品画品人生。"为侯祖农在安顺师专任教时的学生、原安顺市文联副主席、作家吴之俊所撰,由第十代孙侯明全手书。

宗祠有五级石梯,通过朱红大门就进入侯氏宗祠,中间即为一个方方形天井,正面是宗祠主体部分——正厅,两边是左右厢房,正厅远高于厢房,但和谐一体。正厅高大、庄严,前上方黑土漆金字大匾"继世承华",这是由著名学者、清末举人、民国教育总长、云贵两省监察使任可澄先生题写的。此匾重刊,还有故事。在那个传统文化受损很大的时代,匾额遭到损毁。复建宗祠后,侯祖祜老人花了一年多的时间寻找,最后是在一张老照片上看

第五章 文化襁褓：传统基底及情感牵连 ○ 中国百村调查丛书·号营村

到，才复原出来的。匾额下方对联为："平国旧勋名百代蒸尝称祖德；琰州新世泽千年食复迪前光。"这亦是任先生所题，但未找到对联原作，所以对联内容由侯祖农以行草书写。面对正厅，中间为龙版踏步，上有"二龙戏珠""鱼跃龙门"石雕，两侧是一米有余的九级石梯。正厅正面由六扇雕花隔门构成，其下是任可澄先生的入室弟子、云贵厘金局长、第十世孙侯明鑑所书古训和"四君子"的画作。整个建筑的站柱、花窗隔门、板壁均为黑红相间的颜色，古色古香、端庄肃穆。正厅之内，正面供奉侯氏历代祖先灵位，中央树立一世祖正国公、韦氏的大牌位，二世至五世分列两侧，大小较一世祖次之。五世以下，按辈分排列逐级下移，目前已至第十三世"贻"字辈。整个灵位，人数众多，辈分清晰。灵位两侧墙壁镶嵌大理石碑，镌刻侯氏宗祠古训、号营侯氏祖训、侯氏字辈新旧谱、侯氏宗谱史略，金色隶书字体赫然在目。

正厅之下的两侧为左右厢房，左较右稍高，显然与传统儒家序位观念有关。左厢房为议事室，内有长方形会议桌，四周配有塑料靠椅。墙上有侯氏的谱系图和跳花坡侯氏支系表，以及第十一代孙侯祖农、侯啸江鼓励族人的书法作品。议事室是供侯氏族人商量事情的活动空间，比如清明节祭祀活动筹备、平时族人中遇上的一些需要商量讨论的事情。在侯氏历代高曾远祖考妣灵位之下商量事务，举头三尺有神灵，这是一个有别于其他场合的文化空间。右厢房是接待室，内有侯祖农的油画作品数幅，起到一种修饰作用。接待室也是供族人商量事情之地。

左右厢房之间是方形天井，修成方形是国人传统的做法，其隐喻古代官印是明显的。在天井的两侧即左右厢房的墙裙部分，镶嵌着为宗祠复建三次捐资的功德碑，上有捐款人大名及具体金额。还将捐款1万元的侯祖农、侯小华（在安顺经商）的名字及金额以较大的字号凸显出来，有意思的是亦将各辈姑妈捐款的名单专门勒石记录，载入侯氏史册。一般情况下，按屯堡村寨的惯习，嫁出去的姑妈是不参与外家的此类事情的，这是外家男性的事情，但侯氏姑妈们根据自己的能力乐意出资，值得家族学习和铭记。2018年清明时节，家住镇宁县丁旗镇的第十四代孙侯忠文慷慨捐资23800元，为祠堂逐步修缮提供资金支持，又专门勒石"德昭千秋"碑，予以表彰。

据侯祖祜老人说，宗祠建好后了却了作为子孙的一桩心事，大家都赞成。宗祠平时有专人负责保管钥匙，有人参观时，管理者负责开门。家族在里面的活动不多，主要是清明时节，来自各支的侯氏族人要进去看看，各自表达对祖先的敬意，对此没有统一的要求。

总体而言，侯氏宗祠基本按原貌修建，敬祭先人、启迪子孙、沉淀文化、内蕴意义，是对中国传统教化空间的复制和延续。

（三）超越家族、村落的文化符号

侯氏宗祠虽为侯氏一族所有，但又不仅仅是侯氏家族的，它已成为号营村村落社区文化空间的一个组成部分。号营村地灵人杰，人文蔚起，其实是有一个大的人文空间环境的。号营村前是一片良田沃土，弯弯的溪流穿梭于田间垄亩，这本身就是一幅充满生气的农耕文明图景，周围山头不仅绿而化之，而且文而化之，号营村后紧紧依托笔架山、飞凤山、金印山，这些山名本身就表达了先人和时人对文化的追求、对未来的愿景。农耕文明的生动图景，绿化并兼具文化的山峰，再加之过去的传统民居、读书楼，现在的图书楼、号营小学、人口文化墙、孝文化公园等，与侯氏宗祠一起构成了村落社区的物质文化空间环境。对人的文化濡化起到了重要的作用。侯氏祠堂就是村落社区的重要文化景观，不单是表达侯氏家族的繁盛，亦是激励村民鼓励后辈儿孙努力求学的现实文化符号。

普定县马官镇一带，村民们大多为明代洪武年间"调北征南""调北填南"的军人后辈，他们族群历史的同源、农耕方式的同一、经商贸易的同风、文化事象的同质、尊崇教育的同向、精神信仰的同俗，使这些村寨构成了一个互动交流稳固的村落联盟。侯氏宗祠在方圆十里八村享有知名度，成为村落联盟中激励人们努力向学的重要文化符号。因此，它又具有超越村落的现实意义。

二 人口文化墙

（一）人口文化墙的空间布局

近年来，号营村着力打造村落文化空间，无论是在有形的方面，还是无形的方面，都获得了长足的发展，领先于全镇乃至全县其他村落。尤其在人口文化墙的建设上，号营村有效利用村落现有的地理条件和空间布局，成为融自然环境与人文景观于一体的环境治理典范。号营村的人口文化墙，肇始于美丽乡村建设的倡导，结合号营村的地理位置，从村办公楼对面山脚紧靠山体，沿入村公路右侧边沿修筑约两米高的墙体，其长度达到百米之多。墙体粉刷白净后，绘制上各种体现国家政策、孝文化、家庭关系、睦邻团结、村落文化等内容的景观图，并在相应的图画旁加以文字介绍。文化墙的建设，避开了因修路而造成的山体破坏、岩石裸露等凌乱的视觉感官，既可形成村落景观，也起到文化传播与政策宣传的作用，促进了村民文化素养的提升。文化墙顺着山脚沿公路而下，后面山体陡峭，对山体掉落的石块或泥土具有一定的防范和保护作用，具有防灾、减灾及生态修复的功能。

（二）人口文化墙的内蕴及功能

近年来，马官镇按照"一乡一特"的思路抓人口文化建设，打造一面墙、一台戏、一张碟、一堂课的"四个一"精品工程。各村的百米画廊以花灯文化为底蕴、以彩绘为表现方式，向人们展示了花灯歌唱计生及新农村建设取得的新成绩、新面貌。就号营人口文化墙而言，其文字描述的内容着重在对人口文化素质提升方面的宣传，分为多个板块，并以"篇"分类，有流动人口、关爱女孩、避孕节育、利益导向、生育调节、优生优育保健、新婚、人口文化、新农家、新农民等篇目。比如"关爱女孩篇"：生男生女一样好，男孩女孩都是人，女子也能成大器，男孩也会败家门；生女父母莫忧心，女儿也是传后人，古有木兰杀敌寇，今有飞天娘子军。"新农家篇"：屯堡文化传百年，现代又谱新华章，生产发展生活富，乡风文明新风尚。

人口文化墙的建设，对普及村民人口科普知识和保护传统文化起到促进作用，这类似于费孝通先生早年提到的文字下乡，对于改变村民保守而消极的人口文化观念，积极融入现代生活，有着一定的引导效果。当然，人口文化墙与孝文化公园形成一种互构的关联，倡导社区主导价值，塑造清晰的社区形象。

三 孝文化公园

关于孝文化公园，前述第四章第四节之"礼制教育与乡村治理整合的物化平台"已详细呈现，此处不再赘述。在此，重点要说明的是该公园亦是村落社区公众空间的重要构成部分，它对村民精神信仰的家园建构也起到了积极的重要作用。

作为20世纪90年代建成的贵州省第一个村级公园，而后又发展为在全省乃至全国为数不多的孝文化主题公园，当下贵州及安顺到处都在建山体公园，实际上这就是一座很早的山体公园。它不仅为人们提供休闲娱乐的场所，也是一个将自然山体先绿化、后文化的实在案例，构筑了一个承接传统与指向未来的精神教化空间。课题组认为有几个方面的启示值得思考和借鉴。

首先，它是一个被建构的教育空间。它原来就是一个一般的山体，甚至被毁，一度近乎成为一座荒山。如今的飞凤山，绿化与文化兼而有之。处暑时节，拾级而上，山风拂面，凉爽来袭。在这样的文化空间里，人们仰望苍穹顿觉天地孕育万物之博大，回悟人生，方省父母养育之无私。公园里，人们漫步休憩时乐而观之，在闲暇生活时静而思之，在婚育进行时践而行之，孝文化观念已融入人们的生产、生活、生意、生育中。其实，自西汉董仲舒提出"罢黜百家，独尊儒术"以来，在中国传统文化中都存在一个儒家思想世俗化、底层化的过程，牌坊就是一个典型的特殊载体。号营村建设孝文化公园，既在积极地继承优秀的传统文化，亦是在对接当下中央提倡的精神文明建设，从体量上远远超越于单体的牌坊，标识了村落社区的主导价值观念，凸显了清晰的社区形象，这亦是一个当下社会主导价值基层化的精彩案例。它为后辈儿孙留下了重要的物化精神财富，成为未成年人和成年人的一般社会化、继续社会化的重要场所。

其次，它是在村精英与在外乡贤完美结合的物化空间。号营公园的建设与刘纲纪、侯祖农等在外乡贤的作用有重要关联。号营村支两委重视文化建设，也有很强的组织动员能力和筹集资金的能力。村支两委重视与本村在外工作乡贤的互动，比如公园的整体设计，侯祖农就发挥了重要作用，为了保证水平和质量，他不时到现场来考察，甚至跑到省里去寻求资金的支持。号营名家碑廊，诸多名家的书法作品，行家一看就有刘纲纪、侯祖农等人的贡献在其中。

再次，它表征了乡村社群组织推动乡村社区建设的可能与路径。飞凤山

第五章 文化襁褓：传统基底及情感牵连

是一座陡峭的山峰，在村支两委这样的乡村社群组织的带领下，广大村民积极参与建设，发挥了号营村以石匠、泥水匠为主体的建筑工程队这样的乡村社群组织的作用，利用好匠人众多和水平过硬的优势，将过去一条狭窄的毛糙山路变为一条可并行三五人、规范平整的石梯路，依山势修建上千级石梯，山体外侧沿路修建花岗石石栏，公园内修建亭台楼阁等多种设施。这不仅是为建设孝文化公园贡献力量，这些人无私奉献的公心和实绩，对当代人也是作为榜样的鲜活案例，对后辈子孙是孝文化教育的很好事例。

最后，它彰显号营人"贴着时代走"的精神。号营发展之所以超越了其他邻近村落，在于其发展上总是处于外卷化的发展路径与模式，号营人历来头脑较为灵活，总是不断打破传统的发展模式，开拓出新的生存空间。如旧社会时一大批号营人从事乡间的山货贸易，在贸易不发达的年代曾创造号营经济上的富足；新中国成立后开办乡村企业、推动蔬菜种植、成立建筑工队乃至在教育上的投入都颇具前瞻性。号营人与时俱进，紧扣时代发展主题，其超前的发展思路总能贴近国家的发展动向，进而在获取国家政策支持上比起其他村落总会略胜一筹。号营是一个重视文化发展的村落，村落社区为村民们提供的经验，为其在以后面临新机会和新任务时奠定了基础，所以他们总会将国家政策和发展理念融入文化形式的创造和表演上，实现文化既能娱乐又能宣传教化、推动发展的多重作用。

公众空间的建设是号营村的一个重要特色。一方面作为文化景观，这些空间是村落建设的重要内容，供人文化娱乐之需；另一方面它又是精神与物质的有效结合，释放出诸多引领人学正理、做正事、走正道的文化信息，营造了良好的濡化育人环境；再一方面是村落社群组织和乡贤群体的很好结合，共同打造了有根的家园，这个家园承载着村落社区共同的价值观念和社区精神，浓墨重彩地凸显了号营村清晰的社区形象。

第四节 "文化襁褓"概念及其价值

民俗教育在公共知识、公共活动和公众空间上对人的生命成长的重要作用，正如小孩出生需要一个物化的襁褓一样，其实人的生命成长亦需要一个文化的襁褓，由此我们提出"文化襁褓"概念。这一概念既是一个实践概念，同时又是一个学术概念。在此，试着对此概念进行探讨，便于深化以后的认识及相关实践。

一 "文化襁褓"概念的提出

关于"襁褓"，《现代汉语词典》将其定义为："包裹婴儿的被子和带子。"① 而《汉语大词典》则有三种定义：①背负婴儿用的宽带和包裹婴儿的被子，后亦泛指婴儿包；②借指婴幼儿；③谓把婴儿包裹在小儿被中。② 两本词典的定义有相似的地方，即指包裹婴儿的被子，但《现代大词典》则更全面一些，扩展为特指人生的婴儿时期和包裹小孩的动作过程。实际上借鉴"襁褓"一词用于文化研究，我们不仅指文化现象，还指人的生命起点，亦指文化的传承、生产和再生产的过程，因为它在村落社区对婴幼儿、未成年人乃至此后的生命成长都起到襁褓的作用。因此，我们是在后一种定义框架中使用"襁褓"一词。

"襁褓"作为一种学术名称的运用，来自于路易·阿尔都塞的《保卫马克思》一书。路易·阿尔都塞针对青年马克思的成长，使用了"意识形态襁褓"的说法，虽然他认为德意志意识形态襁褓对马克思有沉重枷锁的作用，但指出了马克思也受到这一襁褓提供的前知识影响，而并不是一下子就拥有杰出的思想。"马克思就在这一世界中诞生，并开始思想。马克思的开端的偶然性在于，他诞生时被包裹在一块巨大的意识形态的襁褓之中，而他成功地从这块沉重的襁褓中解脱了出来。"③ 在此我们看到，一方面德意志意识形态襁褓对马克思的沉重负担，但另一方面这一意识形态襁褓对马克思的成长也起到重要作用，正如书中指出："我们往往容易以为，青年马克思的意识是现成得来的，却看不到这一意识从一开始就受到襁褓的奴役和影响。"④

---

① 中国社会科学院语言研究所编纂《现代汉语词典》（第7版），商务印书馆，2016年，第1044页。
② 罗竹风主编《汉语大词典》（第9卷），汉语大词典出版社，1992年，第139页。
③ 〔法〕路易·阿尔都塞：《保卫马克思》，顾良译，杜章智校，商务印书馆，1984年，第55页。
④ 〔法〕路易·阿尔都塞：《保卫马克思》，顾良译，杜章智校，商务印书馆，1984年，第55页。

第五章 文化襁褓：传统基底及情感牵连

借鉴意识形态襁褓的说法，本课题认为号营村的农村社区教育经过长期的积淀，就像一个包裹婴儿的被子，形成了一个有助于人精神成长的"文化襁褓"，即便这个人以后茁壮成长，也否定不了这一襁褓对他成长的有益作用和生命意义。据此，我们提出了"文化襁褓"的概念。主要有四层含义：第一，这是人生活、生存以及社会化的文化空间；第二，这个文化空间能给人以安全感，并培养人的规则意识；第三，从这个空间中走出来的人，在具有一定的能力和知识之后，用自己的力量来丰富这个空间的内涵，并有可能改造这个空间的不合理之处；第四，人在身体上离开村落社区之后，这个空间成为人精神的依赖之处和灵魂归宿之地。

路易·阿尔都塞的观点给我们很好的启示，像号营村这样民俗文化资源富集的地方，除了要看到它外显的文化事象之外，如果再能看到其是一个结构性的民俗教育实践体系，有助于我们发现民俗教育文化的构成及其相互关系，发现文化襁褓对民众日常生活和栖居异地的乡人的深刻影响，使我们增强研究民俗文化及诸多教育形态关联的问题意识。因此，"文化襁褓"概念的提出，对于我们从理论上探究文化环境与人的精神成人、文化环境与精神家园的关系，具有教育学、教育人类学、教育社会学理论上的知识生产意义。

本课题认为，所谓"文化襁褓"是指一个地方、族群或民族，通过民俗文化教育潜移默化地影响着人的生命底色所形成的结构性民俗文化系统。

二 从号营村民俗教育看文化襁褓的构成要素

"文化襁褓"概念的提出，既有助于我们描述某些地域或族群的民俗文化教育，又有利于描述与其相关的其他教育形态。我们认为文化襁褓的构成涉及公共知识、公共活动、公众空间、乡村社群四个相互关联的要素。在此，就文化襁褓作为一个结构性的民俗教育载体，谈谈我们对其构成及其功能的理解和认识。

（一）公共知识

在文化襁褓中，公共知识是一个基本要素，对人的文化素质起到基础性作用。人从出生开始，首先面临的问题就是要学会在自己的生活环境中实现自我生存和自我发展。"所谓个人发展的先天文化素质，其实是后天所为，是区别于学校教育所实行的文化知识的教育，强调的是民俗教育的结果。"①人通过从周围环境中习得知识，知道了为人处世的基本规范，自然而然、润物无声地完成了教而化之的事宜。

我们从号营村的家庭、家族和村落的层面，看到环境对人提供的知识供给，不管他愿不愿意、自觉不自觉、意识不意识，作为个体生命，村落社区早已给他准备了一套民俗文化，将其纳入公共文化的轨道中。所以，在一个人的生命历程中，他知道与长辈、平辈和晚辈等周围的人如何相处，知道人生节点上自己或他人在遇到婚丧嫁娶等重要事件时角色扮演的分寸和把握，知道一年四季时间节点上的行为和指向，知道通过语言民俗指导自我行为及与人的互动，等等。这些先天的知识供给，发挥着文化襁褓对人的文化素质养成的基础性作用。

（二）公共活动

在文化襁褓中，公共活动亦是一个重要因素，这些活动的开展能够反映号营村地域文化底色。人们精神特质的养成、文化共性的形成与公共活动的濡化作用不可分割。

濡化是指个体受其周围文化环境浸染和熏陶而成为合格社会成员的过程和结果。"民俗教育的过程区别于知识灌输与复制的最根本之处在于民俗教育场景的丰富性与互动性。"② 马官镇是中国花灯之乡，是西路花灯的典型代表之地，而号营村则是其中重要的构成部分。花灯群众基础非常扎实，普及的花灯艺术发挥着文化濡化的作用。表现"忠义仁勇"的地戏亦对人的濡化产生重要影响。在这样的文化环境中成长起来的人，有着区别于其他地域、族群的不同文化底色。人们不仅知道历史上的诸多故事，明白现实政策的指向和行动，也理解村落社区的核心价值观念和社区精神，主动维护村落的社区形象。同时，也知道人际之间、村际之间以及人与自然的关系处理。这不是在放大民俗教育的作用，它的确为人的文化底色的形成起到了濡化

---

① 柯玲：《民俗教育原理》，光明日报出版社，2015年，第48页。
② 柯玲：《民俗教育原理》，光明日报出版社，2015年，第48页。

作用。

（三）公众文化空间

公众空间体现在民间信仰体系下的家园建构，使人有了根的依托。在此，我们为什么不用"公共空间"的提法？我们在导论部分提到，公共空间是由乡村精英、民间组织和社会舆论构成的，号营村同样有着一个由这三部分构成的公共空间。而我们所说的公众空间主要是指在民间信仰体系下建构的物化的民俗文化空间，虽然它与公共空间有一定的关系，其中我们也看到乡村精英、乡村社群（民间组织）等在其中发挥作用，通过建设亦能够引导社会舆论。公共空间主要指促进人们广泛参与、交流与互动的治理空间，乡村精英、民间组织和社会舆论在其中发挥着推进社会治理的重要作用。显然，物化空间是一个教化环境空间，不能与公共空间完全等同。

号营村侯氏祠堂的修建、人口文化墙的建设、积德榜的推出、孝文化公园的打造，以弘扬、传承中华传统孝文化为目的，成为社会点赞的实在案例。这既传承了传统民俗文化，又形成了独特的村落公众空间。这是传统文化对村落意识形态、价值追求、民间交往所发挥的积极建构作用，亦使传统文化对村民团结、遵纪守法、执行国家政策等起到一定作用，同时教化文化空间的营造，包括向村民推行勤耕苦读、节俭持家、尊老爱幼、邻里和睦等内容。

文化空间包含了物质、精神和社会三个维度。要理解文化空间如何生产出来，即文化如何发生的问题，同样需要从物质、精神、社会三个方面着手。

首先，文化的物质性。文化具有一定的物质性是显而易见的，其中物质文化需要占有一定的自然空间，也就是说物质文化是一种人的感官可以感觉到的，看得见摸得着的客观实在。而非物质文化也需要有一定的载体转化成可感知的形式，如屯堡地戏表演性的打斗动作与粗犷的唱腔等。

其次，文化的精神性。费孝通先生认为文化是人创造的也是为人的，它是人精神的产物，是人改造世界、实现自我的力量显现。因此，文化的精神性最终还是落在人的因素上，任何文化形式如果没有打上人的行为烙印很难理解其是文化的，如大自然中的一块石头和号营村飞凤山上一块石头，后者因被加工成摩崖石刻而成为文化，显然后者是文化而前者不是，诸如此类。

文化的精神性还表现在能给人提供安全感，使人能远离外部的喧嚣而放松心情、释缓压力，心灵受到净化，灵魂获得栖息之所。

最后，文化的社会性。具体到某一文化类型是一定时代背景下才能出现的产物，它为该时代的人类共同体服务。不是所有的文化形式一经产生就可以永世传承，还必须与社会发展需求、审美特点、传承机制等有效结合起来。另外，文化具有阐释性，一种文化形态在此文化环境中是适用的，但换到彼文化环境中却格格不入，这也是形成文化社会性的一个重要因素，即不同的社会在文化审美、需求和意义等方面有不同的理解。还有，从这个空间中走出来的人，在具有一定的能力和知识之后，用自己的力量来丰富这个空间的内涵，并有可能改造这个空间的不合理之处，比如号营村的乡贤群体对家乡建设的参与，这是一种用文化的力量来持续推进文化建设的行为。

号营村村落公众空间的生产和再生产，推进村民日常生活的文化化，促进了乡村精英、在外乡贤、乡村社群及众多村民合力参与文化空间建设，体现了民俗教育良好的外部空间环境。当然，这一空间环境并非是民俗教育独有的，分类的目的只不过是为了更好地探究民俗教育的作用。其实，民俗教育与礼制教育、生计教育、学校教育在整个村落社区中，是以互相融合、互为补充的方式潜移默化地塑造和生产着具有浓郁中国本土特色的文化空间的。

（四）乡村社群

乡村社群是勾连公共知识、公共活动和公众空间的重要载体，对民俗教育的文化传承、代际传递、信息传播发挥着重要作用，反映民俗文化教育生生不息的特殊的生成养育制度。

号营村文化襁褓的构建，反映了村民对族群文化的集体记忆和文化认同，形成了村民重视文化、尊崇教育的文化性格和共同气质，其实这与特殊的生成养育制度有着重要的关联。地戏能够传承至今，厦门大学彭兆荣教授为此提出了文化遗产"生成养育制度"的概念，认为屯堡地戏正是因为有着族群内部的一套生成养育制度，才形成了这样较为悠久的文化传统的。彭兆荣教授认为，现在谈到文化遗产的文化传承，实际上很多遗产都有当地人的一套生成养育制度，我们对待文化遗产不能仅仅注意从国家层面谈如何保护，还要重视当地文化遗产的生育养成制度。号营村文化襁褓的形成，让我

第五章　文化襁褓：传统基底及情感牵连　○　中国百村调查丛书·号营村

们看到了很多方面都有乡村社群参与在其中，就家庭教育而言，其实家庭就是最小的乡村社群，而且这样的社群不是孤立的，它总是与更大的社群连接在一起，或者其家庭成员参与村落的其他社群。就修建祠堂来说，成立领导小组看似是侯氏家族的事情，其实是村民们通行的做法，它本身就是一个乡村社群组织，更不用说组织化严密的家族同样是乡村社群（当然屯堡地区这样组织化严密的家族是很少见的，且具有村落社区均质化的特征，因此我们说屯堡有"家族"，但属于非宗族的社会）。就修建孝文化公园来说，那更是乡村社群组织在其中发挥作用的结果，村支两委是社群，建筑工程队亦是社群，乡贤群体也是社群。因此，我们可以说号营村文化襁褓的形成，其生育养成制度的核心就是村落社区本身的文化传统容易形成乡村社群，并且通过乡村社群可以整合内部或内外部的资源共同推进诸多事情的开展。

综上，在文化襁褓中，公共知识是文化襁褓构成的基础，是乡村社群传递的重要内容，是指向村民受众并使其接受、内化文化信息和基本规范；公共活动是村民们加强横向联系的行为参与，是公共知识的进一步放大和外化，对公众空间有着重要的影响；公众空间则是一个物化的文化空间，乡村社群在传承公共知识、开展公共活动、传播主导价值、优化社区形象等方面发挥着重要作用。可以看到，公共知识、公共活动、公众空间、乡村社群这四个方面是互文互构地结合在一起的。实际上，由于在内容和特色上的不同，不同地方、族群会形成不同信息和载体的文化襁褓，它通过对人的长期濡化，对人的价值取向和行为指向起到定向作用，使不同地方的民众形成了不同气质和文化个性。

三　"文化襁褓"概念的意义

"文化襁褓"既是一个描述性概念，又是一个分析性概念，这为分析某些地域或族群的民俗文化教育提供了一个可资借鉴的思考框架。概而言之，本课题认为提出"文化襁褓"的概念具有以下两大方面的意义。

在学术意义方面，"文化襁褓"这一概念或许会有认识论意义上的作用。

其一，"文化襁褓"是"民俗教育"的下位概念，是对教育学、民俗学、教育社会学、教育人类学等学科理论知识的丰富和延展，这为分析某一

215

地域或族群的民俗教育提供了一个分析框架。"文化褓褓"不是一个孤立的概念，公共知识、公共活动、公众空间、乡村社群这几个概念共同支撑起了"文化褓褓"这一上位概念。

其二，"文化褓褓"是一个具有本土特点的学术概念，为地域差异、民族差异、族群差异较大的民俗教育提供了新的研究视角、拓展了新的研究空间，具有较大的理论包容度。实际上，不少地方、族群、民族都有自己的民俗教育形态，我们借此可以研究客家人、东巴人、"喇叭人"、"酸汤人"和苗族、侗族、布依族等族群或民族的文化褓褓，这或许可以为认识当地人的社会化和推进农村社区教育或民俗教育研究提供视角上的参考或借鉴。

在实践意义方面，"文化褓褓"这一概念在刷新人们认识的同时，或许对具体实践会有推动作用。

首先，注意地方民俗教育资源的培育，对于改善当下农村出现的文化"空心化"或许具有启示意义。在当下中国，不少农村出现了文化的"空心化"问题，而号营村的"文化褓褓"，其所凸显的"记忆什么"和"如何记忆"的机理，为改善农村社区出现的弱记忆或不记忆现象提供了参考和借鉴，使地方民俗教育资源受到激活、放大和培育。

其次，注意民俗文化结构性的活态传承，这可能更有利于民俗文化的传承与保护。从表现形式看，虽然有些民俗文化表现式微，但在村民日常生活中仍然实实在在地存在，要注意这些日常文化的传承，不可随意给其贴上一些具有明显负向价值的标签；实际上在一个重视民俗文化的村落社区里，当地人自有一套做法，尊重村民、尊重惯习，可能有利于民俗文化的传承与保护。从传承机制上看，村民在国家的框架下根据当地的实际情况和现实需求，对其文化内涵做出相应的改动和丰富，这既是在传承，又是在发展；同时要注意个人、家庭、家族、村落社区等不同层面民俗文化的传承及其相互关系，不能出现结构性的缺失或弱化问题。从传承结果来看，通过建设人口文化墙、孝文化公园等，村民既可从中受到教育，也可使村落从中获取经济利益或社会声誉；传统民俗资源是一种教育资源，在传承民俗文化的同时，注意民俗文化的现代转换，将优秀传统民俗文化整合到现代社会的语境中，形成适应社会发展的公序良俗，推进社会的文明进程。

第六章　学校教育：体制嵌入及村校形塑

　　号营村的学校教育，虽然未能脱离中国社会农村教育的渊薮，其所取得的教育成就，却令诸多乡村望尘莫及。这与号营村村落社会与号营小学的长期良性互动紧密相关。一方面，村落社会积极参与学校教育实践；另一方面，学校以显著的教育成就回馈村落社会。换言之，此种理念下的学校教育，不仅可以给农村学生在未来的人生道路上提供科学知识，而且可以在实施过程中为凝聚乡村力量、传播乡村文明、培育乡土情感提供精神场域。在这种教育氛围下成长起来的学生，即使在身体上离开乡村，但他们可能由于情感依恋而记住乡村以及乡村学校。在合适且有必要的时候，会在物质、精神上给予乡村及乡村学校以回馈。因此，本章姑且将这种以乡村学校为载体，但与村落社会紧密关联的教育称为学校教育。

　　本章在体制嵌入的社会背景下，从村校一体和村庄共同体的视角追溯号营村学校教育的发展历程，重点分析村落社会与号营村学校100多年的互动过程。然后在这种理念下，从升学率、个人成长、情感培育以及村落景观和社会资本等方面，分析号营村学校教育的制度性产出和非制度性产出。如此，不仅有助于学术界以村庄个案为起点，重新理解学校教育对村落社会的功能价值，而且有利于教育管理部门对撤并乡村学校进行反思，能回应当前社会上流行的"读书无用论"。

第一节　号营村学校教育的历史演进

一　明朝之前：远离民间社会的上层教育

中国历史上较早出现的两类学校为国学（中央官学）和乡学（地方官学）。国学主要有太学、国子学两种，一般在京城设立；乡学主要是指由府、州、县设立的学校。此两种不同类型的早期学校教育，主要定位为中高等教育。而村落社会则由各种私学为其提供教育平台。官学和私学的主要区别在于管理和投入制度的差异。"在管理与投入体制方面，官学主要由国家管理和负担学校经费。而私学投入，大部分依靠民间自己筹集，国家资助的数额很有限。"[①] 王朝国家对官学、私学实施的差异性管理和投入制度，彰显出不同人群受教育权的层级性差异。

夏商周时期，教育是少数统治阶层的特权，只有奴隶主贵族才有资格接受国学或乡学教育，作为奴隶则根本没有享受学校教育的权利。为维护奴隶主贵族的特权，还设有专门官吏保管与之相关的文化典籍，这种官吏职位可以世袭。到春秋时期，国学与乡学皆出现衰败的迹象，民间力量举办的私学兴起，教育覆盖人群有所扩大，除奴隶主贵族外，民间社会的子弟也可以接受教育。秦朝时期，以秦始皇为代表的统治者推崇法家思想，极力排斥儒家思想。推行"以吏为师"，禁止民间力量举办私学。因此以文化传递为主要内容的学校教育受到极大摧残。汉代时，在官学系统外，民间社会办的私学也较为普遍，下层民众的入学机会似乎在增多。但是将察举制与教育制度联系起来综合考虑，表面上增多的入学机会被察举制程序的"不公正"抵消，仍然只有极少数的权势者借此进入上层社会。到魏晋南北朝时期，这种极少数的权势者具化为世家大族势力，他们操控着"九品中正制"的选士方法，下层普通人向上流动的渠道被世家大族挤压。

自隋朝开始，科举制度设立，王朝国家的统治者用科举考试的办法选拔

---

① 杨卫安等：《中国古代乡村初等教育供给制度解析》，《华南农业大学学报》（社会科学版）2014年第1期。

人才，在很大程度上避免了"九品中正制"被少数人把持向上流动机会的可能。与科举制度同构的学校教育体系随之建立，下层普通人接受教育的机会也逐步增加。唐朝在隋朝的基础上，选拔人才不仅要看科举考试的分数，还要求有仕宦名人的推荐。由此引发的一些程序"不公正"在很大程度上抵消了科举制度给下层民众提供的机会。"两宋的科举，基本上因袭唐朝，但制度更趋完备和严密，取士规模不断扩大，达到了科举制度的鼎盛时期……不准朝廷考官推荐考生应试，不准考官与进士结成'恩师'和'师门关系'。"[①] 而元朝时期，统治者极为反感儒生的"日为诗赋空文"之状，不重视科举取士。

历史地看，明朝之前的教育具有两方面内涵。其一，空间布局。即王朝国家的统治者只将学校建立在城市，而较少在农村或者边疆的化外之地建立学校。其二，机会配置。即使在部分时段王朝国家允许民间社会自主设立学校，但其人才选拔机制的内在规定，如察举制、"九品中正制"等，在一定程度上冲抵了由学校空间布局机制给民间社会带来的机会。总而言之，明朝之前的教育制度安排，可称之为一种远离民间社会的教育。对于地处边疆化外之地的安顺，这种制度安排下的学校教育，与其"距离"更远。据史料记载，今安顺境内直至元朝延祐四年（1317年），才正式设立学校。"普定路军民府判官赵将仕在普定'立学校，明礼义，通商贾'"。[②]

二　明清时期：连通国家与地方的"制度性"教育

进入明朝，贵州在王朝国家政治格局中的战略地位日渐凸显。王朝国家的统治者为安顿边疆的人心，并在此基础上构建与王朝国家政治格局相匹配的边疆社会秩序，教育被视为一种重要手段。贵州境内的教育随之被纳入王朝国家的教育体系。

（一）明清贵州的教育

明朝之前，带有国家建置性特色的书院是贵州实施学校教育的主要载

---

① 陈季君：《宋代时期科举制度的演变》，《贵州文史丛刊》2000年第5期。
② 贵州省地方志编纂委员会编《贵州省志·教育志》，贵州人民出版社，1990年，第9页。

体。明朝建立后，王朝国家的统治者对贵州境内土司子弟和卫所军士采取不同的教育方式、举办不同体制的学校。

1. 土司与儒学

中央政府针对贵州境内的土司，"先后创办了贵州宣慰司儒学、思南宣慰司儒学等8所土司儒学，主要招收土司子弟进行文化教育"。① 另外还将部分土司子弟征召到京师接受教育。洪武十五年（1382年），贵州普定军民府（今安顺）知府者额到京城朝贡，辞归时，朱元璋对他说："今尔既还，当谕诸酋长，凡有子弟，皆令入国学受业，使知君臣父子之道，礼乐教化之事，他日学成而归，可以变其土俗同于中国，岂不美哉。"者额回贵州后，于洪武十七年（1384年）遣其子吉隆及其营长之子阿黑子等16人入太学，朝廷饬令赐袭衣鞋袜。②

2. 卫所军士与卫学

伴随着卫所在贵州设立，针对卫所屯军子弟的卫学也随之建立。关于在边疆卫所屯军之地设立卫学，朱元璋认为："武臣子弟久居边境，鲜闻礼教，恐渐移其性……使之诵诗书，习礼仪，非但可以造就人才，他日亦可资用。"③ 于是，洪武四年（1371年），贵州卫学设立；洪武二十七年（1394年）设立普定卫学；到崇祯二年（1629年），贵州最后一所卫学——敷勇卫学设立。有明一代，王朝国家统治者在贵州共设立卫学24所，实现贵州卫所皆立学的目标。不仅如此，在卫学的影响下，由府、州、县开办的官学也围绕卫学所在地布局。据统计，全省"86所教育机构中，有69所开办于卫所所在地，约占全部教育资源的80%"。④ 如此看来，在今安顺屯堡社区，明朝时所辖主要有普定卫、平坝卫和安庄卫，皆设有卫学。卫所军士及子弟可就近入学，为日后屯堡社区的制度性教育产出提供基础。明清递颤，在"改卫设县"制度的影响下，卫学也随之改为县学。

---

① 孙兆霞等：《在国家与地方社会之间——基于明代贵州卫学社会影响的考察》，《教育文化论坛》2010年第5期。
② 贵州省地方志编纂委员会编《贵州省志·教育志》，贵州人民出版社，1990年，第10页。
③ 《明太祖实录》卷168，台湾"中央研究院"史语所印本，1962年，"洪武十七年十一月庚午条"。
④ 孙兆霞等：《在国家与地方社会之间——基于明代贵州卫学社会影响的考察》，《教育文化论坛》2010年第5期。

（二）屯堡社区制度性教育的产出

明朝卫学和清朝县学都是安顺地区旧学教育的典型代表，也都是明清王朝国家实施科举制度所依托的教育母体。它们在发展过程中，深深受制于王朝国家的结构性制约，但这种结构性制约所引发的制度性产出，对王朝国家、地方社会以及屯堡社区的个体都有明显的积极意义。本部分所论述的制度性教育产出，以明朝普定卫和清朝普定县在科举考试中所取得的成就为依据。

自普定卫学设立，一直到明朝灭亡的 250 年里，普定卫军士通过科举制度进入士大夫阶层的人数小有规模。

表 6-1 明朝普定卫科举取中情况统计

单位：人

类别	数量	类别	数量
进士	5	恩贡	0
举人	122	副贡	0
岁贡	3	优贡	2
拔贡	2		

资料来源：根据《续修安顺府志辑稿·选举志》（第四卷）相关记录统计。

崇祯十七年（1644 年），明朝灭亡。随后清朝建立，普定卫一直延续到康熙十一年（1672 年）才改为县，即普定县。卫学也随之废弃，而普定县生员的学业系附于安顺府学。康熙三十八年（1699 年），贵州巡抚王燕题设县学。三年后，即康熙四十一年（1702 年），在原卫学的基础上建立普定县学。有清一代，普定县境内的生员科举取中情况也较为可观。

表 6-2 清朝普定县科举取中情况统计

单位：人

类别	数量	类别	数量
进士	6	副贡	5
举人	58	优贡	1
岁贡	87	法官	3

续表

类别	数量	类别	数量
拔贡	15	杂职	2
恩贡	13		

资料来源：根据《续修安顺府志辑稿·选举志》（第四卷）相关纪录统计。

表6-1、表6-2中的数据显示，在明清两朝共543年的时间里，以普定卫（普定军民府、普定县）名义参加科举考试取中，共有进士11人，举人180人，岁贡90人，拔贡17人，恩贡13人，副贡5人，优贡3人。另外清朝时期还有法官3人，杂职2人。对于这些人的社会属性，顾诚认为"大抵都是官、旗、军的后裔，而出身于卫所代管的民户的人却很少见到"。[①] 这些科举考试中的胜出者，对畅通王朝国家与地方社会之间的沟通、流动的积极影响自不待言。同时，"卫学带动府州县儒学，实现了对社会的立体辐射"。[②] 卫学以及府州县儒学，都是科举制度所依托的教育母体。对于科举及第者而言，实现了个人及家庭的向上流动，同时也是文明的传承使者，形成了一个规模可观且影响深远的士大夫阶层。而对于科举落第者来说，他们是乡村社会中士绅群体的主要来源。他们在日常生活中通过举办私塾、回馈乡邻等方式影响着乡村社会的发展。从这个角度看，在科举制度的役使下，不论是接受过卫学教育，还是接受过府州县儒学教育的生员，都身兼既传承文明又辐射社会的双重角色。

（三）号营村与科举考试

从当前掌握的史料看，号营村到清朝末年才有参加科举考试取中秀才的纪录，即侯光炳于1885年参加科举考试取中秀才。这种情况的出现，与号营村各姓氏的来源及入村时间有关。据不完全统计，号营村侯、肖、郭、杨、张、钱6大姓氏，其先祖入黔之后都是经多次辗转才来到号营村。

---

① 顾诚：《隐匿的疆土》，光明日报出版社，2012年，第82页。
② 孙兆霞等：《在国家与地方社会之间——基于明代贵州卫学社会影响的考察》，《教育文化论坛》2010年第5期。

第六章　学校教育：体制嵌入及村校形塑

根据各个姓氏家谱中的记载，这6个姓氏进入号营村的原因大致有两类。

第一，侯、杨姓一般是为躲避战乱而来，无屯军身份。虽然他们来到号营村的时间较早，但由于无屯军身份，进入卫学的难度较大。明清易代，卫学改设为府、州、县学，从制度设计上看，确实是面向辖区内所有民众。但参加科举考试的高费用，减少了诸多生员参加科举考试的可能性。"参加科举的费用主要包括学费、文化费用、备考费用、生活费等，这些费用加起来往往数额较大，直接影响到文人的科考行为。"① 下层普通民众的经济条件难以支撑起接受教育和参加科举考试的经费支出。据《侯氏家谱》记载，侯光炳1885年参加科举考试取中秀才，入镇宁州学就读，但后因家庭贫困未能考取功名。

第二，肖、张、郭、钱姓因调北征南而入黔，屯军后裔的身份使得他们在清朝初期、中期或自发迁徙，或以维护地方社会秩序的身份进入号营。在较短的时间内未能形塑出接受教育和参加科举考试的氛围。其在这方面的成就更多地体现在原来长期居住的社会环境中。据《肖氏家谱》记载："肖授次子肖英（二房），肖瑶（三房）后裔曾出过九位举人，十八位贡生。'九举十八贡'的故事世代流传。"②

此部分所讨论的号营村与科举考试的关系，并不意味着号营村的建立时间与科举考试进入屯堡社会的时间一致。而是意在通过此种方式彰显王朝国家与西南边疆地方社会的联系。这种联系有两方面内涵表征：第一，下层普通民众改变自身命运的诉求有了制度性渠道和方向。同时，号营村村民祖先来源的复杂性和多样性，其群体在原来居住区域所取得的科举考试成就，为迁徙进入号营村的后裔提供了卫学教育积淀。只是这种积淀未能产生现实效应，科举制度就已取消。但"卫学自始至终处于国家和地方社会之间的重要位置……承载了国家观念向地方社会的嵌入，以及开启了地方社会向国家上

---

① 杨卫安等：《中国古代乡村初等教育供给制度解析》，《华南农业大学学报》（社会科学版），2014年第1期。

② 肖安民支系族谱编委会编《肖氏族谱》（未刊），第78页。

层流动的通道"。① 第二，侯光炳作为号营村唯一见诸史料的科举考试参与者，其在进入镇宁州学就读之后，虽然未能考取功名。但他回到号营村，举办私塾教育，扮演着既传承文明又辐射社会的双重角色。这对号营村接下来在国家近代教育框架下取得的教育成就至关重要。

三 1905~1949年：近代教育框架下的号营村学校教育

（一）科举制废除后的外向型精英教育

1905年科举制度被废除，与其同构性发展的府、州、县官学体系也随之坍塌。安顺境内的官方学校教育经历6年的空白期后，"宣统三年（1911），知府瞿鸿锡任内，令知郎岱、永宁、普定、安平、清镇、紫云筹办八属公立中学，札委本城董事会总董陈燮春、劝学所总董黄元操、并城中各绅耆充承办员，合各属派来绅耆公同办理，就城北试院改建"。② 自此安顺境内八属始有公立中学，但仍未改变此前按行政区划级别建立的官学系统（如府、州、县学）的性质，即这种教育机构的设置仍然未能覆盖最基层的乡村社会，乡村民众仍然难以接受由官方提供的基础教育。质言之，学校教育仍与乡村社会存在一定程度的疏离。

诚然，这种疏离不是表现为国家未在农村设立学校，也不是不允许农民子弟接受学校教育，而是借助教育的力量，将农村精英吸引到城镇，从而在一定程度上解构了农村发展的社会基础，并且这种解构力量随着社会发展步伐的加快和程度的加深而更加强劲，形成一些研究者们所概括的弃离乡村、向外流动的"外向型"教育。

陶行知在《中国教育改造》一书中，对这种现象做过精彩论述："它（教育）教人离开乡下向城里跑。它教人吃饭不种稻，穿衣不种棉，做房子不造林。它教人羡慕奢华，看不起务农。它教人分利不生利。它教农夫子弟变成书呆子。它教富的变穷，穷的变得格外穷；它教强的变弱，弱的变得格

---

① 孙兆霞等：《在国家与地方社会之间——基于明代贵州卫学社会影响的考察》，《教育文化论坛》2010年第5期。
② 任可澄总纂：《续修安顺府志辑稿》，安顺市人民政府地方志办公室整理点校，贵州人民出版社，2012年，第1056页。

第六章 学校教育：体制嵌入及村校形塑 ○ 中国百村调查丛书·号营村

外弱。"① 正如翁乃群所言："不论是在20世纪初民国成立之前的封建时代，或是之后的民主革命时期，以及1949年后的社会主义时期，我国主要推行的一直是外向型的精英教育。"②

（二）号营村的教育实践

号营村的学校教育实践，肇始于清朝末年落第秀才侯光炳。其既传承文明又辐射社会的双重身份，在一定程度上化约了外向型精英教育给号营村带来的负面影响。

自1905年科举制度废除后，近代教育体制进入。以1912年为界点，号营村的教育实践可分为两个阶段。

①1905～1912年，村落社会将私塾改建为学堂，引入近代教育体制。据《普定县志》记载，普定县最早的近代教育始自1905年，由华伟堂在定南镇万寿寺创办平南学堂（今普定县一中）。自此之后，"（光绪）三十二年（1906年），袁士辉改凤池书院为自励小学。三十四年（1908年），白岩场李成久将自办私塾改为学堂"。③ 在这种情况下，清朝宣统二年（1910年），侯光炳在设于自己家中私塾的基础上创办号营学堂，时有1～2年级两个班，教师2人。这是普定县境内较早创办的农村小学堂。截至宣统三年（1911年），"县内有各类小学9所，学生300多人"。④

表6-3 普定县1905～1911年部分学校统计

时间	校名	地点	负责人	备注
1905年	平南学堂	定南镇	华伟堂	今普定一中
1906年	自励小学	马场镇	袁士辉	改建凤池书院
1908年		白岩场	李成久	将自办私塾改为学堂
1909年	养正小学堂	天王旗	张一普	

---

① 陶行知：《中国教育改造》，东方出版社，1995年，第84页。
② 翁乃群：《城市导向的农村教育》，载翁乃群主编《村落视野下的农村教育》，北京：社会科学文献出版社，2009年，第4页。
③ 贵州省普定县地方志编纂委员会编《普定县志》，贵州人民出版社，1999年，第646页。
④ 贵州省普定县地方志编纂委员会编《普定县志》，贵州人民出版社，1999年，第646页。

续表

时间	校名	地点	负责人	备注
1909 年	波玉小学堂			
1910 年	号营学堂	号营村	侯光炳	

资料来源：根据《普定县志》第 646 页相关内容整理。

号营学堂建立之后，侯光炳始终在此执教。"在本村设绛数十年，上自盛字辈起，下迄泽字辈止，几无人不受其教益……中间曾受马堡两等学校之聘充任国文、算术教员。培植区内一般后进，所成尤多，诚一乡之良师，吾姓中之模范人也。"[1] 据不完全统计，侯明鑑、侯树声、侯祖舜、侯祖恩、侯祖光、侯祖麟等人均在私塾接受教育。他们是号营村延续普定县乡村社会教育自觉精神的主要力量，更是在后续动荡的社会环境成为号营村坚守学校教育的精神支柱，使村落社会的人才培养不断档。这在一定程度上化约了科举制度被取消给全社会带来的负面影响。

[2]1913～1949 年，在民国政府指导下举办近代国民教育。1912 年，中华民国政府成立，普定县境内由村落社会举办的农村小学教育仍在继续。"（民国）三年（1914 年），化处创办育英小学，补郎陈贡九在木浪创办私立初等小学，马堡地方人士吴廷栋、吴焕章、侯光表等创办马堡初等小学，并在马官屯创办初等小学。"[2] 截至民国六年（1917 年），"全县共有小学 35 所（高等 4 所，初等 31 所），在校学生 1144 人"。[3]

同时，民国政府陆续出台多项政策，试图推进农村小学教育事业发展。"民国四年（1915 年），贵州巡按使呈请教育部准予将现有私塾加以改良，以加快国民教育的普及"。[4] 对于贵州省在全省范围内普及国民教育的举动，民国中央政府的态度较为暧昧，尤其在经费投入方面更是如此。"教育部于当年 5 月 8 日复函以黔省财力艰窘，师资缺乏，自系实际情形，现拟从私塾入手以谋国民教育之普及，规划周备，事属可行。而私塾仅能补充小学之不

---

[1] 《侯氏家谱》（第二版本）（未刊），第 7 页。
[2] 贵州省普定县地方志编纂委员会编《普定县志》，贵州人民出版社，1999 年，第 646 页。
[3] 贵州省普定县地方志编纂委员会编《普定县志》，贵州人民出版社，1999 年，第 646 页。
[4] 贵州省地方志编纂委员会编《贵州省志·教育志》，贵州人民出版社，1990 年，第 58 页。

足，仍当酌量情形随时筹设小学。同年，贵州行政公署颁发《贵州省修正改良私塾章程》……贵州省还设有'私塾改进会'。"① 虽然如此，但在村落社会的努力下，号营学堂在1912年就更名为号营小学，比贵州省在全省范围内用行政力量推行国民教育要早4年。

接下来的国民教育普及过程，贵州省政府心有余而力不足，一直徘徊在改良私塾的泥淖中。一方面，继续改良私塾以充任代用小学。"民国十三年（1924年）2月1日，'贵州省教育司委任状（第六号）'以实施义务教育，非多设小学不可。为便利推行起见，先自改进私塾着手，用作代用小学之准备，特殊私塾改进会专司其事……省政府除民国二十四年（1935年）制定管理规程、培训师资办法外，民国二十五年（1936年）在省府行政规划中又提出：……因经济情况及社会环境之关系，于私塾尚不能即时取缔，故暂加以改良，以为义务教育之代用……民国二十五年（1936年）继续办理对私塾的改良。"② 另一方面，继续举办私塾教师训练班。为改善私塾教育中的师资水平，以保证教学质量。贵州省教育厅在1936年、1937年连续发布两个有关乡村私塾训练的文件。"民国二十四年（1935年）7月，省教育厅制定《贵州省立乡村教育师资训练所规程》。师资训练所'以养成乡村教育师资为宗旨'，学员概由各县政府从当地各民族中选送。另外，根据《贵州省改良私塾章程》规定，要把私塾逐步改为代用小学或初级小学。省教育厅通令各县举办私塾师资训练班，将私塾教师普遍训练一次。民国二十四年（1935年），再次通令各县继续举办私塾教师训练班。"③

此阶段内民国政府虽颁布诸多指导性政策文件，但一般无经费支持，国民教育主要由民间村落社会筹办。即使如此，在侯光炳的率先垂范下，村落社会从物质、精神方面助力号营村的学校教育。1934年，号营村侯氏祠堂建成后，号营小学迁到祠堂内办学，解决了号营小学办学场地的难题。而师资主要由落第秀才侯光炳及其侄孙兼私塾弟子侯祖恩、侯祖麟担任外，还从

---

① 贵州省地方志编纂委员会编《贵州省志·教育志》，贵州人民出版社，1990年，第58页。
② 贵州省地方志编纂委员会编《贵州省志·教育志》，贵州人民出版社，1990年，第58~59页。
③ 贵州省地方志编纂委员会编《贵州省志·教育志》，贵州人民出版社，1990年，第564页。

普定、贵阳聘请教师执教。据《侯氏家谱》记载，自将私塾改为学堂、小学后，"九世祖光炳公终身执教，十一世祖恩、祖麟（号忠煜）相继艰苦耕耘，祖恩公曾任校长，并先后在普定、贵阳聘请两位女教师共同执教"。① 民国二十九年（1940年），号营小学升格为普定县立初等小学，由侯光炳侄孙兼私塾弟子侯祖光担任校长。

民国三十年（1941年），"贵州乡镇机构实行'管教养卫'合一的体制，遍地设立保国民学校，许多私塾教师到这些学校任教"。② 民国三十一年（1942），普定县在贵州省文件精神的框架下，制订详细执行方略，"国民教育应在中心学校、保国民学校同时施行，对象为学龄儿童义务教育和失学民众补习教育……高级小学改称中心学校，初级小学、短期小学改称保国民学校，全县中心学校27所，保国民学校81所。全县学龄儿童18408人，在校7257人"。③ 县立号营初小改设为信义镇二、三保国民学校，由侯祖恩担任校长，共设有2个高级班。民国三十四年（1945年），将其合并为信义镇号营国民学校，校长由侯祖成担任。

自解放战争开始后，农村因征兵征粮，经济困难，入学人数减少；教师待遇没法及时兑现，再加上受物价飞涨的影响，每月所得工资没法维持个人最低生活，学校教师为此纷起请愿。贵州省一方面对师生员工加强控制和镇压；另一方面对教育事业开始裁撤。贵州省的教育事业已陷于全面崩溃的境地。民国三十七年（1948）颁布《贵州省各县（市）教育文化机构调整办法》，"规定各县（市）每乡镇设中心国民学校一所（超过一所的合并），保国民学校按照每5保一校标准设置（原已达三保二校）。总计全省原有中心国民学校1582所，裁减173所，保留1409所。原有国民学校5990所，裁减3477所，保留2513所"。④ 位于号营村的信义镇号营国民学校，由于处于荷包、下坝村等村的中心，所以没有被裁减。虽然学校得以保留，但是学校教师的生活问题仍然不能解决。为让教师安心教学，号营村侯祖泽、侯

---

① 《侯氏家谱（2013增订本）》（未刊），第7页。
② 贵州省地方志编纂委员会编《贵州省志·教育志》，贵州人民出版社，1990年，第543页。
③ 贵州省普定县地方志编纂委员会编《普定县志》，贵州人民出版社，1999年，第18页。
④ 贵州省地方志编纂委员会编《贵州省志·教育志》，贵州人民出版社，1990年，第18页。

祖恩、侯宗义、杨斌辅四人,"每月出资四十万元(法币)补贴教师。并表示,如物价上涨,按月增加。第二年,又乐捐稻谷四石五斗作教师生活津贴"。①

抗日战争、解放战争导致的经济消耗,使得全省教育事业难以为继。对于县一级的国民学校而言,尽量压缩规模,按照每五保一校的标准设置。历经多次波折,号营村的学校教育奇迹般地得以延续,村落社会的力量功不可没。将侯氏宗祠当校舍,由私塾培育的文化人担任教员,外聘教师的生活遇到困难时,村内富有之家不仅为其提供生活津贴,而且还将自家土地让其耕种,使其获取生活资料。

(三)号营村教育实践的影响

关于号营村在1905～1949年间教育实践的影响,可从如下三个方面考察。

1. 培植区内后进

1905年后,科举制度被废除,与之同构的府、州、县官学坍塌。虽然如此,号营村内的社会力量仍举办私塾,为村内适龄儿童入学接受教育提供平台。由侯光炳举办并执教的私塾,不仅培植家族子弟,村中异姓及邻寨等的适龄儿童都可来此入学。"(侯光炳)在本村设绛数十年,上自盛字辈起,下迄泽字辈止,几无人不受其教益,其村中异姓以及邻寨上下坝、马官屯、荷包、阿肘等处来学者,咸不乏人。"②

中华民国建立后,每个村中皆建有小学,主要覆盖本村的学生。限于资料缺乏,无法将号营村此阶段在村内接受学校教育的人数统计出来。故此,仅以1945年信义镇号营国民学校③为例,试图说明之。当时全校"设有3个班级,学生总数57人,其中男生52人,女生5人"。④

---

① 《普定县教育志》(未刊),第461页。
② 《侯氏家谱(2013增订本)》(未刊),第120页。
③ 前身为建于1910年的号营学堂。1932年,普定县调整行政区划,号营村隶属于信义镇。1940年,普定县政府制定《实施国民教育办法》,在全县按区域、地势设立国民学校。号营学堂也随之改为信义镇号营国民学校。
④ 《普定县教育志》(未刊),第55页。

2. 培养村落人才

号营村村落社会初级小学的建立，为号营村培养出一定数量能接受更高层次教育的人才。在普定县内占有较为明显的优势。民国三十四年（1945年），普定县共选送4名学生外出学习，其中有3名为号营村人。

表6-4 普定县民国三十四年（1945年）秋季选送肄业生外出学习名单

姓名	性别	年龄	籍贯	住址	毕业学校
杨廷慧	男		普定	合群乡白岩场	普定县私立建国中学肄业
侯祖隆	男	15	普定	信义镇号营	普定县私立建国中学肄业
侯祖明	男	18	普定	信义镇号营	普定县私立建国中学肄业
侯祖云	男	16	普定	信义镇号营	安顺豫章中学肄业

资料来源：根据《普定县教育志》（未刊）第247页相关内容整理。

田野调查期间，我们还了解到号营村涌现出以侯树声为代表的更高层次人才。

表6-5 20世纪30~40年代号营村人才统计

姓名	出生年月	毕业学校	职务（或荣誉）	备注
侯树声		黄埔军校	县政府督学	民国三十一年（1942年），获政府最优教师奖，教育部发奖金100元
侯明鑑			贵州省厘金局长	
侯祖舜			三都县盐务局长	
侯震华		西南师范大学		普定第一个女大学生

资料来源：根据本课题田野访谈资料整理。

3. 培育乡土情怀

侯树声从学校毕业后，回到普定县工作。在1935年7月至1936年7月，担任普定县政府督学。后一直在普定县从事教育工作，于民国三十一年（1942年）获得政府最优教师奖，中华民国教育部为其颁发100元奖金，他在工作中，尽力为号营村的学龄儿童提供机会。1945年，普定县选送学生到外地学习，总共有4个名额，其中有3个来自号营村。据村民讲述，这都是侯树声推荐的。另外据在20世纪80年代担任村副主任的侯祖祜讲述，

第六章　学校教育：体制嵌入及村校形塑　○　中国百村调查丛书·号营村

1946 年左右，侯树声还推荐侯祖喜、侯祖奇、侯祖明、侯孝江到兴义师范学校学习。

另外，接受过学校教育的村民中，有一部分从未离开过号营村，或在村内从事教育工作，或协助他人建立村庄学校，甚或在经济方面给予支持。如侯祖恩，在担任信义镇二、三保国民学校校长期间，一方面极力提升学校师资力量。据侯祖祜讲述，他自费从外面聘请一位熊姓教师来任教。熊姓教师的父母随其一同来到号营村，为解决两位老人的生活问题，侯祖恩将自家荒地送给他们耕种。另一方面，对于好学且成绩好的儿童，他都会给予物质奖励。"他听到讲哪家的娃娃读书好，就专门培养，给他拿钱，并且不管远近，都一视同仁。他从来没有给娃娃买过水果、糖等，而只是给他们买笔、纸等。每一个去他家的娃娃，都可以得到这些学习用品。"①

表 6-6　1949 年前号营村支持村庄学校教育者名单

姓名	时间	事件
侯光炳	1910 年	在私塾的基础上，建立号营学堂
侯光仪	1910 年	协助侯光炳建立号营学堂
侯祖光	1940 年	担任号营初小校长
侯祖恩	1942 年	担任信义镇二、三保国民学校校长；自己出资补贴教师
侯祖成	1945 年	担任信义镇国民学校校长
侯祖泽	1948 年	自己出钱、稻谷补贴教师生活
侯宗义	1948 年	自己出钱、稻谷补贴教师生活
杨斌辅	1948 年	自己出钱、稻谷补贴教师生活

资料来源：根据本课题田野调查访谈资料整理。

抗日战争期间，一些村民外出参加工农红军，多次写信给曾在普定建国中学读书、毕业后到普定县化处镇任教的侯祖明等人，建议他们注重儿童的教育，要让他们多读书。"你们不要买田地，有钱呢，你们就拿供娃娃读书……这个卖点田地来供娃娃读书都可以，不要买田地，还是主要供娃娃

---

① 2015 年 5 月 21 日孙兆霞访号营村民侯祖祜。

读书。"①

这些从号营村走出的人,无论是身居高位的政府官员,还是抗战中的普通士兵,因其受号营村教育的熏陶,虽然已经离开号营村,但仍对号营村具有浓郁的乡土情怀。尽力为号营村的发展出力,或者鼓励村民接受更多的教育。

号营村村落社会力量在1905~1949年的学校教育实践,一方面解决了官学体系"最后一公里"的问题。1905年科举制度废除后,安顺境内教育经历过短暂的空白期。1911年,虽然由官府组织动员民间力量建立起一些学校,但这些学校没有延伸到乡村。为此,号营村自己举办的私塾教育以及后来的号营学堂、号营小学等,满足了号营村对学校教育的实际需求。更关键的是,通过此种方式,将处于社会下层的号营村与国家教育体系连接起来。另一方面,号营村这种立足于村落社会、主要由村落社会力量举办的学校教育,通过培植区内后进、培养村落人才,为号营村培育了一批具有浓厚乡土情怀的人。从这个意义上看,学校与村落社会是一种相互滋养的关系,即村落社会为办学贡献人力、物力和财力,而学校不仅成为传播乡村文明的中心,而且为村落社会培育出一批具有浓厚乡土情怀的村民。更关键的是,学校教育是一种将全体村民置于共同诉求框架下的载体,村落社会可借此将全体村民凝聚起来,让他们共同参与村落社会的发展和治理过程。尤其是那些学有所成者,更是如此。

四 1949年后:从"村校同行"到"熟悉的陌生人"

1949年后,号营学校教育中学校与村落社会的关系随着国家教育制度中的经费投入和管理理念变化而变迁。

(一)农村学校教育的制度安排及变迁

受城乡二元体制的影响,学校教育的制度安排也呈现城乡二元化特征。在经费投入、教育机会两方面表现极为明显。

---

① 2015年5月21日孙兆霞访号营村民侯祖祜。

1. 经费投入

自1949年开始，城市教育的经费主要由国家负担，而农村教育的经费投入制度则经历过多次变迁。

第一，1949~1958年，鼓励民间社会力量开办私立学校、私塾。中华人民共和国成立初期，"一穷二白""百废待兴"，为解决农村教育经费问题，全国各地根据自身实际情况，采取不同的制度安排。贵州省教育厅于1953年9月17日提出四条办学措施，其中第四条规定："协助热心教育的人士开办私立学校、私塾。"于是，全省各地农村先后办起一些私塾。

第二，1958~1984年，处于人民公社时期，大多数农村地区的教育经费，经由县财政拨付到人民公社，由人民公社统一预算，并被纳入县级财政收支预算中统一管理。这一阶段的农村教育经费投入，主要包含如下四个方面："一是在'统收统支'体制下，上级财政拨付的教育经费，主要用于公办教师的工资和部分基建费和公用经费支出；二是社队投入的教育经费和社员的活劳力支出，主要用于学校基本建设；三是社、队两级以工分和现金方式，为民办教师参与社、队分配所支付的实物和现金；四是向学生收取的少量学杂费收入，主要用于购买书本和维持学校的日常运行。"[1]

第三，1985~2000年，以乡镇为主的"分级办学"制度。1984年12月，国务院发布《关于筹措农村学校办学经费的通知》，明确提出向农民征收"教育费附加"的政策，主要由乡镇政府执行。有研究发现，"1985~1999年间向农民收取的'教育费附加'总额超过1100亿元，1993~1999年间向农民征收的'教育集资'超过516亿元。"[2] 农村教育的这种经费投入制度，一直延续了16年，2000年才得以终止，但贵州省一直到2002年才停止征收农村教育费附加。这是"将应该由政府、社会和家长共同承担的'义务'主要转嫁给了农民，将理应由各级政府共同承担的责任主要转嫁给了乡镇和村"。[3]

---

[1] 王献玲：《建国初"两条腿走路"办学方针的渊源及启示》，《浙江万里学院学报》2008年第4期。

[2] 葛新斌：《农村教育投入体制变迁30年——回顾与前瞻》，《华南师范大学学报》（社会科学版）2008年第12期。

[3] 张玉林：《中国农村教育——问题与出路》，载钱理群、刘铁芳编《乡土中国与乡村教育》，福建教育出版社，2008年，第92页。

第四，2001~2005年，"分级管理，以县为主"。2001年5月，国务院在《关于基础教育改革与发展的决定》中提出，农村义务教育实行"分级管理、以县为主"的经费投入制度。2002年5月，国务院办公厅发布《关于完善农村义务教育管理体制的通知》，对"以县为主"的经费投入制度做出详细规定，"其核心是县级政府负有确保农村义务教育经费的责任，即通过调整本级财政支出结构，增加教育经费预算，合理使用上级转移支付资金，做好'三个确保'（即工资发放、公用经费、危房改造及校舍建设），而乡镇不再承担义务教育投资责任的重压"。①

第五，2006年之后，进入"省级统筹"阶段。表面上看，"分级管理、以县为主"的农村教育经费投入制度，确实在一定程度豁免了乡镇与村庄两级主体的责任。但深入分析之后发现，并没有从根本上改变农村教育的经费投入制度。一方面，县级行政区域仍具有"农村"的属性，与城市教育的投入相比，不可同日而语；另一方面，即使同是具有"农村"属性的县级行政区域，但不同省区由于经济发展水平的差异，财政支付能力也不一样。一些贫困省区的县份为改善农村办学条件，甚至向银行贷款。例如"2004年织金县向银行贷款2800万元，用于改善中小学办学条件"。② 此种状况的出现，因为"从乡镇为主到'以县为主'，只是在农村内部调整教育资金的汲取和分配方式，并不能从根本上改善农村教育的基础条件"。③

为此，2005年12月，国务院发布《关于深化农村义务教育经费保障机制改革的通知》，对农村义务教育经费投入机制做出明确规定："加大以中央财政转移支付力度为核心，以省级政府负责统筹和落实辖区内农村义务教育经费为抓手。"④ 2006年6月，全国人民代表大会在修订《中华人民共和国义务教育法》时，进一步提出："义务教育经费投入实行国务院和地方各

---

① 张玉林：《中国农村教育——问题与出路》，载钱理群、刘铁芳编《乡土中国与乡村教育》，福建教育出版社，2008年，第92页。
② 徐再高：《农村教育公平的现状及对策》，《中国农业教育》2007年第4期。
③ 张玉林：《中国农村教育——问题与出路》，载钱理群、刘铁芳编《乡土中国与乡村教育》，福建教育出版社，2008年，第92页。
④ 葛新斌：《农村教育投入体制变迁30年——回顾与前瞻》，《华南师范大学学报》（社会科学版）2008年第12期。

级人民政府根据职责共同负担,省、自治区、直辖市人民政府负责统筹落实的体制,农村义务教育所需经费,由各级人民政府根据国务院的规定分项目、按比例分担。"在上述相关国家制度的有力推动下,我国农村从2007年秋季开始推行义务教育免费政策。

即使如此,城乡之间的教育经费投入制度、数量等方面仍然存在差异。

2. 教育机会

学校教育机会的城乡差异,主要由选拔性教育制度和教育经费投入的城乡二元体制共同造成。肇始于1985年的教育改革计划,形塑出一个贯穿于教育全过程的应试教育制度。这种制度所造就的是精英教育,因为它"以能力为标准分配教育机会,强调教育过程中的竞争和选拔"。[①] 在这种具有竞争和选拔性的教育制度中,任何人要想获得机会,主要得依靠自己的才能和努力。国家教育经费的投入制度是影响个人才能获得的主要因素。我国自1958年以来城乡学校教育经费投入的城乡二元制度直接造成了城乡教育机会的失衡。

学校教育机会的城乡差异,主要通过入学机会、基础设施建设、生均经费投入等方面来体现。在小学教育阶段,城乡之间的入学机会就存在一定程度的差异。有研究发现,"在小学阶段,除了因高度残疾而无法入学的极少数情况外,几乎100%的城市学龄儿童都进入了小学,而农村每年尚有100万左右的儿童没有入学"。[②] 农村的学生即使入学之后,其所享有的学校基础设施建设,与城市相比也存在较大的差异。"据统计,上世纪末我国中小学有危房约1300万平方米,集中在中西部农村。"[③] 而在生均经费投入方面,其差异就更加明显。在全国范围内,"1993年,城市小学生的人均经费为476.1元,农村为250.4元"。[④] 就贵州省而言,不仅总体投入经费少,而且

[①] 劳凯声:《教育机会平等——实践反思与价值追求》,《北京师范大学学报》(社会科学版)2011年第2期。

[②] 张玉林:《中国农村教育——问题与出路》,载钱理群、刘铁芳编《乡土中国与乡村教育》,福建教育出版社,2008年,第90页。

[③] 中央党校课题组:《农村九年义务教育调查》,载钱理群、刘铁芳编《乡土中国与乡村教育》,福建教育出版社,2008年,第63页。

[④] 张玉林:《中国农村教育——问题与出路》,载钱理群、刘铁芳编《乡土中国与乡村教育》,福建教育出版社,2008年,第91页。

城乡之间的差异也非常明显。"在整个90年代,其城乡小学生的人均经费差距都在3倍左右。"① 自1985年《中华人民共和国义务教育法》的颁布,经过16年的努力,到2000年时,全国基本普及九年义务教育,特别是农村义务教育条件得到明显改善,学生入学率也明显提升。即使如此,贵州省织金县在2001~2003年的"预算内生均公用经费小学分别为3元、5.32元、5.57元;初中分别为11.99元、11.50元、12元。"②

2010年出台的《国家中长期教育改革与发展规划纲要(2010-2020)》,提出加大对农村地区、贫困地区和民族地区学校教育的支持力度,通过调整教育资源的配置方式,缩小义务教育阶段学校的差距。政策导引的正面作用显著,国家对农村地区的教育经费投入明显增加,农村学校的基础设施显著改善。的确,国家希望通过政策倾斜的方式对城乡学校的教育资源实现公平配置。但有研究发现,这种公平是相对公平。③ 质言之,城乡学校之间的财政教育投入仍存在一定差异。有研究发现,2016年,"全国普通初中生均公共财政预算公用经费支出达到3562.05元,比上年增长5.98%。其中:农村为3257.19元,比上年增长5.28%"。(数据来源:东北师范大学中国农村教育发展研究院2017年12月发布的《中国农村教育发展报告2017》)由此看来,"农村学校的生均教育经费不仅低于全国平均水平,且增速也低于全国平均水平,与城市相比更是存在巨大差异。"④

(二)"村校同行":1949~2000年号营村的教育实践

在面对城乡学校教育的制度性不平等的社会现实时,号营村没有退缩,而是积极向前,充分利用屯堡社会的公共空间和自组织机制,弥补国家在乡村教育中的部分缺位。

1. 农民协会与政府合作举办号营小学

1949年,中华人民共和国成立,原来由民国政府管控的信义镇号营国

---

① 张玉林:《中国农村教育——问题与出路》,载钱理群、刘铁芳编《乡土中国与乡村教育》,福建教育出版社,2008年,第91页。
② 徐再高:《农村教育公平的现状及对策》,《中国农业教育》2007年第4期。
③ 李帆等:城镇化背景下乡村学校的现实境遇与发展路径,《教师教育学报》2019年第4期。
④ 李帆等:城镇化背景下乡村学校的现实境遇与发展路径,《教师教育学报》2019年第4期。

第六章 学校教育：体制嵌入及村校形塑 ○ 中国百村调查丛书·号营村

民学校进入新的发展环境，重新被称为号营小学。1953 年，教育部将其定为公办学校。截至 1963 年，号营小学主要由农民协会与地方政府合作举办。

（1）农民协会为学校提供课桌、校舍

从 1950 年下半年起，号营村农民协会筹资开办民办学校，农民协会出资为号营小学制作课桌板凳。为规范办学场所、改善办学条件，1954 年，村集体将土改时分给村民的一幢三合院房子①进行装修，并添置桌凳等办公设施。1955 年 9 月，号营小学从侯氏祠堂中迁到此房内办学。

（2）地方政府对师资、学制、教材进行统一管理

第一，统一配备师资。从 1949 年开始，农村公办小学中的教师由两部分组成：一类是民办，另一类是公办。其中公办教师由国家统一配备，列入国家统一编制。

表 6-7　1949~1963 年普定县部分年度公办小学情况统计

单位：所，人

年度	学校数	学生数	教师数
1949	43	4052	186
1950	9	2176	73
1951	10	2240	51
1953	60	6180	/
1955	60	7165	
1956	66	9959	253
1957	66	/	/
1958	66	11300	363
1961	62	7889	336
1962	45	6340	296

资料来源：根据《普定县志》第 651 页相关内容整理。

赵吉云就是在这种背景下，被政府统一安排到号营小学执教。据号营

---

① 因房子只是框架，村民尚未搬进去住。故由村集体补助给村民一部分资金，然后将房子的使用权收回，以作为号营小学的办学场所。

村民赵家全说："父亲出生于贵阳,接受过高中教育。当日本侵略军攻打独山时,父亲逃出来之后到织金县教私塾。1953 年,政府将其调到号营小学来教书。从此一直都未离开过号营村,待他退休后,赵家国初中毕业后顶替其父亲在号营小学执教。"

第二,统一设置学制。在 1950~1957 年,普定县实行初小、高小教育模式,即接受 4 年小学教育的就是初小毕业,然后再继续学习 2 年,则为高小毕业。无论初小还是高小,只要毕业,都发给毕业证书。到 1958 年时,普定县选择马官境内的马官小学、号营小学进行试点,推行五年一贯制小学教育,而其他学校均改为六年制。

第三,统一选择教材。各地举办的私塾,只是形式上与清末民初的私塾相似,教材多采用国家统一的课本,在国家的教育方针指导下开展教学活动,类似民国年间的"改良私塾"。1961~1963 年,有的私塾(或民办小学)除用国家统一的课本外,也教《三字经》《百家姓》《增广贤文》等。[①]一些公办或民办小学在教材选择方面也同样如此。这种依赖乡村私塾或乡村社会力量的学校教育,一直持续到 1963 年。"随着公办和民办小学的发展,逐步满足了群众对子女入学的要求,私塾逐步走向消亡。"[②]

2. 号营村举办初中教育

第一,戴帽初中班。在农村小学教育取得较为显著成就的同时,出现了一个严峻的问题,即大量学生小学毕业之后该何去何从。1970 年,普定全县小学普遍附设戴帽初中班。马官镇境内先后有马官屯小学、余官屯小学、水坝堡小学、二官小学、红旗小学、张官屯小学、新堡小学、中坝小学、陈旗堡小学、号营小学 10 所农村小学举办戴帽初中班,占全镇村级小学总数的 30.3%。1970 年 3 月,号营小学开办春季戴帽初中班,招收初一学生 38 人,9 月开办秋季戴帽初中班,招收学生 40 人。持续到 20 世纪 80 年代中期,号营村及一些规模较小的戴帽初中班相继取消,而另一些规模较大的戴帽初中班则与小学部分离,独立成为普通中学。

---

① 贵州省地方志编纂委员会编《贵州省志·教育志》,贵州人民出版社,1990 年,第 60 页。
② 贵州省地方志编纂委员会编《贵州省志·教育志》,贵州人民出版社,1990 年,第 60 页。

第六章 学校教育：体制嵌入及村校形塑 ○ 中国百村调查丛书·号营村

第二，村办初中教育。号营村的戴帽初中在20世纪80年代中期被取消之后，1990年又在号营小学校舍的基础上，向普定县教育局申请举办初级中学教育，并获得成功，于1991年正式招生。学校教师由县教育局派来，但在办学过程中，课桌板凳以及其他费用等均由号营村负责。号营村办中学，乃安顺市在村里举办的第一个初级中学教育实体，直接与号营小学相连接，由此率先在普定县实现九年义务教育。此种公办民助的农村义务教育办学模式，在维持10年之后，其前景在遭遇国家教育制度变化时迅速被改变。

2001年5月，国务院发布《关于基础教育改革与发展的决定》，首次提出基础教育由地方政府负责、分级管理，但要"以县为主"，并明确规定乡镇政府负有为乡村学校筹措"公用经费"的责任。2002年5月，国务院办公厅就乡村基础教育再次发文，在《关于完善农村义务教育管理体制的通知》中，明确界定省、（地级）市、县（区）、乡（镇）、行政村等不同主体教育责任范围的同时，还指出农村义务教育中的各项费用主要由县（区）政府承担。此两份文件的精神都指向未来，即未来农村义务教育应该全部是公办，将村落社会的力量逐出农村义务教育领域。于是，当马官镇中学于2002年扩大办学规模之后，原本一直属于公办民助且已取得良好办学成绩的号营村办中学，被并入马官镇中学。

3. 号营村村支两委倡议集资办学

1981年，为改善号营小学办学条件，号营村村支两委向全体村民发出集资办学的倡议。据现任村支书肖国昌讲述，当时集资办学的经费大致来自三个方面：第一，村办企业收入；第二，号营村外出工作人员的捐资；第三，号营在村村民的集资。在党员干部的带动下，全大队（村）家家捐款捐物，在外地工作的干部、工人也汇款回村捐助，首次共集资40000元。建设过程中，村党支部再次组织捐款，集资33000元，从村办企业中挤出23000元。"（20世纪）80年代初，马官号营自筹资金近10万元重新修建学校，国家为鼓励群众集资建校，补助建校经费3万元。"[1] 另外，为解决经费

---

[1] 贵州省普定县地方志编纂委员会编《普定县志》，贵州人民出版社，1999年，第678页。

不足的问题，还将村里寺庙的木料拆下来用于建学校的门窗。① 经过多方努力，号营小学新建教学楼一幢，计 774 平方米，另有教师宿舍一幢计 304 平方米。新教学楼、教师宿舍于 1983 年 8 月建成，9 月开学时，号营小学即迁入。

4. 村支两委和号营小学共同申办幼儿教育

在马官镇范围内，号营村的幼儿教育起步较早，同样是村支两委发挥着重要作用。在村支两委和号营小学的努力下，报经上级有关部门批准，1983 年 9 月，利用号营小学的老房子举办号营幼儿班。时有教师 2 人，学生 42 人，分大小两个班，由郭云老师负责。1984 年 9 月，号营村新校舍建成后，号营幼儿班迁到新学校进行教学，时有教师 3 人，学生 68 人，分为大、中、小三个班，所开课程有：语文、计算、美工、音乐、常识、体育、拼音等，由刘刚翠负责。1995 年，号营幼儿班并入号营小学转为学前班。

（三）2001 年后："熟悉的陌生人"——失去村落社会的号营学校教育

2000 年"税费改革"的后续效应持续发力，2006 年取消农业税的政策作用显著；工业化、城市化建设的不断推进，使得大量农村人口进入城市。这三方面因素直接影响农村的建设和发展，农村学校教育进入正在失去村庄的阶段。

第一，学校布局逐渐集中。从 2001 年开始，国家开始制度化、规模化地推进农村学校布局调整。到 2003 年时，还设立农村布局调整专项奖励资金。2004 年开始启动农村寄宿制学校建设工程项目。与全国相比，贵州在这方面稍微滞后。2011 年，贵州省人民政府公布《贵州省农村寄宿制学校建设攻坚工程实施方案》，方案中明确指出，加强农村学校食堂建设，实现农村中小学（除教学点外）"校校有食堂"的目标；强力推进农村寄宿制学校建设，使农村小学在校生寄宿率达到 30%。2012 年《关于进一步推进全省中小学布局结构调整的指导意见》指出，"逐步减少现有村小和教学点，形成以一定比例的寄宿制小学和必要的村小、教学点为补充的农村小学新格局……逐步撤销设在乡镇的普通高中学校"。

---

① 2015 年 5 月 23 日，陈发政、曹端波访号营村支书肖国昌。

第六章　学校教育：体制嵌入及村校形塑　○ 中国百村调查丛书·号营村

从 2015 年开始，号营村所属的马官镇在全镇试点"学区制"，即将原来"县教育局－乡（镇）教辅站－村庄小学"的农村学校管理体制，调整为"县教育局－乡（镇）中心校－学区总校－村庄分校"的模式。从 2015 年 2 月开始，号营小学以及周边下坝小学、中坝小学、贾官小学划分为一个学区，即号营学区，号营小学定为学区总校。统一管理是学区制的显著特征，即经费、师资配备、作息时间、课程安排等都实行统一管理。只有总校设校长，其他分校都只设副校长，每个分校的副校长分管总校的一个科室。"但学区和总校并不是一级正式的行政机构，而是为了方便而形成的工作组合，没有真正的行政职能。"① 这种为统一管理而形成的工作组合尚不能被视为调整农村学校布局。随着马官镇中心小学建成投入使用，马官镇境内农村学校布局正式朝集中的方向发展。

从 2017 年 9 月开始，全镇划分为三个大学区，与此对应的是三所规模比较大、硬件设施较好的完全小学，分别为马堡小学、马官镇中心小学、余官寄宿制小学。马官镇中心小学位于号营村、下坝村、中坝村和贾官村的中心地带，于 2017 年 9 月正式投入使用。原号营学区的学生都到此就读，但同时也接收全镇范围内其他村的学生。现有在校学生 1242 人，其中 501 人住校，主要来自玉官屯、玉官堡、土桥村等比较远的村。鉴于一、二年级学生年龄太小，生活不能自理，所以就在附近的教学点上学。据了解，马官镇在 34 个行政村②中，共保留有玉官屯、玉官堡、上坝村、断桥村四个教学点。

第二，统一配备学校教师。自 20 世纪 90 年代中后期开始，农村学校教师主要由县人民政府统一组织的事业单位招聘。除此之外，还有由中央政府针对西部地区农村义务教育实施的特岗教师计划，即公开招聘高校毕业生到西部地区县以下农村学校任教。2017 年，普定县录入义务教育阶段特岗教师 80 名。③ 据时任号营小学校长赵芳讲述："现在号营小学的师资力量都由

---

① 李书磊：《村落中的"国家"》，浙江人民出版社，1999 年，第 4 页。
② 贵州省普定县地方志编纂委员会《普定县志》，贵州人民出版社，1999 年，第 98～100 页。但自 2013 年 10 月实施并村后，马官镇所辖行政村数量减少为 17 个。
③ 《普定县教育和科技局 2017 年工作总结及 2018 年工作打算》（内部资料）。

乡镇中心校统一配备，各小学只负责接收。统一配备过程中，师生比与班级比是测算、核定各学校应配教师数的主要依据，而忽略了教师的性别和专业结构。"[1]

表6-8 2015年号营小学教师信息统计

序号	性别	出生年月	毕业学校	所学专业	工作时间	来源地
1	女	1982.8	贵州师范大学	汉语言文学	2003	号营村
2	女	1975.6	贵州教育大学	汉语言文学	1999	贾官村
3	女	1982.4	贵州师范大学	教育学	2004	号营村
4	男	1978.10	安顺学院	计算机教育	2004	田官村
5	男	1976.8	贵州师范大学	计算机科学与技术	1999	城关镇
6	女	1982.5	贵阳学院		2000	城关镇
7	男	1978.10	安顺高等师范专科学校	汉语言文学	1998	号营村
8	女	1968.9	安顺高等师范专科学校	汉语言文学	1985	号营村
9	女	1980.9	安顺高等师范专科学校	汉语言文学	2004	城关镇
10	女	1981.9	安顺高等师范专科学校	小学数学教育	2004	城关镇
11	女	1983.5	安顺高等师范专科学校	化学	2004	水坝村
12	男	1983.6	安顺学院	汉语言文学	2006	马堡村
13	女	1964.2	贵州省函授广播学校		1979	余官村
14	男	1962.10	普定师范学校		1984	马堡村
15	男	1966.12	安顺师范学校		1987	号营村

资料来源：号营小学提供。

2015年，号营小学共有在校学生227人，教师15人，生师比为15.13∶1。根据表6-8中的数据，其教师性别结构、专业结构都存在不平衡情况，其中男女教师比例为6∶9。而从教师专业结构来看，以汉语言文学为主，有6位教师的专业为汉语言文学。尤其明显的是艺术类专业教师几乎没有。所以，"诸如美术、音乐等艺术类课程都是由那些喜欢唱唱跳跳的教师兼任，也只是简单教学生画画、唱歌，而根本无法从专业的角度对学生进行

---

[1] 2015年5月22日方莹访号营小学校长赵芳。

教育。"①

第三，职业化的教师业务水平测评。由各级政府或教育主管部门制定的教师业务水平测评标准大致有两类：一类是教师职称评定；另一类是各类奖项的评比。职称评定标准由贵州省统一制定，主要从学历、课时数量、科研成果、获奖等级及数量等方面进行衡量。普定县从1987年就开始对公办中小学幼儿园教师评定专业技术职务。"到1990年有22名教师获得高级职称，403名教师获得中级职称，1420名教师获得初级职称。"② 2017年，普定县向安顺市推荐拟晋高级教师职称39人、中级职称教师92人，为232人办理了初级教师职称备案工作。③

表6-9　2015年号营小学教师职称统计

序号	职称	序号	职称	序号	职称
1	小学品生高级	6	小学数学高级	11	小学数学高级
2	小学语文高级	7	小学数学高级	12	小学品社一级
3	小学语文高级	8	小学语文高级	13	小学数学高级
4	小学语文高级	9	小学科学一级	14	小学语文一级
5	小学数学高级	10	小学数学高级	15	小学数学高级

资料来源：号营小学提供。

从表6-9中发现，2015年，号营小学有小学高级教师12位，占比80%；小学一级教师3位，占比20%。

而各类奖项的评比，则与教师职称评定挂钩。2017年教师节期间，普定县推荐评选省级优秀教师2名、市级优秀教师9名、优秀教育工作者2名。普定县内组织评选县级优秀个人105名，先进集体15个。在调查过程中，时任号营小学校长赵芳在2009年时被评为县级优秀班主任，2011年之后的连续几年都被评为优秀教育工作者。另外，号营小学于2013年被马官镇评为先进学校。

---

① 2015年5月22日方莹访号营小学校长赵芳。
② 《普定县教育志》（未刊），第367页。
③ 《普定县教育与科技局2017年工作总结和2018年工作打算》（内部资料）。

自 1949 年之后，号营小学与村庄社会的关系，随着国家对农村教育投入体制的变化而变迁。在 1949~1958 年这一阶段内，国家财政困窘，难以有足够的财力投入农村教育中。除师资、教材、学制由国家统一外，校舍、课桌等基本教学设施，则由村庄农民协会或村集体提供。发展到 20 世纪 70 年代，为解决初级中学教育资源不足的问题，采用同样的方式，鼓励农村小学举办戴帽初中班。这种"分级办学"的财政投入体制，虽给村庄带来一定的压力，但是也给村庄自主治理提供一定的空间和平台。号营村在 20 世纪 80 年代兴起的捐资办学之举，就是在这种情况下出现的。在这个过程中，号营小学与村落社会关系紧密，村落社会不仅在监督教学质量、协调教师和家长的关系等方面发挥重要作用，甚至在学校校长选择、教师选拔等方面，村落社会均有较大的话语权。从 2001 年开始，"以县为主"的财政投入制度，甚或"省级统筹"，在经济方面为村落社会松绑，但村落社会参与学校教育的空间也随之被压缩。校址集中布局、统一配备教师、职业化管理体制等多方面政策的出台，表征号营小学与村落社会的关系，从之前"你中有我，我中有你"的状态，发展到如今"熟悉的陌生人"景象。

五　小结：从缺失到疏离

　　明朝之前，号营村"化外之地"的国家地位，导致其学校教育一直处于缺失状态。而自明朝之后的 600 多年里，号营村一直都在国家的管辖范围内，其学校教育的实践，随着国家制度的变化而演变。在明清时期，儒学、卫学等制度性教育的安排，使得屯堡社区下层普通民众改变自身命运的诉求有了制度性渠道和方向。屯堡社区在明清时期科举考试中所取得的成绩正好证成这一点。号营村虽然一直未有人在科举考试中取得功名，但侯光炳在号营村外的求学经历，为号营村后续的教育实践奠定了物质和精神基础。1905 年科举制度被废除后，号营村在侯光炳的带领和影响下，村落社会自发举办私塾、学堂和小学，既解决了官学体系"最后一公里"的问题，也为村落社会的发展积淀起精神力量和乡土自信。1949 年，中华人民共和国成立，受国家对乡村学校教育管理制度和投入方式的影响，号营村的学校教育，经历了从"村校同行"到"熟悉的陌生人"的转变。这种转变，意味着乡村学校与村落社会的关系正在日渐疏离。

纵观号营村学校教育的演进历程,大致呈现较为明显的三个阶段:第一为明朝之前的缺失阶段;第二为清末民初以及 20 世纪 80 年代两个时期的"村校同行"的相互形塑阶段;第三为 2001 年之后的日渐疏离阶段。

第二节 内嵌于村落社会的学校教育

从号营村学校教育的演进历程中发现,在清末民初以及 20 世纪 80 年代,号营村的学校教育成就凸显。这主要有赖于这两个历史时期遵循的"村校同行"式的学校教育理念。本节主要以清末民初的私塾教育和 20 世纪 80 年代的集资办学的教育实践为依托,试图勾勒出内嵌于村落社会中学校教育的号营图景,并进一步在村落社会和乡村学校相互形塑的叙事框架下,探讨号营村学校教育的现实意义和理论价值。

一 民间办学传统的形成

安顺的民间社会办学传统,可追溯到清朝道光二十二年(1842 年)。据《安顺府志》记载,建于康熙四十一年(1702 年)的普定县学,经过乾隆四十七年(1782 年)重修之后,再次倒塌。60 年之后,"道光二十二年,知府多龄、知县于存保、教谕罗万书、训导林上玥暨合郡绅耆刘达等捐金改修。"[①]

(一)官府劝导出资

自清朝道光年间之后,官府劝建成为发展学校教育的一种重要路径。一般在特殊时期,官府财力难以支撑办学经费之时,就劝导民间社会力量出资修建学校。1905 年,科举制度废除,安顺境内经历 6 年的学校教育空白期。1911 年,官府就是通过此种方式来筹办各属公立中学和改建城北试院。"宣统三年,知府瞿鸿锡任内,令知郎岱、永宁、普定、安平、清镇、紫云筹办

---

① (清)常恩修、邹汉勋、吴寅邦纂:《安顺府志》,安顺市地方志编纂委员会点校,贵州人民出版社,2006 年,第 348 页。

八属公立中学，札委本城董事会总董陈燮春、劝学所总董黄元操、并城中各绅耆充承办员，合各属派来绅耆公同办理，就城北试院改建。"① 过后不久，武昌起义爆发，贵州革命者积极筹备响应起义，并成立大汉贵州军政府。为保全自身，原来由清朝官府组织的捐资建校代表都各自逃命，各属公立中学和城北试院的运行经费也就失去来源。一直到民国三年（1914年）才恢复。"知事凌云委王亮周充当校长，禀准公置庙租一百六十石作为经费，每年由省补助五百元，复增至八百元。地方公同筹款，购置各种仪器。十年后改为省立四中，经费除由省补助外，仍由各属均摊办理矣。"②

（二）民间自发办学

普定县民间自发办学的传统，可追溯到清朝光绪十一年（1885年），即以袁廷祯在普定马场创办凤池书院为标志。从此之后的100多年里，虽然经历了三个不同的时代巨变，由民间自发筹集资金办学的传统，在普定县境内一直被延续下来。尤其是民国时期，普定县政府每年财政收入不多，用于教育的经费远远满足不了办学的需要。小学教育主要靠地方热心教育人士发动士绅民众捐资兴学。中学则仅有普定籍黔中名商伍效高先生为首创办的私立建国中学。"普定县仅县城两所小学及农村个别学校得到过政府的部分补助。城乡所有学校，没有一所是县政府拨款修建的，就连学校修缮及教学设备，也是靠当地自行解决。"③

到1949年，普定县境内由民间捐资兴建的学校达30多处，其中一些学校的设备设施还比较齐全。

表6-10 1885~1949年普定县民间捐资建校统计

时间	校名	地点	负责人	备注
1885年	凤池书院	马场镇	袁廷祯	

---

① 任可澄总纂：《续修安顺府志辑稿》，安顺市人民政府地方志办公室整理点校，贵州人民出版社，2012年，第1056页。

② 任可澄总纂：《续修安顺府志辑稿》，安顺市人民政府地方志办公室整理点校，贵州人民出版社，2012年，第1056页。

③ 《普定县教育志》（未刊），第455页。

第六章 学校教育：体制嵌入及村校形塑

续表

时间	校名	地点	负责人	备注
1905 年	平南学堂	定南镇	华伟堂	今普定一中
1906 年	自励小学	马场真	袁士辉	改建凤池书院
1908 年	/	白岩场	李成久	将自办私塾改为学堂
1909 年	养正小学堂	天王旗	张一普	
1909 年	波玉小学堂	/	/	
1912 年	等堆私立敬一小学	/	杨锡光	将私塾改办
1912 年	明德小学	水母	徐汉章	扩建明德小学
1913 年	六寨私立初级小学	/	/	绅民捐资献料
1914 年	木浪私立初等小学	补郎	陈贡九	
1914 年	马堡初等小学	马官镇	/	马堡吴廷栋、吴焕章、侯光表等
1916 年	管定庄私立初级小学	/	/	
1916 年	骂若私立小学	/	/	
1934 年	二官初级私立小学	/	/	乡民捐资建校
1934 年	贡达私立达义小学	/	/	
1938 年	私立建国初级中学	/	/	伍效高、邓若符、丁纯武等

资料来源：根据《普定县志》第 646、677 页相关内容整理。

1949 年，中华人民共和国成立之后，民间社会捐资兴学的传统被延续下来。

表 6 – 11　1949 ~ 1984 年普定县公办、民办小学对比

单位：所，个，人

时间	公办小学			民办小学		
	学校数	班级数	学生数	学校数	班级数	学生数
1951 年	10	/	/	15	/	/
1952 年	13	/	/	23	/	/
1955 年	60	/	/	106	/	/
1958 年	66	/	/	138	/	/
1961 年	62	/	/	35	/	/
1962 年	44	/	/	53	/	/
1963 年	46	/	/	183	/	/

续表

时间	公办小学			民办小学		
	学校数	班级数	学生数	学校数	班级数	学生数
1982 年	105	473	/	245	1084	/
1984 年	82	341	12931	273	1356	44650

资料来源：根据《普定县志》第 647 页相关内容统计。

从表 6-11 中可以看出，在 1949~1984 年，特殊年份除外，普定县的民办小学数量一直都超过公办小学，尤其是进入 20 世纪 80 年代之后，无论是学校数量，还是班级数和学生数，都远远超过公办小学。

另外，中华人民共和国成立之初，一些尚未被人民政府接办的农村小学，由农民协会负责办学。"1950 年，由农会办起来的学校，以马官区最多。"[①] "50 年代中期开始，民办学校由农业社、生产大队或生产小队负责，工资、办公费均由集体出资，甚至部分公办学校的维修、新建主要靠当地公社、大队、生产队发动社员群众献工献料，国家仅补助少量经费。"[②] 到 1963 年，一些公办学校甚至一度转制为民办学校，办学经费主要由生产队负担。

这种情况的出现，与当时国家对农村小学教育的经费投入制度紧密相关。从 1985 年之后，农村小学教育形成以乡镇为主、"分级办学"的经费投入体制，这在一定程度上减缓了民间社会捐资兴学的趋势。

（三）政府规范引导

安顺境内最早的民间社会捐资兴学，是由知府、知县、教谕、训导等官员联合劝导绅耆刘达而达成。这种方式被后世传承下来，并且发展得越加规范，以致出现地方政府正式出台文件鼓励、引导民间社会捐资兴学之状。1941 年，普定县政府制定《捐资兴学办法》《发动地方建修学校办法》，把捐资兴学列为乡、镇、保的工作职责之一。1951 年，普定县人民政府鼓励群众自己办学。1953 年，贵州省教育厅出台文件，专门提出"各地要协助

---

① 《普定县教育志》（未刊），第 463 页。
② 贵州省普定县地方志编纂委员会编《普定县志》，贵州人民出版社，1999 年，第 677 页。

第六章 学校教育：体制嵌入及村校形塑 ○ 中国百村调查丛书·号营村

热心教育的人士开办私立学校、私塾、补习班及民办小学"。[1] 到1990年时，为进一步规范集资办学，普定县人民政府制定《关于多渠道筹措教育经费的决定》，并经县人民代表大会审议通过。

肇始于清朝道光年间的民间捐资兴学之传统，是在地方社会与国家共同推动过程中形成的，为普定县营造了积极向学的制度环境，其在后续发展过程中，一度成为民间社会自发自主的行为。从20世纪40年代开始，鉴于政府财政状况，普定县政府通过出台政策文件的方式，积极引导民间社会捐资办学。这些都为在全县范围内营造崇文重教的氛围奠定了社会基础。

二 社区动员与社区参与

受普定县境内浓郁的社会力量积极参与办学的氛围影响，20世纪80年代初期，号营大队[2]开始了一场轰轰烈烈的集资办学运动。

号营私塾、号营学堂等，均是号营小学的前身，曾一度成为号营村的文化中心，为村落社会培育出诸多人才，号营村也因此被誉为"文化之乡"。受"文化大革命"的影响，号营村的教育遭受断崖式的破坏，以致教育质量出现"白板"[3]。为此，号营大队决心改变这种情况，并由号营大队党支部召集村民开会，倡导集资办学，以改善号营小学办学条件。

（一）社区动员

1981年冬天，号营大队专门邀请时任普定县委办主任的侯泽济（1930～2007）回村，主持召开全村党员、生产队长和村民代表参加的动员会。侯泽济1930年出生于号营大队，其虽未上过大学，但早年在号营学堂、号营保国民学校等的受教经历，为其在20世纪50年代以招工方式进入体制内工作奠定了知识基础。后历任坪上公社党委副书记、普定县社队企业局局长，普定县生活福利部副部长，县财贸政治部副主任，财贸办党组副书记、书记，

---

[1] 贵州省普定县地方志编纂委员会编：《普定县志》，贵州人民出版社，1999年，第647页。
[2] 鉴于20世纪80年代，全国各地区正处于从人民公社、生产队向乡（镇）人民政府、村转化阶段，故本部分根据实际情况，所使用的"号营村"或"号营大队"，皆指今号营村。
[3] 民间俗称，即指在每年小学升初中的考试中，号营小学皆没有学生升入普定县境内师资力量强、教学质量高的普定县第二中学。

249

白岩区委书记，县委办公室主任等职。他深知教育对村民个人及村落社会的价值和意义。因此，当号营大队为集资办学邀请他回来主持动员大会时，他欣然答应。在动员会上，他向村民阐明捐资修建学校的积极作用，号召全体村民通过自己的实际行动支持办学。

1. 选择校址

原号营小学与现址不一致，校舍破旧，为改善办学条件，需另择地修建新校舍。有两处备选之地：一处位于飞凤山后坡；另一处位于原校舍与侯姓祠堂接壤处。前址由于靠近山坡，如遇长期下雨，易引起山体滑坡或山上滚石落下，考虑到安全问题，村民没有同意。于是，也就只有在后址修建新的号营小学。

原校舍与侯姓祠堂接壤处，虽然安全系数较高，但需要先解决占地和迁坟两个棘手的问题。

首先，占地问题。其一，此处原是号营大队第二、四、五村民组的晒坝（即用于晒谷子的场坝）。如果在此地建设号营小学，就意味着这三组村民将无处晒谷子。为此，与这三个村民组小组长和村民商议，同意他们可以在位于村图书楼前的空地上晒谷子，征得这三个组的村民同意之后，最终决定在此地修建新的号营小学校园。其二，将占用部分耕地。当时这块涉及七八家人，由村集体挨家挨户做工作、讲道理，征得他们同意。但对于被占用土地，并没有经济补偿，只是由村集体负责给他们在村庄附近调换村集体留下来的未承包给农户的"公地"。对于被占地的农户而言，"公地"品质自然不如自己的承包地，但他们都欣然同意将这些土地用来修建学校。

其次，迁坟问题。已选好的校址上，有三家坟茔需要迁移。当时迁坟没有经济补偿，只由村支两委给坟主准备一块红布，然后由其家人迁移另处再葬。没有劳力的人家，村支两委组织劳力帮助迁坟。事前村支两委很担心这三家坟茔的后人不同意。经过动员、商议之后，大家都愿意将祖先坟茔迁走，积极支持号营小学建设。其中一冢坟为侯婧婧家祖先，要将这坟茔迁走，需要征得他们家同意。但他家通过考学已迁出号营村，没法当面直接商议，当时交通不便，亦无现代通信方式，只好请其居住在号营村的姐夫转告。当他知道是因为修建号营小学而迁祖坟后，欣然同意。"虽然我们搬到外乡居住了，但晓得我们家乡要办教育，迁坟来修学校，我们当然支持。"①

2. 捐款捐物

动员村民捐款捐物，是修建号营小学的关键环节和重要工作。首先，确定捐款捐物的理念和原则。在村民经济收入不是很丰裕的情况下，倡导村民捐款捐物修建学校需要注意两方面问题：一方面不因集资建校影响村民日常生活；另一方面又得确保学校建设顺利推进。大队党支部研究决定，集资建校秉承"按月、按工程进度、按人"的原则和理念进行。其次，号营大队党支部及大队干部率先垂范。时任号营大队党支部书记的肖国昌，除承担自己应捐的款额外，还多捐100元。在他的带领下，其他党员干部也纷纷捐款捐物。再次，在村村民也积极捐款捐物。最后，外出工作人员的捐款。由时任号营大队副大队长侯祖祜专门负责联系号营村在外工作人员。据侯祖祜讲述，当时为动员这些外出工作的村民积极捐资，虽然交通不便、通信闭塞、工作难度很大，但他们想尽办法完成了这项工作。具体做法有：第一，向其家人或亲戚、朋友等打听具体单位名称和居住地址；第二，派出专人到其工作单位对接沟通。"跟他们说明来意之后，他们被家乡人民集资办学的高度热情感动，都积极支持这一捐资兴学之举。"② 有些在外人员的工作单位实在太远，就由其家人跟他们联系，在不能亲自回村的情况下，他们专门汇款回来由家人代其捐款。据统计，共有56人，捐资1155元。

表6-12　20世纪80年代号营村在外工作人员捐资兴学统计

单位：元

姓名	金额	工作单位	姓名	金额	工作单位
侯祖芳	40	普定陶瓷厂	李志祥	20	安顺市防疫站
侯泽高	40	普定县委党校	侯泽松	20	普定县建筑公司
侯泽鹏	40	安顺建筑公司	钱开友	20	马官镇供销社
侯泽旭	40	安顺大修厂	侯祖福	20	马官镇卫生院
刘刚望	40	/	侯泽先	20	六枝机修厂

① 2015年5月22日孙兆霞访号营村支书肖国昌。
② 2015年5月22日孙兆霞访号营村民侯祖祜。

续表

姓名	金额	工作单位	姓名	金额	工作单位
张谋祥	30	普定县人民法院	肖安龙	15	马场坪火车站
刘纲	30	/	赵吉云	15	号营小学
石维坤	30	马官镇人民政府	侯祖刚	15	普定县酒厂
侯祖敏	30	普定县供电局	侯泽刚	15	普定县印刷厂
翟思义	30	号营小学	郭家友	15	武汉铁路局
侯贻甫	20	普定县烟草公司	侯祖高	15	普定县煤炭管理局
侯祖江	20	/	侯泽文	15	普定县政协
丁世益	20	/	侯泽安	15	普定县煤炭管理局
侯世忠	20	普定县建筑公司	侯祖明	15	号营小学
侯祖模	20	盘县煤矿	侯泽平	15	安顺市运输公司
侯泽义	20	贞丰县农业局	侯泽涵	15	安顺日报社
侯祖昌	20	马官镇粮管所	郭国林	15	马官镇人民政府
侯祖国	20	贵阳铝厂	侯泽兴	15	六枝大跃进煤矿
侯泽云	20	镇宁县计生委	侯祖超	15	六枝木冈煤矿
侯泽伟	20	镇宁县水务局	张有农	15	马官镇粮管所
侯泽博	20	贵阳水校	侯祖新	15	普定县税务局
侯贻顺	20	普定县交通局	侯祖长	15	号营小学
侯泽勇	20	马官镇人民政府	侯泽福	15	马官镇卫生院
郭国舜	20	马官镇人民政府	肖安兴	15	马官镇人民政府
郭国富	20	马官镇供销社	杨德才	15	普定县酒厂
刘廷美	20	六枝煤矿	刘刚兴	15	马官镇供销社
罗兴仁	20	马官镇人民政府	侯祖昂	15	普定县水利局
任永宽	20	安顺火车站	侯祖训	15	普定县商业局

资料来源：抄录于号营小学功德碑。

经过动员、倡议、宣传等方式，在村村民和外出工作人员积极支持集资兴学。首次共集资 40000 元。建设过程中，号营大队党支部再次组织捐款，集资 33000 元，又从村办企业中挤出 23000 元。据《普定县志》记载，号营总共自筹资金近 10 万元重新修建学校，国家为鼓励群众集资建校，补助建校经费 3 万元。

（二）硬件建设

在完成前期校园择址、土地调换、动员迁坟和资金筹集等工作之后，号营小学新校园建设工程正式开工。由号营大队支部书记肖国昌担任施工总指挥，村民积极参与，由在普定县建筑公司工作的侯世忠和侯泽松负责为教学楼设计制图。当时按照初中班级的教室标准设计，6 米长、9 米宽。石工、木工及泥水工由本村建筑工人肖安先、侯泽伟和肖安忠三人负责。经过 1 年多的努力，号营小学的新校园基本建成。

表 6-13　号营村新建号营小学项目统计

单位：平方米，万元

竣工年份	项目名称	项目类型	建筑面积	总投资 补助	总投资 自筹	总投资 集资①	备注
1983 年	号营小学教学楼	石混	744	3	/	4	扩建
1984 年	号营小学校门、球场	设施	2000	/	0.6	1	
1984 年	号营小学教师宿舍	石混	304	/	1.5	1.5	扩建
1984 年	号营小学伙房	砖木	60	/	/	0.5	
1984 年	号营小学厕所	砖混	30	/	/	0.3	
1984 年	号营小学教学楼	石混	527	3	2.9	0.7	扩建

注：根据《普定县教育志》（未出版）第 473 页相关内容整理。

在校内种植了柏树 300 多株，美化校园环境，并开挖鱼塘一个，供学生勤工俭学使用。经过两年建设，号营小学重建工程于 1984 年全面竣工。新建的号营小学，是普定县第一所由村民自建且设备齐全、布局标准化的村级完全小学。

（三）软件建设

在完成教学楼、教师宿舍、校门、球场、伙房等硬件设施建设之后，随之而来的就是学校软件建设。本部分将从选择校长、选拔教师两方面介绍软件建设的理念和思路。

第一，选择学校校长。校园修建好之后，关于号营小学校长的人选，普

---

① 自筹，即由村集体经济出资。

定县教育局、马官镇教育辅导站同意让号营大队自主选择学校校长。经过广泛考察了解之后,村支两委决定由丁明高担任新建校园之后的第一任校长。到1990年时,有30多个人报名申请来号营小学当校长,经过号营村支两委的考察了解,最终确定由施仕猛担任。截至2000年左右,号营小学校长的选择,皆首先由号营村支两委考察决定,然后再上报普定县教育局批准任命。

第二,选拔配备教师。首先将原来在号营小学任教,但教学水平有限的教师由县教育局安排到其他学校任教。然后主要由号营村支两委到安顺师范专科学校(今安顺学院)选择毕业生来任教。选择标准是专业能力较强、专业水平较高。

在教学过程中,村支两委一旦发现教师在道德方面有缺陷,就会"弹劾"。号营小学曾有一名叫ZCF的教师,家住号营邻村,每月有固定工资收入,但对父母不孝顺,不给父母生活费,而由靠捡破烂为生的哥哥供养父母。当村支两委知道情况后,就通知他下学期不用再来号营小学教课。后来他自己联系到PY小学去任教。但他觉得很委屈,写信给普定县教育与科技局投诉,说村干部及村支两委"插手教育"。但不管如何投诉,他最终仍然离开了号营小学。村支两委之所以这样做,是担心这种对父母不孝顺的老师在号营小学任教,会教坏号营村的学生,最终导致乡风败坏。据1991~1993年曾在号营小学就读,现任马官镇中学英语教师的蒋文武说,这种情况后面还出现了两三次,有两三位教师因为教学不负责,所负责班级的成绩不好,同样被村支两委"弹劾"而另谋他处。

校长、教师选聘到号营小学后,为使他们能安心在号营小学任教,号营村支两委从生活、待遇方面给予足够关心。第一,在之前新建校园时就为教师建好304平方米的宿舍。两位教师住一间宿舍,每位教师都有自己的专用办公桌,为其购置单人床等。校长作为整个学校的负责人,承担着更重的责任,也享受更好的福利。村支两委专门给校长购买皮鞋,冬天时还专门为其提供煤炭取暖。第二,村党支部决定,从村办集体企业[①]中拿出部分资金,

---

[①] 20世纪80年代,号营村先后创办过酒厂、酱油厂、木器加工厂、建筑队5个村办集体企业。

"每月发给教师 7~8 元的奖金",①后改为一次性的年终教学奖。第三,年节时给予慰问。尤其是每年的教师节,号营村支两委会或在村内摆酒席,或进城到餐馆中,请号营小学的所有教师吃饭。

(四) 过程参与

在新校园建设、校长选择和教师选拔等工作完成之后,号营村与学校的关系随之转为常态化的日常参与。

1. 对教师提出明确要求

号营村支两委为学校教师提供的生活条件和福利、待遇,确实令周边村庄小学的教师艳羡不已,但是他们也承担着比其他学校教师更重的责任和压力,即号营村支两委会对校长及教师做出了一些具体要求。

第一,要求教师每天放学之后轮流住校,晚上陪三至六年级的学生上晚自习,学生学习中有问题和困难时,可以随时向教师请教。

第二,要求每位教师担任一个班级的班主任,从一年级开始一直到小学毕业。最后依据升入普定县二中的人数来衡量教师的教学水平。对于责任心强且教学水平高的教师,村支两委会给予一定的升学奖;而对于那些责任心不强教学水平又低的教师,村支两委也会扮"黑脸"。如果中途发现某位班主任不负责或者教学水平低,那么此班级到六年级时,村支两委就会要求更换教师。一般由校长陪村支两委主要成员到学校挑选得力且负责的教师负责毕业班的教学工作。对校长、教师的要求,村支两委会在每年的教师节宴请时提出来。他们恳切地希望教师能一心一意地在号营小学工作,认真负责地从事教学工作。

2. 协调教师与家长关系

为保证学校有安静的教学环境,教师工作能顺利开展,以村支两委为主,带领村中有威望的老人(后来为村老协会负责人等),从多个方面给教师解决问题,协调教师与家长的关系。

第一,要求村民不能"泼"②学校教师。在教学过程中,对于部分非常

---

① 任吉麟主编《贵州教育年鉴》(1949~1984),贵州人民出版社,1986年,第751页。
② 即无理取闹。

调皮又不愿意学习的孩子,学校教师会严格管教,有时会用教鞭打手掌心。对于这些情况,偶尔有家长认为是教师故意刁难孩子,从而会去"泼"教师。为此,村支两委会针对具体情况,找当事家长谈话:"我觉得那点教鞭打不死,打不到哪点嘞,是不是啊……你要计较的话,我去跟那个老师说,那个老师从此不管你家娃娃。这样你家娃娃就是个废娃娃。"①

第二,村支两委会协助学校与家长沟通。村支两委成员会专门安排时间去学校了解学生的学习情况,然后通过家访的方式告知家长。对于学习成绩好的学生,村支两委会买些笔墨纸张奖励给他们,然后跟家长说少安排他们做家务事,多给予点时间让他们学习。对于成绩不好的学生,则告诉家长要他们向成绩好的学生学习,督促家长对孩子严格管理。

3. 对优秀学生进行物质激励

对于优秀学生,号营村支两委同样有一套激励机制。①平时在与学校教师的互动中,对于了解到的优秀学生,村支两委会购买一些笔墨纸张等学习用品奖励给他们。②对于每年考上大学的学生,村支两委会从集体经费中拿出部分资金给予奖励。"凡本村村民的子弟考取大专院校者,发给奖金200元;考取中专者发给100元;考取县级中学者发给20元。"② 但随着全村考上大学的学生日益增多,并且村办集体企业已经破产,村支两委没有了奖励资金的来源,对优秀学生的此种激励行为已在2010年时停止。

村支两委多年来坚持带领村中耆老,以"学校—教师—学生—家长"链条为依托,对号营小学教育过程的参与,事实上也是以学校教育为抓手的乡村治理过程。在此链条中,培养"好学生"的观念作为村庄共识、村庄共同行动的能力建设"意识形态",在长期的实践中,早已以"机制"建设的稳定性,成为号营村社会动员力和行动力的核心价值观。

三 学校回馈村落社会

(一) 参与号营村庄的活动

20世纪80至90年代,组织部门委托村党支部负责号营小学的党建工

---

① 2015年5月22日孙兆霞访号营村支书肖国昌。
② 任吉麟主编《贵州教育年鉴》(1949~1984),贵州人民出版社,1986年,第751页。

作，主要负责考察小学教师的入党工作。凡是经过号营村党支部考察的申请者，都可以被发展为党员。据不完全统计，10年的时间，号营村党支部在号营小学共发展10多名党员。这些教师党员在课余时间，会协助村支两委工作，如撰写文稿等。后来担任镇宁县委常委、组织部部长的徐启才，2000年左右在号营小学任教时，就常为村支两委撰写先进事迹等材料。在这个过程中，其综合能力得到迅速提升。所以在离开号营小学之后，进入地方党政机关工作。

（二）营造号营教育景观

1. 外村学生趋之若鹜

经过多方共同努力，号营小学的教师工作认真负责，全校教学质量也显著提升。"1984年，该村学校考上普定县一、二中初中部的有17人，考上高中的有1人，考上马场高级农中的有4人，考上马官区中学的有13人。改变了10多年来升学持续'白板'的落后状况，使全村人民增强了集资办学的信心。"① 课题组在号营村调查时了解到，鼎盛时期的号营小学，每年都有10多个毕业生升入普定县二中，其他学生都能到马官镇中学就读。高升学率吸引周边村寨，甚至六枝特区、织金县等跨地州市的学生来就读。由于外来入读学生的数量不断增多，为保证号营村民子弟能入读，从1991年开始，号营小学单独组织选拔性考试，以控制外村学生数量，并借此招收到优秀学生。凡是有意愿到号营小学就读的外村学生，都有资格报名参加考试。但要想真正进入号营小学就读，必须要通过考试方可。即便如此，除学费外，外村学生还需交10元借读费。

据1991~1993年曾在号营小学就读、现任马官镇中学英语教师的蒋文武讲述，1991年9月，他在马堡小学读完小学四年级后，在号营小学组织的选拔性考试中，以第一名的成绩进入号营小学读五年级。之所以从离家仅两分钟路程的马堡小学，转到离家半小时路程的号营小学就读，主要是因为号营小学的教师均由来自安顺高等师范专科学校（今安顺学院）的毕业生担任，与马堡小学甚至马官镇境内的所有小学相比有明显优势。另外就是看中

---

① 任吉麟主编《贵州教育年鉴》（1949~1984），贵州人民出版社，1986年，第751页。

号营小学的教学质量和高升学率。

与蒋文武同时借读于号营小学的有 13 人，大家都需要交 17 元学费和 10 元借读费，而且号营小学不提供教材，需要学生自己去寻找教材。之前他在马堡小学的成绩一直是全班第一名，但是进入号营小学之后只能排 20 名左右。经过一年的努力，他的成绩排在全班第一。为此，号营村支两委与号营小学商议后，免除他 10 元借读费。

他所读的班级，在 1993 年小学毕业时共 36 人，16 人考取师资力量和教学设施均很好的普定县二中，其他学生均进入马官镇中学和号营村中学就读，升学率 100%。虽已过去 28 年，蒋文武在接受课题组访谈时，对自己当年入读号营小学的经历记忆犹新，并充满激情地娓娓道来，他在很多场合做自我介绍时皆强调自己是从号营小学毕业的，颇为自豪。

号营小学组织的面向全镇小学生的选拔性考试，只持续 2 年就被迫终止。因为周边村寨学生通过此种方式进入号营小学就读的人数越来越多，尤其是将各村小学的优秀学生都选拔到号营小学，已经严重影响到周边村寨其他学校的教学秩序。同时，那些学校教师的教学积极性也受到严重打击。为此，马官镇教育辅导站在 1995 年时专门做出规定：不准号营小学招收外村学生。如有老师私下招收外村学生，罚款 100 元。

2. 带动普定境内集资办学

在号营村带动下，普定县境内各乡镇、村庄掀起集资办学的热潮。首先马官镇内村与村之间互相竞赛，新建校舍不断增加。先后有马官屯村、偏杨村、下坝村、新堡村、贾官堡村、平山自然村、水坝堡村、太平堡村、皮官堡村、山脚村、中坝村、玉官堡村、马堡村、玉官屯村、李后庄村、二官寨村等采取群众集资、社会捐资、投工投劳、政府补助等多渠道筹措教育经费，共计投入 200 多万元新建小学。截至 1990 年，全镇新建、扩建小学 16 所，占当时马官镇村庄小学的 40%。村里最好的房子就是学校。"1985 年后，集资办学逐渐从经济较发达的中、南部坝子地区发展到全县各区各乡。整个 80 年代，全县集资办学共完成工程项目 234 个，总计建筑面积 100865 平方米（其中拆除重建项目 163 个，计 41764 平方米），使全县校舍面积从 1980 年的 70757 平方米增加到 188858 平方米，危房面积从 34101 平方米减

第六章　学校教育：体制嵌入及村校形塑 ○ 中国百村调查丛书·号营村

少到7850平方米；校舍建设总投资近1074万元，其中国家补助431.5万元，地方（乡、村、学校）自筹269.5万元，群众集资373.1万元。"① 与国家投资城市学校硬件、软件建设功效不同的是，乡村学校建设由于有了村民集资、认同、投劳，校舍占用土地等公共事务的组织、协商和参与因素，它更是社会性的建设，具有社会合作与情感升华的功效。

3. 引发全国上下高度关注

自成功的集资办学之后，号营小学获得诸多荣誉。如1983年，号营小学被评为全省集资办学的先进典型；1984年，号营小学被列为安顺地区重点小学。号营村参与学校教育过程所积累的经验，引起全国上下的高度关注。

1986年，贵州省分管教育工作的副省长龚贤永同志组织全省各州、市、县的主要领导到号营小学，参观考察学校抓教育质量，号营村抓村民素质、教育投资等情况，并给予高度评价。1991年，西南四省两市（指云南省、贵州省、四川省、西藏自治区、成都市、重庆市）财政领导到号营小学考察教育投资情况。据肖国昌讲述，"当时受到教育部及省、市、县的高度重视，全国各地来号营参观学习集资办学的团队达673个"。②

四　小结：内嵌于村落社会的学校教育

回首历史，号营村100多年的学校教育，一直与村落社会相携而行。其一，村落社会参与学校教育。民国时期，侯氏家族始终以号营学堂为载体，以宗祠当校舍，由族内文化人负责教学，由族内富有之家为外聘教师提供生计资源等方式，实现其主导号营村村内的私塾式学校教育之目标。20世纪80年代的集资办学，是在号营村支两委的倡议下，全体村民积极参与，最终由村支两委代替村民去执行的一种参与行为，具体表现在对号营小学校园的修建、校长和教师的选择、教师与家长的互动沟通以及教师与学生的激励等方面。对整个号营村村落社会而言，存在于不同历史时期

---

① 贵州省普定县地方志编纂委员会编《普定县志》，贵州人民出版社，1999年，第678页。
② 2015年5月23日方莹访号营村支书肖国昌。

的两种力量,造就出两种不同类型的教育。前者是一种私塾教育,后者则是一种新学教育。这两者的关系并非"持续深入到村庄中的政府性国家力量,注定要以'新学'模式瓦解以'宗族'和'家庭'为办学主体的私塾模式"。① 总而言之,新学教育对私塾教育既有继承,又有超越。继承的是卡尔·波兰尼所言的"人的社会本性"。就号营村而言,"人的社会本性"主要表现为以侯姓家族、村支两委为代表的村落社会,在不同历史阶段为发展学校教育所做出的贡献。而所谓超越,则是指新学教育不仅以家族、家庭力量来展现其社会本性,而且将国家、城市等因素融入村民的社会本性之中。

其二,学校用教育成就回馈村落社会。根据已有的文献资料,号营村的学校教育,最早可追溯到侯光炳利用自家堂屋举办私塾。他于1885年参加科举考试取中秀才,进入镇宁州学就读,因家贫未在接下来的科举考试中考取功名。于是他回到号营村开设私塾,教授家族及村内子弟文化知识。进入民国时期,私塾前期培育出的人才,成为推动号营村学校教育发展的主要力量。以侯氏家族为例,据不完全统计,侯明鑑、侯树声、侯祖光、侯祖恩、侯祖麟、侯祖成等人,皆是经私塾培养而成。除侯明鑑、侯树声外,其他人皆在民国时期先后执教于号营小学,并担任号营小学校长。甚至出现侯光炳、侯祖炳、侯祖麟祖孙三代同时执教于号营小学的景象。而侯明鑑、侯树声则尽可能地为号营村子弟外出求学提供机会和条件。到20世纪80年代村落社会集资办学时期,学校教师利用自身优势,积极支持号营村内的社会活动,由于教学质量突出,吸引周边村寨大量学生进入号营小学就读,甚至还有六枝特区、织金县等跨地州市的学生也慕名前来。

号营村100多年的教育实践,形构出"村落社会—乡村学校—村落社会"的闭合环路,村落社会与学校、家长与教师都是这个闭合环路中的重要环节。通过各方的共同努力,不仅号营村的学校教育质量得到极大提升,大量村民子弟通过此种方式进入更高级的学校深造,而且教育方面的成就将号营村的全体村民积极性调动起来,形塑其乡土自信。与其说他们是同心协力

---

① 李涛:《"文字"何以"上移"》,《人文杂志》2015年第6期。

发展号营村的学校教育，不如说他们是借学校教育，塑造号营村村落社会的历史形象和乡土自信。质言之，这是提炼号营村村落社会精神、形塑村落灵魂、积累村落社会资本的过程。这也是内嵌于村落社会的学校教育的本质要求，即乡村学校教育不能只是校舍立于村落社会中，而应该是村落社会参与并支持乡村学校教育，且乡村学校用教育成就回馈村落社会的过程。总而言之，乡村学校与村落社会之间不因"高墙"而相互隔离，是村落社会中学校教育的本质内涵。

第三节 乡村教育与跨越城乡的环路构建

一 教育产出与学校教育资源分配

所谓教育产出，即指村落社会在参与号营村100多年学校教育过程中所取得的成绩。

（一）教育产出

号营小学作为国民教育体系的基础环节，主要为初中、高中（中专）和大学输送学生。从理论上来看，凡是从号营小学升入更高一级学校的学生，皆可被视为号营小学的教育产出。但鉴于初中、高中是国民教育体系的中间环节，主要承担着为中专和大学输送学生的任务（因为这是国民教育体系赋予它的自身目标，尚未涉及国民教育的社会目标），所以村落社会在统计这方面产出时，往往将其忽略。

在中国社会中形成了一种传统习惯，即在论及学校对学生的培养时，只将考入中专学校以上者，以及进入体制内单位工作者包括其中。这一阶段的教育成果并不是由坐落于村庄中的小学来统计，但鉴于其为每一考取中专及以上院校的学生，或者通过其他途径进入体制内单位工作者提供过最基础的教育，故此，本节将在号营村受过小学或初中教育并进入体制内工作的人员，皆视为号营小学的教育产出。

1. 考取大、中专以上学校

号营村村落社会积极参与号营小学的各项工作，在号营村营造出一种积极向学的氛围,也取得非常显著的成就。据不完全统计,到 2000 年时,号营村就已有 109 人考取大、中专学校,并顺利毕业。2015 年 5 月,课题组在号营村田野调查时,全村已有 236 人考取大中专院校。

表 6-14　号营村大中专及以上学历层次统计

单位:人,%

序号	学历层次	数量	占比
1	中专	5	2.12
2	大专	9	3.81
3	本科	138	58.48
4	研究生	1	0.42
5	不明确	83	35.17

资料来源:根据号营村支两委提供的号营村大中专以上学历人员统计表整理。

表 6-14 中已明确学历层次的统计样本为 153 个,而另外 83 人的学历层次无法明确。这种情况的出现,主要由统计数据的获取方式决定。号营村大、中专及以上学历人员的信息,主要是在田野调查过程中,由信息报道人根据回忆逐一讲述,然后由调查人员记录。在实际统计过程中,信息报道人皆为老人,他们主要是在日常生活中通过口耳相传的方式获知某人已考上某学校,而对于具体校名和学校层次则不知道。

即使如此,仍能从表 6-14 的数据中发现规律性特征。本科学历层次的人数最多,有 138 位,占比 58.48%,而研究生最少,仅 1 位。在这些人员中,最典型者为刘纲纪,其 1933 年出生于号营村,在号营小学接受小学教育后,进入安顺城接受中学教育,于 1952 年考取北京大学,毕业后进入武汉大学工作至今,在美学研究领域成就显著,已成为全国知名的美学学者。

从表 6-15 中发现,号营村有大、中专及以上学历人员的年代分布呈现三个较为明显的阶段性特征:其一,1950～1959 年,考上大中专及以上学校者 6 人,这与号营村肇始于清朝末年的私塾教育不无关系;其二,1980～1989 年,一直到 1999 年代早期,号营村考上大中专及以上学校者出现一个小高峰,达到 36 人。彰显出号营村在 20 世纪 80 年代初期对小学的投入取

第六章　学校教育：体制嵌入及村校形塑　○　中国百村调查丛书·号营村

表 6-15　号营村大中专以上学历人员分年代统计

单位：人，%

年代	人数	占比	年代	人数	占比
1949 年前	1	0.42	1990~1999	24	10.17
1950~1959	6	2.54	2000 年后	85	36.02
1960~1969	5	2.12	在校生	41	17.37
1970~1979	1	0.42	不确定时间	61	25.85
1980~1989	12	5.08			

资料来源：根据号营村支两委提供的号营村大、中专以上学历人员统计表整理。

得明显效果；其三，2000 年后，考上大中专及以上学校者的数量持续飙升。这种情况的出现，一方面与国家在 1999 年实施的大学扩招计划有关，另一方面也不能否认号营村在 20 世纪 80 年代村庄参与学校教育的正面影响。所谓"机会是留给有准备的人的"，应该就是指这种情况。

（2）进入体制内单位工作

对田野调查材料和相关文献史料进行综合分析后发现，号营村进入体制内单位工作的人群由两部分构成：第一，考取大中专及以上学校者；第二，通过招工、招干被选拔者。据统计，截至 2015 年，号营村有 195 名考取大中专及以上学校者进入体制内单位工作，其中部分年长者已退休。而通过招工、招干选拔方式进入体制内单位工作，主要发生在 20 世纪 50~70 年代。据不完全统计，全村有 92 人，在此种选拔过程中实现自己"吃皇粮"的梦想。

表 6-16　20 世纪 50~70 年代号营村高中以下学历者进入体制内单位工作人员统计

姓名	工作单位	工作时间	姓名	工作单位	工作时间
侯泽济	普定县委办	50 年代	侯泽权	安顺市汽修厂	60 年代
侯泽高	普定县委党校	50 年代	侯泽先	六枝平寨机厂	60 年代
郭国顺	马官区政府	50 年代	王启元	六枝平寨机厂	60 年代
石维坤	马官公社	50 年代	刘刚琴	六枝平寨机厂	60 年代
郭国林	马官公社	50 年代	刘刚	六枝平寨机厂	60 年代

263

续表

姓名	工作单位	工作时间	姓名	工作单位	工作时间
罗兴达	马官公社	50年代	侯泽勋	六枝跃进矿厂	60年代
侯祖昌	马官粮管所	50年代	邱正学	六枝跃进矿厂	60年代
侯泽云	镇宁卫生局	50年代	潘立富	六枝跃进矿厂	60年代
侯祖茂	普定卫生局	50年代	刘廷美	六枝地宗矿	70年代
侯祖长	白旗小学	50年代	侯祖模	盘县矿务局	70年代
赵吉云	号营小学	50年代	侯祖超	木岗矿	70年代
肖国林	陇嘎小学	50年代	侯泽仁	六十四处	70年代
肖国细	普定县酒厂	50年代	侯祖高	普定煤炭公司	70年代
杨德才	普定县酒厂	50年代	肖国安	紫云教书	70年代
侯祖国	贵州铝厂	50年代	肖国祥	青山砖瓦厂	70年代
贺桂兰	贵州铝厂	50年代	张友龙	马官粮管所	70年代
侯祖信	余庆县商业局	50年代	郭家友	武汉铁路局	70年代
刘廷用	播仁完小	50年代	侯泽国	贵阳中医粮店	70年代
侯祖芳	贵阳矿山机械	60年代	侯泽鸿	西秀区人大	70年代
石邦荣	贵阳医药厂	60年代	郭超	马官镇政府	70年代
刘焕合	普定县酒厂	60年代	郭明	马官镇政府	70年代
任永宽	安顺火车站	60年代	方德秀	马官镇政府	70年代
张谋祥	普定县法院	60年代	侯泽友	普定电力公司	70年代
郭国其	贵阳酱油厂	60年代	侯泽凯	普定县农业局	70年代
刘刚兴	马官供销社	60年代	肖安龙	马场坪火车站	70年代
侯祖刚	普定县酒厂	60年代	侯文全	马官粮管所	70年代
刘廷座	安顺建筑公司	60年代	侯泽平	马官供销社	70年代
侯祖辉	安顺建筑公司	60年代	张跃帮	清镇九化派出所	70年代
肖安全	普定县酒厂	70年代	杨绕才	普定县酒厂	/
侯祖昂	普定县水利局	70年代	侯诗华	普定县人民医院	/
侯泽安	普定煤炭公司	70年代	侯永华	清镇电厂	/
侯祖敏	普定供电公司	70年代	钱开友	马官供销社	/
侯泽泗	六枝矿	70年代	廖百娟	清镇电厂	/
郭兵	/	70年代	郭家法	武汉铁路局	/
郭国川	内江工程机械	70年代	张跃芬	清镇九化派出所	/
林汝慧	普定计生服务站	70年代	刘刚参	六枝机械厂	/

第六章　学校教育：体制嵌入及村校形塑 ○ 中国百村调查丛书·号营村

续表

姓名	工作单位	工作时间	姓名	工作单位	工作时间
肖安民	号营小学	70年代	丁世秀	六枝机械厂	/
侯祖郎	号营小学	70年代	侯泽现	西秀区人大	/
张跃进	水城钢铁集团	70年代	郭国卢	安顺林业局	/
肖贻飞	马官财政所	70年代	杨珍明	安顺林业局	/
张谋强	普定县人民法院	70年代	王艳	凯里市土产公司	/
任永贵	安顺火车站	70年代	侯泽莲	普定特色站	/
刘廷庄	安顺市建筑公司	70年代	文刚兴	马官供销社	/
侯泽叔	安顺市汽修厂	70年代	侯祖邦	号营小学	/
侯在光	六枝机械厂	70年代	张谋义	马官粮管所	/
方克秀	马官镇政府	/	侯泽江	贵州省地质队	/

资料来源：号营村提供。

这些人有一个显著的共同特征，那就是曾经在号营小学接受过一定年限的学校教育。从这个角度来看，无论他们在工作过程中或人生道路上取得多大成就，都无法完全撇清与号营村的关联。一方面，工作岗位的性质，要求他们代表体制内单位、城市社会和工业体系与号营村发生工作方面的联系；另一方面，从个人精神和情感的角度，他们仍是号营村的一员。质言之，他们之于号营村，具有双重身份。这种双重身份可以为号营村带来两方面好处：其一，将号营村纳入更大的社会网络之中；其二，在号营村与国家的互动过程中起积极作用。由此观之，学校教育为号营村在血缘关系、地缘关系之外，建构了一种新的社会关系。实质上，这种关系正是社会资本的另一种表述。"社会资本是真实或虚拟资源的总和。对于个人和团体来说，由于要拥有的持久网络是或多或少被制度化了的相互默认和认可关系，因而它是自然积累而成的。"[①] 质言之，由"网络"和"关系"定义的社会资本，是可以通过制度化渠道生产的。号营村就是通过学校教育这种制度化渠道，让部分村民进入国家机构、城市社会以及工业体系中工作，以让他们成为号营

---

① Pierre Bourdieu, Loic Wacquant, *Invitation to Reflexive Sociology*, Chicago: University of Chicago Press, 1992, p.119.

265

潜在且可以调用的社会资本。这种资本具有两方面显著特征：第一，不能继承，但是在与血缘、地缘等因素结合时，可以再生产出新的社会资本；第二，由村庄共同体共享。这种在血缘和地缘之外建构的新社会资本，在村落社会中没有特定继承人，所以这种关系可以由村庄共同体中的所有成员共享。鉴于20世纪80~90年代，市场经济处于初建时期，经由市场体系实现阶层流动的机制尚未成型，因而进入体制内单位是下层民众实现向上流动的主要渠道。由此，号营村学校教育的社会意义，主要表现在两个方面：第一，为下层社会个体实现向上流动提供制度化渠道；第二，为村落社会资本的快速增长培育建立在人才基础上的社会关系。

（二）教育资源村庄共享的均质特征

1. 侯姓家族的教育产出

侯姓家族为号营村的学校教育做出过重要贡献，其在严格督促家族子弟接受学校教育的同时，也在为整个号营村营造浓郁的学校教育氛围。据不完全统计，自侯光炳始，截至2015年，侯姓家族的教育产出主要表现在如下两个方面。

第一，截至20世纪70年代，侯姓家族通过在号营小学接受学校教育，或考取大中专以上学校，或经由招工、招干方式进入体制内单位工作的人数达62人之多。

表6-17 20世纪70年代之前侯姓家族教育产出统计

姓名	出生年份	毕业学校	职务（或荣誉）	备注
侯光炳	1860年	镇宁州学	执教号营初小	
侯光表	1864年	/	创办号营小学、马堡完小	
侯光仪	1873年	/	马堡完小学董，协助创办马堡、号营学校	
侯树声	/	黄埔军校	县政府督学	民国31年，获县政府最优教师奖，奖金100元
侯明鑑	/	/	省厘金局长	
侯祖舜	/	/	三都盐务局长	
侯震华	/	西南师范大学	/	普定第一个女大学生

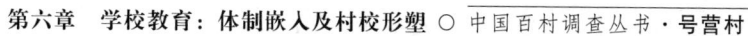

第六章　学校教育：体制嵌入及村校形塑　中国百村调查丛书·号营村

续表

姓名	出生年份	毕业学校	职务（或荣誉）	备注
侯祖农	1933 年	贵阳师范学院	安顺师专教务处长	
侯泽高	1932 年	高初中生	县委党校副校长	
侯祖新	1934 年	公安干校（1952）	普定县工商局	
侯泽济	1930 年	高初中生	县委办主任	2007 年去世
侯祖国	1930 年	/	302 一分厂党委书记	1990 年去世
侯祖光	/	/	号营初小校长（1940 年）	
侯祖恩	/	/	号营保国民学校校长（1942 年）	
侯祖成	/	/	号营国民学校校长（1945 年）	
侯祖隆	/	普定建国中学		1945 年
侯祖明	/	普定建国中学	毕业后在化处从事教育	1945 年 侯树声推荐的
侯祖云	/	安顺豫章中学	/	1945 年
侯进清	/	省立师范学校	/	任可澄得意门生
侯祖昌	/	高初中生	马官粮管所	
侯泽云	/	高初中生	镇宁卫生局	
侯祖茂	/	高初中生	普定卫生局	
侯祖长	/	高初中生	白旗小学	
侯祖信	/	高初中生	余庆县商业局	
侯祖芳	/	高初中生	贵阳矿山机械厂	
侯祖刚	/	高初中生	普定县酒厂	
侯泽权	/	高初中生	安顺市汽车大修厂	
侯祖辉	/	高初中生	安顺市建司	
侯泽先	/	高初中生	六枝平寨机厂	
侯泽勋	/	高初中生	六枝跃进矿厂	
侯祖模	/	没文凭	盘县矿务局	
侯祖超	/	没文凭	木岗矿	
侯泽仁	/	没文凭	六十四处	
侯祖高	/	没文凭	普定县煤炭公司	
侯泽国	/	没文凭	贵阳中医粮店	
侯泽鸿	/	没文凭	西秀区人大	
侯泽友	/	没文凭	普定县电力公司	

续表

姓名	出生年份	毕业学校	职务（或荣誉）	备注
侯泽凯	/	没文凭	普定县农业局	
侯文全	/	没文凭	马官粮管所	
侯泽平	/	没文凭	马官供销社	
侯祖昂	/	没文凭	普定县水利局	
侯泽安	/	没文凭	普定县煤炭公司	
侯祖敏	/	没文凭	普定县供电公司	
侯泽泗	/	没文凭	六枝矿招待所	
侯祖郎	/	没文凭	号营小学	
侯泽凯	/	没文凭	普定县农业局	
侯泽叔	/	没文凭	安顺市汽车大修厂	
侯泽光	/	没文凭	六枝机械厂	
侯诗华	/	/	普定县医院	
侯永华	/	/	清镇电厂	
侯开友	/	/	马官供销社	
侯泽平	/	/	马官供销社	
侯泽现	/	/	西秀区人大	
侯泽莲	/	/	普定特色站	
侯祖邦	/	/	号营学校	
侯泽江	/	/	贵州省地质队	
侯祖名	/	高中以下	马官粮管所	
侯萍	/	大学	/	20世纪60年代
侯泽义	/	大学	/	20世纪60年代
侯祖喜	解放初期参加工作，参加打土匪，因害怕跑回家			
侯祖奇	/	/	先后在吉林省当飞行员、教师	侯树声推荐到兴义师范学校读书
侯孝江	/	/	六枝商业部门	

资料来源：根据本课题田野访谈资料统计。

第二，截至2015年，侯姓家族共有107人考取大中专及以上学校，占比45.34%。

2. 教育产出与教育资源占有的关系

上述两方面内容，可能会给人一种表面的直观误导，即"侯姓遮蔽",因为在这两方面的统计数据中,侯姓的人数皆表现出明显的优势。侯姓家族如此数量的教育产出,是否意味着其垄断号营村村落社会的教育资源?

(1)大、中专学历人员在全村各姓氏中的绝对数分布

表6-18 号营村大、中专及以上学历人员分姓氏统计

姓氏	人数	姓氏	人数	姓氏	人数
侯	106	黄	3	翟	1
肖	29	任	3	潘	1
杨	16	杜	2	郑	1
郭	12	陈	2	蒋	1
刘	8	徐	2	夏	1
唐	6	伍	2	马	1
石	5	毛	2	钱	1
罗	5	向	1	顾	1
赵	5	何	1	李	1
丁	5	高	1	崔	1
张	4	吴	1		
王	4	孔	1		

数据来源:号营村。

根据表6-18,号营村中专及以上学历人员已覆盖全村所有姓氏。但从数量上来看,各姓氏之间存在较为明显的差距。侯姓最多,有106人;其次是肖、杨、郭、刘、唐姓;有15个姓氏分别只有1人。由此,也不能就此断定侯姓家族占据整个号营村的教育资源。因为这还得考虑每个姓氏在村中的人口总数。

(2)大中专及以上学历人员在全村各姓氏中的相对数

据2008年的统计数据,号营村共328户,计1382人。截至2015年,号营村拥有大中专及以上学历的有236人。为此,将两组数据结合起来进行分析各姓氏占全村总人口比例、各姓氏中专及以上学历人数占全村总数比例。

表6-19 号营村部分姓氏大中专及以上学历者人数占全村人口总数比例

单位：%

姓氏	人口总数	占全村总人口比	中专以上学历人数	占全村总数百分比
侯	622	45	106	44.92
肖	139	10.06	29	12.13
杨	99	7.16	16	6.78
郭	69	4.99	12	5.08
刘	89	6.44	8	3.39
唐	8	0.58	6	2.54
石	14	1.01	5	2.12
罗	9	0.65	5	2.12
赵	9	0.65	5	2.12
丁	21	1.52	5	2.12

资料来源：根据号营村提供的数据统计整理。

从上表数据发现，侯姓大、中专学历人数虽然明显超出其他姓氏，占全村中专以上学历人员总数比率为44.92%，这与其人口数占全村总人口45%的比例差不多持平。综观表6-19所列其他姓氏，除杨、刘两姓外，其他姓氏的大中专及以上学历人员占全村总数的比例均超过其人口数占全村总人口的比例。

综合上面的数据分析，号营村的教育资源，是由全村各姓氏相对公平地分享。分享学校教育资源的家族结构与村落社会中家族结构的同构性特征，从均质性的维度看在一定程度上表征出在村教育在生成村庄共同体公共性中的支撑作用和价值。

二 学校教育对村社的回馈

通过在号营小学接受基础教育，以考学的方式升入高等学校深造，并进而进入国家机构、城市社会或工业系统中工作的村民，对整个号营村都产生了积极影响。本部分将从家庭、村落社会两个层面论述此种积极影响。

（一）对家庭的回馈

在对号营村大学学历人员进行分姓氏分析时，发现其群体性分布的特征

第六章 学校教育：体制嵌入及村校形塑 ○ 中国百村调查丛书·号营村

异常明显，即一个家庭内某一人考上大学后，其同辈弟弟、妹妹或者晚辈中也会有人考上大学。侯祖树家的情况很能说明这个问题。

从 20 世纪 50 年代至今，侯祖树家共有 11 人考上大学。其中侯泽博和侯泽文为其儿子，在 20 世纪 50 年代分别考上贵州大学和贵州农学院。到 20 世纪 60 年代时，其孙子侯贻顺也考上大学。到 20 世纪 80 年代时，其子侯泽博、侯泽文的儿女全部考上大学。到第四代时，共有侯忠芬、侯忠萍和侯忠波 3 人考上大学。

这种情况的出现，与教育理念在家庭内部的代际传递不无关系。一方面，垂范作用。家庭内的上一代有人考上大学，对同辈弟妹或者下一代起着一种榜样的作用，激励他们也循着这一条道路发展；另一方面，这些通过升学方式走出号营村的人，会了解到关于城市化、工业化方面的信息和理念，这让他们意识到教育对于自身的意义。更关键的是，这种理念和认识通过他们在家庭内部传递，从而激发或丰富其他家庭成员对于教育的认识。而对长期在村庄中从土里刨食的村民来说，日出而作、日落而息的惯性生活方式让其缺乏城市化、工业化方面信息的刺激，并日渐与这种现代社会理念产生距离，对教育之于自身的意义可能产生不同的认识。这两方面因素的共同作用，导致不同村民在对待教育方面持有不同的态度，从而带来不同的结果。这种情况在肖国细家也体现得很明显。

20 世纪 50 年代，肖国细被招工进入普定县酒厂工作。其子肖安贵考上贵州财经学院（今贵州财经大学）。受第二代肖安贵的影响，在第三代时，共有三人考上大学。

（二）对村落社会的回馈

1. 农民的教育经济学

这些通过升学等途径离开村庄，进入城市中谋生的村民，不仅使得自己的生活空间和社会身份发生明显变化，而且还寻找了与自己一样的结婚对象。上述关于号营村具有大中专及以上学历人员的统计表中就已经将部分人的配偶纳入进来。号营村村支书肖国昌的算账方式和理念颇让人讶异。他认为这些外出人口的工资收入都是在为号营村创造经济收入。按 4000 元/人·月计算，他们每个月可以为号营村创造近 94.4 万元的经济收入，一年就有

271

近1132.8万元。同时，他们离开号营村进入城市，不再依靠土地生活，实质就是不再占用号营村的土地资源和生活资料，这为其他村民腾出了空间，从而使得在村村民能获得更多的生活资源。

1952年，武汉大学著名学者刘纲纪去北京大学上学时，将自家土地全部送给其他村民耕种。为此，当时村里有老人说他去上大学，就把家里田产都给败光了。当时，国家尚未从制度层面要求农村考学外出者将土地归还村集体或腾退给他人耕种。因而，刘纲纪的行为纯粹属于自愿，即不愿意再多占村落社会的生计资源。1953年11月19日，政务院第194次会议通过《关于实行粮食计划收购和计划供应的命令》，明确规定："在城市对机关、团体、学校、企业等的人员，可通过其组织进行供应；对一般市民，可发给购粮证，凭证购买或暂凭户口簿购买。"这明显地将粮食供应与户口联系起来。尤其是1958年《中华人民共和国户口登记条例》的出台，意味着从农村考上城市大学的学生，必须将户口迁移到学校，才能享受到很难得的吃"公粮"待遇，日常生活所需的粮食和必需品才能得到保障。质言之，1953年之后的考学外出的号营村村民，才需要将他们之前所分配到的土地归还给村集体。总而言之，无论是主动还是遵照国家相关规定将土地资源归还给村集体，实质上都是缓和村落社会的人地矛盾，为在村民众提供更多的土地资源或生计资源。

号营村有236人通过考学离开农村，他们不仅进入城市工作，而且在城市娶妻生子、成家立业。按一家三口人算，计700多人。这700多人不再依靠号营村的土地资源生活。这是学校教育对村落社会的直接物质回馈，因为学校教育让这些村民不仅掌握适应城市所需要的技能，同时还争取到进入城市中居住和工作的机会。他们不需要再在号营村中求一己的生存之地，在一定程度上缓解了人多地少的矛盾，避免号营村内人相争食的局面。

2. 支持村庄教育事业发展

号营村村民在学有所成之后，尽力支持号营村的教育事业发展。

首先，为村民外出接受学校教育提供机会。民国时期，号营村一些富有人家将子弟送往安顺、贵阳等地求学。田野调查中我们了解到，侯氏家族中的侯祖盛、侯耀青、侯俊青、侯树声等曾外出求学过，其中学有成就者，不断为号营村的教育提供资源和便利。如侯树声，毕业后回到普定县从事教学工作，1935年7月至1936年7月担任普定县政府督学，[①] 于1942年获得普定县最优教师称号。[②] 据村民侯祖祜讲述，1946年左右，兴义师范学校为普定县提供5个入学接受教育的名额，侯树声为号营村争取4个名额。将侯祖喜等4人送入兴义接受教育，这4人皆为侯氏族人。

其次，利用自身资源支持号营村的教育事业。如20世纪50年代就在安顺师范学校任教、80年代担任安顺高等师范专科学校教务主任的侯祖农，2009年自己出资4300元奖励号营村的学生，考上大学者每人奖400元；中学、小学成绩排在班级前三名的，每人奖励200元。20世纪80年代集资办学时，校舍修好之后，他为号营小学向普定县教育局申请教学课桌板凳等。1990年，他建议号营村申办初中，同时提出应该在村内办幼儿班。据刘纲望讲述，刘纲纪1988年回号营村时，才得知村支两委于1983年就开始组织集资办学，责怪堂弟刘纲望没有及时将这个事情告知他，当时即补捐款500元。后来号营村修路时，他也专门捐款3000元。

3. 支持村庄公共事业建设

在村庄公共事业建设方面，他们也是不遗余力。他们既不能像明清时期的官吏那样，在退休之后回到村庄，以乡绅之身份为村庄发展出力；也不能像在村村民一样，直接以投工投劳的方式参与进去。但他们还是尽其所能地在资金方面给予支持。

表6-20 2001年号营村在外工作者为修建公园捐资统计

姓名	金额（元）	工作单位	姓名	金额（元）	工作单位
刘纲纪	500	武汉大学	侯祖农	600	安顺学院
肖安全	1000	安顺市供电局	侯泽涵	100	安顺日报社
肖安龙	100	马场坪火车站	薛成勇	400	泰国经商
肖安贵	1000	普定县烟草公司	侯贻甫	800	普定县烟草公司
肖安兴	500	马官镇人民政府	侯贻顺	500	普定县交通局

① 《普定县教育志》（未刊），第373页。
② 《普定县教育志》（未刊），第358页。

续表

姓名	金额（元）	工作单位	姓名	金额（元）	工作单位
罗贤伟	500	普定县委组织部	侯泽凯	200	普定县农业局
肖安全	300	普定县酒厂	翟思义	200	号营小学
侯泽文	200	普定县政协	侯祖茂	100	普定县卫生局
侯祖芳	100	普定陶瓷厂	侯世忠	100	普定县建筑公司
侯泽高	100	普定县委党校	侯泽友	100	普定县供电局
侯泽祥	100	号营村民	傅尚伦	100	普定县广播局
侯泽明	100	号营小学；现任普定县委常委、政法委书记	张兴贵	100	普定县公安局

资料来源：根据号营公园内功德碑内容整理。

这些通过教育离开号营村，并进入国家体制内工作的人员，是号营村一笔潜在且可以调用的社会资产。他们一方面可以不占用村庄的生活资源，为在村人口腾出生活空间，缓解村内人多地少的矛盾；另一方面，他们在精神和物质方面，自觉自愿地支持号营村的教育事业发展和公共事业建设，拓展出号营村跨越城乡的多维空间。如表 6-20 中列举的绝大多数捐款者都不在村居住，但他们对村庄教育和公共事业建设积极捐款的举动，无疑成为一种感召。于村落社会而言，他们在身体上已成为飘落在外的游子，但他们在精神上仍然与村落社会融为一体。正如刘纲纪所言："我是在这儿成长起来的，在她的土地上，甚至在她的空气中，都有我的生命的存在。"① 总而言之，这些进入体制内工作的曾经的号营村村民，他们与村落社会的互动过程中，无意中构建出一种具有高度故乡情怀的在外乡贤的"反哺-促进机制"。

三 跨越城乡的号营学校教育

城乡二元对立在教育事业方面主要体现为：教育资源、教育机会在城乡之间的差别性配置。由于资源和机会向城市集中，教育赋予城市磁铁的功效，将社会中的人、财、物都吸入其中。对乡村社会而言更是如此。"在乡村，教育既是一种选拔机制，更是一种输送机制——目的地不在农

---

① 唐铁惠：《刘纲纪——贵州普定走出的美学名家》，《当代贵州》2006 年第 1 期。

第六章　学校教育：体制嵌入及村校形塑　○　中国百村调查丛书·号营村

村而在城市。"① 这种机制，其实是借助教育的力量，对乡村社会中的精壮之力进行一次从小学到高中长达 12 年的城市化吸纳总动员。乡村社会中的人才逐渐地被永远抽离出去，费孝通将之称为"损蚀冲洗下的乡土"。②

就号营村的学校教育而言，其教育实践过程不仅有国家教育体制的宏观调控，也有村落社会的强力参与。在号营村的教育叙事中，部分村民借助教育离开乡村，实现身体上的城乡社会流动，但他们仍在物质、精神和思想上持续地回馈村落社会。号营村的教育实践和叙事，其最终表征的是村落社会与乡村学校教育的关系问题。对于这一问题，可以归结为两个焦点：其一，村落社会与乡村学校互动的意义；其二，乡村学校教育给村落社会带来的社会资本。

1949 年之后，号营小学校长、教师由国家配备，享有国家事业单位的"准国家干部"身份和待遇。同时，学校学制、课程和教材都遵循教育部的统一规定。号营小学"在乡间背景与乡村气氛中就更显示出一种不可替代的身份"。③ 20 世纪 80 年代，号营村支两委在全村范围内倡导并组织集资办学，不仅为号营小学修建教学楼及相关基础设施，还建有教师公寓，为每位教师配备专用办公桌，为校长专门购买皮鞋，以及在年节时从村集体经济中出资慰问或者进餐馆宴请教师。这些体现出学校不但承担着村落社会与"国家"勾连的中介职能，而且也是形塑村落社会公共性的核心要素和载体。

号营村与号营小学的这种集体互动过程，彰显出号营村不希望将号营小学办成一座专门培养小学毕业生的工厂，或者说是不希望将其办成一个为城市培养人才的基地，而更多的是希望将其办成有助于号营村未来长远发展的文化中心。一方面是希望在号营村村内营造一种积极向学的氛围，培养出更多能通过更高层次教育考试选拔的学生。这主要由考上大学或者进入体制内单位工作者的数量多少来彰显其成效。他们离开号营村，进入城市之后，不仅可以为在村村民腾出土地资源，减缓他们的生存压力，而且在物质、精神

---

① 刘云杉：《村庄与教育——黔西南一个民族混居村庄的田野研究》，载翁乃群主编《村落视野下的农村教育》，社会科学文献出版社，2009 年，第 330 页。
② 费孝通：《乡土重建》，载《费孝通文集》（第 4 卷），群言出版社，1999 年，第 352 页。
③ 李书磊：《村落中的"国家"》，浙江人民出版社，1999 年，第 5 页。

以及思想方面给整个村庄以馈赠；另一方面是希望培育出有情怀、有担当的村民。这不仅包括那些"榜上有名"者，也包括那些"榜上无名"但"脚下有路"者。不管他们在后续的人生道路上取得的成就如何，他们始终都应该具有一种对村庄有感情、对职业有操守的超越个人、家庭利益的人文精神。

在市场席卷乡村、政府对乡村治理的群众基础日渐消解的前提下，号营村以积极参与乡村教育的方式凝聚共识，形塑出新型的村校关系，重新建构政府在乡村社会治理中的群众基础。这种共识不局限于在村村民，还辐射到那些"榜上有名"，以及"榜上无名"但"脚下有路"者。他们的身体虽然已经离开号营村，但是与号营村的关联并未因此而被剪断。从这个角度看，教育作为号营村的最大公约数，将在村或离村的村民都关联起来，为号营村的村落社会结构中添加有益因子，夯实村庄自主治理的社会基础，从而避免村落社会在市场狂潮中被原子化的命运。

第七章　关于"开放的乡村教育"的探索与对话

　　号营村的教育无论从历史变迁的视角，还是从问题意识凸显的城乡关系的视角，都着眼于当下社会化教育的宏观"大教育"时代整体教育观异军突起的维度，经过前面几章的呈现、分析，似乎展示出一个写作者自己都会为之诧异的状况并发出相关的叩问："内在相关的几种教育真的存在吗？""是不是一种理想化的教育幻觉？"呈现无疑是真实的，这样的教育机理最终指向人的社会化的话，这种功能实现机制的再生或机理复制何以可能？近现代自然科学产生以来，分门别类、行业化、专门化技术研究路径对整体性世界的切割或分析的科学化路径，在支持人类对世界的专门性研究取得突飞猛进的同时，也给整体的世界带来了不可避免的破碎化、遮蔽性损害。于是，复杂性理论、自组织机理、生态学视域等关于新哲学及科学革命新出发的警示，也以一种颠覆性的地火姿态，对自然科学和社会科学同时产生影响。号营村教育的呈现，是不是一种长时段活态化教育提供的具有总体性视域的相似性案例呢？

　　在对号营村案例进行总结时，需要一种比较的、对话的机制，使之以更有时代感的合力去体现整体性教育的社会性本质；也许，从更专业的教育干预路径进入，更能够完整而深刻地通过"洞见"观其全域，从而发现这种教育干预能够牵一发而动全身的力量；也许，在城乡互动、上下勾连、结构嵌构、立体演进的有全局、有重点、有极向（类似于发展经济学的发展极概念）、有牵连机理的实践操作考察中，才能更有效地拓展和加深号营村案例的表征力。于是我们决定采用一种开放性的方式,将目前国内孕育多年正在蓬勃兴起并可以命名为新时期乡村建设教育主题的三个典型案例呈现在此,以之作为自外而内的教育介入,如何与自内而外的乡村教育输出互动的结构型嵌构进行拓展性分享,供读者在开放性的感性表征中,沿着相关的呈现轨迹去解读和提炼共性及创造性价值,从而获得关于"教育"历史底蕴与现实干预之间实质建构的时代表征。

第一节 以教育文化撬动文化教育的乡村复育
——泥河沟村案例

号营村的传统文化及民俗教育,呈现了作为社群共同生存、创造文化事项、在历史中坚守与传承的内在机理。当然,如已有研究中[①]关于屯堡发生学与变迁论所指出的那样,屯堡社会整体性与自组织机制在历史流变中如何坚守传统并使之成为区域的族群性与村落共同体互构的核心因素一样,这种核心与分相度的结构性观察与分析路径的阐释性表征,在当下中国广大农村大都处于原子化状况的前提下,第一线的"客观性"往往会表征出横向碎片化、纵向断裂化的村庄图景。因此,另辟蹊径地"进入"村庄这一具有扎根性质的文化场域,并以教育主题的切入去直面村庄文化场域的中心议题,并从此拓展到对村庄整体教育的内涵及教育权重和功能的认识,就不失为以他者的立场深度走进主体:以实证性他者来对话号营村、体悟号营村、共享号营村的登高远眺。

中国农业大学的孙庆忠教授在陕西省佳县泥河沟村,用四年时间进行乡建试验,书写了以教育文化撬动文化教育的奇迹,使黄土高原一个凋敝衰败村庄重获生机。故此,本节主要采取文献研究的方法,以公开发表的与泥河沟村有关的研究文献,来拓展对号营村研究取向的教育理解。

一 撞击:丰厚的历史与衰败的眼下

面对中国社会普遍存在的空心村,特别是出现学校上移,古老村庄失去

---

① 具体参见孙兆霞等著《屯堡乡民社会》和《屯堡社会如何可能》两书中的相关论述。

第七章　关于"开放的乡村教育"的探索与对话

学校，村庄文化坍塌，甚至传统生计难以维持的现状，中国农村的前途在哪里？中国农业大学的孙庆忠教授从底线思维的层次发出两个叩问：在以农为业的地区，在没有学校、缺乏年轻人的村落，是否就只能在落寞中等待一个结局？"也许在你们的逻辑里乡村必然要死去，正如一个人的离去一样……如果中国农业大学在这个时候不能以此为业，还不能为乡村存留一种有尊严的生活，是否是一种罪过。"① 孙庆忠的故事彰显着教育本质与乡村存在的生命意义的关联之于我们这个时代的独特价值。

孙庆忠现为中国农业大学社会学教授，农业部全球/中国重要农业文化遗产专家委员会委员，在大学讲授"中国民间文学"和"中国民俗学"课程。到1998年时，一种强烈的使命感促使孙庆忠去抢救即将消逝的民间文化。于是，他将田野点选在珠江三角洲的鹭江村，一方面，此村具有深厚的学术基础。1948~1951年，著名社会学家、人类学家杨庆堃先生曾带领社会学专业学生在此村做过社区调查。另一方面，此村是近年在快速城市化过程中自发形成的138个城中村之一。

2007~2009年，孙庆忠带领学生追踪调查李景汉1929年曾经调查的京郊四村，意在呈现他们从乡村社会到城市街区的转换历程以及失地农民在适应城市生活中面临的诸多问题。

2011~2013年，孙庆忠与同校两位教授一起，到河北、河南、山东等地，调查中国农村教育的现状。"这期间对我冲击最大的是乡村学校撤并后孩子们住校生活的一幕幕……与我们的调研同时，中国人民大学的研究数据显示：2014年年底，全国流动儿童3581万，留守儿童8973万，56.8%的流动儿童与户籍地没有联系，一半以上不知自己乡镇的名字。这样的状况让我们不得不做出一个判断——乡村已经身处集体失忆的边缘……因此，如何进行乡土重建？如何应对凋敝的乡村处境？如何能够让乡村教育回归乡土以传承我们记忆的根脉？这些都是我们必须思考的大问题。"②

---

① 孙庆忠：《田野工作与促进生命变革的乡村研究》，《中国农业大学学报》（社会科学版）2018年第3期。
② 孙庆忠：《田野工作与促进生命变革的乡村研究》，《中国农业大学学报》（社会科学版）2018年第3期。

历经 10 多年的腹地乡村、城郊村调查,以及初试牛刀的参与式行动研究,孙庆忠认识到:"保护传统农业文化与社会系统的初心与行动,并非是浪漫的怀旧,而是恢复乡村活力,增进农民选择生活能力的重要策略。"①

泥河沟村位于陕西省榆林市佳县的东北部,是一个三面环山、一面朝向黄河的古村落。2014 年,全村共 213 户,计 806 人。在其具有枣树"活化石"之称的 36 亩枣园里,共生有各年龄枣树 1100 多株。2014 年 4 月 29 日,这些枣树被联合国粮农组织(FAO)列入全球重要农业文化遗产(GIAHS)。同年 11 月,泥河沟村被纳入中国传统村落保护名录。然而,"全球重要农业文化遗产"与"古村落保护"的名号与村庄现实及文化传承之间,却存在巨大鸿沟式的断裂。当孙庆忠第一次来到泥河沟村时,为其当前及将来深感焦虑。于是,他不久之后就带领自己的研究团队扎入泥河沟村,通过基线调查的方式,挖掘村庄的光辉历史和文化底蕴。

首先,是自然馈赠与生态智慧。陕西佳县黄河中段,晋陕峡谷西岸,有3000 多年的枣树栽培历史。现存完整的从野生酸枣到栽培枣的过程,不仅为当地民众栽种枣树积累了丰富的地方性知识,而且积淀了丰富的种质资源。特别是在泥河沟村,保留着栽培历史最长,面积最大,品质最好的 36 亩,1100 多株原始枣树,成就了"枣韵千年"的生态景观。不仅如此,千百年来在十年九旱的佳县,红枣不仅为当地居民提供了木本粮食和保健食品,还发挥了重要的生态功能。在植被稀疏的黄土高原,在黄河沿岸的坡地上,枣树在防风固沙、水土保持、涵养水源等方面都具有不可替代的作用。与此同时,传承千载的枣树种植历史,民众经世积累的枣树栽培与管理技术,枣树的抗灾和储存技术,都是其本土知识和生存智慧最直接的表达。枣树及其相关技术,为当地村民的生计安全和社会福祉提供了物质基础。

其次,文化景观的遗存性。农业文化遗产最显著的特点,是它与人们

---

① 孙庆忠:《田野工作与促进生命变革的乡村研究》,《中国农业大学学报》(社会科学版)2018年第 3 期。

第七章 关于"开放的乡村教育"的探索与对话

的生产、生活融为一体,以村落为中心的社会文化系统即是其中的有机组成部分。泥河沟村的口述历史记载:由武姓和其他三姓开村,最先居住者视野中的生计资源是开垦的田土、种植和培育后的枣树。其文化表征见之于雍正六年(1728 年)和道光二十六年(1846 年)分别重修的龙王庙和河神庙的碑文,其中记录了村民祈求龙王爷施降甘霖,洪水不犯良田的愿望;而跨越千年生计与景观的内嵌,形塑出泥河沟村人关于家乡沟壑与川道的独特认知。在农业学大寨时被表述为:"南北两山通柴薪,车会沟里花果红。小沟养鱼蓄水坝,湾塌坡峁梯田化。"[①] 地名及指称物更为典型地表征了村庄水文和地形地貌:龙须湾、沙塌湾、香水塌、坟塌、老鱼坡、大圪塔、炭窑峁、沙园梁、墕垟梁。与此相对应的是人文景观中的聚居地:戏楼圪洞、炉瓷坡、寨则上、柴柏崖圪、曹柳圪台、石坬口头、湾崖地、后河上等。

再次,村庄公共品及共同体形塑的历史记忆。村庄公共空间作为公共品的建造,则有乡村教育历史载体的两个建筑。其一,开章小学。建于 1953 年的开章小学,当时仅为四孔窑,到 1965 年时建成六孔窑,再到 1977 年的十一孔窑。2012 年,因村庄撤并迁出村庄。其二,20 世纪六七十年代修建的农田灌溉水利设施——闷咕噜和倒虹,以及为保护农田免受洪水侵害的拦河坝和顺水坝。这些公共设施的建设,倾注了全体村民的心力,组织化的石工队、红色娘子军(已婚妇女组成)等专门队伍,从村庄层面到家庭之间的社会关联,以及村内民众的社会文化合作过程,进行了以实物为基底的具象化标示。对村民个体之间的社会文化合作过程和村民家庭之间的社会关联,进行了以村庄公共设施为基础的具象化表达。这种具象化表达过程,彰显了村庄社会文化共同体的精神内涵和象征意义。

最后,节庆活动与个体生命意义彰显的生计空间。与生产季节相对应的节日习俗,是泥河沟人世世代代形塑的精神和灵魂的时间性集体表征。集体狂欢的大型年度节庆活动有二。其一,"每年正月初三到初五举行的打醮仪式,是村民感谢神灵,驱瘟解厄不可或缺的生活内容。在寒冷的冬

[①] 孙庆忠主编《枣缘社会——陕西佳县泥河沟村文化志》,同济大学出版社,2018,第 14 页。

日里，村民手持香火，转365盏油灯组成的'九曲黄河阵'，祈福一年的平安吉祥"[1]。其二，每年农历三月十二日，在泥河沟村外佛堂寺举行的庙会。其时，周边十几个村落的民众都会聚集于此，通过聆听古老剧目的方式，重新感悟祖辈先民的生活实践和艰辛故事。

除大型的庆典与祭典之外，村民还会在农业生产的时间中，刻度出具有标识性的特殊仪式活动。如春季担大粪给庄稼施肥时的"奶茶"；每年入伏时刻跳进黄河沐浴时的"浮河"；以及"六月六，西葫芦炖羊肉"的生活仪式等，既是对自己辛勤劳作的犒劳，也是终日与土地相伴的农民对自己生活的装点。

"作为农业文化载体，传统村落所呈现的自然生态和人文景观，是当地人在生产生活实践的基础上，经由他们共同的记忆而形成的文化，情感和意义体系。因此，它在当地人的集体记忆和身份认同中始终扮演着重要的角色。"[2] 诚然，这种以当地民众日常生活和共同记忆为基底而形成的文化，是乡村重建的潜在社会文化资本。但是，社会对这些内生性的社会文化资本的价值认知及自觉，远远跟不上社会现实对其需求的步伐。

二 衰败的遗产地及生存的困惑

孙庆忠在经历10多年对不同类型乡村田野工作之后，于2014年7月来到了黄河边的泥河沟村。他是带着对重要农业文化遗产的崇敬之心而来。毕竟，36亩古枣园生长着1100多株古枣树，树龄最长的已经有1300多年。而与枣树相嵌的村庄，其作为全球农业文化遗产地而承载的生态智慧，可否是农户生产生活从当下走向未来的依托。来到现场，孙庆忠知道了另外一种现实。

第一，文化断裂。这里属于中国14个集中连片特殊困难地区之吕梁山特困片区，泥河沟村是国家级贫困县里的贫困村。村民从1955年就开始吃返销粮，直到1993年还在吃救济粮。2014年时，虽然被评为全球重要农业

---

[1] 孙庆忠主编《枣缘社会——陕西佳县泥河沟村文化志》，同济大学出版社，2018年，第15页。
[2] 孙庆忠主编《枣缘社会——陕西佳县泥河沟村文化志》，同济大学出版社，2018年，第17页。

第七章 关于"开放的乡村教育"的探索与对话 ○ 中国百村调查丛书·号营村

文化遗产,但丰厚的名誉资源与泥河沟村人生产、生活的困境却尴尬并存。2014 年,泥河沟村有 213 户 806 人,常年在村的 158 人中,有 115 人年逾花甲。质言之,泥河沟村 213 户住户,常年在村户仅占总户数的 74.18%,常年在村人口仅占全村人口的 19.6%。而他们是管理 900 亩耕地、1000 亩枣地的主力军。由于在村生产物产出不足,难以支撑家庭再生产,与全国大多数村庄一样,村民多外出打工谋求家庭生计,"三留守"与"空心村"并存的现状便成为村庄常态。这些老人及家庭的当下与未来生活如何?眼下他们生计难以维系,村庄日趋衰败,是不是工业化、现代化、城市化的必然结局?

第二,在地生计不可持续。作为全球重要农业文化遗产地的泥河沟村,其千百年来创造的红枣自然景观,或物化生态景观的历史价值及其当下保护与利用的问题。2014 年孙庆忠在泥河沟村看见的,是经过 20 世纪 90 年代至 21 世纪初以枣繁县之后,村庄社会的衰败和萧条。

第三,城乡脱嵌与家庭脱嵌共存。乡村衰败与留守人员生活的去处及外出打工家庭成员根无所系相嵌构的问题。与全国广大农民工离乡离农一样,泥河沟村外出打工的人,亦是迫于当地红枣生产形不成家庭发展的经济基础,因而远离乡土,一代接着一代地在城乡间做一个无"家"可归的人。同样,留守在家的人,也因经济社会、文化生活的断裂而成为孤立无助的弱者。当"被困"加深的家庭成为一种常态,其带来的问题主要表现为:在市场和资本的裹挟下,数十亿小农将会面临什么样的命运?"全世界的农业中,最发达的资本主义部分与最贫困的部分两者的生产率之比,在 1949 年之前大约是 10∶1,如今则趋近于 2000∶1。今天由 30 亿农民在维生之余卖给市场的食物,改由 2 千万新生的现代农场主生产。"① 从中国的情况看,即使到 2050 年,中国城市化率达到 70% 时,仍有 4.5 亿人生活在农村。他们的命运难道仍如孙庆忠奔着泥河沟全球重要农业文化遗产而来时所见,即一种满眼萧条衰败的乡村暮景来定格的宿命?如果不愿从命,那靠什么来撬动也许深藏着的一线生机呢?

---

① 阿明:《世界的贫困、贫困化与资本积累》,http://www.ptext.cn/xsqy? id=61。

三 内外部整合的教育干预及其担当

第一次走进泥河沟村，孙庆忠有失望与震惊，但在"浮河"习俗的展示现场，孙庆忠感受到了当地民众对生活的期待以及生命的力量。"在午后的阳光中，陕北汉子的健壮身躯与黝黑的肤色显得格外醒目……也许在他的生命里，唯有在黄河滩上赤身奔跑的这个瞬间，如孩童般自由，忘却了去年的收成，忘却了生活的烦恼。"① 在这一历经千百年而形成的"浮河"惯习中，一位因家庭拖累留守在村的汉子，与村中上百名老人、孩子，一起欢快地裸奔于黄河之中的场景，不仅让孙庆忠泪眼婆娑，而且让他对小说《平凡的世界》有了刻骨铭心的理解和认知：路遥关于苦难中生命忍性的力量，源自对生活的希望。哪怕一无所有，人与大自然牢不可破的关系就是生命存在和延续的庄严而神圣的理由。由哲学感知的悟得，到以教育为抓手的实操，开启了泥河沟村教育导引变革的起航及意义的播撒。

1. 将村民的生活记忆转换成村庄历史

在对教育本质的追问过程中，他挖掘乡村社会的潜存价值，从而深度理解家园之上的二元城乡关系。当这种关系映照在泥河沟村时，即表现为村民在"进城谋生"和"留村受穷"之间的两难抉择。泥河沟的绝大部分年轻人选择进城谋生，而仅有158人留守在村，其中有115位是60岁以上的老人。孙庆忠这位外来的教授，在首次接触到泥河沟村时，便着意通过深入、系统的田野工作，来"重新认识乡村社会生态系统和自然生态系统的价值"②。因为"田野工作可以发掘老百姓积累了千百年生活所存留下来的乡土知识和身处其中的地域文化"③，并且"它不仅仅是方法，它还可以培育和激发我们创造生活的情感和能力"④。他们的田野工作被放置在寻找、挖

---

① 孙庆忠主编《枣缘社会——陕西佳县泥河沟村文化志》，同济大学出版社，2018年，第286页。
② 孙庆忠：《田野工作与促进生命变革的乡村研究》，《中国农业大学学报》（社会科学版）2018年第3期。
③ 孙庆忠：《田野工作与促进生命变革的乡村研究》，《中国农业大学学报》（社会科学版）2018年第3期。
④ 孙庆忠：《田野工作与促进生命变革的乡村研究》，《中国农业大学学报》（社会科学版）2018年第3期。

第七章 关于"开放的乡村教育"的探索与对话 ○ 中国百村调查丛书·号营村

掘内生性资源的诉求框架中,通过研究团队与泥河沟村民的深入互动,他们在两年内完成了三本有关泥河沟村的实录,即《村史留痕——陕西佳县泥河沟村口述史》、《枣缘社会——陕西佳县泥河沟村文化志》和《乡村记忆——陕西佳县泥河沟村影像集》。

在《村史留痕——陕西佳县泥河沟村口述史》一书中,孙庆忠和他的学生们,对100多位村民及外来者进行访谈后,选取其中40多位被访人口述资料成书出版。其目的有二:"一是重建人们活过的日子,将小地方与大社会联系在一起;二是以生活记忆的方式呈现陕北地域文化,使之成为凝聚乡村,实现社会再生产的情感力量。"[1]

而《枣缘社会——陕西佳县泥河沟村文化志》,则是将村民的生活记忆转换成村庄历史。"在这些有形的和无形的文化遗产中,潜藏着千年枣树守望的文化基因。其现实价值在于,让那些为生活忙碌、为生计漂泊的年轻人,不忘祖先的历史,让年迈的老人能因存留前辈的记忆而有一份生存的尊严。就更长远的意义而言,共同的记忆是一条连接着祖先和后辈的精神纽带,是整合村落社会的精神力量。"[2]

《乡村记忆——陕西佳县泥河沟村影像集》一书,则用308幅图片,立体、生动地呈现黄土高原上一个以"枣"为魂而形塑的诗意栖居之地。"全面地展示了泥河沟村神奇的自然景观和具有浓郁陕北风情的人文之美……再现了全球重要农业文化遗产地的奇观美景,以及中国传统村落的风土人情。这里有红枣的生命周期,有农民的身体记忆,有乡村世界的神圣空间,更有千年枣树带给我们的美妙想象。"[3]

孙庆忠将村民的生活记忆转换成村庄历史的载体有二:其一,挑选口述史的信息报道人。在正式开始口述史访谈前,重点确定三类人群作为其访谈对象。"第一类是长期居住在村中的农民;第二类是不同时期流动出村的人士;第三类是为佳县枣产业和村庄发展立下汗马功劳的地方官员和文化工作

---

[1] 孙庆忠主编《村史留痕——陕西佳县泥河沟村口述史》,同济大学出版社,2018年,第22页。
[2] 孙庆忠主编《枣缘社会——陕西佳县泥河沟村文化志》,同济大学出版社,2018年,第19页。
[3] 孙庆忠主编《乡村记忆——陕西佳县泥河沟村影像集》,同济大学出版社,2018年,第26页。

者。"① 其二，开办"泥河沟大讲堂"。让历史与未来牵手，建基于参与式教育中的城乡互动和内外交流。特别是对于外出的人，年轻而有能力，他们与家乡的关联、与土地的关系，只有在参与式的文化教育视角下，才能有准确而撼动人心的灵魂性表征。村民生活记忆形塑的自然之本色、智慧之力量和情感之率真，是在参与式教育中嵌构村庄历史的动力源。因为，"不断被激活的集体记忆，表面上看是村民在重温过往生活，但其实质是村民以文化记忆应对现实处境的生存智慧"②。

激活村庄记忆的力量，表面上来自外部力量的"文化干预"，其实是与村庄原有的潜在教育因子相契合，共同生成一种复苏的灵魂和生命之力。当这种力量聚合和播撒开来时，即是扎根的内生之力，可以勾连城乡。而其基底，亦是人们念兹在兹的乡愁。

2. 文化教育与乡村可持续发展

1978 年以来，农民在城乡之间摇摆不定地"流动"，彰显乡村社会之于农民的社会意义和文化价值，即"中国的村落不是简简单单的屋舍和田园。乡村是农耕时代的物质见证，那是世世代代累积的，在生产生活过程中积淀的记忆和情感体系"③。而用口述史的方式，从外部进入并参与村庄主体身份的建构，然后以灵魂性的方式传递和传承，其实就是一种挖掘乡村社会中具有教育禀赋的记忆和情感体系。此种路径创新，无疑向世人传递出一种信息：村庄内外相互勾连的价值，不仅体现在村外向村内的物质馈赠层面，而且体现在共同挖掘和撬动村庄原有资源的过程中。更为关键的是，他们以这些资源，最终共同构建既能满足生计需求，又能安放乡愁和寄托情感的新家园。在普适性层面上，这是在中国社会"保护性发展"理念下给农村的过去、现在和未来赋予长远性和世界性意义。实质上，这是一种一直潜藏在中国社会中的隐形能力，只是需要借助外力通过口述史的方式，将其激发出

---

① 孙庆忠主编《村史留痕——陕西佳县泥河沟村口述史》，同济大学出版社，2018 年，第 20 页。
② 宋一青：《三村故事——金沙江畔纳西农人守护山地文化系统及应对气候变化的生存智慧》（项目结题报告，未刊）2017 年 1 月。
③ 孙庆忠：《乡村行动——农民口述的搜集与整理》，乡村文化人（微信公众号）2018 年 1 月 2 日。

第七章 关于"开放的乡村教育"的探索与对话

来,并在文化教育的框架下不断彰显和传递。

作为外来的知识分子,在这一过程中能做些什么呢?孙庆忠及其研究团队,用两年的田野工作和三本书给出了答案,即通过搜集老照片、老物件的方式,让泥河沟村有了可视、可触摸的集体记忆;通过口述的方式把父一辈、子一辈的往事统统留下,由此让这个没有文字记载的村庄有了自己定格的历史。孙庆忠说:"口述史,文化志和影像集三本书,不是我和学生的作品,而是我们和农民们共同整理的村落记忆,正是通过这种参与方式的行动,我们的老百姓不再是遗产保护的旁观者,他们成了自身文化的讲述者,那些曾经被遗忘的往事转换成了把人、情、根留下来的集体记忆。"① 在这种讲述社区历史和追溯历史记忆的过程中,激发社区活力、凝聚社区共识才是乡村发展的内在动力。"更为可贵的是,村委会协助组织了老年人协会,村庄平淡的生活因此增添了许多新的内容。傍晚时分的锣鼓秧歌,让沉寂多年的山村格外红火;共食一锅里的饸饹,让久违的乡情更显浓烈。在外打拼的年轻人也因'爱枣协会'的微信群而集结在一起,共同寻找红枣出路,谋划家乡发展。"② 正如孙庆忠所言:"这种社区感的回归正是村落凝聚和乡村发展的内在动力。我们也由此坚信,抵抗贫困、精准扶贫最根本的是精神上的扶贫,是扶人改变人的生境,改变人的心境,才是乡村工作永不变更的主题。"③

"我们今天守护的乡土,或许有一天真的会在现代化社会的冲击下彻底沦陷,但是无论怎样,在农耕文明几千年的最后时期,我为它守望过,我们也应该为拥有如此深度的情感体验而欣慰。如果中国农业大学在这个时候不能以此为业,还不能为乡村存留一种有尊严的生活,我觉得那是一种罪过。"④ 如此定位大学存在的功能和价值,即是要求其能在城乡互动中,为

---

① 孙庆忠:《田野工作与促进生命变革的乡村研究》,《中国农业大学学报》(社会科学版)2018年第3期。
② 孙庆忠主编《乡村记忆——陕西佳县泥河沟村影像集》,同济大学出版社,2018年,第30页。
③ 孙庆忠:《田野工作与促进生命变革的乡村研究》,《中国农业大学学报》(社会科学版)2018年第3期。
④ 孙庆忠:《田野工作与促进生命变革的乡村研究》,《中国农业大学学报》(社会科学版)2018年第3期。

乡村振兴寻找深层次整合内外资源的路径和方法，并聚焦到村庄社会教育上来。

四　小结：泥河沟案例的启示

当教育资源自外而内地进入村庄，并挖掘和激发其生命力量，村庄就在这一过程中"活"起来了，一改往日的萧条衰败。作为村庄主体的村民，也在这一过程中重拾尊严。教育是能使在地的历史力量、自然力量、文化力量、精神力量与外来的国家力量、社会力量嵌构一体的途径。在此，我们看到教育的本质：一位大学教师的力量拓展——让教育与教育相遇，将撬动整个历史，而历史，是对未来的奠基。

读完泥河沟村的故事，我们与《中国慈善家》杂志的记者一样感同身受。她在发给孙庆忠的微信中写道："她出生在山东沂蒙山区的一个小山村，爷爷奶奶和爸爸妈妈还生活在那里。她从中学开始住校，也曾一度厌恨家乡的贫穷、闭塞和压迫，也因此在情感上始终与故乡割裂。她很羡慕那些因我们而留有故事的村民，如果她的爷爷奶奶辈，那些被重视的庶民，也能有这样讲述的机会，好像他们的一生被温柔对待过了。"[①] 我们的乡村振兴，不就是要让那些曾经或现在，甚或未来与土地紧密相连的乡村个体能够被温柔对待吗？

从操作路径上，教育作为突破口，其落地生根的机制是怎样的？用孙庆忠的表述也许更为准确："其一是从乡村教育入手，建立学校与村落的关联，目的是使学校发挥其传播乡村文明的功能，实现乡土社会的自救，这是乡村教育现状调研的后续；其二是从农业文化遗产入手通过文化干预的方式，培育村民对自身所属文化的保护意识，继而利用本土资源寻求自身的发展。"[②] 以上两点，最终是否可以归纳为"大教育与乡村的共同成长"？或者说是否为理念与实践的相互贯通？号营村乡村教育建基于城乡互动的发展过程，与

[①] 孙庆忠：《田野工作与促进生命变革的乡村研究》，《中国农业大学学报》（社会科学版）2018年第3期。

[②] 孙庆忠：《田野工作与促进生命变革的乡村研究》，《中国农业大学学报》（社会科学版）2018年第3期。

泥河沟村有一种本质上的相似性、共通性，让远隔千里的案例对话，因翅膀的加持而变得心有灵犀。

第二节　以乡土人本教育形塑人格基底的扎根探索
——田字格案例[①]

从国家与村庄勾连视角考察号营村的"学校教育"，其呈现从古时耕读教育到近现代以来科学立人的教育指向，可归结为社会共同体对国家的认同及嵌构入里的民众生产、生活与时代共进的下层基础。而这个基础的形成与持续，主要有赖于国家在村庄的建构与标识，即体制化的乡村学校。其形态从古代卫学奠基，到近代"私塾"承递，再到当代村庄学校的演进。总而言之，乡村学校教育生成的逻辑：一方面，是国家将体制化的教育文化，经由地方政府和行政官员落地、物化之后的结果；另一方面，是乡村民众在国家制度下和已有的教育基础上，应对现代化、工业化、城市化挑战过程中的自主选择的结果。

纠结的是，对"学校教育"的考察，作为号营村多维度构建大教育的一个有机组成部分，在"整体性"教育呈现的框架中，确实很难廓清和界定"学校教育"的特质和功能，以及其与其他几个维度教育的关系，从而也难以专门化地凸显乡村学校教育的价值和意义。在当下，与此几乎同步的是，西部贫困地区乡村以建制为单位的村庄共同体，大多在工业化发展与城镇化建设的共振中快速消亡，大量乡村小学被撤并。乡村社会也以快速"弃村化"的举动，投入城市教育的怀抱。有研究指出，当前仍有6100万的留守儿童在乡村学校接受教育。号营村案例以村庄为主体的研究，以及其内生、自主的研究价值，应对6100万留守儿童的教育以及整个乡村教育在未

[①] 本案例主要为文献研究，其实证资料、观点主要来源于与田字格相关的四个微信公众号，分别为田字格NGO、田字格助学、田字格兴隆实验小学、诗坚。尤其是肖诗坚撰写的一系列校长札记，如《我为什么要来贵州当村小校长》、《阿富的童话世界》、《以母亲的身份，和老乡们聊聊子女教育》、《和小海一起寻找沙漠中那眼泉》、《一生一课》、《大山里的未来学校》等。在研究过程中，我们采取独立的第三方视角，分析框架、材料利用、观点提炼、语言表述等均未与被研究者讨论。因此，与此案例的相关责任，均由笔者承担。

来的挑战等方面的局限性，导致我们将目光转向他山之石。而已扎根贵州十年的田字格助学机构，其所积累的实践经验和业已形成的乡村教育理论，正是我们正在寻找的他山之石。

肖诗坚女士是恢复高考后北京大学首届社会学专业毕业生，也是一名海归人士。在2008年的汶川地震中，她萌发了以公益组织推动慈善的想法，并开始关注中国农村教育，为此做些实事。截至2019年我们撰写此案例时，她带领团队，历经从一开始设立"田字格助学"，以志愿共建的模式，发起慈善拍卖，募集善款送至贵州乡村学校的受助儿童，到建立"田字格食堂"，再到确定一对一师生助学资助机制，田字格图书角组织城市志愿者、义工到乡村小学支教，构建"新田杆""双田君""田娃"项目成长互动机制，并发展到与政府合作在乡村小学兴办教学点。2017年，贵州省正安县人民政府、正安县教育局正式委托田字格助学机构在格林镇兴隆小学的基础上举办"田字格兴隆实验小学"。目前已经在正安县、威宁县等12所学校开展乡村教育改革实践，是我们与号营村社区教育体系对话的另一珍贵资源。

这个故事以10年之长的乡村学校实践，凸显了乡村学校价值重估与城乡共建的时代意义，预示了中国农村教育的新的共识形成。其与政府、社会、乡村的合力共铸，不但能够从根本上改变农村孩子的受教育条件，也能在最基本的教育理念及行动传播中助力中国基础教育的革新。

一 反思乡村教育

田字格的主要创始人肖诗坚女士多次撰文反思当前的乡村教育，希望在反思过程中，探寻和提炼田字格的教育理念和目标。

（一）缺乏有情怀的教师

各级地方政府对乡村学校的教师配备采取了措施，一方面将教师纳入事业单位的招考范围；另一方面实施特岗计划，引导和鼓励高校毕业生从事乡村义务教育工作。单纯从教师数量来看，这两方面政策确实取得了很好的效果，在中西部贫困地区表现得尤其明显。"田字格在威宁和正安县所在支教点的乡镇的实际编制都是满员，但实际情况是有些老师的名字，只是出现在编制名单上，人并不出现在学校教书，而有些出现在学校的老师，则人在心不在。"质言之，宽松的教学环境，比较可观的收入，并没有提升乡村教师的教育热情。他们普遍倦怠，想尽各种办法离开乡村学校。从这个角度来看，乡村学校缺乏的是有爱心、有情怀的教师。

（二）不接地气的教材

因材施教是教育的固有内涵。但是从当前中国义务教育阶段使用的教材来看，不外乎两种，一为人教版教材，一为苏教版教材。无论哪一种教材，其编写理念以及编写人员的组成，皆是以城市为导向。教材内容中充斥着远离乡村生活经验的名词和概念，与教材相配套的习题本和教师用书也是如此。为理解这些陌生的名词和概念，乡村学校的学生不得不花远比城市学生多得多的时间。但实际上，由于生活所迫，乡村学校的学生读书、学习的时间远比城市学生要少。因为回家之后，他们还要帮助家里干农活。从这个角度来看，这些教材未考虑当前中国社会中的城乡差异、地区差异或民族差异，导致乡村学校的学生只能读着"城市人的书"。总体而言，当前乡村学校中使用的教材与乡村学校学生的生活经验存在一定的差异。

（三）厌弃乡土社会

走出大山、离开土地，过城里人过的日子，是大多数农村人的愿望。尤其是年轻的父母为实现这种愿望，往往将实现方式具化为改善孩子的学习条件。于是，在乡土社会中，演绎出一场争先将适龄学生送到城市去接受教育的社会戏剧。乡村学校的学生越来越少，严重者则可能导致许多乡村学校停办。

（四）挤过高考独木桥后有困难

当乡村中的家长与学生，费尽一切力量到城市中接受所谓更好的教育后，满以为能由此改变个人或家庭命运。但是社会现实却给他们开了一个大玩笑。截至2017年，田字格在贵州资助的农村高中贫困生，累计达到1700多人次，每年参加高考的有100人左右，最终能上大学的不足10%。当田字格的工作人员对这些蹒跚走过高考独木桥的农村学生进行跟踪调查时，发现他们中大部分人的命运并没因上大学而改变，就业难、在城市生存难是他们人生道路上的现实困难。悲哀的是，一方面，他们从小就离开乡村到城市里接受教育，导致他们对乡土社会感情淡漠。另一方面，他们在城市里所接受到的教育，对于适应乡土社会的生活或在乡土社会中谋生助益不大，甚至可能起反作用。

经过一番深思熟虑之后，肖诗坚决定在乡村社会中实施乡土人本教育，主要着力于研发适合乡村的教育模式和课程。

二 "十年磨一剑"

截至 2019 年，田字格已经扎根贵州整整 10 年。在这 10 年里，他们始终以"乡土人本教育"为核心理念，从乡土、自然、人本及未来四个维度，培养敬畏自然、热爱乡土、回归人本、走向未来的新一代乡村子弟。此部分以年谱形式，概要介绍田字格在贵州 10 年的发展历程。

2010 年，田字格助学机构正式起航。肖诗坚将之命名为田字格助学，并确立机构的口号："一笔一画，我们用心在田字格上书写明天。"助学机构成立后，就对贵州的部分贫困学生实施"一对一资助"。

2011 年，开始采用"接力支教"的形式，严格选拔、培训有热情有担当的优秀志愿者，一年一接力，在固定支教点，结合山区特点开展教学活动。将"一对一资助"范围扩展到贵州都匀市、正安县和惠水县。在正安县碧峰乡清坪小学建立全国第一个公益组织办的营养餐食堂，为清坪小学的200 多名学生提供免费午餐，这一间食堂于 2012 年转交给地方政府管理。开启田字格图书角项目，并在正安县盘龙支教点正式启动支教项目，为贵州贫困山区解决教师资源匮乏的问题，田字格 001 号田娃也于这一年诞生。

2012 年，将贵州清镇市的贫困生纳入田字格的资助范围。通过向社会招募义工的方式，组织义工队伍对"一对一资助"项目的学生进行调查走访。进入"快乐支教"阶段，派驻 7 名支教教师前往正安县。在海拔 2500 米高的威宁县哈喇河乡修建田字格小学，并派支教教师进入，解决当地 100 多名回族学生的失学问题。

2013 年，确定"一对一资助"的方向及流程，确定义工调查走访的时间为每年"五一""十一"期间。威宁县田字格小学校舍建成。"快乐支教"转型为"接力支教"，更加强调支教的职业精神、传承和责任。

第七章 关于"开放的乡村教育"的探索与对话

2014年,建立"特使"① 进入支教点与支教教师交流的模式。10月在浙江莫干山召开主力义工大会,确定义工管理模式及规范。深化支教项目,在强调责任与传承的同时,加强教学培训及管理。开始实施"女娃项目",重点资助初中女学生。

2015年,将"一对一资助"项目转型为"田娃项目"。此项目专为帮助并关怀贫困地区家庭困难的初中女学生和高中生而设,注重经济资助之外的人文关怀。"五一""十一"期间组织开展"田杆②田娃面对面"活动。成立田娃服务队,启动田娃热线,启动"村小1+1支教"项目,即支教教师2人一组,1人负责开设阅读课,1人承担探索课程,在乡村小学开展阅读与探索活动。

2016年,举办第一届田娃风采大赛、田娃夏令营。继续丰富"田娃项目"内容:启动"田娃成长计划"和"田娃社会实践活动"。其中"田娃成长计划"的启动,标志着田字格的工作内容从原先简单的经济资助,拓展为人文关怀和成长引导并重。而"田娃社会实践活动"则鼓励学生以项目方式参与社会实践,在了解社会的同时锻炼自己。田字格助学"田娃班"在威宁县正式诞生,共开设四个"田娃班"。在正安县境内的部分师资力量相对充足的乡村小学,派驻支教教师开设阅读课和推行全校性的阅读活动。田字格组织由助学机构扩大为农村办学及农村教师培训机构。启动田字格兴隆实验小学项目。

2017年,贵州省正安县人民政府、教育局以书面协议的形式,委托田字格助学机构在正安县格林镇兴隆村办学,项目名称为"田字格兴隆实验小学"。9月,田字格向正安县民政局申请注册成立民间非营利机构"正安县田字格乡村教育中心",负责田字格兴隆实验小学项目的运行。举办第一届"田娃社会实践活动"展示与评比大赛。"北京大学社会学系科研与社会实践基地"落户田字格兴隆实验小学。

2018年,举办第二届"田娃社会实践活动"展示与评比大赛。举办田

---

① 即义工。
② 即资助人。

字格兴隆实验小学"周年感恩暨嘉年华活动"。举办第三届"田娃成长工作坊",并启动第三届"田娃社会实践活动",将正安县纳入项目点。在田字格兴隆实验小学开设生命课,将此课程与乡土课、人本课并列为学校的核心课程。

2019年,创立针对支教教师的乡土人本研习营,即新老支教教师们跟随乡土人本培训导师,就乡土人本特色课程的开设,以及乡土人本五步教学法进行深入学习探讨。启动"乡土人本2+1支教项目",即由2名支教教师和1名本地种子教师合作开设乡土人本特色课程,合力为乡村学生打造有选择的未来。

田字格在贵州10年的发展机理,是从单纯的慈善助学延伸为辅助教学维度的自上而下、自外而内的社会教育干预,再拓展为与体制教育相契合的体系化、完整性乡村教育,立足"乡土人本教育"这一大目标,踏石有痕地做"在村学校教育"。10年的探索感触和经验积累,随着田字格兴隆实验小学的建立而一步步得以践行,"乡土人本教育"理念不仅铭刻在田字格所有专职工作人员和义工、支教教师脑海中,也逐渐渗入地方政府和当地民众的意识中。此乃田字格在贵州花费10年时间磨出的乡村教育之"剑"。

三 田字格兴隆实验小学

截至2019年,田字格助学机构在贵州已沉潜整整10年。在2017年时,田字格助学机构在贵州省正安县格林镇建立一所乡村学校,名为田字格兴隆实验小学(以下简称"兴隆田小")。自此之后,兴隆田小成为田字格助学机构践行乡村教育理念、探索乡村教育未来的主要载体。

(一)兴隆田小的前世今生

兴隆田小原为兴隆小学,是一所六年制村级完全小学,并设立有学前班,坐落于正安县格林镇兴隆村。距离正安县城20公里,处于遵义市与重庆市的中点,距离均为200余公里。兴隆小学处于群山环抱之中,主要为兴隆村10个自然寨的适龄儿童提供小学阶段教育。

2013年,地方政府重新修建校舍,分别修建一栋三层教学楼、一栋可供100多名学生住宿的宿舍楼。据不完全统计,当时有300多名学生在此接

第七章 关于"开放的乡村教育"的探索与对话

受小学教育。但学生不断流失，学生数量不断减少。截至 2017 年，包括 4～6 岁的学前班学生在内，全校学生总数量不足 100 人。

2017 年年初，贵州省正安县人民政府、正安县教育局，以书面协议的形式，正式委托田字格助学机构在兴隆小学办学，项目名称为田字格兴隆实验小学。兴隆田小的教师由两部分构成：一为原兴隆小学的教师，一为田字格助学机构派驻的志愿者教师。据统计，目前全校 22 名教师中，其中 7 名为原兴隆小学的教师，15 名为田字格助学机构派驻的志愿者教师。当然，志愿者教师的数量会根据学校的实际情况，随时有些微变动。

2017 年 9 月，兴隆田小正式运行。至此已正式运行两年，在这两年中，田字格助学机构始终秉承"乡土人本教育"理念。

（二）"乡土人本教育"的理论概述

"立足农村、走向未来"是"乡土人本教育"的基本诉求。为促成这一基本诉求的实现，正安县田字格乡村教育中心[①]主要从三方面着手。首先，教育理念。一方面从乡土社会和大自然中提炼教育素材，另一方面积极主动与外界沟通，学习掌握国际先进的教学方法，如混龄教学、项目式教学和主题情景教学等。其次，教学内容。按照国家教育部门的相关规定，为学生提供学习语文、数学、外语等课程的基本条件。除此之外，通过专门的特色课程设置，以学生切身经历且充斥于其日常生活中的鸟兽草木、山川河流、耕作手工、乡土文化为根基，由专业教师引导他们从中寻找宇宙人生中的万物万理。最后，师生共同商定每一学期的特色课程内容。在实施过程中，严格遵循协商合作、互帮互助等原则。学期结束时，通过比赛评比、活动展示等多种方式呈现教学成果。总而言之，"乡土人本教育"不仅有与乡土社会及文化因子相符的教材，而且有能满足乡村学生需求的课堂或课程；不仅有多样化的考试方式，而且也有多元化的选择机制。

"人与生命"是"乡土人本教育"的核心元素。乡村学生在接受六年的"乡土人本教育"之后，应具备如下四方面素养。第一，具有尊重生命的意

---

① 2017 年 9 月，田字格助学机构向正安县民政局申请成立民间非营利机构，名为"正安县田字格乡村教育中心"，主要负责田字格兴隆实验小学项目的运行。

295

识。此处的生命包括自然中的生命、社会中的生命和宇宙中的生命三种类型。第二，具有热爱乡土的情怀。在现代化、城市化和工业化的裹挟下，乡土社会正在被生于其间的乡民所抛弃。"乡土人本教育"通过各种建立在乡土社会之上特色课程的设置，让乡村的学生了解乡土社会、认识乡土社会，从而培育起热爱乡土社会的情怀。第三，具有自主学习的能力。对于现代社会的学生来说，建立在阅读兴趣之上的自主学习能力尤为重要，因为人生的学习更多是在学校之外。通过阅读培养自主学习能力、奠定深厚的人文素养，是学生走出学校之后应对社会挑战的撒手锏。第四，具有与人合作的能力。分工合作是现代社会的基本属性，因而与人合作的能力，应是学生走向社会之后的一项基本技能。

总而言之，"乡土人本教育"就是要培养全面发展的适应21世纪的农村子弟，赋予他们两方面能力：其一，具备较强的读、写、算及网络技能；其二，具备主动学习、与他人合作、善于沟通表达的能力。教会他们做三种人：①重视生命质量的现代人；②独立自主的自由人；③敬畏自然、尊重生命、热爱乡土、关心社会的世界人。最终使他们成为"留在大山能生活，走出大山能生存"的人。

（三）"乡土人本教育"的兴隆实践

兴隆田小的"乡土人本教育"实践，主要体现在全员参与改造校园环境、设置体系化课程、打破教育"围墙"、建设校园文化四个方面。

1. 全员参与改造校园环境

自2017年兴隆田小正式运行以来，学校教师带领全体学生，共同改造校园环境。如收集村镇遗弃的老旧民居的材料，建成具有贵州特色的立人堂；在校园内开垦农场，打造开满鲜花的校园，建成百草园；用乡土社会的素材装扮教室，让美好发生在美丽的地方；倡导校园"生态行动"，通过关心、爱护自然环境的方式来建设"生态校园"。

2. 设置体系化课程

截至2019年，兴隆田小共开设有五大课程，分别为日修课、基础课、轴心课、共同生活课和自主学习课。这些课程大致可以分为两大类：一类是国家教育部门规定的课程，如日修课和基础课，为便于表述，此处将其统一

第七章 关于"开放的乡村教育"的探索与对话

称为基础课；另一类是兴隆田小结合乡土社会而开设的特色课程，主要有轴心课、共同生活课和自主学习课。

兴隆田小的轴心课主要有三种，即乡土课、人本课和生命课。这些课程的共同特征是：①从乡土社会和大自然中提炼教育素材；②每个学期有不同的课程主题，且由师生共同商定；③教学方式多样而丰富，如兴隆大舞台、校园公共事务议事课、农业科学课、美术兴趣课等。但核心皆为"人和生命"，将生命教育贯穿在整个教学过程中。

共同生活课则主要通过校外研学的形式实现。2018年，兴隆田小先后两次组织学生到正安县城开展研学活动。如2018年4月的研学活动，组织学生从学校徒步至正安县城，往返15公里。在研学之前，教师精心制订计划、提前踩点，并组织训练。在研学过程中，将学生分成不同小组，主要由组长负责处理行进过程中出现的问题。教师全程隐形，只有在出现重大情况的时候，教师才出现和学生一起商量解决。将正安县博物馆和米粉店作为研学目的地。2018年12月的研学活动，同样遵循此种理念，只是将研学目的地改变为县城里的超市。研学活动，绝不是一次开眼界的徒步远足，更是一门师生在事先圈定的空间共同生活的课程。它有助于学生独立、合作、互助等方面能力的培养。

自主学习课主要是在教师的指导和引领下，由学生自主选定课题，并进行探究的课程。如组织学生自主编写教材、在乡土课中指导学生探究兴隆的二十四节气等；组织学生编写能够连接学生日常生活与生命的教材，贯穿在兴隆田小的日常教学活动中。据统计，截至2018年，兴隆田小已编写63本此类教材，本本皆不同。兴隆田小的师生将它们统一称为《乡土人本教材》。在2018年秋季学期，兴隆田小在乡土课的实施过程中，由任课教师指导和引领学生探究兴隆村的二十四节气。在课程刚开始时，学生皆不懂二十四节气为何物。此时，任课教师就指导学生在每天清晨去观察露水的变化，经过一段时间的观察之后，学生就可以从中感知到季节的变化，也由此知道日月星辰是随时发生变化的。随着课程的不断推进，学生对于节气的概念有了一定的了解，并且也知道兴隆村的二十四节气会因地形、海拔等因素而与外界存在一定的差异。此类课程主要是希望学生以生命为主题，在艺术、哲学、宗教、科学等四大领域中,以课题研究的形式展开对生命的思考和探索。

这五大课程,日修课、基础课占了50%的课时,符合国家教育部门规定的课时标准,采用国家统一教材,但使用创新的教学形式。基础课所学知识可以在特色课程中综合、实践和应用,特色课则进一步激发学生的学习热情和兴趣。

3. 打破教育"围墙"

当前学校教育中普遍存在三类"围墙",主要表现在年级、学科和观念三个方面,兴隆田小在办学过程中,着意通过三种不同的教学方式来打破此三类"围墙"。首先,采用混龄教学法,打破年级围墙。此种方法的核心是将不同年级中的学生融入一体,共同完成某一学习任务。更为关键的是,在这一过程中,可以促进不同年级学生的交流与沟通,如话剧表演、校外研学、采访"兴隆能人"等。其次,采用主题教学法,打破学科围墙。如在2018年的"大山·家·我的改善行动"主题教学中,邀请兴隆村宋、叶两个家族的老人,进入学校给学生讲述家族历史和乡土文化。最后,自主研究课,打破观念围墙。生命课就是典型的自主研究课,这一课程由学生自由选导师、自主选组、自主选课题、自主探究,然后撰写报告,最后进行全校答辩。

4. 建设校园文化

此处所说的校园文化主要包括两个方面,分别为共建文化和讨论文化。所谓共建文化,即指在校园硬件设施建设过程中,全体师生共同参与。具体的参与过程、参与结果,以及学生通过文字彰显出来的自我感悟等,皆是铭刻在硬件设施之上的共同记忆和美好故事。兴隆田小的师生将之称为共建文化。而讨论文化则是指学生针对校园内发生的任何事情所具有的讨论意识和讨论过程。

共建文化、讨论文化可以让学生在参与和建设中逐渐感受到自身的力量,这种力量不仅可以改变校园,而且可以改变家乡,甚至可能改变世界。

(四)"乡土人本教育"的成效与影响

兴隆田小实施"乡土人本教育"两年来,其积极意义可以从学生和家长两个层面进行考察。就学生层面而言，有两个切入角度。其一，国家教育部门组织的学业考试成绩。据统计，兴隆田小的学生在2019年的毕业考试中，取得正安县格林镇第一名的优异成绩。其二，学生自己撰写的诗歌和自我评价等文字内容。如在2019年春季学期的生命课上，学生通过诗歌的形式，留下心中的生命之春。

> 生命是一片嫩绿的叶子，在深绿的拥抱中出生，让深绿臣服于它。
> 生命是一盏灯，照亮人的路，让人生活美好。
> 生命是一条河，刚刚从冰冻中解放，流向远方。（宋庆欢）
> 生命是自由，生命是探索，生命是恐惧，生命是你、我、他。（任思怡）

面对春天的晨雾，兴隆田小的学生如此描述：

> 她像白云，她可以遮住树，还可以遮住大山，但，遮不住声音。（任毅）
> 小雾躲在山里头睡觉，小汽车突然把他吵醒了。（易娜娜）

2019届的毕业生，用诗歌向学校诉说自己的情感。

> 像小猫一样的钟表啊，你可曾分毫不差地记录了我的成长？立人堂啊，谢谢你送给我探索知识的力量和世界的奥秘。风雨廊，你总给我一种怀旧的感觉，真希望可以永远靠在你身边，静静为伴。百草园啊，你是否还记得我当年用万寿菊在你身上种下的对她的思念。学校的一草一木啊，虽然我即将毕业，但请不要忘记，我从你身边路过的每一份足迹。兴隆田小，我的母校，我们的童年与你融为一体，我们爱你。（2019届毕业生）

诉诸文字的自我评价，同样彰显出兴隆田小"乡土人本教育"的积极意义。

> 源泉同学进我们班吃饭，我可以主动和客人介绍用餐礼仪了。（凤兰）
> 我现在可以安静地阅读，认真听讲了。（浩然）
> 我乡土课懂得了团结和队伍的力量是多么强大。（宋威）
> 我学会了自己制订计划，规划时间，并按计划执行。（宋庆欢）

诗歌和自我评价，不仅可以帮助兴隆田小的学生留下四季的色彩，还使学生的审美能力、对生命和自然的体悟能力得到显著提升。

"乡土人本教育"的兴隆田小实践，确实取得显著的成效。正如兴隆田小校长肖诗坚在与兴隆村的家长交流时所言："乡土人本教育不仅不会耽误孩子，还会为你们的孩子打开一扇大门，一扇可以幸福学习和健康成长的心灵大门。因为，我们的孩子可以在学校开心快乐地学习，不仅学知识，还学文化、学做人。"

实质上，在兴隆田小尚未正式开学时，已经有费尽千辛万苦将孩子从乡村带到县城就读的家长就来到兴隆田小来交流了解。2017年7月，正值暑假，突然有20多名已离开兴隆村的村民，带着孩子专程从正安县城来到兴隆田小，希望将孩子转入兴隆田小就读。同样的场景在2018年的暑假期间同样上演过一次。据统计，截至2019年，有7名学生慕名从县城学校转入兴隆田小。

肖诗坚是兴隆田小的校长，但更是两位上海男孩的母亲。2018年1月，肖诗坚在与兴隆村的老乡们交流时，明确表示："说实话，今天田字格给兴隆孩子提供的教育，甚至好过我儿子们受的教育。如果我的儿子们还小，我会坚定地让他们来兴隆读书。"

四　田字格乡土人本教育的启示

经过10年的探索，田字格由最初募捐助学的NGO，发展为与体制合作并潜沉于乡村学校建设的NGO。其从一开始以反思乡村教育形成问题意识为导向的行动探索，一步步坐实了"权利推动变革"的乡村教育革新之变，

第七章 关于"开放的乡村教育"的探索与对话 ○ 中国百村调查丛书·号营村

从而给予我们如下四方面启示。

第一,将理念付诸行动的方法论建构。"首先,要推动变革就必须要理解新变革,变革不仅仅是一个宏大的过程,更是微小的社会行动逐渐积累的。其次,在推动变革中各方力量的合作远比对抗更加重要。传统社会的活动家往往会对国家、国际机构和跨国公司持批评态度,但是单纯的批评往往不能解决问题。而合作则可能产生积极的效果。最后在解决社会问题时,成功的经验更为重要。社会活动家要善于找到成功的经验,因为成功的经验可以激发他人的跟随。"① 田字格"十年磨一剑"的乡村教育实践,从方法论上践行了这一套策略,从而使田字格对乡村小学教育的探索,建立在多维度并进、聚合力突破、唯理念落地的可控步骤之中。

第二,"顶天立地"式乡土人本教育的实践路径。纵观田字格在贵州10年乡村教育的探索历程,"顶天立地"是其固有属性。其一,"顶天立地"的教育理念。向上与国家现行小学教育的规范要求相衔接,向下与乡村学生家庭、社区及学生个体差异特点相衔接,向外则与世界前沿教育理念相接轨。其二,"顶天立地"的教师配置。田字格对乡村学校的支持,主要体现在教师的配置和要求方面。一为原有乡村小学中的体制内教师,一为外来的志愿者教师。当这两类人群在一起共事、交流时,既能促进前沿教育理念的传递,又能加强乡土知识的传播,最终达至将早已确定的田字格教育理念落地操盘的目的。其三,"顶天立地"的课程设置。田字格的课程主要由两部分构成,一为按照当前教育体制的要求,在六年级时设有分科教学及应试学习;一为学校自设的乡土课、人本课、生命课与现有教材做最大融合。三位一体的"顶天立地"式教育实践路径,最终促成以对生命的内在体悟和个体的自我成长的基本教育定位。因此,具有极大开放性与包容力的乡土人本教育,成为扎根于文化土壤的社会化教育。

第三,乡村教育更需要高素质教师的参与。在开放的视域中,自我定位教师工作的意义,田字格举办的乡村教育,是以人类的普世价值观及教育的

---

① 〔英〕邓肯·格林(Duncan Green):《变革如何发生》,王晓毅等译,社会科学文献出版社,2018年,第7页。

根本目标定位作为学校及教师的工作定位的。将人类历经数千年而形成的教育共识，植入中国社会变革中被逐步边缘化的西部乡村小学中，本身就是一种超越性的壮举。从这个意义上，田字格的努力，具有跨越城乡、与时代同步的标杆意义。

第四，到目前为止，田字格志愿者累计有 600 多名义工，每位田字格的义工都拥有唯一的 ID 号。田字格义工具有很高的公益素养，他们具有专业、奉献、友爱的志愿精神，充满爱心且富有激情。这些义工来自全国各地，专业背景的多元性以及人生阅历的多样性，赋予了田字格乡村教育的丰富多彩性。

城乡互动、落地生根，是田字格举办的乡村教育与号营村乡村教育高度一致性的外在表征。质言之，它们都在坚定不移地坚守乡土人本教育。

第三节 社会工作推动的民族社会教育
——岩寨村案例

一 社会教育的理论内涵

社会教育是一种"进行中"的教育，它的深刻性、丰富性、独立性、形象性与学校教育、家庭教育不同。"广义的社会教育是指一切社会生活影响于个人身心发展的教育；狭义的社会教育就是学校以外的一切文化教育设施对青少年、儿童和成人所施的教育。"[①] 社会教育的目的在于服务于人的完整发展；其主要内容为与之相关的社会生活事物和人文社会知识，如与环境相关的地理知识、与生计相关的生产知识等。现代的社会教育具有其他教育形态不可比拟的作用，它的作用主要表现在下述各个方面：第一，社会教育直接面向地区内的所有人，它比学校教育、家庭教育具有更广阔的活动余地，影响面更大，更能有效地对整个社会发生积极作用；第二，社会教育内容更为广泛，能够为人们提供更多的"教材"；第三，社会教育形式灵活多

---

① 王雷：《社会教育概论》，光明日报出版社，2007 年，第 13 页。

样，没有制度化教育的严格约束性，它很少受阶层、地位、年龄、资历限制，能很好地体现教育的民主性；第四，现代人的成长已不完全局限于学校，必须同社会实践、社会生活相结合。

德国教育家狄斯特威格 1835 年在《德国教师培养指南》中指出："社会教育最初含义是和'社会帮助'、'生活帮助'、'青年照顾'等相连。"[1] 德国社会学家诺尔则进一步提出："社会教育就是给青少年以帮助，他们会遇到困难，必须照顾他们，使他们的苦难转而消失，能适应社会生活。"[2] 日本的教育理论界认为，社会教育是学校教育与家庭教育以外的一切有计划、有目的、有组织的教育形式，是国家、公共团体或私人为改良社会、提高民众的文化水平和智能，创建的各种各样的教养训练机构，提供给国民自由利用学习的教育。美国的社会教育主要是指"社会意识"的教育是以涵养社会精神、公民精神为理想的教育。

社会教育就是要培养人奋斗的意志教育。主要的教育对象为青年人与成年人，当时的社会教育不仅有"社会帮助"的功能，还是一种透过社会而实施的一种教育。在第二次世界大战结束之后，社会教育进一步发展，开始注重社会教育的实践价值。联合国教科文组织召开会议，专门探讨有关全民教育、环境教育、成人教育、国际理解教育等社会教育问题的浪潮。各国都提出了以社会教育为理念的改革措施，借此让人们能够达到自我实现及成长。

二 社会教育在中国的发展

1912 年，中华民国临时政府教育部社会教育司开始正式使用"社会教育"一词。[3] 在早期，社会教育这一概念主要在日本、德国流传。20 世纪 20～30 年代，我国农村兴起了"乡村建设运动"，标志着社会教育的理念已开始进入中国。乡村建设运动是一场为复兴农村经济的救危存亡运动，以地

---

[1] 王雷：《社会教育概论》，光明日报出版社，2007 年，第 13 页。
[2] 詹栋梁：《教育社会学》，台北市五南图书出版股份有限公司，1983 年，第 521 页。
[3] 顾明远：《教育大辞典》（下卷），上海教育出版社，1988 年，第 1354 页。

方实验区为主体开展。以黄炎培为首的中华职业教育社提出"划区施教"的主张，建立农村实验区，推行社会教育、改进小学教育。晏阳初在河北省定县以开展平民教育进行乡村改造。他提出平民教育的根本宗旨是"除文盲做新民"，其使命是"民族再造"。他认为，农村归根结底有四个病根：愚、贫、弱、私。因而主张用"四大教育"——文艺教育、生计教育、卫生教育、公民教育来解决病根，并采用"三大方式"——学校式、生活式、家庭式进行推动。

陶行知在南京市郊创办晓庄学校推行乡村教育运动，主张把学校教育与广泛的社会生活密切联系起来，把培养"健康的体魄、农民的身手、科学的头脑、艺术的兴趣、改造社会的精神"的人才，作为教育目标以及"生活教育理论"在乡村当中的体现。

著名社会教育学家俞庆棠认为，扩大的社会教育有助于"开民智"、改良社会，促进社会的进步与发展，并且扩充学校教育的功能。她被聘任第四中山大学（后改中央大学）教授兼扩充教育处处长。在苏州创立了中央大学区民众教育学校，兼任校长并拟订学校章程。为了供师生实习研究，她在无锡先后创设民众教育实验区、工人教育实验区、民众图书馆、农民教育馆、民众教育学院等实验单位。[1]

教育家梁漱溟在山东邹平、菏泽、济宁等县开展乡村建设实验区。他指出，乡村教育的目的在"谋个人的和社会的向上进步"。因而，在社会安定的时候，可优先发展学校教育或青少年教育，但在社会问题与矛盾突出的时候，应该优先发展社会教育，并强调"教育即乡村建设"。实验区的所有设施，均以教育为中心，利用村学、乡学组织乡村社会，用教育力量引导乡村自治。实施融经济、政治、教育于一炉，达到村治革新的目的，试图以教育力量改造乡村、建设中国，对他来说，要创造中国的新文化，就必须依靠自己的传统文化。

乡村建设运动实际上就是一种社会教育的实践过程。是在中国乡村经济衰弱，为推动中国乡村社会整体发展而实施的教育，实践证明，开展社会教

---

[1] http://www.gerenjianli.com/Mingren/01/tgpn0a49gcdrl3t.html。

第七章 关于"开放的乡村教育"的探索与对话

育实践,对于乡村发展、素养提升了可起到显著的推动作用。黄炎培、晏阳初、陶行知、俞庆棠、梁漱溟等民国时期的社会教育实践者,通过自外而内的参与方式进入乡村社会,分别从平民教育、生活卫生、健康、艺术、技术等方面开展教育实践活动,对当时乡村社会风貌的改变,确实起到推进作用,也在一定程度上提升了民众的综合素养。

19世纪末,贵州的石门坎经验也是值得借鉴的社会教育启蒙。传教士伯格理组织和带领当地人民创制老苗文、倡导民间体育运动(足球、田径、游泳、爬山、赛马、穿花衣等)、建立苗民医院、启动少数民族现代教育、在石门坎学校实行双语教学、男女同校等。客观地看,这些举措在很大程度上促进了当地苗族社会的发展,培养了很多优秀的苗族人才。

肇始于1995年的中国滋根乡村教育与发展促进会(以下简称"滋根促进会"),经历18年的发展历程之后,在2013年,正式和北京师范大学多元文化和少数民族教育中心合作,开发了"滋根农村种子教师培训课程"。培训课程注重将乡土文化融入其中,为乡土知识和乡村教育结合发展提供了好的实践案例。如滋根促进会与雷山县教育局合作,帮助该县方祥乡毛坪村小学开设乡土文化课程(苗歌、苗舞、芦笙、刺绣蜡染),以弥补学校教育的功能性缺位。滋根促进会在民族地区乡村学校开展的教育,将地方性知识融入乡土文化课程中,既有助于乡村学生了解和掌握家乡的文化,也可在一定程度上推动乡村社会对地方性知识的再认识。最终推动乡村社会整体性发展和民众的整体性成长。滋根促进会的此种理念和实践过程,正属于社会教育的范畴。

整体地看,曾经在中国大地上推行过的各种社会教育模式,皆主要由外来的"教育者"及"行动者"推动。按照他们对社会教育、社会发展的理解和认识,地方社区只能成为被"教育"、被"改造"的客体。蕴藏在社区民众日常生活中的传统知识,在很大程度上是需要被更新甚至是被替代的。质言之,地方性知识、地方民众的生存智慧,不仅没有被保护传承并加以利用,反而可能在促进地方社区发展的话语体系中,遭遇被改造或被遮蔽的命运。就当下中国的乡村社会而言,此类由外来者推动的社会教育,不仅难以满足乡村社会的现实需求,而且可能在"发展"的名义下,遮蔽或忽略乡村社会的地方性知识和民众的生存智慧。

三 岩寨村的社会教育实践

社会工作作为回应社会问题特别是社会现代化过程中各种问题的一门学科，面对当下中国农村特别是贵州贫困民族地区农村的各种社会问题，既要从历史中寻找经验，也需要以"中国主位"、"地方性表达"等视角具体开展行动回应。这既是中国社会工作发展本土构建的需要，也是当下中国农村社会治理、民族地区社区发展的重大命题。

贵州地处中国西南边疆，囿于地理位置、地形地貌等自然因素，导致其在现代的发展话语体系下，一直处于边缘发展的状态之中。乡村的大量青壮年外出务工成为常态，农村人口结构失衡、"三留守"问题严重，从而导致建立在人口基础之上的民族文化传承，也正面临着断代的风险。民族文化传统消解速度越来越快。如何通过创新社区工作来回应贵州当前诸多民族村庄的发展问题，是当前贵州地方社会中高度关注且急需解决的问题。

近年来，贵州的一些地方政府意识到专业社工机构在解决这类问题时的优势，岩寨村项目就是在这种背景下应运而生的。岩寨村是一个有典型意义的苗族村庄。该村地处重安江边，历史上曾是苗族地区对外贸易通道上的一个重要码头，经济较其他村庄发达。全村400多户，近2000人，几乎每家都有青壮年男女外出务工，空心化状况较为严重。

2017年初，在联合国开发计划署和宋庆龄基金会的支持推动下，凯里市委宣传部和贵阳市馨筑妇女发展中心社会工作实务团队合作（以下简称"馨筑团队"），共同推进"指尖上的幸福"——苗族妇女合作组织能力建设项目。项目初衷是支持当地苗族妇女开展刺绣技艺传承，并通过商品化、市场化方式、支持当地妇女在文化传习的基础上，获得社区就业及现金收入的机会，提升民族地区妇女的发展能力。项目覆盖八个苗族村寨，凯里市湾水镇岩寨村就是其中的一个项目村。

（一）合作面向转变：从市场面向到村庄生活面向

赋能妇女的工作，组织化建设是重点。项目原有设计支持组织化建设的方向是朝向市场的，即主要支持以苗族刺绣传承为基础，支持社区妇女群体

第七章　关于"开放的乡村教育"的探索与对话 ○ 中国百村调查丛书·号营村

通过建立合作社的方式，提升其行动能力。在外部机构的支持和帮助下，生产满足市场需求的刺绣产品，以获得可持续收益，从而支持妇女赋权。

　　实质上，传统的苗族刺绣活动主要不是面向市场的经济活动，而是基于自身生活需要的基本生计活动。传统刺绣往往是苗族妇女基于口传知识和老旧绣品图样，或者基于对自然环境和日常生活的理解认知进行。正是基于苗族妇女对刺绣的此种认知，导致苗族妇女在刺绣前不需要打样或图样，全凭自身感觉进行。最终绣出来的每一件绣品都不一样。从这个角度来看，苗族妇女缺乏来样定制绣品的经验。当地妇女不仅缺乏面向市场的经营、管理经验，而且缺乏适应市场需求的设计、生产过程质量管理等方面的能力，在这种情况下，生产出来的绣品质量良莠不齐。更为关键的是，由于较难建立起独立面向市场的能力，岩寨村只能通过外部支持者获取订单，但订单的数量较为有限，很难作为就业机会以满足参与妇女对可持续收入的需求，其生产活动面临需求不足的问题。这些情况导致社区内苗族妇女的参与积极性遭遇挫折，严重影响妇女刺绣合作组织的运行和发展。

　　面向市场的合作组织，能否正常运行和持续发展，与合作组织成员的市场经营能力、市场风险控制能力、信息把握能力等紧密相关。如果这三方面能力较弱，那么在经营活动过程中，一旦遭遇市场变故，那么不仅很难确保合作组织的持续盈利和交易量的持续增长，而且可能导致合作组织土崩瓦解。

　　岩寨村的妇女刺绣合作组织，在前期发展过程中同样面临这些问题。馨筑团队接手相关项目工作后，首先，与妇女刺绣合作组织成员、村支两委干部分享其他区域合作社在发展过程中的经验和教训。其次，深入介绍和分析了妇女刺绣合作组织的发展前景和机遇。最后，明确提出将以社会工作的方式介入，以帮助妇女刺绣合作组织的转型发展。

　　当馨筑团队正式进入岩寨村之后，就着力从如下三个方面推动相关工作。第一，开展包括岩寨村在内的所有项目村寨的能力建设活动，具体有刺绣技能培训、不同村寨中合作组织之间的互访，以及合作组织成长过程中的经验和教训分享。第二，支持包括岩寨村在内的所有项目村寨成为积极行动主体，并将村支两委干部也纳入社区学习的范畴。在这一过程中，村支两委

307

主要负责人和合作社骨干成员，逐渐认识到单一朝向市场的经济合作的风险及不可持续的根本原因，也逐步认识到有些关键性问题是社区无法解决的，更意识到除刺绣外社区其他产业发展面临的根本性问题。第三，通过案例分析传递成功经验和失败的教训。经过多次讨论与案例分享，参与成员多数也认识到，在社区内部通过提供公共服务、改善社区共同生活环境，同样可以达到提升社区福利、增强社区团结和合作、形成社区共识等目标。更关键的是，基本不会面临经济合作所经历的困境，甚至不会出现因经济收入的结构性导致社区内部被拆解的情况。

在馨筑团队的支持和协助下，苗族妇女刺绣合作组织转型发展的四方面原则得以顺利确定。①将妇女合作组织的发展和社区内部的实际需求相结合；②从出售手工刺绣产品获取经济收入，转向为社区提供公共服务获得报酬（就业）机会；③将民族传统文化的传习建立在为村寨未来发展保护文化资源的基础之上；④通过服务团结更广大村民，以为村寨未来发展建立资源整合的机会。

在苗族妇女刺绣组织转型过程中，馨筑团队的角色也经历多次转变。馨筑团队刚进入岩寨村时，主要扮演社区教育者的角色，通过案例分享的方式，向社区成员传递成功的经验和失败教训等方面知识。当这一阶段结束之后，社区成员各方面理念和能力有显著提升的时候，馨筑团队的角色就逐步转变成社区学习的支持者和陪伴者。通过这一过程，岩寨村苗族妇女刺绣合作组织和村支两委成员形成共识，最终实现从朝向市场的合作转变为面向村庄日常生活的合作。

（二）社区规划：凝聚和激发社区共识

馨筑团队近20年的社区工作、反贫困工作的经验告诉他们，制定社区发展规划，亦是在社区团结、社区合作基础上推进社区行动、提升社区能力的重要方式和途径。为此，馨筑团队将这一策略正式列入与凯里市委宣传部签订的服务合同中。馨筑团队的这一行为不仅得到 UNDP 和宋庆龄基金会认同，而且也得到凯里市委宣传部的高度认可。

当然，社区发展规划之所以能得以制定，主要建立在馨筑团队前期在岩寨村的工作已经得到村民的信任。馨筑团队前期在岩寨村开展的与制定社区

第七章　关于"开放的乡村教育"的探索与对话 ○ 中国百村调查丛书·号营村

发展规划相关的活动主要有：第一，对包括岩寨村在内的所有8个项目村的村支两委干部、妇女合作组织骨干及社区内其他精英30多人进行社区规划培训。第二，以社区参与的方式，协助岩寨村制订社区规划。在这一过程中，综合运用社区需求分析、能力与限制分析，矩阵打分、问题树、资源图、季节历、利益相关者分析、参与动力分析、参与机制分析等系列工具，历时一周才得以完成。与其说这一周是协助岩寨村制订社区规划的过程，不如是岩寨村自我教育和自我学习的过程。

馨筑团队和岩寨村支两委达成共识，明确提出四方面学习目标：①骨干成员要了解和掌握推动社区参与的基本工具和应用方法；②在学习工具和方法使用的过程中，提升村庄骨干成员的社区沟通能力；③在协商的前提下，提升社区民主决策和民主管理的能力；④通过社区规划，基本建立村民参与社区发展决策和监督的机制。

社区规划的第一步是厘清社区需求。在馨筑团队的支持下，村支两委和苗族妇女刺绣合作组织召集社区留守人员共同商议，并征询部分外出务工人员的意见，最终确立社区经济发展、公共服务、文化传承、环境改善、教育发展等领域的现实需求。第二步是通过对社区能力与限制因素分析，确立未来三年可通过社区自身行动实现的目标。如为三留守人员提供服务、文化传承，社区旅游发展、社区人居环境改善等，得到所有规划参与者的认可，由此形成社区发展的目标共识。

在社区发展目标共识的大框架下，馨筑团队和社区骨干成员一起，多次召开村民会议，讨论具体的行动方法。经过参与者的充分讨论，形成"岩寨民族文化传习堂"的行动共识。同时，就岩寨村民族文化传习堂（以下简称传习堂）的建设原则和基本步骤进行深入讨论，并决定把传习堂的建设和发展作为岩寨村现期工作的重要任务来抓。

传习堂的建设和发展共识包括如下主要内容：一是在村支两委领导下，以留守妇女为主体，建设民族文化传习堂。传习堂由馨筑团队申请资助经费3万元，主要用于为提供服务工作的几名妇女骨干的误工补贴，和购买一些必要的设施。二是馨筑团队提供技能培训、交流访问、服务规划等一系列支持，帮助传习堂建立文化传承和社区服务的基本工作机制，并确定传习堂要

309

在村党支部的领导下,同步开展党建工作。三是传习堂前期主要工作定位为组织村里的老人、留守妇女,对村庄传统文化资源进行梳理和整理。村中的妇女集中刺绣,推动村内的生产与生活互助机制建设,为留守老人和留守妇女群体提供情感支持。四是在假期、周末及其他业余时间,组织老人和妇女群体为留守儿童开展公德教育、民族文化教育等活动,既可传承民族文化,又可对留守儿童提供照顾和管束,还可为村内的留守老人、留守妇女群体提供开展文化生活的活动空间。传习的主要内容包括民族武术、民族歌舞、传统手工艺、民间故事、传统生计等方面的知识和技能。五是邀请村庄里外出经商、工作的精英群体作为理事会成员,除为传习堂的发展出谋划策外,还要鼓励大家为传习捐款捐物,从智力和财物上帮助传习堂发展。六是建立微信公众号及微信群,将工作情况实时地向外出人员进行传播,加强他们与家乡的联系。七是要把传习堂的工作,通过村支两委和其他途径定时向上级党委、政府、团组织汇报,争取得到上级党委政府的支持,保障传习堂的活动在未来能得到资源支持而持续开展。

通过社区规划活动,不仅厘清了村庄中存在的问题,发现社区的需求,并探寻到团结全体村民的方式和路径,最终使组织行动的策略得以确立。社区规划的制订过程,其实就是通过社区教育支持社区自我学习、自我认识和自我成长的过程。关键的是,最后形成的行动方案,事实上是社区达成共识的结果,让所有参与者能看到行动起来后自己的利益(参与收益),也明白自己付出的代价不高(参与成本),更是明确了自己参与的方式和监督的权利。

四 岩寨村社会教育实践的启示

民族文化传习堂是建立在社会教育基础之上的另一种社区发展模式,它以社区为主体,以社区组织发展为依托,在促进社区内部自我学习、自我认识和自我成长的过程中形成社区发展共识。馨筑团队接手岩寨村项目后,转变过去只聚焦社区妇女经济合作组织的工作策略,把社区视为整个工作对象,以社区教育推动社区学习,把社区组织发展作为重要策略,以社区合作和社区团结为重要路径,以社区规划推动社区共识和共同行动,在此基础上

第七章 关于"开放的乡村教育"的探索与对话

探索社会工作模式的本土构建。

在进行文化传承及社会教育的同时，传习堂既可在孩子教育和身心健康成长方面提供支持，又可推动社区内部传统文化的传承，还可为社区内优秀青年妇女提供社区服务岗位，使得她们在为社区服务的同时获得一定经济收入，成为基层党建的后备力量。因为传习堂，留守老人群体聚集在一起，既支持青少年传承民族文化，又解决了老年人孤独和社会生活缺失的问题，老年人的价值也得到了体现。留守妇女因传习堂聚集在一起刺绣、教授青少年歌舞，在文化传习的同时形成了公共生活空间，推动社区互助和情感慰藉。

以民族文化传习堂为载体的岩寨村社会教育，为了获得可持续支持，需要在更大程度上吸纳村民的参与，也需要通过村民参与分担社会教育和社区服务的成本。所以，在其成立之初，就把推动社区团结与社区合作放在首位。传习堂的工作得到共青团凯里市委的重视，其趁势跟进支持该村的青年人群体共同成立春晖社，把青年人组织起来支持、参与家乡社区的发展。村支两委干部在参与、协同民族文化传习堂的工作中，一方面不断学习社区组织推动社区参与的经验，另一方面在村庄治理领域不断提升"两民主、四公开"工作水平。民族文化传习堂通过微信群向外出务工群体通报工作情况，各项目工作均得到外出村民的高度认同与支持，部分外出村民甚至表示愿意通过定额捐赠的方式，分担民族文化传习堂的运行成本和服务成本。有了上级党委、政府的支持和村民的认可，民族文化传习堂也计划协同村支两委逐步推动全村垃圾分类、农业生态转型、旅游发展等方面的工作，同时计划加入腾讯"为村"服务平台，借助大数据的力量，做好该村的旅游与生态产品的推广，以搭建社区治理的参与平台。如此，则意味着民族文化传习堂从社区教育组织发展成为社区治理的重要载体，更成为推动社区发展的重要力量。

本章小结

泥河沟村案例："在乡村振兴背景下，大学、教师的使命是通过教育的力量使松散的乡村重新凝聚。只有一个具有文化根基和精神之魂的乡村才能真正让产业兴旺、生态宜居和乡风文明的方针落到实处。这个发展的时代渴望教师和知识分子走进乡村，走到田间地头，这也是大学教师在乡村振兴中的使命与责任。"[1]

农耕文明在黄河边上的深厚积淀，是泥河沟村乡村振兴的底蕴，而城市文明中快速适应和融入的农村人怎样在一定历史阶段中跨越城乡，并成为城乡融合发展的媒介，建构正向连接机制，以填补已经出现的城乡隔阂及回应发展不平衡的危机，中国农业大学孙庆忠团队通过教育的力量挖掘村庄文化积淀，构建共同体认同意识，搭建城乡发展互动平台的努力，是一种全新的乡村教育推动乡村建设之举。其跨越城乡、超越当下、穿透历史、通向未来的整体效应，不但从方法论上融通了复杂性理论中自组织功能主导社会域发展极形成的内在机理，而且从实践中启发我们跨越城乡，进行自内而外、自上而下的乡建支持。以教育学理深度嵌入村庄，以村庄为本地挖掘和整合资源，让文化和精神之魂真正成为发展的内生动力，这或许是乡村振兴最为直接的介入路径，同时也是农村教育贡献乡村发展的可靠平台。在这个意义上，号营学子反哺本村文化和教育的长期坚守，与孙庆忠4年多的泥沟河实践有异曲同工之妙。

田字格案例：田字格的问题意识是明确的："在伦理价值混乱的大脑中植入拜金符号是非常可怕事情，而这个可怕的事情正发生在中国农村，发生在有几千万留守儿童和学龄儿童的家乡。农村问题多，教育是最核心的问题之一。"[2]

"农村人口的流动性造成家庭教育功能的丧失，礼俗乡里文化的衰落造成社会化教育功能丧失，这让乡村学校的教育担子更重。"[3]"乡村教育的出路在于是否能够创造并拥有专属于农村的教育，属于孩子的教育，这个教育我标之为'乡土人本教育'"。[4]"'属于农村的教育'，是让孩子们能够拥有为自己而学的精神，古人有语'以乡之物教万民'，了解、学习到自己家乡

---

[1] 《回首农村变革历史，共续乡村振兴蓝图——中国农业大学社会学系举行纪念改革开放四十年座谈会》，2018年12月29日。

[2] 肖诗坚：《我的乡土人本教育观》，诗坚（微信公众号）2017年9月16日。

[3] 肖诗坚：《我的乡土人本教育观》，诗坚（微信公众号）2017年9月16日。

[4] 肖诗坚：《我的乡土人本教育观》，诗坚（微信公众号）2017年9月16日。

第七章 关于"开放的乡村教育"的探索与对话

的事物之后推及万物万理。'属于孩子的教育',是说教育必须从孩子出发,以孩子为中心。"①

于是,田字格助学机构秉承"乡土人本教育"的理念,通过派驻支教教师、培训本土教师和建立乡村田字格学校等方式,努力让农村的学生坚定"立足农村,走向未来"的人生信念。

田字格的成长伴随以上问题意识不断明晰,回应模式的日益强大的"乡土人本教育"体系建构,不断对农村教育的相关权力方面及学业主体发生深刻影响。无疑,这样的探索必将成为中国农村教育与村庄社会教育历史及当下还在继续的实践,能够从厚重的历史、社会、文化、生态的在地化整体系统功能中,为田字格的学理及机理认知提供历史维度和内生性基础等方位的支持。号营村社区参与村校教育的实践,可将田字格"乡土人本教育"中"属于农村的教育"生根落地,而田字格"属于孩子的教育"理念和课程体系的专业性开发及运用,则可为号营村通过学校教育渗透,深化社区教育的机制,从专业性和开放性、外部性得到提升。这样的经验整合、学理打通是否可成为理解中国可持续农村教育,甚至基础教育得以进步的窗口?两个经验的对接式思考,也许打开了教育如何扎根并赋予农村生机的现实空间。

岩寨村案例:有人说中国改革开放40年最重要和最根本的成就是"社会"的形成,即以个体的人构成的社会利益共同体为基础的国家影响力的凸显。这是人的现代化,也是国家现代化的题中之义。回过头反思,如果说中国"社会"形成是中国改革开放成果的一个重要标识的话,"社会"的组织化和专业化的共塑,则是由其中"现代化含量决定的"。在人类发展过程中,将社会的组织化和专业化作为一个硬指标已是一种共识。西方国家在现代化形成过程中,"社会工作"的出现及最终成为其工业化、城市化的有机组成部分和重要推手,正是现代化民族国家形成和持续发展的规律使然。在中国,社会工作正在被"社会建设"的国家话语所主导,但从具体的历史过程看,作为社会组织化、专业化的重要平台和抓手的社会工作,其价值和功能不逊于社会建设。

---

① 肖诗坚:《我的乡土人本教育观》,诗坚(微信公众号)2017年9月16日。

313

在中国，社会工作一开始是一个舶来品，但由于有内需，能深扎大地，因而作为政府民生工作，特别是扶贫工作的补充，社会工作向农村的进发表明深耕农村社会参与成为时代的一种强音。自2012年以来，民政部、财政部、国务院扶贫办出台了一系列相关文件促社会工作本土化。如2012年出台了《边远贫困地区、边疆民族地区和革命老区人才支持计划社会工作专业人才专项计划实施方案》、《关于支持社会工作专业力量参与脱贫攻坚的指导意见》，使社会工作与农村工作扶贫攻坚有机结合有了政治参与及体制创新的突破。而岩寨村以民族文化传习堂为基础的系统化社工介入，是提升扶贫质量，让农村获得可持续发展内生动力及社会文化基础的中国创新。从开放性而言，社会工作中国化的落地生根，既是时代的感召，也是回应中国三农问题急需外部资源嵌入的彰显。从主体性内在成长而言，这是贫困治理到社区治理再到治国理政从而构建人类命运共同体的固基工作。从这个意义上说，岩寨村以社会工作为专业路径，通过民族社会教育的路径，体现了乡村建设运动新转型时代的特征和深化路程。其与号营村社会教育四个面向（维度）的合力及有机构成是一脉相承的。

泥河沟、田字格、岩寨村三个案例完整地呈现了当前中国乡村"破败"与"教育兴村"的现实。教育是国之大事。泥河沟案例以"文化遗产"与"历史记忆"为切入点，激活了乡村的灵魂，找回了"老妈妈"的往昔时光。一个没有记忆和灵魂的乡村，只不过作为物的存在罢了。中国城市化运动是一场剧烈的社会运动，同时也是一场文化运动，从乡村到城市，不管在经济上有多大成就，如果我们丢失了文化，丢失了历史与记忆，必然是一场"灾难"。田字格案例告诉我们一个残酷的现实，生活在西部偏僻乡村的"留守儿童"，不仅他们的生活堪忧，而且因家庭的贫困、生活的重担他们难以获得"平等的教育"。教育对他们来说就是一件奢侈品。而没有"教育"，他们的未来可想而知。田字格案例具有非常"精准"的针对性，是外力"嵌入"乡村教育一种可借鉴的实践。岩寨村案例的不同之处，在于以社会工作激活乡村自身的活力。首先是社会工作的专业化模式，我们知道，农村工作难，难在难以找到真正懂农村的人，难在推动农村工作需要专业技能和模式。而社会工作的介入并不是越俎代庖，是以激发乡村社会内部活力

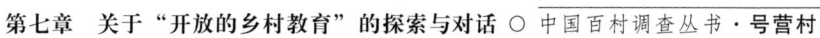

为基本诉求。岩寨村案例的教育模式值得我们深度思考,即一个缺乏活力和动力的村庄,要想在大市场和城镇化运动中有所发展,只有从专业的视角真正审视乡村,激发乡村内生动力,才有可能真正振兴。

教育,从来就是一个社会系统工程,只要社会是流动的、是整体的,那么关于这个社会中的教育实践,就具有牵一发而动全身的功能,也就具有跨越城乡、穿透历史的固基功能。

第八章 结论:"人"的成长与屯堡社会

　　教育的终极目的在于"人的社会化",古今中外对教育的理解莫不如此。美国古典学者列奥-施特劳斯在《古今自由主义》一书中,将"自由教育"视为"文化教育",认为"文化"(culture)最初的意思是农耕:开垦土壤,栽培农作物,照料土壤并按其特性提高它的质量。今天,"'文化'的主要衍生含义是培养智力,按大脑的特性照料提高其先天智能,就像土壤需要耕种者,智力需要教导者,但教师的产生没有农夫那么容易"。[1]

　　教育,作为一种培养人才的社会实践活动,自古以来就与人的发展、社会的发展有着密切联系。从教育人类学的"功能论"来看,学校是社会体系不可分割的部分,其作用在于向社会培养和输送有用之才。在社会结构层面,学校依附于更大的社会,以获得资源与合法地位。社会则有赖于学校得以绵延存续。而"冲突论"认为变迁与冲突是社会关系和制度的永恒主题,各族群之间在社会政治、经济和文化方面充满矛盾和制度化的冲突。对于持这一理论的学者来说,学校的功能是维护社会经济的不平等,是为统治阶层、权力阶层以及富有阶层的切身利益服务的,统治阶层掌握着学校教育传授知识和技能的主动权,教育的不平等性维持着社会的不平等性和阶层结构。[2] 英国人类学者威利斯在《学做工》一书中,解释中产阶层子弟为何从

---

[1] 〔美〕列奥-施特劳斯:《古今自由主义》,江苏人民出版社,2010年,第1页。
[2] 袁同凯:《走近竹篱教室——土瑶学校教育的民族志研究》,天津人民出版社,2004年,第13~14页。

第八章　结论:"人"的成长与屯堡社会

事中产阶层工作,认为难点在于解释别人为什么成全他们。而要解释工人阶层子弟为何从事工人阶层工作,难点却是解释他们为什么自甘如此。没有明显的武力威胁,在一定程度上是自我导向的结果。然而,体力劳动报酬低下,社会地位不高,体力劳动本身也日益单调;简单说来,体力劳动者处于社会下层。该书主要目的就是要阐明这一令人惊讶的过程。"只有当阶级身份在个体和群体中被传递、在个人和集体自主意识的情境中得以再现时,阶级身份才真正被再生产……劳动力是这一切的重要枢纽,因为它是人们主动联系这个世界的方式:用外部现实表达自我的最佳方式。这事实上就是通过现实世界,自我实现与自我的辩证:一旦达成这种与未来的基本契约,其他一切就能作为常识被接受。"①

　　教育是社会化的,而不是个体或家庭的私事。对于我国教育事业来说,教育的根本任务是促进个体发展,为国家和民族培养人才。教育事业的发展直接影响着当地经济和社会的发展水平。在贵州这样一个教育发展相对落后的地区,发展适应当地社会环境的教育模式,是解决贵州山地贫困的重要途径,也是加速贵州经济发展、社会进步的必由之路。

　　自 1978 年以来,中国经济得到快速发展,创造了世界经济发展史上的"中国奇迹"。经济发展的成绩有目共睹,但经济发展的不平衡,特别是区域发展的不平衡,严重制约了中国经济的进一步发展。中国连片贫困区多属于西部边疆少数民族地区,不仅贫困面积大,而且贫困程度深,贫困地区的发展是中国下一阶段经济发展的有力保障。如果不能脱贫,则是中国经济发展的阻碍,因为其贫困必然会拖住发达区域的发展。贵州经济发展滞后有多方面的因素,其中最为重要的原因就是教育发展的滞后。20 世纪 80 年代,有学者提出中国西部落后地区"富饶的贫困"问题,西部山地贫困地区资源并不缺乏,为何会贫困呢?② 其实,经济发展的关键是发挥比较优势,而比较优势的发挥需要人力资源。舒尔茨在《改造传统农业》中强调了经济

---

① 〔英〕威利斯:《学做工——工人阶级子弟为何继承父业》,秘舒、凌旻华译,译林出版社,2013 年,第 1~3 页。
② 王小强、白南风:《富饶的贫困》,四川人民出版社,1986 年。

与知识之间的关系:"各种历史资料都表明,农民的技能和知识水平与其耕作的生产率之间存在着有力的正相关关系。"①

自 1978 年以来,贵州经济也获得较快的增长,但与东部沿海地区相比较,贫富差距不是缩小了,而是扩大了。更为重要的是,贵州与东部沿海地区的差距不只是经济发展的差距,其社会发展的差距更大。因此,需要实现跨越式发展的贵州,不仅面临经济发展的压力,还有社会发展的压力。

第一节 古典时代的教育思考

号营村的教育具有中国"古典传统"。早在先秦时期,国家就相当重视教育。《尚书·尧典》记载:"帝曰:'夔,命汝典乐,教胄子,直而温,宽而栗,刚而无虐,简而无傲。诗言志,歌永言,声依永,律和声。八音克谐,无相夺伦,神人以和。'夔曰:'於!予击石拊石,百兽率舞'。"孔子将中国古典教育推到一个高峰,据司马迁《史记·孔子世家》记载:"古者诗三千余篇,及至孔子,去其重,取可施于礼义,上采契后稷,中述殷周之盛,至幽厉之缺,始于衽席,故曰'关雎之乱以为风始,鹿鸣为小雅始,文王为大雅始,清庙为颂始'。三百五篇孔子皆弦歌之,以求合韶武雅颂之音。礼乐自此可得而述,以备王道,成六艺。"孔子将"王道政治"建基于"礼乐"教育:"孔子以诗书礼乐教,弟子盖三千焉,身通六艺者七十有二人。"

《论语》开篇为"学而",强调"学习"的快乐与境界。子曰:"学而时习之,不亦说乎?有朋自远方来,不亦乐乎?人不知,而不愠,不亦君子乎?"

中国儒家经典具有一套完整的教育体系,以培养"人"之成长为"人"的过程,如《大学》强调"大学之道,在明明德,在亲民,在止于至善"。

《论语·季氏篇第十六》记载孔子教育儿子的故事:陈亢问于伯鱼曰:"子亦有异闻乎?"对曰:"未也。尝独立,鲤趋而过庭。"曰:"学《诗》乎?"对曰:"未也。不学《诗》,无以言。鲤退而学《诗》。他日,又独立,

---

① 〔美〕西奥多·W. 舒尔茨:《改造传统农业》,梁小民译,商务印书馆,1987 年,第 136 页。

第八章　结论："人"的成长与屯堡社会

鲤趋而过庭。"曰："学礼乎？"对曰："未也。不学礼，无以立。鲤退而学礼，闻斯二者。"陈亢退而喜曰："问一得三。闻诗，闻礼，又闻君子之远其子也。"

孔子对伯鱼的"特殊教育"在于"诗"与"礼"，即成为社会之"人"所必备的"言"与"立"。如《论语·八佾》："《关雎》；乐而不淫；哀而不伤。"强调《诗经》对人格精神的培养。"礼"更是中国传统社会对人们行为的一种规范。孔子心目中的"诗"与"礼"，不仅仅是一种道德和行为的规制，更是一个人之所以成为社会人的唯一路径。

明代王阳明主张"返回古典"，在《传习录》中提出"古之教者，教以人伦"，认为"后世记诵词章之习起，而先王之教亡。今教童子，惟当以孝弟忠信礼义廉耻为专务；其栽培涵养之方，则宜诱之歌诗以发其志意，导之习礼以肃其威仪，讽之读书以开其知觉。今人往往以歌诗、习礼为不切时务，此皆末俗庸鄙之见，乌足以知古人立教之意哉！"

西方社会对教育一直很重视。古希腊赫西俄德作为"农夫"，在《劳作与时日》中讲"劳作"和"时日"，但其核心是讲"正义"，其用意在于"劝导"和"教育"。如"礼法初训"："钱财不能强求，顶好是神赐。若有人凭拳头暴力抢豪财，或借口舌强取，这种事多有发生，一旦利欲蒙蔽人心，无耻把羞耻赶走，神们能轻易贬谪他，减损他的家业，财物转眼散尽。又若错待乞援人或外乡客，或爬上自家兄弟的床笫，与其妻偷情，胡作非为，或在愚妄中虐待孤儿，或对跨进老年之门的寡欢老父恶语相加，百般辱骂，宙斯定要亲自谴怒，迟早让这类人的恶行有恶报。"[①]

古希腊的柏拉图认为，教育就是指对儿童适当的习惯给予善端的培养。"我认为快乐与痛苦是儿童最先的知觉，这些也就是善与恶对他们最初呈现的形式。至于智慧、真理和卓见，一个人如果能够获得它们，即使在垂暮之年，也是愉快的。凡是能够掌耘这些，并且因此而产生了各种幸福，那便是一个完人。现在且听我说，我所谓的教育，就是指对儿童适当的习惯给予善端的培养。当把欢乐、友谊、痛苦和憎恨都适当地植根于儿童心灵中的时

---

　①　吴雅凌：《劳作与时日笺释》，华夏出版社，2015年，第159～164页。

候,他们对这些性质固然还不能明白,但一旦获致了理性,就会发现这些都是互相和谐的。这心灵的和谐达到完善的境地时,即是道德;而那种依于欢乐和痛苦的特殊训练——它从始至终总在引导着你去恨你所应该恨的,爱你所应该爱的———是可以分开来的,我看这可以正确地称为教育。"[1]

德国哲学家康德认为:"在人借以形成自己的学术的文化中,一切进步都以把这些获得的知识和技巧用于世界为目标。但在世界上,人能够把那些知识和技巧用于其上的最重要的对象就是人,因为人是他自己的最终目的。"[2]

第二节 现代化进程中的教育

中国作为一个人口与经济大国,教育的现代化势必成为重中之重,尤其是西部贫困农村地区。中国教育面临着不均衡发展的问题,如贵州少数民族地区因山高路险,经济发展落后,当将村庄小学撤点并校之时,就出现大量儿童失学现象。有的家庭在城镇租住房屋陪小孩上学,但经济压力较大。如贵州黔东南月亮山区的苗族村寨,基础设施存在严重问题。优秀教师不愿意去;更为关键的是该地经济贫困,多数是留守儿童,学习生活没有人照顾,教育质量低下。

目前,我们首要的任务是弄清楚贫困地区教育的状况及其困境。贫困地区,特别是山地少数民族地区,贫困与落后一直是发展的"短板"。挖除"穷根"需要从教育开始,而教育又是费力费钱的事情。发展教育、培养人才需要充分的耐心和眼光。本课题组成员在贵州各地做田野调查时,看到贫困山区民族生活的艰辛,看到质朴留守儿童成熟的面容,很想"扎根"在他们中间。

现代教育不同于古典教育。作为"现代化进程中"的发展中大国,其

---

[1] 〔古希腊〕柏拉图:《法律》,转引自张法琨选编《古希腊教育论著选》,北京:人民教育出版社,2007年,第196页。

[2] 〔德〕康德:《实用人类学(外两种)》,李秋零译,中国人民大学出版社,2013年,第1页。

"教育"之难,不仅在于"大"而"穷",而且还遭遇社会的"剧变"。其一,中国城市化进程导致乡村"空心化"。大量青壮年劳动力进入东部沿海地区并带走大量适龄学生。一方面乡村教育设备差,缺师资,还缺学生,另一方面城市教育"人满为患",硬件、师资均成为稀缺资源。其二,人之社会化教育路径的变化。传统时代对人的培养强调道德与修养,而现代社会还需完成各项工业化技能培训,以使人们适应新的生计与生活。如何兼顾传统道德精神与技能获取教育,成为现代教育面临的难题。其三,教育资源分配与教育制度改革的变化。教育资源如何配置一直是世界难题,既要让最贫困的群体能够上得起学,解决教育平等问题;又要兼顾"教育效率",解决教育发展中实际存在的经济问题和教育效果问题。

第三节 号营村的"内生教育体系"

号营村属于屯堡社会,聚落居民以明代洪武时期军屯后裔为主。明代,屯堡人社区建立了较为完整的卫学等教育体系。清代,耕读传家已经成为屯堡社会最为重要的传统。1902年,日本人类学者鸟居龙藏到贵州饭笼塘(今平坝区天龙镇)考察,记录了"明代的遗民凤头鸡",注意到屯堡人仍然"继续保留着祖先的遗风"。

贵州山地居民以少数民族为主,屯堡人所在区域多是苗族、布依族、彝族等,明代有"一线路"之说,即除卫所屯军所分布的一条线路外,"两岸皆苗"。屯堡人分布在各少数民族聚居区域之中,但少数民族地区很少有"市场",市场多分布在屯堡区,由此沿屯堡村寨构成的"线路市场"。"线路市场"与施坚雅所说的"六边形"市场中心地不同,其以汉人为主,周边"苗寨"(明清时期将"苗"作为少数民族的代称)共同参与。

屯堡人在贵州山地文化、经济、政治中具有重要作用,其中屯堡人最为重要和独特的就是"科举"与经商。"科举"直接关系到学校教育,而屯堡人的卫学成为当时处于苗疆腹地的贵州最为重要的"教化体系"。

明代初期在贵州设置卫所后,就较重视教化,尤其是学校教化系统。"国家化民成俗之本,不可一日废者,学校也,世儒弗达于斯乎?泮宫作而采芹之颂出,学校废而教化之意荒,簿书奔走之烦,偎狱讼征科之严急,视诸治化本源轻重何如也?"① 清代田雯极其重视贵州教育:"实以黔省穷荒固陋,必崇文治,而后可以正人心、变风俗,非如他省化行俗美者比。"②

安顺屯堡地区普遍流行"抬汪公"。"安顺普定正月十七日五官屯迎汪公至浪风桥(城东南小五官屯),十八夜放烟火架。狗场屯、鸡场屯共迎汪公,亦于十七日备执事旗帜,鼓吹喧阗,迎至杉木林,观者如堵。汪公庙二场屯中皆有,如本年自狗场屯迎至鸡场屯庙中供奉,次年自鸡场屯迎至狗场屯庙中。祈祷多应。"③ 其实,屯堡人"抬汪公"习俗的兴盛与"科举"具有密切关系。

万明在研究中发现,入黔汪氏始祖汪灿只是普定卫的一个百户,依此而言,汪氏来自一个世袭的低级军官家庭。根据明朝军官世袭制度,其长子应世袭百户。值得关注的是,在汪氏宗谱中,世袭情况鲜见记载,却存有大量科举资料。在卫城建立汪公庙,汪氏开始借助汪公作为国家正祀权力的象征,形成地方势力。此后,汪氏家族发生了重要变化,与汪公信仰传播相辅相成。汪氏自第二代起以科举改换门庭,赢得社会地位。而汪氏家族的成功,无疑又对汪公在地方上的传播具有重大意义,反映出科举文化与民间社会文化之间密切的互动关系。自第二代起,汪灿第五子汪祚参加科举,"首开入黔汪氏仕第之风",于正统十二年(1447)中举,从此家族中"人文蔚起,家声丕振"。其后,汪氏长房中三世汪钟;四世汪汉、汪润;五世汪大量、汪大宜、汪大有;六世汪汝含以及二房五世汪大智接连高中,都自科举入仕。终明之世,汪门登科及第的有九举一进士。考察汪公信仰入黔,之所以能够成功地移植,主要有三方面因素:一是自汪氏家族迁入,与汪氏家族在地方上取得身份地位,中举、中进士为官,成为地方上望族的过程同步;二是有国家颁发的榜文,属国家正祀,所以其在移居地很快就合法建立起了祠庙,汪公为屯堡以及来自各地的军民所认同,向屯堡地方保护神成功转

---

① (明)嘉靖《贵州通志》(卷六)《学校》。
② 田雯:《黔书》(卷一)《设科》附《请建学疏》,《丛书集成初编》第3182册,第5页。
③ (清)常恩修、邹汉勋、吴邦寅纂《安顺府志》,安顺市地方志编纂委员会点校,贵州人民出版社,2006年。

化，并与国家推行教化的过程重合；三是与屯堡地区复杂的社会人文环境，周边是少数民族，民间需要保护神，即与民间信仰的实用性有密切联系。①

卫学之所以在贵州占据主导地位，主要也是屯堡人对科举重视的结果。作为官学体系中的一种教育形态，卫学与贵州文化之间有着密切联系，这首先体现其在贵州教育之中占有重要的地位。一方面，在省内所设的官学中，经过勘比，无论是绝对数还是相对数，卫学均占有相对的优势，设置时间又大多早于府州县学，在具体教化功能的运作中，亦会更早作用于当地卫所，从而使卫所文教先行得以开发；另一方面，在地理位置上，卫学依卫所而建，主要分布于省内的主要交通线上，在由湖南、广西经贵州通往云南、四川经贵州通往云南，以及贵州至广西、五开至靖州的驿道上，均有各卫学的设置，学校所处之地交通便利，更利于文化的传播，使得卫所之地更易受到来往其间中原文化的浸染。此外，由于卫所在设置之初即是出于军事上的考虑，因此具有较强的防御戍守功能。正由于卫学在贵州教育中所体现出来的这些优于府州县学的教育特征，明代贵州一省的教化在很大程度上需要仰仗卫学的教育功能。②

屯堡人除重视学校教育外，还特别重视商业能力的培养。商业是一项需要高智商和高情商的行业，不经过良好的培训，则难以涉足其中。贵州以驿道为中心的"线性市场"设置，使屯堡人处于市场的主导位置，屯堡社区中形成"女耕男商"的模式。贵州少数民族众多，但少数民族地区远离市场，也很少经商。屯堡人正好利用这一机会，介入到工商业中，而屯堡商业（包括手工业）的兴起，在一定程度上推动了"职业教育"的发展。

目前，在开放中与时俱进的生计底蕴，锤炼出大于生计只为挣钱的职业品质，及向教育资源转化的机制。能力成长又以教育的内生增长为养料，而凸显开放的价值。回应贫困地区生计封闭性问题的策略，包括农民工外出打工、政府产业扶贫、均是单一化的目标和机制。

号营村的社区教育，强调共同体发展中社区治理、乡村建设与乡村教育

---

① 万明：《明代徽州汪公入黔考》，《中国史研究》2005 年第 1 期。
② 郭红、王文慧：《明代贵州卫学与地域文化》，《贵州文史丛刊》2016 年第 4 期。

的内在关联。就其共同体中的教育资源平台打造的历史进程的开放性而言,彰显出教育与社区公共空间的品质成长的关联及载体功能。办学校、家访与国家教育政策变化的不断对接,使号营村的社会资本围绕教育而不断增殖。社区公共性及共同体的治理以教育为主题(核心),使教育成为村庄中的最大公约数而得以可持续践行。农户生计结构的多样性知识、技能维度与文化、传承机制的再结构,形成有底气的村落公共性知识和能力。一方面,使生计方式更新、成长获得可持续的载体,既与市场相接,也与农户生计可行性能力成长相结合。另一方面,家庭生计获得的物质收益,也成为家庭、社区学生教育支出的经济来源。经济和生计增值,均来自教育的体悟,也成为对学校正规教育认同和支持的经济基础。对于贫困地区贫困家庭的生计状况,号营村的生计教育,在终身教育、社区合作平台等方面的可持续特征,具有了经济和超越教育消费生计能力的意义。有教育内涵的生计方式,也在生产教育理念和知识。

以家庭教育为载体而实施的对家庭成员特别是对儿童的教育,是社会教育的重要组成部分。社区社会教育或村落共同体指向学生、学校维度。修学校、办村校是一种共同体认同与行动。这些认同与行动也转化为一种潜在的社区公共教育理念和集体教育行动。从为学生、学校提供公共教育资源(如家访、办学、修学校、抢老师到以村校为社区社会资本的"名声")到将这些服务型公共教育资源内化为公共教育资源本身。如以从本村校、本村走出去的学生为榜样的学校本土知识的融入,将学校(村小)五好学生评比纳入村庄"孝文化长廊"的结构之中,成为村庄成人教育、公共空间教育的教材资源和典型案例。

社区治理与教育的互融,作为村落社区治理的本土资源,也来自学校教材及目标倡导的互动整合。社区社会治理的公平正义诉求、村民参与和共识形成的秩序、村规民约、国家在场等政策转化和执行的原则,成为社区教育路径、机制、评估的地方教育资源。当它们进入学校、家庭之中,就成为共同行动的基础,以回应乡村治理的教育资本缺乏的问题。

村庄内部日常习俗教育与社区节庆仪式的勾连,形成生活中弥漫的文化气息和社区"意识形态",追祖慎远的血脉正宗,与当下行为规范恪守的一

第八章　结论："人"的成长与屯堡社会

致性原则，作为内在约束，通过与生命相关的秩序原则表达，从软变硬。成就其坚忍性并转化成能够传承的教育资源。村庄大型文化活动的举办，教化公园的不断升级，也成为村庄整体性文化能量积蓄与释放正向增值的动态"景观"，以区域性名声的载誉，凝集成区域性共识，成为参与建构的教育资源。

屯堡人将"跳神"[①]视为"身边的学堂"。在屯堡村落里，无论人们是在家里院坝休息，还是在田间地头干活，大家都会不厌其烦地围绕跳神的大事小情滔滔不绝地聊。如若碰到会跳神的人，每每讲到精彩之处，他们也许还会即兴地唱吼或比划起来。可以看出，他们是真心喜爱跳神。这种喜爱，除民间信仰和社会交往层面的因素外，还有文化情感层面的因素。在他们看来，跳神宛若一座身边的"学堂"，不设门槛而又伴随左右，着力深广而又寓教于乐。在这座特殊的"学堂"里，他们在文化历史、伦理道德和社会规范等方面均有收获。"这个跳神啊，对我们来说，有点像一个学堂，一个修在身边的学堂。在这个学堂里，我们随时随地可以学到很多东西，包括一些做人处世的道理，什么忠孝节义呀，什么老幼尊卑呀，什么礼义廉耻呀，什么知恩图报啊。为什么这样说呢？因为在跳神里，从头到尾不都是在讲这些东西吗？比如，什么叫'忠'？《说唐》里的秦叔宝，《杨家将》里面的杨老令公，《岳传》里面的岳飞，他们的做法就是'忠'啊。什么叫'义'？《三国》里面的刘关张的做法就叫"义"。其实嘛，这些东西，对于我们这些没读过书的农民来说，一开始也不晓得，也搞不清楚究竟是个什么意思。可是，我们从小就在屯子里看跳神，先是看老辈人如何来演这些故事，后来等自己跳神时，边演边想，边想边做，慢慢地才晓得是它们到底讲的是哪样，是哪样的意思。还有呢，也是通过看跳神、演跳神，我们一天天地长大，一天天地清楚哪些东西是好的，可以去做，哪些东西不是好的，不能去做。"[②]

[①] "跳神"是"跳地戏"的民间称法。
[②] 雷勇：《民俗仪式与乡村生活——以安顺地戏为例》，《贵州大学学报》（艺术版）2016年第6期。

325

在屯堡村庄中，青年男女之间以唱山歌方式进行社交或婚恋被认为不妥。人们常将男女对唱山歌与偷情、婚外恋等联系在一起。有位屯堡妇女描述了她的经历："年轻时我很爱唱山歌，热闹场合都爱去，后来跟一个寨子的人订了婚，别人就对那个男的说，这个媳妇这么爱唱山歌，以后到处去唱山歌去了，哪个给你管家，你怕不怕。后来这个话传到我的耳朵里，我就去找他把婚退了，我说既然这样的话，就不要谈了。"① 类似情况还有，某男子曾因婚后与其他村寨的女子对唱山歌，且多为情歌，被岳父母强烈谴责，直至下跪认错才被原谅。

号营屯堡的"内生教育体系"蕴含在"经世致用"之中。一方面，各种民俗活动即是教育的"大舞台"，屯堡人靠此"耳濡目染"，达到精神的愉悦和升华；另一方面，经过系统的正规学校教育，达到"鲤鱼跳龙门"，列入士大夫行列。屯堡人是智慧的，其古典意义的教育具有较强的内生动力，故而教育相对来说较为先进和发达。

第四节　号营村"跨越城乡的教育"

改革开放以来，广大农村人口迁移到城市，不少已在城市找到比较稳定的工作，甚至全家已常住城市。毫无疑问这为他们融入城市社会、成为城市居民创造了一个良好的条件。但在目前户籍制度、就业制度、社会保障制度等二元社会体制还没有打破的环境下，这些迁入城市、已在城市工作、居住的农村人口，还远远没有融入城市社会，更没有成为城市居民。因为他们没有城市户籍，身份仍为农民，一直被贴上"农民工"的标签。也就是说，城市的农民工虽然在形式上已是"市民"而非农民，但在根本（或本质）上仍是农民而非市民。与不能适时入学形成对照的是，在流动儿童中，"超龄"学习的情况比较普遍。全国九城市流动儿童状况调查结果显示，"9周岁和10周岁流动儿童还在上小学一年级者分别占同年龄流动儿童的20%和5%；

---

① 汪青梅：《贵州屯堡山歌论——兼与贵州少数民族山歌比较》，《民族文学研究》2010年第1期。

13 和 14 周岁还在上小学的流动儿童所占比例则分别达到 32% 和 10%"。①

  中国市场化和城市化的发展,对乡村传统教育冲击较大。首先是市场对学校教育的影响。在市场机制的利益驱动下,在西部地区还未达到"城市反哺农村"的情况下,教师的城市流动、学生家长的择校问题日益凸显。加之农村群体内部的"两头"分化严重,农村贫困家庭子女上学难、上学成本高。在调查中了解到,职称晋升在城乡上的评定差别,直接导致工资待遇的城乡差别,这使得很多年轻教师不愿意到乡镇学校教书。有的地方政府规定新教师必须先到乡镇,5 年后才能通过招考调动。所以,一旦到达期限,年轻教师一般都会参加县里的招考。即使在职称、工资待遇相同的条件下,城乡在生活条件、工作环境、发展潜力等方面也存在较大差距。农村教师并不安心在农村学校教书,他们希望通过招考去县里教书,在他们纷纷前往县城的同时,乡镇变得萧条。在市场机制的作用下,家长通过交纳一定的择校费,可以自由选择学校。这样,学校的教学质量就显得尤为重要和突出。家长、孩子追求优质的教育资源,在他们的能力范围内,占有较多经济资本和社会资本的可以为子女选择更好的学校,享受更好的教育资源。调查发现,一般村干部或经济条件较好的家庭,在重视教育的前提下,多数会主动送孩子去县城上学,更有甚者送到贵阳市上学。而相对地,资源较少的,他们可能因学校撤并,被动送孩子去更远的地方上学,并且他们的经济负担加重了。

  其次是城市化对家庭教育的影响。在父母亲文化水平短期内无法改变的情况下,儿童的家庭教育更多受家庭经济状况的制约,而家庭经济状况又受市场机制的作用。这对于贫困地区的农村家庭来说更是如此,因为其家庭经济来源的外向依赖型突出。由于家庭收入低引起父母亲外出打工,进而导致家庭教育缺失。在这个循环过程中,农村孩子的教育不仅受到家庭经济条件的制约,还受到父母亲长期缺位的影响。与父母亲的长期分离,缺少父母的关心、照顾和监督,给留守儿童的内心多少留下了印记。在长期得不到父母关爱的情况下,他们有些人中自私、索取、不知回报的人格特征,也许是内

---

① 杨云彦等:《农民工——一个跨越城乡的新兴群体》,《人口研究》2005 年第 4 期。

心的叛逆和呐喊。本就自制力差的青少年在缺少父母亲的监督下，可能会出现不讲礼貌、拉帮结伙、作业不做、到处玩的行为。所以也就不难理解能考上高中、大学的大多是非留守儿童，留守儿童读到初中就不读了，有的连初中也读不完。但是对于父母亲来说，他们的外出务工是不得已。农村的父母们似乎陷入一种两难的境地：一方面，他们为了生活，为了孩子能接受更好的教育不得不外出奔波；另一方面，他们的外出使孩子缺少家庭的温暖和教育，孩子的良好行为习惯没养成，学习基础没打好，对未来发展有显著的负面影响。

教师的城市流动、学生的择校问题，体现了市场的"利益性"和"交易性"。教师出于"上面教书好评职称"、"有更多的课外辅导机会"等"利益性"原因，大多不安心在农村教书，"5年期限一到，年轻的教师一般都会参加县里的招考"，想方设法前往县城。家长为了让子女能享受更好的教育资源，通过交纳一定的择校费选择教学质量好的学校，这体现了家庭经济资本与文化资本的市场"交易性"。

这两方面因素导致农村学校留不住优秀教师，也留不住成绩好的学生。相对而言，城市学校不仅拥有充足的优秀教师，而且还有较好的生源，"一出一进"造成城乡教育差距悬殊。随着就读学校的"上移"，教育支出不断增加，农民家庭经济负担加重，农村群体内部分化严重，"主动择校"与"被迫随校就读"现象同时存在。例如，拥有各项资本的家庭通过市场的交易性，能享受到较好的教育资源；在市场所创造的更多机会优先被拥有更多资源者占有的情况下，各项资源都贫瘠的家庭子女只能享受到较差的教育资源。这在一定程度上表现为教育代际传递现象，即农村家庭的教育贫困传递和城市家庭的教育富足传递。

因此，当前中国贫困地区乡村的教育必须跨越城乡，破除城乡二元对立结构，理解中国"大国"和"流动性"（城市与乡村互相流动）特性，以公平为主导解决贫困群体"读书难"的问题。

屯堡人强调村寨共同体的合作与团结。如"抬汪公"活动同一时段内相继在数个屯堡村寨举行，不同村寨之间难免进行比较，暗地里竞争较量。周边村寨之间常会自发相互观摩学习，以取长补短。每年活动结束后，各村

第八章　结论："人"的成长与屯堡社会 ○ 中国百村调查丛书·号营村

之间多有羡慕或褒贬。鲍屯、吉昌屯、狗场屯历史上曾联合"抬汪公",后因故分化。鲍屯村人如此解释分化原因："听老辈人讲,（分化）那年汪公老祖曾托梦给村里庙头和尚说,'鸡场屯鸡屎气（味）臭,狗场屯狗屎气臭,我要在（居住）鲍屯',所以和尚就去把他老人家抢起背回来了。"① 在屯堡这一社会场域中,通过汪公仪式,村民建立起对王朝国家的具体感,形成了共同参与的空间。汪公信仰在屯堡使忠君爱国思想深入民心,发挥了巨大的社会教化功能。同时,大众文化和民间信仰为正统权威树立提供了平台。这样形成的社会,是有共同意识的社会,因此也是具有深刻文化内涵的社会。国家或者王朝国家的概念,正是在汪公信仰的普及过程中得到具体化,而人们忠君爱国思想观念在一次次抬汪公的仪式中逐渐养成,并根深蒂固地存在于其心中。由此整合起来的屯堡社会,世代相传,至今那里的人们仍称自己为明朝屯军后裔。重要的是,随汪公信仰逐渐遍及屯堡,屯堡社会意识逐渐发展成熟,进而形成一种社会行为,成为一种社会结构。个人通过这一活动中介和整体社会发生关联,忠君爱国思想深入屯堡民间社会现实生活中,将屯堡社会整合成为一个具有特质的社会。屯堡特质文化保持至今,正说明了这一社会文化整合的力量。②

跨越城乡是屯堡人生活的一种常态,也是屯堡社区教育发展的一条路径。如果说形成机理从动态开放性上表征了其作为一个复杂性系统的自组织机理,形塑了哲学意义上"开放性导致稳定性"属性的话,接下来将教育作为"中介"、"桥梁"载体或通道的分析,则有可能从超越城乡二元结构思维定式的理论层面,对号营村教育做新的向度的理解

第五节　"人"的成长与乡村社会

《论语·为政》记载了孔子"学习"和"成长"的历程："子曰：吾十

---

① 汪青梅、刘铁梁：《集体仪式传承和变迁的多重动力——当代黔中屯堡地区"抬汪公"活动的田野考察》,《西南民族大学学报》（人文社会科学版）2011年第3期。
② 万明：《明代徽州汪公入黔考》,《中国史研究》2005年第1期。

329

有五而志于学,三十而立,四十而不惑,五十而知天命,六十而耳顺,七十而从心所欲不逾矩。"《礼记·大学》:"大学之道,在明明德,在亲民,在止于至善。知止而后有定;定而后能静;静而后能安;安而后能虑;虑而后能得。物有本末,事有终始。知所先后,则近道矣。"中国古典时期的"大学之道"就是"成人"的过程,当然,这一"人"是作为社会化的"君子"。对于"君子"的要求,《论语》强调"知命"、"知礼"、"知言";"不知命,无以为君子也;不知礼,无以立也;不知言,无以知人也。"

1897年,美国哲学家约翰·杜威在《我的教育信条》一书中提出五个信条:第一个信条说明什么是教育。杜威认为一切教育都是通过个人参与人类的社会意识进行的。这个过程几乎是出生时就在无意识中开始了。它不断发展个人的能力,熏染他的意识,形成他的习惯,锻炼他的思想,并激发他的感情和情绪。第二个信条说明什么是学校。认为学校主要是一种社会组织。教育是社会生活的过程,而不是社会生活的预备。学校作为一种制度,应当把现实的社会生活简化起来,缩小到一种"雏形"的状态。第三个信条谈到教材问题。儿童的社会生活,是他的一切训练生长的集中或相互联系的基础。学校课程的内容应当注意到从社会生活的最初不自觉的统一体中逐渐分化出来。第四个信条说明教育方法的性质。兴趣是生长过程中能力的信号和象征。教育者应当经常细心地观察儿童的兴趣,这些兴趣不应予以放任,也不应予以压抑。压抑兴趣等于压抑心智的好奇性、灵敏性和创造性,并使兴趣僵化;放任兴趣等于以暂时的东西代替永久的东西。第五个信条认为教育是社会进步和社会改革的基本方法。改革仅仅依赖法规的制定或惩罚的威胁,或仅仅依赖改变机械的或外在的措施,都是暂时性的、无效的。教育是达到分享社会意识过程中的一种调节作用,而以这种社会意识为基础的个人活动,是社会改造的唯一可靠的方法。约翰·杜威强调从社会的视角探讨教育,"任何时候我们想要讨论教育上的一个新运动,就必须特别具有比较宽阔的或社会的观点,否则,我们会把学校制度和传统的变革,看成是某些教师的任意创造。"[1]

---

① 〔美〕约翰·杜威:《学校与社会·明日之学校》,赵祥麟译,人民教育出版社,2005年,第25页。

第八章 结论:"人"的成长与屯堡社会

现代化与乡村教育的困境。中国传统农业社会,农村经济难以有较大的突破和增长,并不在于农民的不理性,而是整个社会的生计方式和消费结构所制约。如黔东南黎平县黄岗侗寨、从江县占里侗族等,因强调土地资源与人口的协调性,形成了人口的零增长,长期保持均衡状态,以确保土地所生产的粮食能够满足人口的需要。黄岗等侗族村寨并不缺乏粮食,其经济虽然没有增长,但民众没有感觉到不足。2010年7月,笔者到黄岗侗寨调查时,黄岗仍然种植大面积的禾糯(侗族传统稻作品种),而产量较高的杂交水稻则很少种植。收获的杂交水稻,侗人称为"猪饭",意思是用来喂猪的,人是不吃的。传统社会经济发展模式是嵌于社会之中的,农民的不理性经济行为本身就是一种社会理性。

由于现代化思潮的冲击,经济增长成为一个区域、一个民族、一个国家的意识形态,没有经济发展,国家的合法性便受到质疑。因此,以经济发展为核心的国家政策、制度成为社会的首要选择。然而,经济发展本身就是在现代技术革新的基础上提出的,没有技术革新,就没有增长。技术现代化,或者说农业现代化,其基础就是人的现代化。如果没有掌握现代技术的人,现代技术只是技术,并不能为当地民众所掌握和利用;而且现代技术所带来的风险并非传统社会的民众所能知悉和应对的。因此,农民宁愿保持均衡的传统生计模式,拒绝技术革新。

传统社会怎样做到技术革新呢?其实很简单,技术革新的基础是人的革新,没有现代化的小农,中国20世纪80年以来的农村技术革新就不可能如此大规模地进行。经济发展需要利用现代市场进行有效配置资源、节省资源,而这些均需要制度的更新和技术的发展。中国西部贫困地区在现代化发展过程中,不仅没有缩小与东部沿海地区的差距(尽管其本身的资源比东部沿海更加丰富),两者之间的差距反而拉大了。贵州山地贫困地区的经济发展,首要的瓶颈就是教育发展问题,即提高劳动者综合素质的问题。

贵州山地贫困地区看似形成了幼儿园-小学-中学-大学等完整的教育体系,但其质量与东部沿海地区相比,差距正在拉大。更为关键的是,少数民族教育体系与少数民族社区的严重"脱嵌"是制约少数民族教育发展的根本因素。

中国因经济发展滞后，教育一直处于较落后状态。20世纪80年代以来，随着以经济建设为中心的改革推进，中国城市及东部发达地区的教育取得重大发展。然而，教育之间的区域不平等和群体资源配置的差距越来越大。

近年来，由于东部沿海地区农村的城镇化，农村学生迅速减少，分散式教育带来的资源浪费现象日益明显。因此，农村中小学布局问题受到各部门的关注。集中办学成为东部沿海地区农村发展的必然趋势，是整合资源和适应农村城镇化的现实需要。农民工子女集中于城市，而城市教育资源严重不足，农村教育资源过剩，因此，教育部关于集中办学的思路得到东部沿海农村地区的拥护和推广。至于中西部山区，由于农村城镇化滞后，集中办学对于边远山区来说，出现极度不适的现象。一方面学生集中于城市，而学生家庭在边远山区，学生走读路程远，为学生生活带来不便，其安全性也得不到保障；另一方面，中西部山区经济发展落后，学校基础设施差，出现学校学生拥挤和资源的紧张状况。如黔北务川县集中办学，学校、学生主要集中于县城，而县城学校基础设施严重不足，不能为所有学生提供寄宿，更难以解决学生吃饭问题，学校只能将其抛给社会。因家长对学生在县城租房和吃饭不放心，很多家长放弃家乡的农活来陪读，陪读不仅给农村家庭带来巨大的经济压力，而且导致农村缺乏劳动力和城镇人口过度拥挤。贵州山区很多县城的学校周围形成陪读家长居住区，有的还形成一条街道。这些陪读街道卫生、社会治安等均存在较大的隐患。

贵州经济发展落后，教育设施也远远跟不上形势的发展。集中办学的政策，能为本来教育经费不足的贵州减轻经济压力。因此，贵州大力倡导和推动集中办学。集中办学产生的规模经济效益，确实可为地方政府节省一部分教育经费；但从整个社会效益来说，并不如此。集中办学，增大学生压力，有的学生每天要走1~2小时山路（山区难以用直线距离进行衡量，山区需要爬山，其体力需求要比平原地区公路大得多），因而迟到情况普遍，且因体力透支过度，学生难以集中精神学习。送孩子读书加重了家庭负担，过去孩子在本村所设学校读书，还可以帮助家庭干一些农活；而集中办学后，学生不仅脱离农村社会，而且需要家长在城镇学校附近陪读，家庭经费开支加大。更为严重的是，大量学生因家庭贫困。"父母长期外出务工维持生计，

第八章 结论："人"的成长与屯堡社会 ○ 中国百村调查丛书·号营村

缺少父母监管的学生在与以集中为标志的寄宿制学校相遇时，不仅可能不会认真学习，严重者甚至可能'逃离'学校，沦为社会'流浪者'。"

集中办学和学校的城镇化，其实也是二元模式的结果。在片面强调效益优先和政府经济职能的今天，社会忽视了农村教育公共产品的供给。而教育资源的配置，在中国近代化过程中，越来越依赖于政府。如何从效益原则向公民共享式发展变革，目前已经成为社会的共识。如林毅夫等提出，以共享式增长为基础的发展战略，是中国构建和谐社会的有效途径。一方面，构建和谐社会需要经济保持高速、有效和持续的增长，只有通过经济增长，才能创造大量的就业与发展机会。另一方面，构建和谐社会也需要消除各种各样的机会不平等，以增强增长的共享性。为保持经济高速、有效和持续的增长，实现"又好又快的发展"，中国应该发展目前有比较优势的劳动密集型产业，以及资本密集型产业里面的劳动密集区段，从而尽可能在一次分配领域达到效率和公平的统一。为了促进机会的平等，中国需要确保国家对教育、卫生和基本社会服务的投资，建设有效的社保体系，并设法消除目前城乡二元的福利体制。[①]

分散式教学是以山区家庭为中心的一种教育模式，在分散式教育中，虽然在一定程度上对规模效益和经济效益造成损害，但能照顾到贫困地区教育的实际情况。贵州山地少数族群居住分散，如果将众多学生集中起来，当然能够节省政府教育开支，但学生集中的成本肯定大于教师的巡回教学。且作为成人的教师与作为儿童的学生相比，在爬山路方面具有体力方面的优势。

教育发展滞后、教育经费严重不足是贵州贫困地区的社会属性。因此，当中央政府的集中办学思路出台后，政府为节省经费，自然在布局上倾向于集中。恰恰相反，贫困地区的地理特征和山地耕作模式与集中办学思路不协调，集中办学不仅浪费家庭的资源，且大部分家庭无法承受集中办学所带来的额外费用。

"学校-社会"的断裂。教育是人类适应环境，形塑社会的重要保障。

[①] 林毅夫、庄巨忠、汤敏等编《以共享式增长促进社会和谐》，中国计划出版社，2008年，第19页。

学校存在的价值和功能,在于使个体的"生物人"变成社会的"文化人"。荀子认为,是否能"群",是人区别于动物的基本标志。正是因为人能"群",不仅可将其与动物区分开来,而且可在此基础上建构精致而复杂的社会。教育不是单纯的教导人们某种技术,20世纪技术主义的高涨,将教育的真正功能遮蔽。教育不是孤独的,而是嵌合于社会之中的。没有社会,就谈不上教育。中国古代的教育体系主要是礼乐制度,辅之以私塾为中心的儒学传授,将人的教化与社会秩序整合于一体。

传统社会教育与村庄是一个整体,其教育模式并没有从社会中脱离出来,而是嵌入在社会之中。不能因为山地贫困地区没有现代社会所存在的学校机构,就忽视传统社会的教育,以及教育在社会中的作用。农村社会可能缺乏学校,但并不缺乏教育。1950年以前,贵州月亮山地区没有学校,但生活在此的瑶人并不缺乏教育。"瑶山无人识字,没有学校教育,可是,家庭教育和社会教育却是有的。当时,对人们德育方面的培养,主要是通过三个渠道来进行:第一是在反复贯彻执行习惯法的过程中,使人们明确是非标准,懂得做人的道理;第二是通过摆故事、唱'寒心歌',用生动、具体的方式,世世代代地向子孙进行民族传统和民族历史的教育;第三是通过经常的婚、丧、祭祀活动,让所有的人从中学到各种社交礼节和规矩。智力方面的教育,主要是在长期的劳动实践中逐步加以培养,比方说,小孩子跟着父母兄长在田间劳动,男孩学放牛、打鸟,女孩学织布、家务,这种教育与自然分工是完全一致的。对于美育的培养有两种方式,一种是女儿在母亲或其他人的指导下学习蜡染、刺绣的技能,另一种是青年人跟着歌手学唱歌。①

现代社会,教育与村庄的联合成为一种新趋势。民国时期,倡导教育救国的陶行知,一直强调教育与社会的一体性。"学校是乡村的中心,教师便是学校和乡村的灵魂。乡村学校是今日中国改造乡村生活的唯一可能的中心,他对于改造乡村生活的力量大小,要看他对于别的方面势力的联络的范围而定。乡村教育关系三万万四千万人民之幸福,办得好,能叫农民上天

---

① 贵州民族学院调查组:《荔波县瑶山公社调查报告》,载贵州省民族究研所编《月亮山地区民族调查》,1983年,第30页。

第八章 结论："人"的成长与屯堡社会

堂；办得不好，能叫农民下地狱。"① 陶行知不是将学校看成独立的一个机构，而是赋予其改造乡村的功能，看成"学校－社会"的结合。

西方新式学校在传统社会具有现代化改造的任务，但中国传统社会的延续性，并非外来学校代表的现代化能够斩断的。传统社会依照其固有的惯性而存在，学校则不断逐渐脱离社会，成为现代化或民族国家等外来文化的代表。100 年前，新式学校出现，并与私塾形成竞争关系，由于获得政府的支持，学校逐渐取得优势地位，淘汰了私塾。但作为一个外来的文化机构，学校一直是一个远离乡村社会生活的高高在上的机构，没有卷入中国社会生活来，难以发挥"开民智、振兴社会"的功能。在今天，一个世纪过去了，乡村学校和乡村社会生活依然距离很远，依然没有参与到社会生活中来，这颇值得深思。②

教育必须由接受教育者主动学习，而不能被动接受。现代教育在一些地方的失败主要在于忽视了教育的主体性，不顾教育受众，外来干预模式必然导致当地族群的排斥。现代社会是多元化社会，由于山地贫困地区教育的落后，其仍然沿袭传统的教育模式，因此当地民众对学校的陌生感和排斥感也就较强。因此，随着社会的多元化，需要尊重当地教育主体，将学校融入社会，而不是将学校从社会中剥离出来。

学校与社会脱离，造成学校的孤立性，便会失去活力。20 世纪 50 年代以来，国家便在贵州月亮山瑶族地区设立学校，以传授现代化知识。然而，学生上学的积极性并不高。1983 年，当贵州民族学院（今贵州民族大学）调查组进入此地调查时，发现该地仅有 4% 的女生进入学校接受教育，且学校的学生数量随着年级的升高而减少。调查组指出入学率不高的原因在于：第一，劳动生产与学校教育之间有矛盾，具体表现在两个方面，一方面是家长希望把小孩留在家里做辅助劳动；另一方面是认为读书解决不了生活问题，即便是实行"三包"，入学率仍然提高不大，他们说"现在国家养你，

---

① 陶行知：《中国乡村教育运动之一斑》，载《陶行知全集》（第二卷），长沙：湖南教育出版社，1984 年。
② 梁淑美、司洪昌：《对陶行知乡村教育思想的评述与反思》，《国家教育行政学院学报》2009 年第 11 期。

长大了还得靠劳动养自己",觉得还是在家劳动为好。第二,社会教育与学校教育之间有矛盾,比方说,女孩 7 岁就要学蜡染、刺绣,没有这套本领就嫁不出去,而学校没有教授这些,女生都怕自己掉队,跟不上其他女孩子,人们说:"不怕不识字,只怕手艺差。"所以,女生入学者特少。[1]

脱离社会的学校教育其"实用性"最小,读书即是为了考大学,进政府部门工作,至于读书本身有何作用,农村一些人则难以感受到。脱嵌的学校自然形成孤立的点,不仅导致学生的集体失语,而且严重脱离社会,没有活力。

中国以现代化、工业化为核心的学校教育体制,与传统农业社会的不适应还表现在时间安排上。学校时间的安排绝不仅仅是时间问题,而是将人的活动采取制度化的形式给予重塑。司洪昌以仁村的学校为例,说明了村落儿童在校受教育每年每周每天在校时间都出现了明显延长的趋势。这反映出体制力量对村落儿童生命史的影响日益加大。20 世纪 90 年代之后,随着农村开始小型机械化耕作,中国的农业生产方式发生了一场静悄悄的革命。农民的体力劳动强度不断减弱,仁村儿童几乎不参与农业生产,不再去田野里玩耍了,农田对于他们已陌生化了。至今,十几岁的女孩儿,没有干过任何像样农活的大有人在。儿童不会为稼穑劳作。农业的本土知识惯例是在日常的农业实践中口耳相传,在实践中学习。但这些细微的本土知识已经在代际之间中断了传播。[2]

贵州山区贫困程度深,其边缘化境况随着市场经济的发展更加明显。在国家集中办学的情况下,学校的国家化、现代化趋势加速,学校也越来越脱离当地社会。因此,贵州贫困地区的教育需要重新回到社会,回到当地族群生活之中。否则,学校以及教育会与一些少数民族的发展严重脱节。我们期盼关注西部贫困山区的教育,以多中心治理模式的视角发展"实用型教育"模式,促进各民族的共同发展。

---

[1] 贵州民族学院调查组:《荔波县瑶山公社调查报告》,载贵州省民族研究所编《月亮山地区民族调查》,1983 年,第 31 页。
[2] 司洪昌:《学校生活节奏对儿童的影响——历史人类学的检视》,《湖南师范大学教育科学学报》2010 年第 5 期。

第八章　结论："人"的成长与屯堡社会

21世纪，中国面临工业化和城市化的巨变，属于大转型时期。中国乡村社会出现的"留守儿童"、"留守老人"、"留守妇女"，一直是社会学关注的焦点，而目前村落的"消失"更是引起学界和社会的关注。"乡土社会"概念的解释力度减弱，有学者因而提出"离土社会"的概念。但中国文明产生的根基仍然扎根在乡土之上，乡村是中国人难以抹去的"记忆"和重要的文化源泉。

现代性并不等同于城市化，工业化并不等于要消灭乡村。乡村在古代中国发挥了巨大的作用，在现代化进程中也是如此。1949年后，中国的现代化建设即是以乡村为基础而展开的；20世纪80年代的改革开放，也是以农村经济体制的改革作为发端，逐渐扩及城市和企业。党的十九大更是确定了"乡村振兴战略"，中国的伟大变革和巨大进步离不开乡村，中国文化的根基离不开乡村。作为中国文明的起源与中国文化的根基的乡村社会在现代化，尤其是城市化的巨大浪潮席卷之下，面临"土崩瓦解"。由此有学者认为村落和乡土社会的命运已"在劫难逃"。我们承认城市化正以"秋风扫落叶"之势冲击着乡村，改变了中国社会的特质和乡土社会的结构，"离土"是进行时，城市化在路上。然而，承认现实的"千年未有之变局"，并不能就此得出乡村必然衰弱的结论。我们认为，基于以下三个理由，中国乡村亟须得到学界和社会的关注。

其一，中国现代经济的发展离不开乡村和小农。作为文明古国的中国，不同于新大陆的美国，我们不可能通过农业规模化的道路来改造乡村。目前，中国"三农问题"的解决方案，多是从规模化和资本下乡的角度切入，导致乡村经济出现不均衡发展。尤其在社会建设方面，不仅原有的社会基础坍塌，而且社会矛盾激增。其实，在经济学上，有"规模不经济"的原理，如西南山地民族，乡村的规模化导致生物多样性和环境遭到破坏，同时也导致单一的农产品过剩，农产品丰收而"不创收"。因此，中国乡村的发展不能离开中国国情，不能"一刀切"地进行资本下乡的规模化改造。我们需要重新定位乡村，将乡村作为"社会的稳定器"，解决中国现代化发展的社会后盾问题。

其二，跨越城乡，城市与乡村一体化成为现代化的必然趋势。任何社会均是由乡村与城市共同构成的,"城"与"乡"从人类聚落形成之时开始就相辅相成,而不是互相对立和背离。施坚雅通过成都平原的个案研究,认为中国是以集市共同体为基础的社会,强调了市场在社会构建中的意义。中国"城""乡"发展的脱节与背离,是在近代化过程中产生的,是一种不合时宜的特例,而不是发展的必然。在现代经济中,发展是整体的发展,城市需要以乡村作为基础,不论是经济基础还是社会基础。乡村是城市经济的"腹地",也是社会的稳定器。乡村更是离不开城市,需要通过城市这个公共平台加强与外界的联系,这也就是我们常说的"小农生产"与"大市场"如何对接的问题。跨越城乡,正是应对现实困境所提出的破解之路。有学者提出的"逆城市化"即是注解。

其三,中国文明的根基与精神家园离不开乡村,而乡村的根脉在教育。一个大国和强国不能没有文化,"中国梦"本身就是从文化意义上展开的。中国是有5000年历史的文明古国,具有悠久和连贯性的文化。中国文化的特性和渊源在于农耕文明,农耕文明的根基是乡土。一代接着一代,不断传承是中国文化的韧性和魅力所在。汉代大史学家司马迁曾说:"先人有言:'自周公卒五百岁而有孔子。孔子卒后至于今五百岁,有能绍明世,正易传,继春秋,本诗书礼乐之际?'意在斯乎!意在斯乎!小子何敢让焉。"中国文化藏在民间,只有深入乡村,依靠教育,从乡土中才能了解和赋予中国文化的世界意义。

学校需要嵌合在社区之中。泥河沟、田字格、岩寨村等个案,即是以外界力量撬动村庄的内部活力为抓手。学校教育的成功与失败关键在于社会环境。"独木难成林",单独依赖学校教育是不可能成为教育强国的,脱离社会的教育也会失去源头和活力。号营村在古典意义上的教育属于优胜者,至今仍具有强大的魅力。然而,在现代化的进程中,现代教育体系以市场为导向,处于偏僻山地的号营村远远落后于东部沿海地区,落后于城市,昔日的光辉难以再现。针对跨越城乡的事实,在号营村教育改革的路上,需要以新的思维再铸辉煌。

附录一 清朝咸丰三年号营村民侯之桓等立卖水田文契

尺寸：40×15.5cm

立卖明水田人侯之桓、刘登魁，为因使用，无处出办，愿将二人买明上坝屯五显庙水田乙份，大小八块，今赶作六块，东抵路，南抵下坝庙田并刘姓田，西北俱抵侯姓田，四至分明，随田科米伍升，外有陆地三段，一并坐落龙家河上边。亲请凭中上庙，出卖与本境斗母阁、三官殿安佃为业。是日三面议定，时价纹玖各半共银乙百贰拾两整。此系实银实契，并无货物准折，亦系二彼情愿，并无逼迫等情。自卖之后，任随各姓头人永远管业，其有买户房族子侄人等，不得异言争论。如有此情，买户一面担当。恐口无凭，立卖契一纸为据。

上下寨乡规公银三十两，目前拨银乙两以作每年乡规公费，至交清田价后，仍照旧田价银数，拨租已入公项。

主持僧　续芳

代字人　张丙魁

凭　中　侯万富　肖洪儒　岳运泰　侯之棋　肖洪秀　黄廷春
　　　　　郭朝发　刘登榜　肖洪全　侯之栢　侯正乾　肖凤梅
　　　　　刘登品　侯瑢　侯之苗　侯魁

咸丰三年十一月二十六日立卖契人　侯之桓、刘登魁

附录二　刘纲纪：故乡的文艺

普定虽说是一个比较偏僻的县，但在解放以前，它就有自己的相当深厚的文艺传统。

我出生在号营，记得儿时每当"过年"（春节），这个小小的山村就活跃起来，自发地举行一次现在看来可称名副其实的"民间艺术节"。首先是白天"跳地戏"，其次是晚上"玩花灯"。这"地戏"是远古与祭神和巫术结合在一起的戏剧的罕见的遗存，具有人类学、文化学上的重要价值，但同时又和明代派镇贵州的军队中的娱乐有密切联系。它跳的是武戏，富于一种尚武爱国的精神。吾乡"地戏"是全本《杨家将》，有手抄的唱本和雕刻精美的全套《杨家将》木制面具。我儿时看这"地戏"，不但获得了一些历史知识，而且深受它的爱国主义精神感染。我后来很爱看京剧《李陵碑》，至今仍喜欢听余叔岩所唱杨老令公黄昏时分依营门等他的送信搬兵求救的儿子七郎归来的那一段唱腔，击节叹赏，心灵中引起一种很深的震撼，为中华民族伟大的爱国精神而感到自豪。这是同我儿时在号营看"地戏"分不开的。回想当年乡亲父老们演出这"地戏"，也确有一种威武雄壮的阳刚之气，至今仍鲜明地留在我的记忆中。而且，这种阳刚之气，我以为是贵州人所特有的一个特点，很值得加以发扬。

如果说白天"跳地戏"显示了吾乡人民的阳刚之气和壮美的风姿，那么晚上"玩花灯"则刚好又表现了吾乡人民的阴柔之气和优美的一面。这一刚一柔，是互为补充的。"花灯"是人民所创造的一种以表现民间男女爱情为主题的、小型轻便的歌舞剧。它非常贴近人民的生活，歌颂一种纯真质

341

朴的爱情，具有情意缠绵和幽默两大特点。它经常在青年男女的欢声笑语中演出，给人民带来了欢乐和对幸福生活的向往。

"跳地戏"与"玩花灯"在吾乡民间长期广泛地流行着，但由于种种原因，贵州又未能形成自己的地方戏种。在贵州，解放前最为流行的戏种是川戏。记得在马堡中学的前面有一个戏台，每到春节时演的就是川戏。我总觉得川戏的高腔、锣鼓，那种火辣辣的味道，与贵州的"地戏"有很为类似的地方。川黔文化看来是相互影响的，但较之川中的文化，我以为黔地的文化更多地保留着质朴纯真的古风。

除"地戏"、"花灯"之外，吾乡还有其他丰富的民间文艺、文物古迹值得好好研究。1988年，承安顺文联邀请回乡，我顺便去看了下坝附近的文昌阁。这是一个有浓厚的道教风味的建筑，其中有传为韩湘子所写的一块匾额，是难得的道教书法的遗存，我请安顺文联的李世林同志拍了下来。后来我为外国留学生讲道教与唐代文艺的关系，讲到道教画符、道教书法对中国草书的影响，就把这照片给他们看，引起了他们很大的兴趣。

解放前，中国传统古典文艺在吾乡也有不可忽视的发展，代表人物就是任可澄先生。他的诗文书法名播远近，我儿时就知道他是普定的"督学"，还曾在号营的侯氏宗祠中看到他所写的很长的对联。任先生对普定文化的发展做出了很重要的贡献，我们要纪念他，研究他。

普定县城是普定的文化中心。但可惜我六岁时即离开号营到了安顺，后来又上了北京，由于种种原因始终未曾去过普定县城。我很希望熟悉情况的前辈、朋友将解放前后普定县城文艺发展的情况写出来，这对我们今天是有启发、借鉴作用的。

在改革开放中，故乡发生了巨大的变化。如何发展普定县的文艺创作也提上了日程。回顾过去，文艺对人民是能产生一种长远的、潜移默化的重要作用的。我深信普定文联的成立将会有力地推动普定的文艺空前地繁荣起来，为建设社会主义精神文明做出贡献。这里，我借用任可澄先生的两句诗来祝贺普定文联的成立和表达我的欢欣之情：

翩翩贤主成嘉会

附录二　刘纲纪：故乡的文艺 ○ 中国百村调查丛书·号营村

高山仰止无限情

1994 年 10 月 2 日　于武汉大学

　　刘纲纪，1933 年 1 月 17 日生于贵州省普定县号营村。1952 年考入北京大学哲学系。师从邓以蛰、宗白华、马采教授研习美学、中国书画的历史与理论。1956 年毕业后至武汉大学哲学系工作，1963 年任讲师，1978 年被评为副教授，1982 年被评为教授。1987 年当选中华全国美学学会副会长，任武汉大学美学研究所所长。1988 年被评定为国家级有突出贡献专家。1990 年应聘担任台湾《海峡评论》月刊编辑顾问。1993 年再次当选中华全国美学学会（更名中华美学学会）副会长，担任美芝灵国际易学研究院学术委员、易学与美学研究所所长。

　　注：此文原载《贵州文史丛刊》2000 年第 6 期。

附录三 肖国昌：如何当好村党支部书记

农村党支部书记是最小的"官"，却又是最不可忽视的"官"。在新形势下，如何贯彻好近年来的中央1号文件精神，当好一名村党支部书记，带领群众发展致富奔小康，成为我们每一个村党支部书记无可懈怠的神圣职责。如何当好一名村党支部书记，下面我谈几点看法。

一 要理清思路，突出发展

发展是必要的，也是首要的。村看村，户看户，群众看的是党支部，如果没有发展，要谈我们村党支部的工作如何抓得好，那是不切实际的，也是违背良心的。所以衡量我们工作好坏的标准是发展，我们不但要发展，而且还要落实好科学发展观，努力做到科学发展。

首先，作为村支书，必须全面了解村情实际，这个村情实际必须是深层次的，如人口状况、地理位置、交通条件、水源条件、土壤情况，等等，如果不全面了解村情实际，那在以后的工作决策中，我们就会盲目甚至发生错误。

其次，要根据村情实际科学合理地拟定村级发展规划和发展计划，在推进产业结构调整，发展好经济的同时，确保人与自然的协调发展。

就拿我们号营村来说，1978年我担任村党支部书记后，我在认真分析了号营村的村情实际后，针对号营村的文化历史、土地资源、地理环境等，提出了教育立村、产业富村、环境兴村三条发展思路。

附录三　肖国昌：如何当好村党支部书记　○　中国百村调查丛书·号营村

  1. 教育立村。俗话说，治穷先治愚，要改变贫穷落后的面貌，人口素质的提升是一个关键。号营村重视教育，曾出了很多名家，文化底蕴深厚。当时的号营小学，上百名学生挤在一间破寺庙里，我走东家，窜西家，让村民扭成一股绳，集资16万元，开贵州集资办学的先河，建起了漂漂亮亮的号营小学，成了全村最好最漂亮的建筑物。为了让外来的优秀教师在号营小学安心任教，我又组织村里建了一套住房分给学校的优秀教师。学校建成至今，号营村适龄儿童的入学率都在100%，巩固率也在100%，教学质量居全县前列，为国家培养了300多名大中专生。教育事业的发展，有效提升了全村的人口素质，为产业结构调整、经济发展奠定了基础。

  2. 产业富村。号营村人多地少，仅靠做农业是无法致富的，然而，如何让群众发展致富，关键在于如何充分利用土地，发挥经济效益，如何解决富余劳动力就业问题，当时，我便坚定了走产业化的道路。一方面是大力推进蔬菜种植，打造马官蔬菜基地品牌；另一方面是大力发展第二、三产业。当时，村党支部采取了"走出去与请进来"相结合的办法，在村民中掀起了学科技用科技的热潮。开办了农村技术学校，定期到有关部门聘请专家为村民讲授粮食、蔬菜、水果栽培技术、新法养猪等知识，特别是专门聘请省、地（区）的教授、专家李桂莲、吴秀章等对村民进行了手把手的培训；先后选派80多名科技致富能手，到省农科院、省农学院、罗甸县、关岭断桥镇等地参观学习。通过学习培训，改变了群众的思想观念，很快，村里70%以上的群众都搞起了蔬菜种植，10%以上的搞起了酿酒、生猪养殖；通过村党支部组织引导，组建起了近10个建筑队和2个运输队，解决150余人的就业问题。到1995年，全村蔬菜种植年收入达120余万元，建筑、运输等行业年收入近150万元，其他行业可达80余万元。就这样，号营村很快成为全县有名的小康村。

  3. 环境兴村。在发展经济的同时，村党支部也着力加强环境治理。为方便群众的生产生活，积极发动党员、群众投工投劳，硬化1500米长的入村公路、600余米环村公路以及大街小巷，并对新建民房进行了科学规划，建立了规范的卫生管理制度。特别是对村寨周边5座山进行封山育林，加强村前小河的河道治理。目前，号营村山清水秀，仅山上丛林就价值1000多万元。为丰富群众的文化生活，村党支部又组织党员、群众修起了图书大楼，建起了精神文明大楼，使号营村成为远近闻名的文明村。

近几年，全国掀起乡村旅游热潮之际，号营村因环境优美、气候宜人，得到了上级有关部门的大力扶持，利用多年来科学发展的成果，建起了号营公园。号营公园是集休闲、娱乐、旅游为一体的好地方，既为村民服务，又为村里招财。号营村的发展是统筹的发展，也是协调的发展。我想，作为村党支部书记，就应该要有一种统筹的眼光来合理规划本村的发展。

二 要坚持群众路线，充分依靠群众

作为村党支部书记，必须坚持以"三个代表"重要思想为指导，坚持走群众路线，充分依靠群众。这要求我们在工作中要发扬民主，做到办事公正、公开，不让群众有隔阂，不让群众有疑虑；要定期走访群众，关心群众疾苦，帮助群众解决困难；对于群众反映的热点、难点问题，要想办法给予解决，对一时不能解决的，要纳入计划，告知群众，不能许空愿。只有这样，群众才能相信你、支持你。另外，要有坚定的立场，只要是符合大众利益的，对于一些宗族势力的干扰，要能够坚决抵制，并且能扛得住。

三 要加强班子建设，提升服务质量

要加强班子建设，首先要杜绝怕得不到的思想，要从党的宗旨意识出发，做到能者居之。只有端正思想态度，我们的村班子才能真正得到加强。

首先是要发展好党员，对优秀青年、致富能人，要加强引导、培养，让党组织不断补充新鲜血液。

其次是要健全各种配套组织，完善功能，让各项工作"动"起来，并通过妇女组织、团员组织去联系群众，宣传村里的发展思路、党的方针政策。

再次是要健全村级后备干部队伍，把有能力、办事公正的人纳入后备干部队伍培养，使村干部换届时做到"竞争上岗"。要健全村支两委工作制度、民主管理制度，带领村支两委人员，积极谋划发展，有所作为。特别是青年党员、致富能人党员，要充分让他们动起来，联系帮扶困难群众发展生

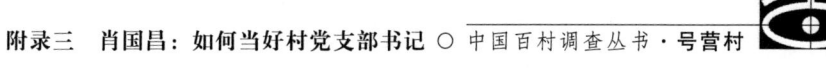

产，以及参与村级事务管理，从而进一步密切党群关系，改变群众"党员不党员，只差两角钱"的思想观念。谢谢大家！

2010 年 1 月 15 日

注：此文乃肖国昌在普定县"村干部科学发展论坛"（第一期）的发言。

附录四　访号营村蔬菜种植大户侯泽科

时　　间：2015 年 5 月 23 日晚
地　　点：号营村侯泽科宅
被访人：侯泽科
访谈人：孙兆霞、陈斌

一　号营村种植蔬菜的源起

号营种植蔬菜的历史最早可以追溯到 20 世纪 70 年代。当时政策禁止投机倒把，不准种。因为这样会导致大家都不愿意给生产队做工，导致劳动力缺乏。所以那个时候即使种的话，面积也不大。蔬菜成熟之后都是自己用口袋装起到市场上卖，不像现在这样光明正大地用提篮、箩筐或者汽车运到市场上去卖，因为怕被生产队发现。主要是去普定县城卖，也不敢大张旗鼓的地在街上卖，还是偷偷摸摸地卖。

20 世纪 70 年代主要种的是白菜，白菜种是在太平农场"偷来"的。那个时候虽然田地没有分到每家每户，但是每家都有两分自留地，于是一些人家就用这自留地来种白菜，不敢多种。因为多种之后就耽误生产队做工，这样的话导致分到的粮食就不会多。

二　个人种植蔬菜的经历

我从 1983 年开始种植蔬菜，当时全家共有 10 亩田地，其中 7 亩（水）

附录四　访号营村蔬菜种植大户侯泽科 ○ 中国百村调查丛书·号营村

田、3亩（旱）地，而我只用1亩地种茄子，其他的田地都是父母和兄弟用来种水稻、玉米、菜籽和小麦等粮食作物。第一年种出的蔬菜都是由父亲用肩膀挑起到安顺、普定、云马厂等地去卖，具体卖多少钱我记不清楚了。卖的钱也是由父亲掌管，这种情况一直到我结婚分家之后才改变。

1984年，种植面积比1983年稍微多了一点。1985年没有明显扩大种植面积。1986年，蔬菜种植大户杨德祥自己买来温床开始育苗。之前，由于我们自己不会育蔬菜苗，只好每年都到六枝特区大用镇购买蔬菜苗。在购买的过程中，一边仔细观察他们的育苗流程，一边向他们请教关于蔬菜种植的其他知识。这样也就慢慢地学会了育苗的技术。到1987年时，村里种植蔬菜的农户逐渐多起来了，但每家每户的土地面积不够，尤其对于蔬菜种植大户杨德祥家更是如此。于是他就将一些农户家，因劳力不足导致抛荒的水田租来种植蔬菜。从此号营村也就逐渐用田种植蔬菜。即使如此，我也只种植2亩的蔬菜。因为当时村里只有一台拖拉机，而全村种植的所有蔬菜都要依靠这台拖拉机运到普定、安顺等地卖。我担心种多了运输不出去，所以就没有多种。

1990年以后，我种植蔬菜的面积大概在5亩左右，因为当时我家三弟还没有正式考进马官镇工作，他就在家来帮我一起种蔬菜。到1995年时，我家的蔬菜种植面积虽然没有再增加，但是我尽可能提高每块土地的使用效率。我尽量安排每一块土地都能种两季蔬菜。比如我一开始种的早白菜，那么等到8月份的时候，白菜全部卖了之后，就赶紧种其他品种的蔬菜。

一直到现在，我家也只有我一个人种蔬菜，其他兄弟以及我父亲都没有种蔬菜。主要就是我家两口子自己种，如果只是单纯种西红柿的话，七八亩都种得过来。但是如果要加种点辣椒、茄子、豆角之类的话，那么两个人就忙不过来了。因为诸如茄子、辣椒、豆角之类的每隔一天就摘来去市场卖。需要时间来摘，同时也需要时间到市场上去卖。这样一摘一卖每周差不多就耽搁三天整。如果是种上五亩茄子的话，那么基本上天天都需要有个人来田里打整，如打药、打芽、绑苗等。如果遇到下雨时导致时间耽误的话，那么就更是忙不过来了，这个时候就需要花钱请人帮忙了。

今年，我基本上没种蔬菜了。因为去年茄子不好卖，所以今年就不想种。还有就是我老婆的腰杆骨质增生,已经无法劳动,所以娃娃就叫我们别种了。再就是那块田已经栽了多年的茄子、辣椒等,导致产量不太高。所以我打算在那块田里栽四亩左右的香葱,已经栽了两亩多了,还有一亩多没有栽。相比去年来说,这已经少很多了,去年种了7亩多。去年主要栽的是蔬菜,另外还有点葱、豆等品种。虽然种了这么多,但是总的来说没有赚大钱。因为去年号营村大家基本上都在种西红柿,产量也高,但是整个市场销售不好,尤其来收的人少,导致卖的价格不高,所以去年种西红柿的人家基本上都没怎么赚钱。如果把劳动力也算进去的话,那么就是折本了。

三 蔬菜种植的流程及技术

茄子一般都是在农历腊月间开始育苗,等到正月间就开始发芽,这个时候需要好好管理。等到清明节之后就移栽到田里,大概需要3个月茄子就可以上市。如果这块种茄子的地不需要种其他品种的蔬菜的话,那么这个茄子可以一直卖到十月。一般都是茄子和辣椒同时种的。

种西红柿的时间比种茄子和辣椒的时间都晚。一开始我们都是种的本地的西红柿品种,这种西红柿长得很高,有2~3米高。一直到1990年才有新的西红柿品种进来,是因为村里一家人的亲戚在关岭断桥那里,关岭断桥那里已经开始种矮秆品种,只有50多公分高,所以也就不用插架子。于是这家人就跟亲戚说要这个品种的西红柿栽来吃,第二年就用这个种子育苗,于是全村一家扯点秧秧来栽种。这种西红柿的产量比以前的那个高很多,但对雨水有要求。一般都是雨水少的时候产量才高,雨水多了会导致西红柿变烂。

刚开始种植西红柿的时候,我们都不晓得该如何控制西红柿在种植过程中的农药使用的注意事项,一直等到安顺地区农业局的老师来给我们上课之后才知道。比如该如何使用药物、如何防治虫害、如何栽培等。在1990年后的这段时间里,农业局的老师基本上一年起码要来5次。农业局的人来培训的时候,每次基本都有40~50个人去听课,当然也只是那些种蔬菜的人才去听课。一般都是村里先通知说有老师来讲蔬菜种植的技术,然后种植蔬菜的人就会听课。当然,他讲的技术不单纯只有蔬菜种植方面的,还有其他如谷子、玉米等方面的种植技术也会讲。

但到2000年之后，他们就很少来了。此时大家有这么多年的蔬菜种植经验，有很多问题也就可以解决了。如果实在不能解决的话，那么就去卖农药的地方去买书来学。而我由于读书少，认识的字也少，所以我基本上就没有好好看书。而是买专门讲蔬菜种植技术的碟子在电视上放来看。

四　种植蔬菜的劳力投入

和水稻、玉米、小麦等粮食作物相比，茄子种植对地块选择、劳力投入等方面的要求明显高出很多。首先，一般都选择在靠近水源地的地块中种植，因为茄子对水源灌溉要求高，经常需要浇水。选择在靠近水源地的地块中种植茄子，可以节省一定的劳力。其次，即使靠近水源，其投入的劳力也是玉米、小麦的10倍以上。如果说种一亩玉米需要投入5个工的话，那么种一亩茄子就至少需要投50个工。因为茄子从开始种植到上市销售，需要经过平整土地、栽种、施肥、扯草、采摘等多道程序，并且这些程序都需要细致地进行。尤其是当茄子成熟可以上市卖的时候，一般是一两天就可以采摘一次，然后还需要自己挑到市场上去卖，这都需要花费很多的劳力。

五　种植蔬菜的经济收入

种植蔬菜确实辛苦，但经济收入还是比较可观的。以种植茄子为例：一亩地可以栽种1500~1600棵茄子苗，一棵苗大概可以产20个茄子，一个茄子按3两重计算，亩产大概是1500~1600棵*20个/棵*0.3斤/个=9000~9600斤左右。由于市场上的价格不稳定，每天的价格都不一样，按照平均1角钱/斤来算，有900多元的经济收入。

而如果将1亩地用来种玉米、小麦的话，其收入明显没有这么多。根据我的经验，一亩地小麦，其产量最多300斤。到1990年之后，大量使用化肥，并且品种也得到改良，开始使用杂交品种。每年玉米收获之后，就在同一块地上种油菜。在这种情况下，一亩地玉米、油菜的两项经济收入总和都没有茄子高。

如果我不种蔬菜的话，每年也就没有三四万元的收入，那么我也就没法

修好这个房子,也更是没钱去供娃娃读书。杨德祥在1986年种了6亩左右的蔬菜,大概卖得8000多元钱,这样他家就用这些钱起了5间房子。从此之后,号营村种植蔬菜的农户突增。

六 种植蔬菜农户的变化及原因

杨德祥在1986年用种植蔬菜的经济收入修了5间房子的事,迅速在号营村、马官镇传开。在经济收入的刺激下,号营村种植蔬菜的农户激增。在1983年只有40多户的基础上,到1987年时,突然增加到全村80%的农户都开始种植蔬菜。

以前,整个马官镇只有号营村种的蔬菜最多,附近的山脚村、玉官屯只有几户人家种,而荷包村、贾官村就根本没有人种。但是发展到1992~1993年的时候,荷包村有一半的人家种蔬菜,1995年的时候,贾官村有一半人种。这么多人来种蔬菜之后,种出来的蔬菜也就卖不上价格了,并且由于物价上涨,卖来的钱也就没有以前那么管钱了。

再加上做建筑施工的相对优势,从1995年之后,号营村那些在20世纪八九十年代开始种蔬菜的村民,有70%的农户转向去做建筑施工。这种情况都是由建筑施工的比较优势造成的。

首先,种蔬菜的持续时间长,一般都要4个月才会有收获,而做建筑工每天都有150~200元的收入,甚至如果是老熟手的话,每天可能达到400元。其次,种出来的蔬菜受市场因素影响比较大,即使蔬菜种出来了,但是不知道市场价格如何,所以整个收入也就没法控制。而做建筑工的话,每天的收入都是固定的,并且也不用操心,每天早晨起来,洗完脸吃了早餐就甩起两只手去,样样都是由主人家来准备好的,并且只要工程做完,工资也就很快发给你。如果在村里面做工的话,主人家连早餐都会做给你吃,这样他是怕你回家吃饭耽误做工的时间。中午就更是在主人家吃咯,这样每天也就只有晚上在家吃饭。

如果是帮私人家做点工的话,天天都是人家做饭给你吃,你光是每天去做工就行,根本不用费神。当然这些人在栽种蔬菜的时候,应该80%的人是会手艺的,在栽种蔬菜的过程中,发现经济收入不太好的话,再加上有别人愿意带着他做工的话，那么他也就不愿意再继续种蔬菜了。这样一个带一个的，大家都熟悉之后，就去承包点小工程来做，这样慢慢的话，整个技术也就都更好了。然后这样一个联（系）一个，一个传一个的就传开了。

另外还有20%的蔬菜种植户选择外出打工。剩下10%的蔬菜种植户由于年龄太大，孩子们都已经成家立业，都能供养他们，不需要种植蔬菜获取生计资源。再就是他们需要去帮着带孙子。截至2015年，号营村种植蔬菜面积较大的农户也就是10户左右。

七 交通工具变迁与蔬菜销售范围拓展

20世纪70年代，号营村一些农户利用自留地种出来的蔬菜，主要是依靠自己用口袋装好，拿到普定、安顺城里去偷偷摸摸地卖。到1983年，我自己种出来的蔬菜，都是由我父亲用肩膀挑起到安顺、普定、云马厂等地去卖。

到1987年，全村80%的农户种出来的蔬菜，都依靠村里一台拖拉机运出去卖。所以一到蔬菜上市季节，大家都争先恐后地将蔬菜放在拖拉机上运到城里去卖。一般都是天还没有亮就开始走，那时的拖拉机没有车灯，所以大家就只能用手电筒照着拖拉机走。这样过了一两年之后，马官镇里有些做生意的人家，买得有两个解放牌汽车，到蔬菜上市季节，他们就天天晚上到号营村来帮我们运蔬菜。每天都有三四车蔬菜运到安顺去卖，每辆汽车需要跑两趟才可以。一般都是前一天下午就将蔬菜准备好，第二天一大早就开始去安顺，然后就立即返回号营运第二趟。然后每家拉蔬菜的人家就自己付运费给这汽车司机。当然，也不是每家天天都有蔬菜卖，一般都是隔天去卖一趟。到1992年的时候，号营村里就逐渐有人买车了，主要是那些有点钱且"脑水多"（指聪明人）的人，然后他们就用车来帮大家运蔬菜到市场去卖。到1997年时，我自己才花708元买了一辆二手电动三轮车，主要用于自家运蔬菜去城里卖。这样就方便多了，蔬菜的种植面积也就逐渐多起来了。

（陈斌根据访谈录音整理）

参考文献

史志类

赵尔巽《清史稿》卷117。

《汉书》卷七五《眭弘传注》。

辅德：请禁祠宇流弊疏，载《皇清经世文编》卷五八。

田雯《黔书》（卷一）《设科》附《请建学疏》，《丛书集成初编》第3182册。

《明太祖实录》卷168，台湾"中央研究院"史语所印本，1962。

（明）嘉靖《贵州通志》（卷六）《学校》。

（清）常恩修、邹汉勋、吴寅邦纂，安顺市地方志编纂委员会点校《安顺府志》，贵州人民出版社，2006。

任可澄总纂，安顺市人民政府地方志办公室整理点校《续修安顺府志辑稿》，贵州人民出版社，2012。

贵州省地方志编纂委员会编《贵州省志·教育志》，贵州人民出版社，1990。

任吉麟主编《贵州教育年鉴》（1949～1984），贵州人民出版社，1986。

贵州省普定县地方志编纂委员会编《普定县志》，贵州人民出版社，1999。

李发耀等编著《普定生态档案》，知识产权出版社，2015。

李发耀等编著《普定反贫困的历史征程》，知识产权出版社，2015。

贵州民族学院调查组：《荔波县瑶山公社调查报告》，载贵州省民族研究所编《月亮山地区民族调查》，1983。

《普定县教育志》（未刊）。

《侯氏家谱（2013年增订本）》（未刊）。

《肖氏族谱》（未刊）。

著作类

〔法〕路易·阿尔都塞：《保卫马克思》，顾良译，杜章智校，商务印书馆，1984。

〔美〕西奥多·W. 舒尔茨：《改造传统农业》，梁小民译，商务印书馆，1987。

〔美〕约翰·杜威：《学校与社会·明日之学校》，赵祥麟译，人民教育出版社，2005。

张法琨选编《古希腊教育论著选》，北京：人民教育出版社，2007。

〔德〕马克斯·韦伯：《马克斯·韦伯社会学文集》，人民出版社，2010。

〔美〕列奥-施特劳斯：《古今自由主义》，江苏人民出版社，2010。

〔英〕威利斯：《学做工——工人阶级子弟为何继承父业》，秘舒、凌旻华译，译林出版社，2013。

〔德〕康德：《实用人类学（外两种）》，李秋零译，中国人民大学出版社，2013。

〔英〕邓肯·格林（Duncan Green）：《变革如何发生》，王晓毅等译，社会科学文献出版社，2018。

詹栋梁：《教育社会学》，台北市五南图书出版股份有限公司，1983。

陶行知：《中国乡村教育运动之一斑》，载《陶行知全集》（第二卷），长沙：湖南教育出版社，1984。

王小强、白南风：《富饶的贫困》，四川人民出版社，1986。

费孝通、张之毅：《云南三村》，天津人民出版社，1990。

陶行知：《中国教育改造》，东方出版社，1995。

范增如：《明清安顺风物诗文评注》，贵州民族出版社，1999。

李书磊：《村落中的"国家"》，浙江人民出版社，1999。

费孝通：《乡土重建》，载《费孝通文集》（第4卷），北京：群言出版社，1999。

吕达主编《陆费逵教育论著选》，人民教育出版社，2000。

李惠斌、杨雪冬主编《社会资本与社会发展》，社会科学文献出版社，2000。

光耀华等：《岩溶浸没内涝灾害研究》，广西师范大学出版社，2001。

袁同凯：《走近竹篱教室——土瑶学校教育的民族志研究》，天津人民出版社，2004。

孙兆霞等：《屯堡乡民社会》，社会科学文献出版社，2005。

王雷：《社会教育概论》，光明日报出版社，2007。

钱理群、刘铁芳编《乡土中国与乡村教育》，福建教育出版社，2008。

朱伟华等：《建构与生成——屯堡文化及地戏形态研究》，广西师范大学出版社，2008。

林毅夫、庄巨忠、汤敏等编《以共享式增长促进社会和谐》，中国计划出版社，2008。

翁乃群主编《村落视野下的农村教育》，社会科学文献出版社，2009。

曾芸：《二十世纪贵州屯堡农业与农村变迁研究》，中国三峡出版社，2009。

李建军主编《学术视野下的屯堡文化研究》，贵州出版集团公司、贵州科技出版社，2009。

费孝通：《乡土中国》，上海世纪出版集团，2010。

于建嵘：《岳村政治》，商务印书馆，2011。

朱伟华：《黔中屯堡民间文学与传统文化研究》，齐鲁书社，2011。

顾诚：《隐匿的疆土》，光明日报出版社，2012。

贺雪峰：《小农立场》，中国政法大学出版社，2013。

朱启臻等：《留住美丽乡村——乡村存在的价值》，北京大学出版社，2014。

吴雅凌：《劳作与时日笺释》，华夏出版社，2015。

柯玲：《民俗教育原理》，光明日报出版社，2015。

王继超：《乌撒简史》，贵州出版集团、贵州民族出版社，2015。

王思斌：《社会学教程》（第四版），北京大学出版社，2016。

孙兆霞等：《屯堡社会如何可能》，社会科学文献出版社，2016。

王曙光：《中国农村》，北京大学出版社，2017。

宋一青：《三村故事——金沙江畔纳西农人守护山地文化系统及应对气候变化的生存智慧》（项目结题报告，未刊）2017年1月。

孙庆忠主编《枣缘社会——陕西佳县泥河沟村文化志》，同济大学出版社，2018。

孙庆忠主编《乡村记忆——陕西佳县泥河沟村影像集》，同济大学出版社，2018。

孙庆忠主编《村史留痕——陕西佳县泥河沟村文化志》，同济大学出版社，2018。

Pierre Bourdieu, Loic Wacquant, *Invitation to Reflexive Sociology*, Chicago: University of Chicago Press, 1992。

论文类

仓修良：《试论谱学的发展及其文献价值》，《文献》1983年第2期。

武新立：《中国的家谱及其学术价值》，《历史研究》1988年第6期。

杨志刚：《汉代礼制与文化略论》，《复旦学报》（社会科学版）1992年第3期。

郑明肇：《岩溶地貌对贵州水旱灾害的影响》，《贵州气象》1996年第6期。

方修琦：《论人地关系的主要特征》，《人文地理》1999年第2期。

汪文富：《贵州普定马官岩溶地下水库成库条件及效益研究》，《中国岩溶》1999年第1期。

宗禾：《农技推广体系在改革中发展》，《中国农技推广》1999年第1期。

科大卫等：《宗族与地方社会的国家认同》，《历史研究》2000年第3期。

陈季君：《宋代时期科举制度的演变》，《贵州文史丛刊》2000年第5期。

刘纲纪：《故乡的文艺》，《贵州文史丛刊》2000年第6期。

胡旭晟等：《中国调解传统研究——一种文化的透视》，《河南省政法管理干部学院学报》2000年第4期。

关溪滢：《钟敬文的民俗教育观》，《中山大学学报》（社会科学版）2002年第4期。

金其桢：《论牌坊的源流及社会功能》，《中华文化论坛》2003年第1期。

王春光等：《村民自治的社会基础和文化——对贵州省安顺市J村农村公共空间的社会学研究》，《浙江学刊》2004年第1期。

梁运佳：《职业教育从儿童起步——美国生计教育的启示》，《江西教育》2004年第3期。

万明：《明代徽州汪公入黔考》，《中国史研究》2005年第1期。

戴洪刚等：《喀斯特枯水、干旱、灾害初探——以贵州省为例》，《贵州师范大学学报》（自然科学版）2005年第4期。

胡胜华等：《浅谈贵州峰丛山地地区土地石漠化及其治理》，《中国水土保持》2005年第2期。

杨云彦等：《农民工——一个跨越城乡的新兴群体》，《人口研究》2005年第4期。

王春光：《农村流动人口的"半城市化"问题研究》，《社会学研究》2006年第5期。

颜建华：《才猷茂勋的赵侃》，《贵州大学学报》（社会科学版）2007年第5期。

徐再高：《农村教育公平的现状及对策》，《中国农业教育》2007年第4期。

王献玲：《建国初"两条腿走路"办学方针的渊源及启示》，《浙江万里学院学报》2008年第4期。

葛新斌：《农村教育投入体制变迁30年——回顾与前瞻》，《华南师范大学学报》（社会科学版）2008年第12期。

周念清等：《普定岩溶区水土流失与土壤漏失模式研究》，《水土保持通报》2009年第1期。

艾红玲：《古代学校对礼制的传播》，《社会科学家》2009年第7期。

梁淑美、司洪昌：《对陶行知乡村教育思想的评述与反思》，《国家教育行政学院学报》2009年第11期。

孙兆霞等：《在国家与地方社会之间——基于明代贵州卫学社会影响的考察》，《教育文化论坛》2010年第5期。

司洪昌：《学校生活节奏对儿童的影响——历史人类学的检视》，《湖南师范大学教育科学学报》2010年第5期。

汪青梅：《贵州屯堡山歌论——兼与贵州少数民族山歌比较》，《民族文学研究》2010年第1期。

汪青梅、刘铁梁：《集体仪式传承和变迁的多重动力》，《西南民族大学学报》（人文社会科学版）2011年第3期。

劳凯声：《教育机会平等——实践反思与价值追求》，《北京师范大学学报》（社会科学版）2011年第2期。

谭同学：《亲缘、地缘与市场的互嵌》，《开放时代》2012年第6期。

埃米里奥·马丁内斯·古铁雷斯：《无场所的记忆》，《国际社会科学杂志》2012年第3期。

孙庆忠：《社会记忆与村落的价值》，《广西民族大学学报》（社会科学版）2014年第5期。

胡新生：《礼制的特性与中国文化的礼制印记》，《文史哲》2014年第3期。

杨卫安等：《中国古代乡村初等教育供给制度解析》，《华南农业大学学报》（社会科学版）2014年第1期。

韩鹏云：《中国乡村文化的衰变与应对》，《湖南农业大学学报》（社会科学版）2015年第1期。

李涛：《"文字"何以"上移"》，《人文杂志》2015年第6期。

郭红、王文慧：《明代贵州卫学与地域文化》，《贵州文史丛刊》2016年第4期。

雷勇：《民俗仪式与乡村生活——以安顺地戏为例》，《贵州大学学报》（艺术版）2016年第6期。

芭芭拉·哈里斯-怀特等：《小生产的经济学与政治学》，《中国农业大学学报》（社会科学版）2016年第2期。

孙庆忠：《田野工作与促进生命变革的乡村研究》，《中国农业大学学报》（社会科学版）2018年第3期。

媒体类

岳德斌：《翻身与翻山——农民肖安林一家》，《安顺日报》"百姓春秋"栏2003年9月20日。

唐铁惠：《刘纲纪——贵州普定走出的美学名家》，《当代贵州》2006年第1期。

石林元：《屯堡文化中的奇葩——说"四句"》，《四海艺文》（个人博客）2011年7月12日。

肖诗坚：《我的乡土人本教育观》，诗坚（微信公众号）2017年9月16日。

孙庆忠：《乡村行动——农民口述的搜集与整理》，《乡村文化人》（微信公众号）2018年1月2日。

阿明：《世界的贫困、贫困化与资本积累》，"实践与文本"http：∥www.ptext.cn/xsqy？id＝61。

后　　记

　　课题组与号营村的渊源，可以追溯到20世纪90年代。当时张定贵、吕燕平带学生到普定县开展大学生"三下乡"社会实践活动时，就已听闻号营村的相关情况。1991年，号营村党支部被中共安顺地委（今安顺市委）表彰为先进基层党组织，这主要是因为在村党支部的带领下，村民种植蔬菜、承担建筑施工等，经济收入可观，生活殷实。1949年以来，村里先后有200多人考取大中专及以上学校。如刘纲纪在1953年时就考上北京大学哲学系，后成为全国知名的美学家。当时虽未进行系统调查，但号营村这三个字已经深深地刻在我们脑海里。2002年，经号营村在安顺师专（今安顺学院）工作的侯晓彤邀约，张定贵、吕燕平等人专程到号营村考察侯氏宗祠。

　　2010年，时任中国百村调查总负责人的陆学艺先生到安顺参加《吉昌契约文书汇编》首发式，并对屯堡村寨进行了实地考察，经过深入了解之后，他鼓励孙兆霞教授继续在屯堡地区做百村调查课题研究。2012年底，中国百村调查被国家社科基金批转为国家"十二五"重大课题的滚动课题。号营村因乡村教育之亮点，被百村调查总课题组批准为新一轮百村调查的个案村落。与号营村课题同时被批准立项的还有毕节市威宁县卯关村（回族）、黔西南州兴仁县联增村（布依族）、黔东南州黎平县堂安村（侗族）和雷山县朗德村（苗族）。五个村的课题组形成课题群，由贵州民族大学教授孙兆霞总负责和总协调。共同的团队按照同一套方案进村调查，根据各村实际情况提炼出研究主题。五个村的课题组之间互相沟通、支持，力图在组织形式和学术研究上做出新的有益探索。

2013年,"中国百村调查·号营村"子课题立项,由安顺学院和贵州民族大学共同组建研究团队。其中张定贵担任课题负责人,陈斌、吕燕平、吴羽、陈发政、彭建斌、方莹为主要成员。经孙兆霞教授协调,其他课题组的研究成员也参与号营村的田野调查和研究讨论工作,如贵州大学曹端波、贵州师范学院陈志永、贵州民族大学毛刚强、张建、卯丹等,他们贡献了不少有益于学术研究的调查经验和真知灼见。

课题组成员多次进入号营村。一方面,通过走访、观察以及访谈的方式多角度地了解号营村;另一方面,与以号营村党支部书记肖国昌为代表的村庄耆老、退休教师、乡村精英等沟通进村调查的相关事项,为课题组到号营村进行深入、系统、全面的田野调查奠定前期基础。2015年5月18日,总计18人的调查队伍正式进入号营村,共进行7天的集体田野调查。此间,在肖国昌、侯祖祜、钱开友、肖安忠、侯平孝、侯忠等村民的协助下,借鉴贵州其他四个开展百村调查子课题的调查表格,访谈提纲,画村庄资源图、村庄地形图、家族系谱图等做法,并结合号营村的实际情况,增加诸多内容。据统计,课题组共填写30多个表格,拍摄5000多张照片,整理总计106万字的田野访谈文字资料。

此次系统调查之后,我们又进行了数次补充调查。以田野调查资料为基础,课题组成员与其他村落课题组多次展开深入持续的问题交流和思想碰撞,号营村课题组凭借团队作战的优势和多年积累的经验,经过访谈对象选取、调查心得交流、问题深入讨论、资料整理汇总、聚焦主题研讨、写作提纲完善、理论提炼概括等多次讨论之后,课题组成员达成共识:"乡村教育"即本课题的关键词,也是贯穿于后续研究过程中的指导思想。

2018年4月,号营村课题组成员集中在安顺市旧州古镇进行第二次写作,专门邀请地方文化学者杜应国老师参与最终成果的讨论。杜老师建议将本书的逻辑结论与构建村民的"精神家园"进行连接,使本课题具有更大的学术意义和实践价值;同时借鉴路易·阿尔都塞"意识形态襁褓"的概念,针对号营村的民俗教育提出"文化襁褓"的概念;并建议提出"村社教育"概念,以便概括和提炼号营村的教育形态和内涵。结合杜老师的建

议，课题组成员经过讨论之后，决定以"屯堡村社教育"概念总括全书。

这本《屯堡村社教育》问世，我们认为这是《屯堡乡民社会》一书的姊妹篇。参照当初陆学艺先生对百村成果"资料性学术著作"的定位，我们此次也是努力想接近这一要求。当然，至于最终成果是否达到，读者诸君心中自会权衡，也望读者提出宝贵意见。

号营课题自批准到今天，走过了六年有余的探索历程。在此，我们要对诸多单位、集体和个人表达诚挚谢意！

首先我们要感谢中国社会科学院社会学研究所和中国百村调查总课题组，敬谢为我们所不舍的已赴仙界的陆学艺先生，恭谢中国社会科学院社会学研究所副所长、博士生导师王春光老师，为中国百村调查付出辛勤劳动的高鸽老师，社会科学文献出版社谢寿光社长等，正是这些机构和专家学者多年的关心，使我们在百村研究的路上能够不断前行。

要多谢贵州民族大学的校领导及社会建设与反贫困研究院的支持，正是他们为百村调查所付的公心和助力，号营村、卯关村、联增村、堂安村、朗德村成为该校"民族地区社会建设与反贫困 2011 协同创新中心"的研究计划项目，课题的实施有了经费的保障。冗繁的报账事务也让王莺桦老师操心不少。

要深谢贵州省文史研究馆特约研究员、安顺职业技术学院的退休教师杜应国先生的大力支持。

要众谢普定县马官镇党委、政府的领导和相关工作人员，号营村全体村民和号营小学的领导、老师，号营村村支两委和肖国昌支书、刘纲雁副支书及侯祖祜、钱开友、肖安忠、侯平孝、侯忠等村民朋友，正是在他们的带领和帮助下，我们的调查进展顺利。也要道谢马官镇的汪东波、甘旭东两位朋友和安顺学院校友、普定一中的郑汝嵩老师，在书稿撰写过程中，他们经常通过电话、微信为我们提供相关资料。

要诚谢安顺学院的支持，正谢安顺学院赵世钊、赵蓉燕、何雪蕾等老师为课题田野调查提供车辆支持，董天倩老师对书稿进行校对。谨谢时为贵州民族大学研究生翟静，安顺学院学生陈毅、龙秋香、刘俊、蒋友琪、王灿、安林江参与田野调查，并将田野访谈录音整理转化成文字资料；安顺学院地理专业 2015 届毕业生郑杰，为书稿绘制地图。

最后，借用号营村孝文化公园吟啸楼上的对联："号名誉黔中治山理水勤耕细作迎来层层秀色；营地扬禹甸兴教倡文苦学深研造就代代英才。"衷心祝愿号营村的教育继续发展，人才辈出，诸业兴旺，在乡村振兴中更加富足、美丽、和谐！

《中国百村经济社会调查·号营村》课题组

2018 年中秋节前

图书在版编目(CIP)数据

屯堡村社教育/陈斌等著.--北京：社会科学文献出版社，2019.10
（中国百村调查丛书）
ISBN 978-7-5201-5629-5

Ⅰ.①屯… Ⅱ.①陈… Ⅲ.①乡村-社会调查-调查报告-贵州 Ⅳ.①D668

中国版本图书馆 CIP 数据核字（2019）第 218990 号

·中国百村调查丛书·

屯堡村社教育

著　者 /	陈　斌　张定贵　吕燕平　等
出　版　人 /	谢寿光
责任编辑 /	任晓霞　庄士龙　刘靖悦
出　　版 /	社会科学文献出版社·群学出版分社（010）59366453 地址：北京市北三环中路甲29号院华龙大厦　邮编：100029 网址：www.ssap.com.cn
发　　行 /	市场营销中心（010）59367081　59367083
印　　装 /	三河市尚艺印装有限公司
规　　格 /	开　本：787mm×1092mm　1/16 印　张：24　字　数：375千字
版　　次 /	2019年10月第1版　2019年10月第1次印刷
书　　号 /	ISBN 978-7-5201-5629-5
定　　价 /	119.00元

本书如有印装质量问题，请与读者服务中心（010-59367028）联系

▲ 版权所有 翻印必究